普通高等教育经济学管理学重点规划教材

经济法

第二版

ECONOMIC LAW

周艳军　于　彤◎主　编
蒋云贵　徐　磊◎副主编

上海财经大学出版社

图书在版编目(CIP)数据

经济法/周艳军,于彤主编.—2版.—上海:上海财经大学出版社,2016.7

(普通高等教育经济学管理学重点规划教材)

ISBN 978-7-5642-2504-9/F·2504

Ⅰ.①经… Ⅱ.①周…②于… Ⅲ.①经济法-中国-高等学校-教材 Ⅳ.①D922.29

中国版本图书馆CIP数据核字(2016)第160972号

□ 责任编辑 张美芳
□ 封面设计 杨雪婷
□ 投稿热线 apin001@163.com
□ 订购电话 021—65904705

JINGJIFA
经济法
(第二版)

周艳军 于 彤 主 编
蒋云贵 徐 磊 副主编

上海财经大学出版社出版发行
(上海市武东路321号乙 邮编200434)
网 址:http://www.sufep.com
电子邮箱:webmaster @ sufep.com
全国新华书店经销
上海华业装璜印刷厂印刷装订
2016年7月第2版 2017年1月第2次印刷

787mm×1092mm 1/16 24.75印张 633千字
印数:24 001—29 000 定价:45.00元

第二版前言

本书的第一版问世于2011年,反映了我国当时经济法制建设的立法、司法现状和学术界对于经济法问题的认识。五年时光过去,随着我国经济体制改革的不断深入,我国的经济法制建设也不断发展和更新。

2012年8月31日,十一届全国人大常委会第二十八次会议对《民事诉讼法》进行了修订。修改后的民事诉讼法,完善了调解与诉讼相衔接的机制,增加了公益诉讼制度,增设了小额诉讼制度,强化了法律监督,进一步完善了审判监督程序和执行程序。此次民诉法的修改对于更好地保护当事人行使诉讼权利,保证人民法院正确及时审理民事案件,维护经济社会秩序和公平正义,具有十分重要的意义。

2013年8月,全国人大常委会通过了《商标法》修正案,于2014年5月开始实施。这部法律的修订,对于市场竞争关系的维护,对于我国社会经济的发展具有极为重要的意义。

2013年12月28日,十二届全国人大常委会第六次会议审议并通过了公司法修正案草案,修改了现行公司法的12个条款。对公司法所做的修改,自2014年3月1日起施行。这次《公司法》修改主要涉及三个方面:(1)将注册资本实缴登记制改为认缴登记制。(2)放宽注册资本登记条件。(3)简化登记事项和登记文件。本次《公司法》修订对实现《公司法》在调整各方面经济关系、创建法律体系和维护市场经济发展上起到了重要作用。

2013年10月25日,第十二届全国人民代表大会常务委员会第五次会议对《消费者权益保护法》进行了大修,该法的修订主要针对目前国内网购盛行,产品质量问题频发,消费者维权成本高、举证难等情况,做出了更细致、全面的规定。具体亮点有不少:如规定了网购等远程购物方式的消费者七日"后悔权"、加大网络购物平台的法律责任、明确个人信息保护、扩大了产品召回的范围、打击经营者格式合同霸王条款、实行消费者维权举证责任倒置、加大了消费欺诈赔偿的力度和对虚假广告的打击力度、规定消协可提公益诉讼等。

2014年8月31日,第十二届全国人民代表大会常务委员会第十次会议和2015年4月24日第十二届全国人民代表大会常务委员会第十四次会议先后对《保险法》做了部分修改,涉及15个条文。2015年4月的修订涉及13个条文,此次保险法修正案重点主要集中在取消保险销售从业人员、保险代理、保险经纪等从业人员的资格核准等行政审批事项上。

2015年4月24日第十二届全国人民代表大会常务委员会第十四次会议对《广告法》进行了大力修订。这次修订主要是围绕规范广告活动、适应广告发布媒介形式发生的变化、解决广告实践中产生的突出问题来开展的。修订后内容变化非常大，归纳起来，主要体现在十个方面：增加和完善了广告准则，完善了广告代言制度，广泛禁止了烟草广告，完善了保护未成年人身心健康的广告规范，增加了对网络广告的规范，完善了虚假广告治理制度，完善了大众传播媒介广告发布规范，强化了广告监管部门的监管责任，新增了有关广告行业自律的规定，新增了对公益广告的规定。

为了更好地反映当下我国经济法制建设的新发展和经济法理论研究、立法和司法实践的新成果，更好地适合教育教学的需要，我们根据实际情况，对教材第一版中的不少章节进行了重新撰写，对其他各章进行了不同程度的补充、修改。

在修订过程中，我们参阅了不少参考文献，在此向有关专家学者致以深深的谢意。同时，限于编者的水平和能力，书中难免有疏漏和不当之处，恳请广大读者批评指正。

周艳军

2016年5月

第一版前言

我国自改革开放以来，经过多年探索与实践，最终确立了社会主义市场经济体制。市场经济是法治经济，从而中国的经济法也有了深厚的体制基础和社会条件，社会各界人士对经济法的适用和作用也有了切身体验。当然，当前社会各界对经济法的性质和范围有不少争议，本书基于我们对社会主义市场经济体制的理解而对经济法的体系作了较新的安排。本书确立的经济法体系包括五个部分：经济法基础理论（第1～3章）、经济主体法（第4、5章）、经济运行法（第6～12章）、经济规制法（第13～17章）、经济程序法（第18章）。这种安排融合了我国现行的民法、商法、行政法中与市场经济体制紧密联系的部分。

"市场经济是法治经济"，经济管理类专业的大学生将来就是我国经济法的践行者，因此，学好经济法是对其知识结构和基本素质的重要要求。本书是以高等教育本科经济管理类各专业师生作为主要对象的一本教材，按照教育部颁布的高等教育教学基本要求编写。当然也可以供高职老师有选择性地选择适当章节进行讲解和学习，供各企事业单位的工作人员阅读参考。

本教材编写贴近高等教育的实际，既有一定深度的理论知识讲解，又注重对实际运用能力的培养，力求"突出实用性，加强实践性，强调针对性，注意灵活性"。为了适应不同专业的学生较全面地学习经济法，本书在章节设置、内容安排和行文表述上有如下特点：

1. 本书既简明又深入地阐明了法律的概念，重点阐释了我国现行的与各种经济活动相关的法律法规，在理论表述的同时配以通俗的讲解和丰富的案例，为非法律专业的学生奠定了一个较为扎实的法律知识基础。

2. 本书的内容选择较为广泛，可适应不同经济管理类专业的学校有选择性地讲解和学习。

3. 本书注重案例导入和案例分析，配备了适当的复习思考题，充分体现了法律的实践性特点。

本书的编写人员和分工如下：于彤（上海第二工业大学，第一、十八章），徐磊（上海建桥学院，第二、八、九章），周艳军（上海第二工业大学，第三、六、七、十二、十四章），李敏（上海第二工业大学，第四、五章），李晓霞（华东师范大学，第十、十一章），史晶（上海盈通律师事务所律师，第十三章），秦宝燕（上海第二工业大学，第十五章），蒋云贵（湖南长沙学院，第十六、十七章），蒋老师的这部分写作得到了长沙学院教学质量与教学改革工程重点项目（编号：2009Z005）的支持，在此特表示感谢。

全书由周艳军、于彤担任主编，蒋云贵、徐磊担任副主编，全书最终由周艳军负责统稿和修改。

在写作过程中，本书作者参阅了不少参考文献，在此向有关专家学者致以深深的谢意。同时，限于编者的水平和能力，书中难免有疏漏和不当之处，恳请广大读者批评指正。

周艳军
2011年2月

目 录

第一章 导 论

学习目标

掌握经济法的概念和调整对象；

全面认识和理解经济法律关系；

了解经济法的基本特征、基本原则和渊源。

引入案例

“电脑三包”规定

2002年9月17日，消费者王女士以1.29万元的价格购买了一台IBM笔记本电脑，仅3个月后，电脑就出现接触不良的现象，接着又出现了死机而无法启动的故障。经IBM指定的维修公司——蓝色快车公司检查，认定该电脑主板有问题，此时刚好超过购机一年的时间。IBM(中国)电脑公司便以超过一年保修期为由，拒绝免费维修。

在王女士的多次交涉下，IBM同意免费维修电脑并更换主板。但换完主板半年后，电脑又继续出现接触不良现象。2004年7月30日，王女士将电脑送到蓝色快车公司检查，发现又是电脑主板出现问题。当她再次找IBM时，对方拒绝免费维修，王女士只得向北京市消协投诉。

市消协多次与IBM(中国)电脑公司联系，对方却避而不见，只是在2004年9月20日发来书面答复称：“同意协调服务提供商免费提供保修期之外的服务，即为客户免费更换主板并只针对主板提供自更换之日起3个月的免费保修服务。”2004年9月25日，王女士来到IBM公司，该公司负责售后维修的一名男士在电话里对王女士称自己正在休假，维修的事情等“十一”长假后再说。王女士仍没有得到IBM公司的明确答复。

北京市消协有关人士指出，我国2002年9月1日开始实施的《微型计算机商品修理更换退货责任规定》(俗称“个人电脑三包”)规定，主板等主要部件的保修期为两年，而IBM自行规定的保修期只有一年，与规定明显不相符。而且，从IBM的书面答复上看，IBM已经明显认为此时更换主板是给消费者提供保修期之外的服务，已经可以证明IBM拒绝遵循我国“电脑三包”规定。

对于IBM始终拒绝与消协正面接触，至今没有一个解决问题的积极态度，北京市消协表示决不会让消费者的合法权益受损。鉴于“洋电脑”暴露出的一些违规条款，消协近期将组织开展对“洋电脑”霸王条款的点评活动，希望消费者积极向消协反映类似的问题。

——资料来源：吴焕，《法制晚报》，2004年10月11日。

第一节 经济法概述

一、经济法的概念

“经济法”一词，首见于法国空想社会主义者摩莱里1755年出版的《自然法典》一书中。但摩莱里对经济法这一概念的使用，仅限于分配领域，与现代经济法的概念相去甚远。1865年，法国经济学家和政治家蒲鲁东在其《论工人阶级的政治能力》一书中提出，经济法是“政治法和民法的补充和必然结果”，这一概念已较为接近现代经济法。1906年，德国学者怀特在《世界经济年鉴》中，以“经济法”一词来概括与世界经济有关的各种法规。第一次世界大战之后，德国出现了直接以经济法命名的立法，如《煤炭经济法》《钾盐经济法》《防止滥用经济权力法令》等。20世纪以来，随着世界各国经济制度的发展成熟、各国经济法规的大量颁行，现代经济法的概念逐渐形成，经济法也开始成为法律体系中一个独立的法律部门。

一般认为，现代意义的经济法，肇始于资本主义从自由竞争进入垄断的阶段。西方国家此时陆续出现经济领域以及社会领域的矛盾及冲突，并于20世纪20年代末，发展为世界经济危机。为削弱和消除垄断经济的负面作用，一些新的立法开始认可国家直接干预私人经济活动，用政府的有形之手涉入市场，以挽救崩溃了的经济并缓和社会矛盾。第二次世界大战后，西方主要资本主义国家进入经济高速发展时期，经济立法以宏观调控手段，促进产业结构的合理化，使国民经济稳步协调发展。

虽然在近代才出现经济法一词，但作为国家干预经济生活的重要手段，调整经济关系的法律在古代社会就已出现。奴隶制国家和封建国家的土地国有制都在国家立法中有所反映，《汉穆拉比法典》中规定了买卖、租赁、借贷、委托、合伙等契约关系，《罗马法》提出了“法人”的概念，《大明律》中设有与经济活动有关的《田宅》《钱债》《营造》等诸篇。

现代意义上的经济法通常是指调整国家协调本国经济运行过程中发生的经济关系的法律规范的总称。经济法是产生于市场经济基础之上的，体现国家干预经济意志的新兴法律部门，是综合运用国家权力或宏观调控手段以不断解决个体营利性与社会公益性矛盾，兼顾效率与公平，促进经济稳定增长和社会良性发展的法律规范系统。

市场经济是经济法产生发展的物质条件。在商品经济初级阶段，人本主义和人权思想相应要求经济上的平等自由，要求加强民商立法。在商品经济的高级阶段，高度的社会化、现代化带来的种种问题，使个人本位思想向社会本位思想转移，为经济法和社会法的兴起提供了条件。

现代市场经济是商品经济的高级阶段，国家运用经济法协调经济、促进经济发展，更是世界各国经济运行的普遍经验。

社会主义市场经济也具有市场经济的一般属性，市场失灵的存在，要求法律对市场竞争规则做出有效规范；同时在政府对国民经济进行协调时也需要法律对政府行为进行约束。经济法是市场经济的法律保障。市场经济要求有经济法的规制和调控，经济法必须反映市场经济的要求。在我国社会主义市场经济的建设和完善中，处理好政府行为和市场机制的关系，把握政府干预经济的“度”并用法律的方式确定下来，是经济法的重要内容。

二、经济法的特征

(一)经济性

经济法在制定、实施的过程中,充分体现了市场经济条件下经济规律的要求。经济法的内容往往是把经济制度、经济活动的内容、要求直接规定为法律,甚至直接赋予经济规则、经济技术性规范以法律效力。

(二)综合性

经济法在规范内容上融合了公法因素和私法因素,在调整手段上运用了公法手段、私法手段甚至其他手段(如奖励),在法律原则上注重了经济民主与经济集中、宏观与微观、经济多重目标的结合。

(三)政策性

经济法的制定、实施和目标必须和一定历史时期基于国家的社会、政治、经济等形势的发展做出的政治决策和对策相一致。经济法的制定、实施往往以政策先行,并赋予政策以法的效力。

三、经济法的基本原则

经济法基本原则是贯穿经济法立法、执法、司法始终的根本准则,是国家履行现代经济管理职能所发生的经济关系的本质和规律,是国家干预、调控社会经济生活的指导思想。

(一)国家适度干预原则

国家适度干预原则,体现了经济法的本质属性。经济法是国家干预社会经济生活的法律,同时国家干预社会经济生活必须适度,而非任意。国家干预经济生活的适度性,既包括干预范围的适度性,也包括干预手段的适度性。国家适度干预原则体现在:国家以各种手段干预,应以法治、科学、民主为指导原则,既应有效避免干预的随意性、过分性,又应避免干预的僵化性、欠缺性。

(二)效率优先、兼顾公平原则

建立和完善宏观调控法,规范政府的宏观调控行为,使之正确地运用计划、产业政策、财政、税收、金融等手段调控国民经济整体,实现产业、区域、阶层利益与发展的平衡、协调。通过引导人们的社会经济行为趋于理性,直接使国民经济整体效益得以最大限度的实现。建立和完善市场规制法,规范和发展市场体系,创造公平竞争的市场环境,消弭影响整体社会经济效益实现的垄断、不正当竞争等市场缺陷,为企业、行业、地区创造一个统一、开放和有序的和谐市场。通过整体秩序的建立,间接使国民经济整体效益最大限度地实现。

(三)经济公正原则

在国家与市场主体之间的关系中,应排除政府行为的任意性,严格依法行政,对行政行为指向的市场主体一视同仁。司法机关在履行裁判职能时,应将实体法中的制度观念贯彻到审判结果中,体现出经济审判的特殊性。

四、经济法的调整对象

经济法调整的是国家在对市场主体及其活动进行组织、管理和监督,以及在对整个市场活动进行宏观调控过程中所发生的经济关系。在我国社会主义市场经济条件下，经济法保护、巩固社会主义公有制，保护多种所有制形式的合法权益，促进生产力的发展；引导、促进和保障社会主义市场经济体制的建立和完善；促进我国发展对外经济技术交流与合作。经济法是保障我国发展社会主义市场经济的有力工具。

(一)市场经济主体调控关系

市场经济主体调控关系是指国家对市场经济主体进行组织、管理和监督过程中所发生的经济关系。市场经济主体是指市场活动的参加者(或参与市场的交易者)，即商品的生产者、经营者和消费者，具体包括企业、个人、政府或国家等。规范经济组织的法律，是为了防止垄断组织的出现，从组织上保证市场经济顺利发展。这方面的法律有公司法、合伙企业法、独资企业法等。

(二)市场经济秩序调控关系

市场经济秩序调控关系是指在国家对市场运行进行组织、管理和监督过程中所发生的经济关系。市场运行可以从参加市场运行的经济主体之间的关系划分为经济联合关系、经济协作关系和经济竞争关系。国家干预市场经济运行过程主要以反垄断和不正当竞争为核心。此外，还有产品质量法、计量法、资源法等。

(三)宏观调控关系

宏观调控关系是国家对市场经济进行宏观调控过程中所发生的经济关系。此种经济关系的特点是国家对市场经济运行实行宏观调控，使经济各部门运行协调，使整个国家经济运行平稳。这方面的法律有预算法、计划法、金融法、价格法、税法等。

五、经济法的地位

经济法是独立的部门法，其调整对象有特定的范围，同其他部门法的调整对象有本质区别。

(一)经济法与行政法的关系

经济法在调整经济关系时，必要时也采取行政手段，但经济法与行政法又有所不同。经济法所调整的经济关系不同于行政法所调整的行政管理关系。经济法律关系主体的地位以及它们之间权利、义务的联结状态也不同于行政法律关系。经济法律关系追求的是一定的经济目的与经济效益，遵循的是市场经济的客观规律，不贯彻和体现行政机关和行政首长的意识。

(二)经济法与民法的关系

经济法与民法都调整经济关系，两者的一些概念、原则、制度、手段可以通用。区别在于民法与经济法调整的内容不同。民法是调整平等主体间的财产关系和人身关系。经济法调整国民经济管理关系，与国家计划、管理关联的涉及全局的一类横向经济关系以及内部经济关系。民法是以个体权利为本位的，主要是在微观经济领域内，保护社会个体的权益。经济法是以社会责任为本位的，主要是在宏观经济领域内理顺整体和个体之间的责权利关系以及基于全局利益需要协调个体间的经济关系，以促进社会主义市场经济的发展。

六、经济法的渊源

经济法的渊源，主要指经济法的形式渊源，是指经济法来源于何种法的形式，即经济法律规范的表现形式。

(1)宪法。由全国人民代表大会制定,是国家的根本大法,具有最高的法律效力。

(2)法律。包括全国人民代表大会制定的法律即基本法律和全国人民代表大会常务委员会制定的其他法律。经济法律在规范性文件体系中处于仅次于宪法的地位,是经济法的重要渊源。

(3)行政法规。国务院是最高国家权力机关的执行机关,是最高国家行政机关。国务院制定的行政法规的数量远大于法律,是经济法的重要渊源。

(4)地方性法规。省、自治区、直辖市以及省级人民政府所在地的市和国务院批准的较大的市的人民代表大会及其常委会可以制定地方性法规,效力不超出本行政区域范围。

(5)规章。规章包括国务院部门规章和地方政府规章。部门规章由国务院各部、委员会、中国人民银行、审计署和具有行政管理职能的直属机构制定。地方政府规章由省、自治区、直辖市以及省级人民政府所在地的市和国务院批准的较大的市的人民政府制定。

(6)自治条例和单行条例。民族自治地方的人民代表大会根据当地特点制定的协调经济运行过程中发生的经济关系的自治条例和单行条例。

(7)特别行政区基本法和有关规范性文件。我国特别行政区实行其特有的法律制度,特区协调其经济运行过程中发生的经济关系的基本法、依法予以保留的特别行政区原有法律和特别行政区立法机关依法制定的法律,都属于经济法的渊源。

(8)司法解释。最高人民法院在总结审判经验的基础上发布的指导性文件和法律解释。

(9)国际条约、协定。属于国际法的范畴,国际条约或协定是指我国作为国际法主体同外国或地区缔结的双边、多边协议和其他具有条约、协定性质的文件。

第二节 经济法律关系

一、经济法律关系的概念和特征

经济法律关系是指特定经济关系为经济法律规范调整所形成的经济权利和经济义务关系。它具有以下特征:

(1)它是一种意志关系,属上层建筑范畴;

(2)它是由法律规定和调整的关系,法律关系的产生、变更和消灭是以得到法律认可为前提的,因而法律规范是经济法律关系存废的前提条件;

(3)它是以权利和义务为内容的关系;

(4)它是受国家强制力保证实施的关系。

二、经济法律关系的构成要素

经济法律关系由主体、客体和内容三要素构成,这三要素是经济法律关系的三个相互联系、密不可分、不可缺少的有机组成部分。

(一)经济法律关系主体

经济法律关系主体,亦称经济法主体,是指参加经济法律关系,依法享有经济权利、承担经济义务的当事人。在经济法律关系中，经济法律关系主体是最积极、最活跃的因素，是经济法律关系的参加者、构成者，是经济权利的享有者、经济义务的承受者，是经济法律关系客体中的物的所有者、经营者，是客体中行为的实施者、实现者。

1. 自然人

自然人是指按照自然规律出生的人，包括本国公民、外国人和无国籍人。

自然人的民事权利能力，是指自然人依法享有民事权利、承担民事义务的资格。换言之，自然人的民事权利能力就是法律赋予自然人一种法律上的人格。只有具备这种人格，自然人才能作为主体参与民事活动，并取得民事权利、承担民事义务。根据我国《民法通则》第 9 条的规定，自然人的民事权利能力开始于出生、终止于死亡。

自然人的民事行为能力，是指自然人能够以自己的行为独立地取得民事权利、承担民事义务的资格。我国《民法通则》根据自然人的年龄与精神状态正常与否，将自然人的民事行为能力分为三种情形，即完全民事行为能力、限制民事行为能力和无民事行为能力。

完全民事行为能力，是指自然人能以自己独立的行为取得民事权利、承担民事义务的资格。根据我国《民法通则》第 11 条的规定，完全民事行为能力人有两种：一是一般完全民事行为能力人，即年满 18 周岁且无精神性疾病的自然人；二是视为完全民事行为能力人，即年满 16 周岁不满 18 周岁并能以自己的劳动收入作为主要生活来源的自然人。

限制民事行为能力又称不完全民事行为能力，是指自然人只具有一定范围内从事民事活动的资格。根据我国《民法通则》第 12 条第 1 款和第 13 条第 2 款之规定，限制民事行为能力人也有两种：一是 10 周岁以上的未成年人，二是不能完全辨认自己行为的精神病人。限制民事行为能力人可以进行与他的年龄、智力、精神状况相适应的民事活动，其他民事活动则由他的法定代理人代理或征得其法定代理人的同意。

无民事行为能力，是指自然人不具有以自己的行为进行民事活动，取得民事权利、承担民事义务的资格。根据我国《民法通则》第 12 条第 2 款和第 13 条第 1 款之规定，无民事行为能力人也有两种：一是 10 周岁以下的未成年人，二是不能辨认自己行为的精神病人。无民事行为能力人的民事活动由其法定代理人代理进行，但其纯获利益的行为可认定为有效。

2. 法人

根据我国《民法通则》第 36 条的规定，法人是指具有民事权利能力和民事行为能力，依法享有民事权利和承担民事义务的组织。

根据我国法律规定，法人应具备以下四个条件：

(1)是依法成立的社会组织。法人首先表现为人的组织体，这是法人与自然人最大的区别。但并非任何社会组织都能取得法人资格，只有那些依法成立获得法律认可的组织才能取得法人资格。

(2)拥有独立的财产或经费。拥有独立的财产或经费是法人作为一个独立民事主体的前提和条件，也是法人独立享有民事权利和承担民事义务的基础。

(3)有自己的名称、组织机构和活动场所。法人的名称是其拥有独立于其成员的人格的标志，也是将其特定化，以区别于其他法人的标志。法人的名称还是其商誉的载体，因此法人的名称权是财产性的权利，可以转让、出卖。法人的名称应包括其所在地、责任形式、经营范围等内容，以便于交易相对人联系和识别。法人组织机构的健全是法人开展正常活动的必要条件，具有完备的组织机构才可成为法人。如在股份有限公司中，应设股东大会、董事会、监事会三个机构。法人的住所是法人的主要办事机构所在地。

(4)独立承担民事责任。法人独立承担民事责任，是指法人仅以自身的财产对外承担债务或其他民事责任。由于法人的财产是独立的，故其民事责任也由其独立承担。

我国《民法通则》依据法人的性质不同，将其分为企业法人、机关法人、事业单位法人与社会团体法人。

(1)企业法人是以从事生产、流通、科技等活动为内容，以获取盈利和增加积累、创造社会财富为目的的营利性社会经济组织。在一国的经济生活中，企业法人有着特殊重要的地位。在我国《民法通则》里，企业法人依所有制不同，又可分为国有企业法人、集体企业法人和私营企业法人；依是否有外资参与，又可分为中资企业法人、中外合资经营企业法人、中外合作经营企业法人和外资企业法人。依我国《公司法》的规定，企业法人分为有限责任公司和股份有限公司。

(2)机关法人是指依法行使国家权力，并因行使职权的需要而享有相应的权利能力和行为能力的国家机关。

(3)事业单位法人是指由国家机关或者其他组织利用国有资产主办的，从事文化、教育、卫生、体育、新闻等公益事业的单位。事业单位法人不以营利为目的，一般不进行生产经营活动。

(4)社会团体法人是指由自然人或法人自愿组成，为实现会员共同意愿，按照其章程开展活动的非营利性法人。如中国法学会、残疾人联合会等。

法人是经济法律关系主体的主要部分。随着国际经济、区域经济及国内经济活动的广泛开展，法人在经济法律关系中占有越来越重要的地位。

3. 其他组织

其他组织是指合法成立、有一定的组织机构和财产，但不具备法人资格，不能独立承担民事责任的组织。其他组织作为民事主体，在我国《合同法》中已得到明确的认可，从而为其成为经济法律关系的主体奠定了基本的条件。在我国，其他组织包括：(1)依法登记领取营业执照的个体工商户、个人独资企业、合伙组织。(2)依法登记领取营业执照的合伙型联营企业。(3)依法登记领取我国营业执照的中外合作经营企业、外资企业。(4)经民政部门批准登记领取社会团体登记证的社会团体。(5)依法设立并领取营业执照的法人分支机构。(6)经核准登记领取营业执照的乡镇、街道、村办企业。其他组织必须符合相应的法律规定，取得一定的经营资质，才能从事经济业务。

4. 国家机关

经济法律关系主体的国家机关主要为对从事经济业务的企业、其他组织进行监督管理的国家行政机关及授权的事业单位，如工商行政管理部门、交通部、铁道部、商品检验检疫局、海关等。

(二)经济法律关系客体

经济法律关系客体，是指经济法律关系主体之间的经济权利和经济义务所指向的对象。经济法律关系客体是经济法主体通过经济法律关系所追求的和所要达到的物质利益载体和经济目的；经济权利和经济义务也只有通过客体才能具体地得到落实、实现。没有客体的经济法律关系，是无目的的和无意义的。

1. 物

物，即有形财物，是指具有一定形态、能够为人们所控制并且有经济价值的物质财富。有形财物根据不同的法律意义可以分为：生产资料和生活资料；固定资产和流动资金；限制流通物和非限制流通物；种类物和特定物；可分物和不可分物；动产与不动产；原物和孳息；主物和从物等。

2. 行为

行为，即经济行为，是经济法律关系主体为实现一定的经济目的而进行的经济活动，包括提供劳务和完成工作，以及经济管理行为。

3. 智力成果

智力成果是人们脑力劳动所创造的非物质财富，智力成果可以转化为生产力，因而也是经济法律关系的客体。智力成果的种类很多，包括专利技术、专有技术、商标、经济信息等。

(三)经济法律关系的内容

经济法律关系的内容是指经济法律关系主体享有的经济权利和承担的经济义务。经济法律关系的内容是联系主体与主体之间、主体与客体之间的纽带。它们的实质就是经济法律关系本身。

1. 经济权利与权力

经济权利是指权利主体依法享有按照自己的意志做出某种行为，或要求义务主体做出或者不做出某种行为，以实现或保护自身利益的资格。享有经济权利的主体在经济法律、法规规定的范围内，根据自己的意志，从事一定的经济活动，支配一定的财产。经济权利主体依照经济法律、法规或约定，可以要求特定的义务主体做出或不做出一定的行为，以实现自己的利益和要求。在经济义务主体不依法或不依约履行义务时，经济权利主体可以请求有关机关强制其履行，以保护和实现自己的利益。

经济权力是指国家和国家的经济管理机关为了实现国家的经济目的，依法对市场经济进行调节的权力。经济权力的主体必须做出一定行为，经济权力不能放弃。从这个意义上讲，经济权力既是权力也是义务(职责)，经济权力不仅与经济权利具有复合性，与经济义务也具有复合性。

经济管理权是指国家经济管理机关依法对经济活动进行计划、组织、调节和监督的权利，包括计划权、决策权、组织权、命令权、许可权、审核权、调节权和监督权。

财产权是具有直接的经济内容并为经济利益所决定的权益。财产权在经济生活中主要包括所有权、经营权、承包权和债权等几种具体权利。

2. 经济义务

经济义务是指经济法主体依经济法律、法规的规定或约定而承担的做出一定行为或不做出一定行为的义务。经济义务可分为法定义务和约定义务。承担经济义务的主体必须依照法律、法规或合同的规定，做出一定行为以实现经济权利主体的利益和要求。经济义务主体应自觉履行其义务，如果不履行或不全面履行，将受到国家强制力的制裁。

经济义务包括正确行使所有权的义务、经营责任、经济职责、经济债务和正确行使工业产权的义务。

三、法律事实

法律事实是指能够引起经济法律关系产生、变更和消灭的客观事实。根据经济法律事实是否以人的意志为转移，可将经济法律事实分为行为和事件两大类。

(一)行为

行为是以人们的意志为转移的客观事实。行为包括合法的行为和违法的行为，其中合法的行为又可分为经济法律行为、经济司法行为和经济行政行为，而违法的行为又可分为一般违法行为和严重违法行为。

（二）事件

事件是不以人们意志为转移的客观事实。事件包括自然事件和社会事件，前者是指由于自然现象所引起的客观事实，如发生地震、水灾等；后者是指由于社会上发生了不以个人意志为转移的、难以预料的重大事变所形成的客观事实，如战争、社会动乱、武装冲突等。

课后习题

一、复习思考题

1. 经济法的调整对象是什么？
2. 经济法的基本原则有哪些？
3. 经济法有何特征？
4. 经济法律关系的构成要素是什么？
5. 经济法律关系主体有哪些？
6. 经济权利与经济义务有哪些？

二、案例分析题

某国有企业将某项生产任务承包给其内部的某车间来完成，双方为此签订了承包责任书，约定某车间可以使用企业的机器设备及原材料，但必须在规定期限内完成该项生产任务等事宜。

问题：

（1）在某国有企业与某车间之间是否形成了经济法律关系？

（2）如果两者形成了经济法律关系，请指出该经济法律关系的主体、客体和内容。

第二章　民事法律行为和代理

学习目标

了解民事法律行为的概念和意思表示的概念；

理解民事法律行为的成立与生效，以及法律行为的分类；

掌握民事法律行为的成立要件和生效要件，以及欠缺有效要件民事行为的类型；

了解代理、代理权、无权代理的概念；

理解代理的特征、代理的种类、代理的生效要件，以及表见代理的构成要件和法律效果。

引入案例

天津中远公司诉香港美通公司、天津美通公司拖欠海运费、港杂费纠纷案

1993～1995年期间，被告香港美通公司通过分别签订协议书，委托原告天津中远公司的前身天津远洋集装箱货运公司(以下简称集装箱公司)、天津远洋货运公司(以下简称货运公司)运输货物。集装箱公司、货运公司按约定，分期将香港美通公司委托运输的218票货物安全运抵目的港。1995年2月21日，香港美通公司向原告出具还款计划，其于1994年在天津成立的外商独资(港资)企业天津美通公司的法定代表人在还款计划书上签字。截止到1996年7月2日，香港美通公司欠集装箱公司、货运公司海运费589 380.71美元，港杂费人民币241 958.01元。1996年12月17日至1998年8月21日，天津美通公司向天津中远公司偿还运费6笔，共计45 479.30美元、人民币45 542.01元。1997年12月，原告诉称：第一被告在原告履约后未如期支付运费，经原告多次催要，由第二被告先后偿还了部分欠付运费。请求法院判令两被告一次性偿还所欠运费。

天津美通公司辩称：天津中远公司的理由有失事实，无法律依据。“还款计划”是香港美通公司与天津中远公司的协议，其中无任何第三方。1997～1998年，我公司与香港美通公司有业务往来，为节省银行费用，我公司代香港美通公司向天津中远公司还款。

本案二审天津市高级人民法院经审理认为：香港美通公司与原天津远洋集装箱公司和天津远洋货运公司分别签有货运协议，不违反法律规定，确认有效。原天津远洋集装箱公司和天津远洋货运公司依约履行协议，香港美通公司不按时给付海运费，属违约行为，应承担全部责任。天津中远公司依法享有原两企业的权利和义务，有权向香港美通公司追索拖欠的海运费。天津美通公司应对其在还款计划书中的确认部分承担连带责任。

点评：本案原告、被告订立货运协议，第一被告出具还款计划书，第二被告代为他人清偿欠款的意思表示，均为真实有效的民事法律行为。民事法律行为的明示方式和默示方式在不违反法律或行政法规的强制性前提下，均合法有效。

——资料来源：《人民法院案例选》，2002年第2辑(总第40辑)。

第一节 民事法律行为概述

一、民事法律行为的概念和特征

我国《民法通则》第 54 条规定:“民事法律行为是公民或者法人设立、变更、终止民事权利和民事义务的合法行为。”民事法律行为具有以下特征:

(1)民事法律行为是民事主体以达到一定民事法律后果为目的的行为,是民事主体创设法律关系的最主要方式,是人为的法律事实。民事主体实施的不以发生民事法律后果为目的的行为,不属于民事法律行为,如朋友聚餐、相约去旅游等。

(2)民事法律行为以意思表示为要素。意思表示是行为人将其期望发生法律效果的内心意愿以一定方式表达于外部的行为。它可以分解为三个部分:①当事人出于某种动机而希望发生一定法律效果的意愿,为“效果意思”;②效果意思表达于外部即为“表示意思”;③当事人将效果意思表示于外部的行为,则为“表示行为”。如签订买卖合同、订立入股协议等,意思表示是法律行为不可或缺的内容,遂成为法律行为最基本的要素。

(3)民事法律行为是具有法律拘束力的合法行为。合法性是民事法律行为与其他民事行为的根本区别,违法的民事行为不受法律保护。

二、民事法律行为的基本类型

(一)单方法律行为、双方法律行为与多方法律行为

以当事人人数为标准,可将民事法律行为分为单方法律行为、双方法律行为与多方法律行为。

(1)单方法律行为,又称一方行为或单独行为,是指仅一方当事人作出意思表示即可成立的法律行为。如所有权的抛弃、非婚生子女的承认、设立遗嘱、放弃继承权等。单方法律行为的基本特点是无须他方同意,仅一方作出意思表示就可以发生法律效力。

(2)双方法律行为,是指双方当事人意思表示一致才能成立的法律行为。其典型形式是合同。合同是平等主体的自然人、法人及其他组织之间变动民事权利义务关系的协议。

(3)多方法律行为,又称协议行为、对外的共同行为等,是指两个以上当事人同一方向的意思表示一致才成立的法律行为,或者说由多个方向一致的意思表示构成的法律行为。如订立合伙协议、股东会决议等。

区分单方法律行为、双方法律行为与多方法律行为的意义在于:正确确立民事法律行为是否成立。单方法律行为,只要行为人一方作出意思表示即告成立;双方和多方法律行为则需要各相对行为人的意思表示内容达成一致才告成立。

(二)有偿法律行为与无偿法律行为

以民事法律行为是否存在对待给付,可将法律行为分为有偿法律行为与无偿法律行为。对待给付是指一方为获取对方提供的利益而偿付的代价。

(1)有偿法律行为,是指一方履行法律行为规定的义务而给对方某种利益,对方要得到该利益必须为对待给付的法律行为。有偿法律行为是商品交换的典型形式,实践中,绝大多数反映交易关系的法律行为都是有偿的。

(2)无偿法律行为,是指一方履行法律行为规定的义务而给付对方某种利益,对方取得该利益并不需要为对待给付的法律行为,如赠与合同等。

区分有偿法律行为与无偿法律行为的意义在于确立当事人权利和义务的范围及其责任后果的承担。一般地说,有偿法律行为义务人的法律责任较之无偿法律行为义务人的法律责任要重。例如,赠与合同的赠与人、无偿保管合同的保管人、无偿委托合同的受托人都是在故意或重大过失情形下才承担赔偿对方的责任,而有偿保管合同的保管人、有偿委托合同的受托人即使有一般过错也须承担赔偿对方的责任。

(三)诺成法律行为与实践法律行为

以法律行为的成立或生效是否以标的物实际交付为要件,可将法律行为分为诺成法律行为与实践法律行为。

(1)诺成法律行为,是指当事人一方的意思表示一旦经对方同意即能产生法律效果的法律行为,即"一诺即成"的行为。简言之,当事人双方意思表示一致,法律行为即告成立。大多数合同行为都是诺成性法律行为。

(2)实践法律行为,又称要物法律行为,是指除当事人双方意思表示一致之外,还须交付标的物才能成立的法律行为。如自然人之间的借贷合同、保管合同、借用合同等。在这种行为中,仅双方当事人意思表示一致,法律行为还不能成立,还须一方当事人实际交付标的物,法律行为才能成立。

区分诺成法律行为与实践法律行为的意义在于:正确认定民事法律行为是否成立以及标的物转移的时间。诺成法律行为与实践法律行为的区别,并不在于一方是否应交付标的物,而是是否将交付标的物作为法律行为的成立或有效要件。

(四)要式法律行为与不要式法律行为

以法律行为的成立是否须依照一定的方式为标准,可将法律行为分为要式法律行为与不要式法律行为。

(1)要式法律行为,是指应当根据法律规定或当事人约定的方式来实施的法律行为。对于一些重要的交易,法律常常要求当事人必须采取特定的方式实施法律行为。如票据行为、不动产的买卖或抵押行为等。

(2)不要式法律行为,是指当事人实施的法律行为依法并不需要采取特定的形式,当事人可以自主决定采取口头方式、书面形式或其他形式。在现代社会,法律行为以不要式为原则,以要式为例外。

区分要式法律行为与不要式法律行为的意义在于:正确确定民事法律行为的成立与否。不要式法律行为由当事人自由选择行为方式,要式法律行为当事人须依法采用特定的方式和程序。

(五)主法律行为与从法律行为

以法律行为相互间的主从关系为标准,可将法律行为分为主法律行为与从法律行为。

(1)主法律行为,是指不需要其他法律行为的存在即可独立存在的法律行为。如相对于担保合同而言,主债务合同就是主法律行为,担保合同则为从法律行为。

(2)从法律行为,是指以其他法律行为的存在为存在前提的法律行为。由于从法律行为依赖于主法律行为的存在而存在,因此它也被称为"附属法律行为"。从法律行为最典型的特点就是附属性或附从性,即从法律行为不能独立存在,必须以主法律行为的存在为前提。从法律行为的附从性具体表现在以下几个方面:第一,发生上的依附性;第二,效力上的从属性;第三,转让上的从属性;第四,消灭上的从属性。如主债务合同无效,保证合同也不能生效。但近来有学者提出独立保证的概念。如为防止银行业的贷款风险,银行可以签订独立保证合同,不受主债务合同无效的影响。

(六)独立法律行为和辅助法律行为

以法律行为自身是否具有独立性为标准,可将法律行为分为独立法律行为与辅助法律行为。

(1)独立法律行为,是指具有独立的、实质的内容的法律行为,凡是具有完全民事行为能力的人所实施的民事法律行为,都是独立的法律行为。

(2)辅助法律行为,是指行为人的意思表示本身并没有独立的、实质的内容,只是作为他人法律行为效力完成的条件而存在的法律行为。如法定代理人对限制民事行为能力人的意思表示所作的同意表示,就具有这种辅助性质。

另外,依据不同的划分标准,民事法律行为还可以划分为负担行为与处分行为、生前行为和死因行为、基本法律行为和特殊法律行为等。

三、民事法律行为的形式

民事法律行为的形式实际上是指作为法律行为最基本要素意思表示的形式。在我国,民事法律行为的形式区分为不同的类型。

(一)口头形式与书面形式

口头形式是指以谈话的形式所进行的意思表示。"谈话"的外延包括电话交谈、托人带口信、当众宣布自己的意思等。口头形式的法律行为,是不要式的法律行为,具有简便迅速的优点,但因缺乏客观记载,一旦发生纠纷,就有日后难以取证的缺点,大多适用于即时清结、标的数额小的交易。

书面形式是指用书面文字所进行的意思表示。在现代电子技术条件下,书面形式包括电报、电传、电子数据交换和电子邮件等数据电文形式。书面形式在发生纠纷时有据可查,主要适用于标的额较大、履行期限较长、买卖规则较复杂、后果重大的民事法律行为。书面形式又可分为一般书面形式和特殊书面形式。

一般书面形式是指当事人意思表示的文字记载形式不需由国家有关机关认可。特殊书面形式是指当事人的意思表示获得国家有关机关承认的文字记载形式。它又包括以下几种类型:

(1)公证形式。即当事人将其书面的意思表示提请国家公证机关依照法定程序对该意思表示的真实性和合法性予以确认。经公证的法律行为具有直接的执行力,可不经过诉讼阶段直接进入执行阶段。如收养须采用公证形式来确定养父母和养子女之间的关系,公积金按揭贷款须采用公证形式等。

(2)鉴证形式。即当事人将其书面的合同行为提请国家工商行政管理机关或有关上级机关,由其对该合同行为的真实性和合法性进行审查后给予证明。该形式只适用于合同行为。

(3)审核登记形式。即当事人将其书面的意思表示提请国家有关主管机关加以审查,确认其真实合法后,将有关事项记载于审查机关的公共登记簿并发给证明文件。如不动产买卖须经房产交易部门登记。

特殊书面形式在法律有特别规定时，当事人必须采取，否则将影响法律行为的效力；在法律无特别规定时，当事人可以自由选择是否采取。

（二）明示形式与默示形式

明示形式即以作为的方式，使得相对人能够直接了解到意思表示的内容。明示形式是意思表示最为常见的形式。

默示形式可分为行为默示与沉默。行为默示又称推定形式，是指虽然行为人不像明示那样直接表达了意思表示的内容，但仍然有所作为，从其行为中可以一般地推定其进行了意思表示。如房屋租赁期满后，承租人继续缴纳房租，出租人接受的，则推定当事人双方做出了延长租赁期的法律行为。

沉默形式是指对当事人既无语言表示，又无行为表示的纯粹的缄默，在法律有特别规定的情况下，视为作出了某种意思表示。如在继承关系中，法定继承人在继承开始前不作任何表示视为接受继承；而受遗赠人在2个月内不作表示则视为拒绝。

微型案例

1999年8月2日，原告王林祥到被告雄都社联系外出旅游事宜。根据雄都社提供的旅游行程分解表，双方口头达成了8月3日至7日游览普陀山等地的旅游合同，王林祥预付了10个人的旅游费7 000元。旅游行程分解表中注明，旅游价格包含了人身保险费。

8月3日上午，被告雄都社组织包括原告王林祥等10人在内的旅游团出发。8月5日晚，该旅游团在普陀山下的一个饭店住宿后，原告王林祥及其子王呈（14岁）与其他人等到距饭店不远的普陀山海滨浴场游玩。18时30分左右，王呈因不慎被海浪卷走，直至同月9日尸体才被发现。为此，海滨浴场给王林祥赔偿了浴场门票保险金额5万元和其他费用3万元。

原告王林祥回江都后，在处理王呈的善后事宜时发现，被告雄都社在旅游团出发前并未给王呈投保，而是事后补办的投保手续，保险公司拒绝给王林祥理赔。为此，王林祥与雄都社发生纠纷，向江苏省扬州市中级人民法院提起诉讼。

另查明：1999年8月6日，被告雄都社在中国人寿保险公司江都支公司为王呈等9人办理了旅游意外保险。保险单注明：被保险人数为9人，保险项目为意外伤害，保险费9人合计为108元，保险金额合计为270万元，保险期间为3天。

点评：《民法通则》第56条规定："民事法律行为可以采取书面形式、口头形式或者其他形式。法律规定用特定形式的，应当依照法律规定。"第85条规定："合同是当事人之间设立、变更、终止民事关系的协议。依法成立的合同，受法律保护。"原告王林祥为外出旅游到被告雄都社处，根据雄都社提供的旅游行程分解表，双方就旅游的期限、目的地、人数、待遇等达成一致的意思表示，这一口头合同成立。法律有关国内旅游方面的规定，以及雄都社的旅游行程分解表内容，是这一口头合同中双方权利义务的书面依据。而且，国务院于1996年10月15日发布实施的《旅行社管理条例》规定，办理旅游意外保险，保证旅游者人身、财物的安全，提示安全注意事项，防止危害发生，是旅行社在旅游合同中必须承担的法定义务。

——本案改编自：http://org.gxta.gov.cn/ReadArt.asp? Art_ID=9398。

第二节 民事法律行为的成立和生效

一、民事法律行为的成立要件

民事法律行为的成立要件可分为一般成立要件与特殊成立要件，其中，一般成立要件是指一切民事法律行为成立都必须具备的要件，而特殊成立要件则是指在一般成立要件外，部分民事法律行为成立还必须具备的要件。

通常认为，民事法律行为的一般成立要件包括行为主体、行为标的与意思表示三项要素。但部分法律行为仅具备一般成立要件并不能成立，还须存在其他要件才能成立。例如，对实践法律行为而言，除了意思表示之外，还必须交付标的物才能成立；再如，对要式法律行为而言，在意思表示之外，还需要采取特定的形式或履行特定的手续才能成立。

二、意思表示的要素

意思表示的构成要素可分为主观要件与客观要件。客观要件是指外部的表示行为，即在客观上可认为其在表示某种法律效果意思。主观要件是指内心的意思。一般来说，表意人表示于外的意思与其主观上的期望是一致的，但两者不一致的情况也会发生，为便于处理内心意思与外部表示不一致的各种情况，传统学说将意思表示的主观要件分为行为意思、表示意思和效果意思三种具体的类型，其中：(1)行为意思即表意人自觉地从事某项行为；(2)表示意思又称表示意识，即行为人认识其行为具有某种法律上的意义；(3)效果意思，即行为人欲依其表示发生特定法律效果的意思。行为人希望发生具有法律利益的效果意思，这种利益必须具有法律意义才有效果意思。如希望购买某种商品，目的是转移其所有权，则为效果意思；如希望与好友结伴旅游，不会发生权利和义务关系，则不是效果意思。

三、民事法律行为的生效要件

根据民事法律行为有效要件适用的普遍性程度的不同，可以将其分为一般有效要件与特别有效要件。所谓一般有效要件是指一切民事法律行为有效都必须具备的要件；而特别有效要件则是指除了一般有效要件外，部分民事法律行为有效还必须具备的要件。

(一)民事法律行为的一般有效要件

根据我国现行法律规定以及学理通说，一般来说，法律行为的有效必须具备以下要件：

(1)行为人具有相应的民事行为能力。行为人只有具备了相应的民事行为能力，才能认识自己行为的性质，预见自己行为的后果，从而能为自己的利益作出最佳判断，并承担自己行为的后果。

(2)行为人意思表示真实。表意人的表示行为真实地反映其内心的效果意思，亦即表示行为与效果意思相一致。只有真实的意思表示才能发生私法上的效力。

(3)不违反法律或者社会公共利益。民事法律行为只有在不违背强行法时才赋予法律行为以当事人预期的效力，才能够维护法律秩序的无矛盾性。法律行为不仅应符合法律的强行性规定，而且在内容上不得违反社会公共利益。

(二)民事法律行为的特别有效要件

在通常情况下，法律行为具备一般有效要件，即可产生法律效力。不过，在特殊情况下，法律行为除了具备一般有效要件外，还需要具备特别有效要件，才能产生法律效力，发生当事人所预期的法律效果。如附延缓条件或延缓期限的法律行为、遗嘱行为等成立且具备有效要件后，并不马上生效，只有在条件成就、期限届至或者遗嘱人死亡后，上述法律行为才发生法律效力。再如，需要办理审批、登记等手续方可生效的法律行为也存在相同的情况。

第三节　附条件的民事法律行为和附期限的民事法律行为

一、附条件的民事法律行为

(一)附条件的民事法律行为的概念和特征

法律行为的当事人可以以将来客观上不确定的事实的成就或不成就，决定法律行为效力发生或消灭的条款。附条件的民事法律行为，是指行为人设定一定条件，以条件的成就与否作为民事法律行为效力发生与否的民事法律行为。民事法律行为所附条件具有如下特征：(1)须为尚未发生的客观事实；(2)须是不能确定的事实；(3)须为当事人约定的而不是法定的事实；(4)须为合法的事实。

(二)条件的类型

1. 停止条件和解除条件

以条件是决定法律行为效力发生还是效力消灭为标准，可分为停止条件与解除条件。

(1)停止条件，是指限制法律行为效力发生的条件。也就是说，法律行为已成立，但尚未生效，其能否生效取决于将来不确定事实能否成就。对附停止条件的法律行为而言，停止条件成就的，法律行为生效；停止条件不成就的，法律行为不生效。如甲乙约定，乙找到工作，甲即赠其笔记本电脑一部。乙找到工作，就属于停止条件。

(2)解除条件，是指限制法律行为效力消灭的条件。也就是说，法律行为已经成立而且生效，但其效力能否存续取决于将来不确定事实能否成就。对附解除条件的法律行为而言，解除条件成就的，法律行为失效；解除条件不成就的，法律行为继续有效。如甲房屋租给乙，约定若甲的儿子留学回国，则甲乙间的租赁关系终止。甲的儿子留学回国，就属于解除条件。

2. 积极条件与消极条件

以条件在事实上的发生和不发生为标准，可以分为积极条件和消极条件。

(1)积极条件，是指以某种积极事实的发生作为条件的成就。

(2)消极条件，是指以某种消极事实的不发生作为条件的成就。

3. 随意条件、偶成条件与混合条件

以条件的成就能否为当事人的主观意思所左右为标准，可分为随意条件、偶成条件与混合条件。

(1)随意条件，是指条件能否成就，完全取决于当事人一方的意思。随意条件可分为纯粹的随意条件与非纯粹的随意条件。纯粹的随意条件是指条件能否成就完全由当事人决定，别无其他因素。非纯粹的随意条件，是指条件能否成立，除了取决于当事人的意思外，还须有某种积极事实。

(2)偶成条件，是指条件的成就完全取决于偶然的事实，而非人力所能决定。此处的偶然事件包括天灾，政治、经济或社会事件，第三人的行为等。

(3)混合条件，是指条件能否成就，取决于当事人一方的意思与第三人的意思或者偶然的事实的结合。

(三)条件的成就与不成就

条件的成就，是指作为条件内容的事实已经实现。民法上除了条件成就的概念外，还存在着条件成就的拟制的概念。条件成就的拟制，是指当事人为自己的利益以不正当行为阻止条件成就的，视为条件成就。

条件的不成就，是指构成条件的内容事实已确定将不会实现。当事人为了自己的利益以不正当的行为促使条件成就的，视为条件的不成就。

二、附期限的民事法律行为

(一)附期限民事法律行为的概念

这是指当事人可以以将来确定事实的到来，决定法律行为效力的发生或消灭的条款。附期限的民事法律行为，是指行为人设定一定期限，以该期限的到来与否作为民事法律行为效力发生与否的民事法律行为。如甲乙约定，甲将房屋卖给乙，待所有手续办完后 10 日内交房，这就是一个附期限的民事法律行为。

(二)期限的类型

1. 始期与终期

(1)始期，又称生效期限或延缓期限，是指决定法律行为的效力发生的期限，其实就是法律行为发生的起点。附始期的法律行为，在期限到来以前，法律行为已经成立，但其效力仍然处于停止状态，待期限到来时，效力才发生。如甲与乙签订借款合同，合同中附有 10 天后合同开始生效的附款，则为一个附生效期限的民事法律行为。

(2)终期，又称终止期限或解除期限，是指决定法律行为的效力消灭的期限，其实就是法律行为效力消灭的终点。附终期的法律行为，在期限到来以前，法律行为继续有效，而在期限到来时，法律行为效力消灭。如甲将房屋租给乙，租期 3 年，则为一个附终止期限的民事法律行为。

2. 确定期限与不确定期限

(1)确定期限，是指依照日历可以计算的日期。如甲、乙 5 月 1 日约定，合同签订后 1 个月即 6 月 1 日交货。

(2)不确定期限，是指以一定发生的事实为期限，但事实发生的时间不确定。如甲乙约定待甲父死亡之日，甲就将继承的房屋卖给乙，甲父死亡之日是不确定的。

法律对期限的限制条件是，法律不允许对民事法律行为附加的期限是不能期待的。

第四节　欠缺有效要件的民事行为

凡是不具备法律行为的有效要件的行为都属于欠缺有效要件的民事行为。不过，民事行为欠缺有效要件并非一概被宣告无效。传统民法理论根据民事行为所欠缺的有效要件的不同,将欠缺有效要件的民事行为分为三种类型,即无效民事行为、可撤销民事行为、效力未定民事行为,我国现行立法也接受了这一标准。

一、无效民事行为

(一)无效民事行为的概念和特征

无效民事行为,是指虽然已经成立,但因其在内容上违反了法律、行政法规的强制性规定和公序良俗而应当被宣告无效的民事行为。无效民事行为具有以下特征:

(1)无效民事行为具有违法性。这里所说的违法性包括两个方面的内容:一是违反了法律和行政法规的强制性规定,二是指违反了社会公共利益。

(2)对无效民事行为应实行国家干预。这种干预主要体现在两个方面:一是法院和仲裁机构不待当事人请求确认民事行为无效,便可依职权主动审查民事行为是否具有无效的因素,如发现民事行为无效,便应主动地确认其无效。二是有关国家行政机关可对一些无效民事行为予以查处,追究有关无效民事行为当事人的行政责任。

(3)无效民事行为具有不得履行性。即当事人成立无效民事行为,特别是在订立无效合同以后,不得依据合同实际履行,也不承担不履行合同的违约责任。

(4)无效民事行为自始、当然、确定无效。所谓自始无效,是指无效民事行为自成立伊始即为无效。所谓当然无效,是指由于无效民事行为具有违法性,因此该民事行为的无效乃是理所当然。所谓确定无效,是指无效民事行为的无效是确定无疑的,根本不发生转换为有效法律行为的可能性。

(二)无效民事行为的类型

根据我国《民法通则》第58条的规定,以下民事行为均属于无效民事行为:(1)当事人为无民事行为能力人;(2)当事人为限制民事行为能力人;(3)当事人一方有欺诈、胁迫、乘人之危的行为;(4)双方恶意串通行为;(5)违反法律或者社会公益;(6)违反国家指令性计划;(7)以合法形式掩盖非法目的。可见,《民法通则》规定的无效民事行为的范围较为宽泛。不可否认,《民法通则》对无效法律行为规定得极为宽泛,有利于加强国家对交易关系的干预和对不法行为的制裁,但此种规定也具有明显的弊端。

在市场经济条件下,民法,特别是合同法的目标在于尽可能地促成交易,只有这样,社会财富才得以增进、经济才得以发展。过多的宣告法律行为无效,使一些本不应被消灭的交易被消灭,有悖于此目的。因此,《合同法》修改了这一规定。

根据《合同法》第52条的规定,“有下列情形之一的,合同无效:(一)一方以欺诈、胁迫的手段订立合同,损害国家利益;(二)恶意串通,损害国家、集体或者第三人利益;(三)以合法形式掩盖非法目的;(四)损害社会公共利益;(五)违反法律、行政法规的强制性规定。”而对于限制行为能力人的行为,《合同法》第47条规定,“限制民事行为能力人订立的合同,经法定代理人追认后,该合同有效,但纯获利益的合同或者与其年龄、智力、精神健康状况相适应而订立的合同,不必经法定代理人追认。”这些规定与上述《民法通则》第58条相比,显然具有很大的进步性。

因此,参酌我国《合同法》的规定,无效民事行为应包括以下几种类型:(1)当事人为无民事行为能力人;(2)一方欺诈、胁迫,损害国家利益的行为;(3)恶意串通,损害国家、集体或者第三人利益的法律行为;(4)以合法形式掩盖非法目的的法律行为;(5)违反法律、行政法规的强制性规定的法律行为;(6)损害社会公共利益的法律行为。

二、可撤销民事行为

(一)可撤销民事行为的概念与特征

可撤销民事行为,是指已经成立,但意思表示不真实,可因撤销权人行使撤销权的行为使其效力归于消灭的民事行为。可撤销的民事行为的效力不完全,不同于无效民事行为的绝对无效,其有效与否取决于撤销权人的意志。可撤销民事行为制度的设立,既体现了法律对公平交易的要求,又体现了意思自治原则的精神,是对上述两项价值的调和。

一般来说,可撤销民事行为具有以下特征:(1)可撤销民事行为在被撤销以前,已发生针对无撤销权的当事人的效力;(2)是否使可撤销民事行为的效力归于消灭,取决于撤销权人的意思,撤销权人以外的人不得主张撤销该民事行为;(3)可撤销民事行为的效力的消灭,必须有撤销行为;(4)撤销权一旦行使,可撤销的民事行为原则上溯及其成立之时,其效力归于消灭。

(二)可撤销民事行为的类型

根据《民法通则》的规定,可撤销民事行为包括重大误解与显失公平两种。不过,合同法又将不损害国家利益的欺诈、胁迫、乘人之危等行为确认为可撤销的合同。

1. 受欺诈的民事行为

受欺诈的民事行为,是指一方当事人故意用捏造虚假情况,或者用歪曲、掩盖真实情况的手段,使另一方当事人陷于错误认识而实施的民事行为。

2. 受胁迫的民事行为

受胁迫的民事行为,是指胁迫人以现实的危害行为相威胁,或者以将要实施危害行为相要挟,造成受胁迫者陷于恐惧,并作出违背真实意愿的意思表示。对于受胁迫而作出的意思表示,受胁迫人可请求撤销。

3. 乘人之危的民事行为

乘人之危的民事行为,是指一方当事人利用对方某种急迫需要或者危难情况,迫使对方违背真实意愿,接受苛刻条件而实施的民事行为。

4. 重大误解的民事行为

重大误解的民事行为,是指一方因自己的过错而对民事行为的内容发生了错误认识并在此基础上实施的民事行为。

5. 显失公平的民事行为

显失公平的民事行为,是指一方当事人在实施民事行为时因情况紧迫或缺乏经验而成立的明显对自己有重大不利的民事行为。在成立民事行为时,一方具有利用优势或利用对方轻率、无经验等而与对方成立民事行为的故意。

(三)撤销权的行使

我国《合同法》第 55 条规定,具有撤销权的当事人自知道或者应当知道撤销事由之日起 1 年内没有行使撤销权或具有撤销权的当事人自知道撤销事由后明确表示或者以自己的行为放弃撤销权的,则撤销权消灭。不过,根据我国法律规定,撤销权只能通过诉讼或仲裁的方式行使。撤销权是行为人以自己单方意思表示就能使法律行为的效力归于消灭的权利,故撤销权为形成权。

三、效力未定的民事行为

(一)效力未定的民事行为的概念

效力未定的民事行为是指已经成立但欠缺有效要件，其效力能否发生尚未确定，只有经过权利人追认才能有效的民事行为。效力未定的民事行为的效力是不确定的，既非有效，也非无效，而是处于一种悬而未决的不确定状态。并且，对效力未定的民事行为而言，其效力存在着两种发展的可能性——自始无效或者自始有效，它既可因形成权人的否认而确定地自始无效，也可因形成权人的追认而确定地自始有效。

(二)效力未定的民事行为的类型

1. 限制民事行为能力人实施的其依法不得独立从事的民事行为

根据《民法通则》第 58 条的规定，限制行为能力人实施其依法不得独立从事的民事行为的，该行为无效，这与《合同法》第 47 条第 1 款的规定相矛盾。根据《合同法》的规定，该行为属于效力未定。一般认为《合同法》的规定修改了《民法通则》的规定，因此限制民事行为能力人实施的其依法不能独立从事的民事行为属于效力待定的法律行为。

2. 无权处分行为

无权处分是我国《合同法》第 51 条规定的制度，现行《民法通则》尚未确立这一制度。根据《合同法》的规定，无权处分行为是指无处分权人处分他人财产权利而订立的合同，无权处分行为的效力状态为效力未定，即处于既非有效亦非无效之悬而未决的状态。

一般来说，确定无权处分行为效力的方式有两种：(1)权利人的追认。追认是一种单方意思表示，权利人为追认的意思表示时，应当遵循如下要件：第一，追认必须以明示方式作出；第二，追认既可以向无权处分人也可以向相对人作出，并且既可以在诉讼中作出也可以在诉讼外作出；第三，追认必须在法定期限内作出。(2)无权处分人取得处分权。无权处分人取得处分权，使无权处分行为欠缺的条件得以弥补，从而发生效力。

3. 无权代理行为

无权代理(指狭义的无权代理)也属于效力未定的民事行为之列。对狭义的无权代理行为而言，本人享有追认权与否认权，而与代理人从事交易活动的相对人则享有催告权和撤销权。立法通过赋予本人和相对人这些权利，使无权代理行为的效力亦得以确定。

四、民事行为被撤销或被确认无效的法律后果

根据我国《民法通则》第 61 条的规定，被确认无效或被撤销的民事行为发生如下法律后果：

(一)返还财产

返还财产就是民事行为被确认为无效或被撤销后，受领财产的当事人应向给付财产的当事人返还其所给付的财产。返还财产以恢复原状为原则。恢复原状就是使当事人的法律地位恢复到法律行为成立之前的状态。

(二)赔偿损失

民事行为被确认无效或被撤销而给当事人造成损失的，有过错的一方应向无过错的一方赔偿因民事行为被确认无效或被撤销所造成的损失。在双方皆有过错的情况下，应由当事人各自承担相应的责任。

(三)其他法律后果

在当事人双方恶意串通,实施民事行为损害国家、集体、第三人利益时,要追缴双方所取得的财产,收归国家、集体所有或返还给第三人。

微型案例

1997年3月20日,重庆市渝北区对外贸易公司(以下简称外贸公司)与上海科瑞德实业有限公司(以下简称科瑞德公司)签订了《代理进口协议》,双方约定:外贸公司受科瑞德公司委托,代理其进口镍板和铝锭。同日,中国农业银行襄樊市樊东支行(以下简称樊东农行)向中国银行重庆江北支行(以下简称江北中行)出具了相应的《不可撤销担保书》。该担保书承诺,根据外贸公司向江北中行提交的开立信用证申请和江北中行开具的信用证,在外贸公司向江北中行提交的开证申请书内容与其和科瑞德公司所签代理协议内容一致的前提下,樊东农行愿为外贸公司提供担保,保证承担在上述信用证项下由外贸公司对江北中行应履行的全部支付、偿还或赔偿义务之连带责任。

1997年3月12日至1997年4月15日,外贸公司以履行铝锭买卖合同、镍板买卖合同为由,累计4次向江北中行申请开立不可撤销信用证,江北中行为上述4单信用证累计垫款金额为16 037 646.34美元。外贸公司于1998年6月25日、26日,两次共偿还1 991 000美元,尚欠江北中行垫款14 046 646.34美元。樊东农行在江北中行开立上述四笔信用证时,确认为外贸公司提供担保。

经查证,本案所涉4笔信用证,均系国外货物提单买卖,且均为高价买入低价卖出,买入和卖出均为同一公司。另外,经审查资金流向表明,外贸公司截至1998年1月31日,共收到境外汇款60 915 746.01美元。截至1998年2月28日,外贸公司将收到的转口贸易货款不是用于归还银行信用证垫款,而是将款划到佳昌公司下属各单位和成都拉萨啤酒代销公司,主要用于归还重庆佳昌冶金公司信用证款,炒作期货、股票等。

1999年9月6日,江北中行向法院提起诉讼,请求外贸公司偿付信用证垫款14 046 646.34美元及利息、罚息和主张债权的费用;樊东农行承担连带责任。

点评:本案所涉4单信用证是在无贸易背景的情况下开立的,是外贸公司虚构进口事实、骗开信用证套取国家外汇的行为,根据《中华人民共和国民法通则》第58条第1款第(三)项即"一方以欺诈、胁迫的手段或者乘人之危,使对方在违背真实意思的情况下所为的民事行为无效"的规定,本案开证法律关系应认定无效。

根据《中华人民共和国担保法》第5条即"担保合同是主合同的从合同,主合同无效,担保合同无效"的规定,由于本案开证法律关系无效,故本案担保法律关系亦应认定无效。就本案而言,开证法律关系无效是由于外贸公司欺诈开证行开立没有贸易背景的信用证造成的,担保人樊东农行从申请开证环节上无法获知合同的违法性。因此,应认定樊东农行无过错。根据前述规定,樊东农行不承担民事责任。

——本案改编自:最高人民法院(2005)民四终字第21号民事判决书。

第五节 代 理

一、代理的概念和特征

(一)代理的概念

代理,是指代理人在代理权限内,以被代理人(本人)的名义进行民事法律行为,而该法律行为的法律后果直接归属于被代理人(本人)的法律制度。以他人名义从事法律行为的人,称为代理人;由他人代为从事法律行为并承受法律行为后果的人,称为被代理人,也称为本人;与代理人实施法律行为的人,称为第三人或相对人。

(二)代理的特征

根据我国法律的规定,代理主要具有下列特征:

1. 代理人以被代理人的名义实施代理行为

代理人应以被代理人的名义实施民事法律行为,因此,如果代理人以自己的名义实施民事法律行为的,即使是为委托人的利益进行活动的,该行为也不属于代理行为。

2. 代理人代理的是民事法律行为

代理人是在被代理人欠缺民事行为能力,或者虽有民事行为能力,但因经验、技能或时间等限制而不能实施民事法律行为时,以自己的技能为被代理人提供服务的。代理人利用自己的技能代被代理人实施法律行为,故在事实行为中,如代人抄写资料则不存在代理的问题。

3. 代理人在代理权限内实施代理行为

代理人实施代理行为的依据是代理权,只有在代理权限范围内所进行的活动,才能体现被代理人的意志,并为被代理人实现利益。法定代理人、指定代理人或委托代理(意定代理)人应在法律规定的,或者被指定的,或者被授权的代理权限内进行代理行为。

4. 代理人独立为代理行为

代理行为在本质上是代理人有意志的行为,代理人在从事代理行为的过程中,为了维护被代理人的利益,可以根据具体情况独立进行意思表示,从而圆满完成应予代理的事项,但代理人独立进行代理行为应当受到代理权限范围的限制。

5. 代理人实施代理行为的法律后果直接由被代理人承受

代理制度的实质是被代理人利用代理人的经验、知识和技能等为自己提供服务,从而为自己取得利益,故代理人在代理权限范围内以被代理人的名义实施的法律行为的法律后果应由被代理人承受。此处的法律后果既包括因代理行为产生的民事权利,也包括因代理行为产生的民事义务和民事责任。

二、代理的分类

从不同的角度可以对代理做出不同的分类,以下介绍四种主要的分类方法。

(一)直接代理和间接代理

根据代理进行代理活动的方式,可以把代理分为直接代理和间接代理。

直接代理是指代理人在代理权限范围内以本人名义实施法律行为,其法律后果直接归属于本人的代理。间接代理是指代理人以自己名义实施法律行为,其法律后果间接归属于本人的代理。

我国《民法通则》所规定的代理是直接代理,不包括间接代理;但我国《合同法》第402条和第403条对间接代理进行了规定。依据《合同法》的规定,在间接代理情况下,因代理人以自己的名义从事民事法律行为,合同关系在代理人和第三人之间产生,如果符合法定条件,本人行使介入权和第三人行使选择权后,才可能使被代理人承受该代理行为的法律效果。

(二)单独代理和共同代理

根据代理权的人数,代理可分为单独代理与共同代理。

单独代理是指代理权仅属于一人的代理。共同代理是指代理权属于两人以上的代理。在共同代理中，数代理人之间形成共同关系，享有同等的代理权，故共同代理的代理人应共同行使代理权。依据我国司法解释的规定，数个委托代理人共同行使代理权的，其中一人或数人未与其他代理人协商，所实施的行为侵害被代理人权益的，则该行为不属于共同代理行为，而是行为人自己的行为，由实施该行为的代理人承担民事责任。

（三）委托代理、法定代理和指定代理

根据代理权产生依据，代理可分为委托代理、法定代理和指定代理。我国《民法通则》采用了该种分类。

委托代理是指因本人的授权行为而发生的代理。委托代理一般产生于代理人和被代理人之间存在的基础法律关系之上。法定代理是指由法律根据一定的社会关系直接规定的代理。法定代理人主要是为了弥补无行为能力人或限制行为能力人的行为能力的欠缺而设立的。按照我国《民法通则》第 14 条的规定，无民事行为能力人、限制民事行为能力人的监护人是他们的法定代理人。指定代理，是指由人民法院或其他指定机关指定的代理。指定代理是在当事人无法定代理人和委托代理人的情况下，由有关机关依据职权予以指定的，其中指定代理人享有的代理权来源于指定机关的指定，与当事人的意志无关。

（四）本代理和再代理

根据代理权是由被代理人授予还是由代理人转托，可以把代理分为本代理和再代理。

本代理是指直接由本人授权或依法律规定而产生的代理，又称原代理。本代理是相对于再代理而言的，没有再代理的存在，也就无本代理可言。再代理也称转代理、复代理，是指代理人在必要的情形下，将部分或全部代理事项转托他人而产生的代理。因代理人的转托而享有代理权的人，被称为再代理人。虽然再代理人是由原代理人以自己的名义选任，而不是由被代理人选任的，但其是被代理人的代理人，而不是原代理人的代理人，因此，再代理人也应以被代理人的名义从事民事活动，其代理行为的法律后果也直接归属于被代理人。

代理人与被代理人之间具有严格的人身信任关系，故一般来说，代理人应当亲自执行被代理人所委托的代理事务，即委托代理人原则上没有复任权，但在一定的情况下，法律也允许再代理的产生。根据我国《民法通则》第 68 条的规定，在具备下列条件时，原代理人可以为被代理人选任再代理人：

（1）必须是为了本人的利益。代理人是为被代理人的利益而从事民事法律行为的，故尽管再代理人是原代理人选任的，但其却是本人的代理人，所以再代理人应当为了本人的利益而实施民事法律行为。

（2）须经原代理人授权。再代理人的代理权不是本人授予的，而是由原代理人转托的，故再代理人的代理权应以原代理人享有的代理权为限，不能享有超越原代理人的代理权。再代理产生后，再代理人并不取代原代理人的地位，因此，其仍然可以继续行使代理权。

（3）须事先取得本人的同意或事后及时报告本人并取得其同意。委托代理人为被代理人的利益需要选任再代理人的，应当事先取得本人的同意。如果事先没有征得本人同意的，应当在事后及时告诉本人。如果本人不同意，由原代理人对自己所转托的人的行为负民事责任。但在紧急情况下，如突然患病、通讯联络中断等特殊原因，委托代理人不能办理代理事项，又不能和本人及时取得联系，再不及时选任再代理人，将给本人的利益造成损失时，为了保护本人的利益而转托他人代理的除外。

三、代理关系

代理关系有三方当事人，故其包含三方面的关系：

(一)本人与代理人之间的关系

这种关系是代理的基础关系。法定代理的基础关系是亲权关系或者监护关系；在委托代理中，其基础关系主要是合同关系，如委托合同、劳动合同、合伙合同、承揽合同等。

(二)本人与相对人之间的关系

这是代理人实施代理行为而产生的后果，由于代理人以被代理人的名义从事民事法律行为，故这种民事法律关系一般表现为合同关系，如买卖合同关系。

(三)代理人与相对人之间的关系

在一般情况下，代理人与相对人之间不发生民事法律关系。如果代理人实施的代理行为属于无权代理而本人不予追认时，则由代理人自己向相对人作为法律行为的一方当事人承担法律后果。

四、代理权

(一)代理权的概念

代理权是指代理人以本人的名义进行民事法律行为，并由本人承担该法律行为的法律后果的一种法律资格。代理权是代理制度的核心内容，也是整个代理关系的基础。通常认为，由于代理人享有代理权，却并不享有任何利益，而民事权利是以利益为内容的，故代理权不是民事权利，而是一种资格或地位。代理人取得代理权仅意味着其得以被代理人的名义与第三人进行民事活动，而行为后果直接由被代理人承担。

(二)代理权的取得

根据我国法律规定，代理人取得代理权的原因主要有下列四种：

1. 依法律规定而发生

这是法定代理取得代理权的原因。按照《民法通则》第 14 条的规定："无民事行为能力人、限制民事行为能力人的监护人是他的法定代理人。"法律做出这种规定的原因，一方面是为了保护行为能力欠缺的民事主体的利益，另一方面是为了保护交易安全。

2. 依法院或者其他有权机关指定而发生

这是指定代理人取得代理权的原因。依据《民法通则》第 21 条的规定，失踪人的配偶、父母、成年子女或者关系密切的其他亲属、朋友可以代管失踪人的财产，如果代管有争议的，没有上述人代管或者上述人无能力代管的，人民法院有权为失踪人指定财产代管人。该财产代管人即为指定代理人，其在不损害失踪人利益的范围内享有指定代理权。

3. 依本人授权行为发生

这是委托代理人取得代理权的原因。本人的授权行为是一种法律事实，基于该法律事实，代理人即可获得代理权。在实践中，本人的授权行为往往与某种基础法律关系相结合，但也存在无基础法律关系的授权。

4. 依"外表授权"而发生

这是表见代理权产生的原因。所谓外表授权，是指具有授权行为的外表或假象，而无实际授权。因外表授权而产生代理权，使本人承担代理行为的后果，是因为法律不允许当事人有否认其他有理智的人从他的言行中得出的合理推理。法律为维护交易安全、公平和善意第三人的利益，承认外表授权是发生代理权的法律事实。

五、代理权滥用的禁止

代理权的实质是实现被代理人的利益，但如果代理人在行使代理权时，违背代理权的设立宗旨和代理行为的基本准则，损害被代理人的利益，则该代理行为将受到法律的禁止。根据我国法律的规定及学界的意见，滥用代理权的行为主要有下列三项：

(一)自己代理的禁止

自己代理，即代理人在代理权限内以自己为相对人而实施民事法律行为。在交易中，因各方当事人均追求自己的利益最大化，代理人应追求被代理人的最大利益。在自己代理中，代理人可能会为了自己的利益而牺牲被代理人的利益，这与代理制度的宗旨相违背，故各国民法均对自己代理加以禁止。

(二)双方代理的禁止

双方代理，即一个代理人同时代理双方当事人进行民事法律行为。在交易中，由代理人同时代表双方当事人的利益，难免会顾此失彼，损害其中一方当事人的利益，故各国民法也对双方代理加以禁止。

(三)禁止代理人与第三人恶意串通的代理

代理人在从事代理活动时应维护被代理人的利益，在其与第三人恶意串通时，往往将损害被代理人的利益，这违背了代理关系中被代理人对代理人的信任，是滥用代理权的极端表现形式，当为法律所禁止。

六、代理行为的范围

(一)代理行为一般仅适用于法律行为

按照我国《民法通则》第 63 条第 1 款的规定，自然人、法人可以通过代理人实施民事法律行为。因此，除依照法律规定或当事人的约定不得代理的法律行为之外，一般法律行为均可以通过代理人实施，如代理履行债务、代写遗嘱、代理公司成立、代缴税款、代理民事诉讼行为等。

(二)不可适用代理的法律行为

1. 依照法律规定或当事人的约定不得代理的法律行为

按照《民法通则》第 63 条第 3 款的规定，依照法律规定或者按照双方当事人约定，应当由本人实施的民事法律行为，不得代理。按照我国法律的规定，收养子女、结婚登记等均属于须由本人亲自实施的法律行为。

2. 依性质不得代理的法律行为

有些民事法律行为，法律虽未规定不适用代理，同时当事人也未约定不适用代理，但依据该法律行为的性质不能适用代理，如和某名画家约定由画家本人为其画像，不能由他人代理。

七、无权代理

(一)无权代理的概念

无权代理,是指行为人不具有代理权而以被代理人的名义实施的代理行为。由于代理人不具有代理权,故无权代理不具有代理行为的实质特征,即无权代理人不能将代理行为的法律效果直接归属于被代理人。

应注意的是,无权代理行为并非绝对不能够产生代理的法律效果,在狭义无权代理中,如果本人对代理行为予以追认,则无权代理变成有权代理;如果无权代理符合表见代理的构成要件,则该代理直接发生代理的法律效果。

(二)无权代理的三种类型

依据《民法通则》第66条的规定,行为人不具有代理权有下列三种情况:(1)根本未经授权或者授权无效的代理;(2)超越代理权的代理;(3)代理权终止后的代理。

(三)狭义无权代理

狭义无权代理,是指行为人无代理权,亦无使相对人相信其有代理权的外表授权存在,而以本人的名义实施法律行为的代理。

在狭义无权代理中,行为人以本人名义所实施的民事法律行为属于效力未定的法律行为。按照我国《合同法》第48条的规定,狭义无权代理行为未经被代理人追认,对被代理人不发生效力,由行为人承担责任;相对人可以催告被代理人在1个月内予以追认,被代理人未作表示的,视为拒绝追认,法律行为在追认之前,善意相对人有撤销的权利,但撤销应以通知的方式作出。

微型案例

A市某汽车修理公司授权委托本公司业务员刘某和孙某二人外出订购一批汽车零配件,并对所购汽车零配件的型号、品种、价格以及质量要求等事项在补充协议中作了详细说明。刘某和孙某二人各持一份授权委托书分别在甲、乙两座城市寻找符合要求的货源。

此后,孙某在乙市找到了一批货,型号、品种、质量均符合要件,但价格较高,超出预定价格约20%。孙某拿不定主意,与在甲市的刘某通电话协商,经两人反复讨论,觉得这批货值得,于是由孙某代表在乙市签订了价值8万余元的购货合同。

刘某、孙某二人回到A市后向汽车修理公司报告了签订合同的情形,并把合同交给公司经理。公司认为刘、孙二人所订合同价格过高,不能接受,于是拒绝履行合同。供货方经几次交涉未果,遂向人民法院提起诉讼,要求某汽车修理公司履行合同。供货方诉称:孙某是某汽车公司的业务员,有某汽车修理公司的授权委托书,因此,孙某代为签订购货合同的行为的法律后果应当由汽车修理公司承担,请求法院判决某汽车修理公司履行合同。某汽车修理公司辩称:本公司授予刘、孙二人的代理权非常明确地规定在授权委托书中,并对所购零配件的型号、品种、价格以及质量作了详细的说明,刘、孙二人的行为超越了授权委托书规定的授权范围,属于无权代理,本公司不予追认,因此,本公司不能承担刘、孙二人无权代理行为的法律后果。

点评:本案中某汽车修理公司对刘、孙二人的授权范围在授权委托书中规定得非常明确,因此孙某的行为构成了无权代理,是超越代理权的行为。被代理人某汽车修理公司没有予以追认,因此,越权代理行为产生的法律后果应当由无权代理人自己承担。由于刘某和孙某是某汽车公司的共同代理人，而且孙某与供货方签订合同的行为是经过与刘某协商的，是全体代理人共同的意思表示，因此应当由刘某和孙某对供货方负连带责任。

——资料来源：http://www.jcrb.com/zyw/n505/ca344005.htm。

(四)表见代理

1. 表见代理的概念和构成要件

表见代理是指本人的行为足以使善意第三人相信无权代理人具有代理权，基于此项信赖而与无权代理人进行法律行为，由此造成的法律效果归属于本人的代理。表见代理属于广义的无权代理，其与狭义无权代理不同，表见代理人虽也无代理权，但法律强使其发生有权代理的法律效果。表见代理的作用在于维护交易安全，保护善意第三人的利益，并协调个人安全与社会安全之间的冲突。

构成表见代理应当具备下列四个要件：

(1)代理人在实施代理行为时无代理权。如果代理人在实施代理行为时享有代理权，则属于有权代理，不发生表见代理的问题。

(2)客观上存在使善意第三人相信无权代理人具有代理权的理由。该要件以行为人与本人之间存在某种事实上或法律上的联系为基础，至于此种联系是否存在或是否足以产生无权代理人被授予代理权的外表或假象，应依一般交易情况进行考察。

(3)第三人应当善意且无过失。即第三人对行为人未获得本人的授权不知情，而且第三人的不知情并非是由其过失造成的。

(4)无权代理人与第三人进行法律行为符合法律行为的有效要件。即使第三人有正当理由相信无权代理人有代理权，但如其未与无权代理人实施法律行为，仍不产生表见代理的问题；在第三人与无权代理人实施的法律行为不具备生效要件时，表见代理也不成立。

2. 表见代理的发生原因

在实践中，表见代理的产生通常基于以下原因：

(1)本人以书面或口头形式直接或间接向第三人表示对某人授权，而事实上未授权；

(2)本人将具有证明代理权存在意义的文件，如空白介绍信、合同书交给他人，而无授权意图；

(3)代理关系终止后未收回代理人持有的代理证书，或采取必要措施公示代理关系终止的事实；

(4)代理证书授权不明，代理人超越代理权进行代理行为，第三人善意无过失而相信其有代理权；

(5)本人明知他人以自己的名义从事法律行为而不予以否认的。

3. 表见代理的效力

表见代理的法律后果直接归属于本人。表见代理对本人产生有权代理的效力，本人不得以无权代理进行抗辩，故其法律效果直接由本人承受。

第三人可以选择主张表见代理或主张狭义无权代理。表见代理本身也符合狭义无权代理的构成要件，故对相对人而言，其可以根据自己的利益主张成立表见代理，由本人承担法律后果，也可以主张成立狭义无权代理，由无权代理人承担法律后果。

本人因表见代理而造成的损失，有权向无权代理人追偿。尽管法律规定表见代理对本人产生有权代理的效力，但本人毕竟未对表见代理人授权，故在本人承担表见代理的法律后果而受到损失时，本人有权向无权代理人请求赔偿。

课后习题

一、复习思考题

1. 什么是民事法律行为，它的特点有什么？
2. 民事法律行为的种类有哪些？
3. 民事法律行为的形式有哪些？
4. 民事法律行为的生效要件是什么？
5. 什么是附条件的民事法律行为？什么是附期限的民事法律行为？
6. 什么是无效的民事行为？无效的民事行为有哪些类型？
7. 可撤销、可变更的民事行为有哪些类型？
8. 效力未定民事行为有哪些类型？
9. 民事行为被撤销、确认无效的法律后果有哪些？
10. 什么是代理？它有哪些特征？
11. 代理的种类有哪些？
12. 滥用代理权的行为有哪些？
13. 什么是无权代理？无权代理有哪些类型？
14. 什么是表见代理？表见代理的法律后果是什么？

二、案例分析题

某木材器具厂（以下简称木材厂）与某家具城多次有业务往来。1999 年 3 月双方第一次签合同时，木材厂经理对家具城称，以后业务均由该厂业务员姚某代理。之后，木材厂每次与家具城签订业务合同，都由其业务员姚某办理，并带有介绍信、加盖公章的空白合同书、授权委托书。

2004 年 2 月前，姚某又与家具城签订了加工家具合同，总价款 12 万元，40 日内交货，预付款 4 万元。当天家具城将 4 万元预付款汇入姚某提供的银行账户里。由于与姚某是老关系，家具城这次没有要求姚某出示厂方介绍信及授权委托书，只是在姚某拿的加盖木材厂公章的空白合同书中与姚某签订合同并签名盖章。

两个月过后，家具城不见木材厂发货，便到木材厂询问，得知姚某早在 2003 年 12 月就离开了木材厂。家具城让木材厂继续履行合同，遭到拒绝。5 月份诉于法院。

请问：该案的法律后果应该由谁承担？理由是什么？

第三章　诉讼时效和期间

学习目标

掌握诉讼时效的概念和分类；
全面认识和理解诉讼时效的中止和中断；
了解诉讼时效的起算和期间。

引入案例

追债可不能懈怠

原告装饰公司与被告建筑公司于2005年4月6日签订门窗加工合同，由原告装饰公司为被告建筑公司加工塑钢门窗。合同约定，按工程实际用量结算；结算方式为安装完毕后一次性结清。合同签订后，原告装饰公司按合同约定为被告建筑公司安装了门窗；安装完毕后，双方进行了结算，2005年11月23日被告建筑公司物资部人员在结算表上盖章，被告建筑公司认可欠原告公司门窗加工费为13 896元。2008年7月18日，装饰公司起诉至法院，要求被告建筑公司给付加工费；被告建筑公司以原告装饰公司起诉已经超过了两年的诉讼时效进行抗辩，不同意原告装饰公司的诉讼请求。原告装饰公司为证明诉讼时效已中断，其提交了北京某律师事务所2007年11月15日给被告建筑公司邮寄的北京邮政同城快件，该快件中没有邮政部门盖章，也没有收件人的签字或签章，该快件在业务说明中载明“邮件的交寄确认以邮件进入邮政系统后产生的信息为准(通过短信告知，或登录bj183网站获知)”。经本院在bj183网站查询，没有该快件信息，被告建筑公司亦否认收到了该快件。上述事实有原告、被告签订的门窗加工合同、结算表及双方当事人陈述等证据在案佐证。法院认为，原告装饰公司与被告建筑公司签订的门窗加工合同，系双方真实意思表示，且不违反相关法律规定，合同有效。本案原告装饰公司依据合同约定为被告建筑公司完成了门窗安装，被告建筑公司欠原告装饰公司13 896元的加工费，事实清楚。依据双方约定，被告建筑公司应在安装完毕后一次性结清；在2005年11月23日双方结算时，被告建筑公司未付加工费，原告装饰公司应当知道自己的权利已被侵害，故诉讼时效应从2005年11月24日起计算。在诉讼时效的两年期内，原告装饰公司未提起诉讼主张权利，在案件审理中亦未提交诉讼时效中断的有效证据，故应认定原告装饰公司要求被告建筑公司给付加工费的请求，已超过诉讼时效，法院不予支持。原告装饰公司所提交的2007年11月15日的“北京邮政同城快件”，没有收件人签字或签章，且在bj183网站亦未查询到该快件信息，不能证明被告建筑公司已收到该快件，故法院对原告装饰公司主张“诉讼时效中断”的意见，不予采纳。据此，依照《民法通则》第135条，最高人民法院《关于民事诉讼证据若干规定》第2条之规定，判决如下：驳回原告装饰有限公司的诉讼请求。

——资料来源：《从一个案例看诉讼时效》，http://bbs.szhome.com/commentdetail2.aspx?id=68530159.

第一节　诉讼时效概述

一、诉讼时效的概念

诉讼时效是指权利人不行使权利的事实状态持续经过法定的期间，即丧失请求法院依诉讼程序强制义务人履行义务的权利。根据我国《民法通则》的规定，权利人在法定诉讼时效期间内不行使权利即丧失在诉讼中的胜诉权，而不是丧失起诉权，也不是丧失原权利。

起诉权与胜诉权是不同的。起诉权是一种程序性权利，是一种请求权，是当事人请求法院行使审判权，以保护自己合法利益的权利。而胜诉权是基于实体法而产生的，体现为法院对当事人权利请求的支持。当事人在诉讼时效届满后仍然可以向人民法院起诉，只要起诉符合《民事诉讼法》中的相关规定，人民法院就应当立案审查。受理后，法院只有在查明无诉讼时效的中止、延长、中断等法定理由的，才可以以判决驳回诉讼请求。

诉讼时效也并不丧失原权利，《民法通则》第 138 条规定，超过诉讼时效期间，当事人自愿履行的，不受诉讼时效限制。

诉讼时效作为一种法律制度，其目的并不是要剥夺当事人行使合法权利的权利，而是出于效率与公平的综合考虑，督促当事人及时行使权利，避免证据灭失，有助于证据的保全，以利于物权的流转和债权关系的稳定。

二、诉讼时效与时效

时效，是指一定的事实状态经过一定的时间即产生一定法律效果的制度。时效的构成应具备两个条件：一是一定事实状态的存在，这种事实状态是指占有财产或不行使权利的客观状况；二是这种事实状态持续了一定的时间，一定的时间应由法律加以规定。只有一定的事实状态与一定的时间相结合，才构成时效并产生一定的法律效果。

时效有取得时效与消灭时效之分。取得时效又称占有时效，是指占有他人财产的事实经过法定的时间，即取得该项财产所有权的制度。消灭时效又称诉讼时效，是指不行使权利的事实状态经过法定的时间，即依法产生该项权利不再受法律保护的制度。

三、诉讼时效与除斥期间

除斥期间又称预定期间，是指某种权利的法定存续期间，权利人如果在此期间内不行使权利，则期间届满后，该项实体权利即告消灭。出于除斥期间制度价值的充分展现，除斥期间为不变期间，不适用中断、中止和延长的规定。例如，《合同法》第 193 条规定，因受赠人的违法行为致使赠与人死亡或者丧失民事行为能力的，赠与人的继承人或者法定代理人可以撤销赠与，但撤销权人应在其知道或者应当知道撤销原因之日起 6 个月内行使。这里的 6 个月就是除斥期间，因为 6 个月满，当事人丧失的不仅是胜诉权，更是其本身的原权利——撤销权。

四、诉讼时效的分类

根据《民法通则》，诉讼时效一般可分为普通诉讼时效、特殊诉讼时效和权利最长保护期限。诉讼时效期间从知道或者应当知道权利被侵害时起计算。

（一）普通诉讼时效

普通诉讼时效是根据《民法通则》的规定适用于一般民事法律关系的诉讼时效。我国《民法通则》规定，向人民法院请求保护民事权利的诉讼时效期间为2年，法律另有规定的除外。

（二）特别诉讼时效

特别诉讼时效是根据《民法通则》和有关法律规定的只适用于某些特定的民事法律关系的诉讼时效。我国《民法通则》第136条规定，下列情况的诉讼时效期间为1年：(1)身体受到伤害要求赔偿的；(2)出售质量不合格的商品未声明的；(3)延付或者拒付租金的；(4)寄存财物被丢失或者损毁的。

我国《合同法》规定，涉外货物买卖合同争议提起诉讼或者仲裁的期限为4年。

（三）权利最长保护期限

权利最长保护期限是指从权利被侵害之日起受法院保护的最长期限。《民法通则》第137条规定：诉讼时效期间从知道或者应当知道权利被侵害时起计算。但是，从权利被侵害之日起超过20年的，人民法院不予保护。权利最长保护期限是从权利被侵害时开始计算，而其他诉讼时效的期限是从权利人知道或应当知道权利被侵害时计算的；同时，权利最长保护期限不适用其他诉讼时效的中断、中止等规定。

第二节　诉讼时效期间的起算、中止和中断

一、诉讼时效的起算

诉讼时效的起算是指从什么时候开始计算诉讼时效。根据《民法通则》第137条规定："诉讼时效从知道或者应当知道权利被侵害时起计算。"在这里，"知道"权利受到侵害要求权利人对权利受到侵害的状况在主观上是获知的，而"应当知道"则是一种法律上的推定，不管当事人实际是否知道权利受到侵害，在客观上只要存在知道的条件和可能，即使当事人因主观过错实际不知道，仍然开始计算诉讼时效。这一规定的目的，是为了防止权利人以不知道权利被侵害为借口而规避诉讼时效。如人身损害赔偿的诉讼时效期间，伤害明显的，从受伤害之日起算；伤害当时未曾发现的，后经检查确诊并能证明是由伤害引起的，从伤势确诊之日起算。

二、诉讼时效中止

《民法通则》第139条规定：在诉讼时效期间的最后6个月内，因不可抗力或者其他障碍不能行使请求权的，诉讼时效中止。从中止时效的原因消除之日起，诉讼时效期间继续计算。诉讼时效的中止实质是诉讼时效期间的暂停，以暂停的形式将阻碍权利人行使权利的法定障碍经过的期间，扣除在时效期间之外，以保证权利人遇到阻碍权利行使的特殊事由时仍然有行使

权利的必要时间。

(一)诉讼时效中止的事由

诉讼时效中止的事由必须是法律规定的，而不是由当事人或法庭来决定的。根据《民法通则》第139条的规定，中止时效的事由有两个：一个是不可抗力，一个是其他障碍。不可抗力是指“不能预见、不能避免并不能克服的客观情况”，如战争、地震、火山爆发等天灾人祸。其他障碍是指除不可抗力之外的人的主观不能预见和不能避免的客观情况，如《民法通则意见》第172条规定，在诉讼时效期间的最后6个月内，权利被侵害的无民事行为能力人、限制民事行为能力人没有法定代理人，或者法定代理人死亡、丧失代理权，或者法定代理人本人丧失行为能力的，可以认定为因其他障碍不能行使请求权，适用诉讼时效中止。

(二)诉讼时效中止的时间

根据我国《民法通则》的规定，只有在诉讼时效期间的最后6个月内发生中止事由，才能中止诉讼时效的进行。如果在诉讼时效期间的最后6个月以前行使权利存在障碍，但是至最后6个月时障碍已经消除，则不发生诉讼时效中止；如果该障碍在最后6个月时尚未消除，则应从最后6个月起中止诉讼时效，直到该障碍消除。

(三)诉讼时效中止的效力

根据我国《民法通则》的规定，中止事由发生前已经经过的时效期间仍然有效，等到时效继续进行时，前后期间合并计算。例如，当时效进行到1年零8个月时，发生诉讼时效中止的事由并延续了2个月，则此时，诉讼时效中止。到障碍消除，还有4个月的诉讼时效。而如果是在1年零5个月时出现诉讼时效中止的事由，并延续2个月，则并不立即发生诉讼时效中止的法律效力，到1年零6个月时诉讼时效才中止，到1年零7个月时恢复计算，还有6个月的诉讼时效。

三、诉讼时效中断

(一)诉讼时效中断的定义

诉讼时效的中断是指在诉讼时效进行中，因一定法定事由的发生而使已经经过的诉讼时效期间统归无效，待中断事由消除后，诉讼时效期间重新起算。诉讼时效的中断适用于普通诉讼时效和特别诉讼时效，而不适用于20年的权利最长保护期限。

(二)诉讼时效中断的事由

根据《民法通则》第140条的规定，诉讼时效中断的法定事由有三种：

1. 提起诉讼

权利人提起诉讼是积极行使自身权利的一种表现形式，也是最有效的方式，因而发生诉讼时效的中断。

2. 当事人一方提出要求

当事人一方提出要求是指权利人以诉讼以外的方式向义务人主张权利，包括通知、催告义务人履行义务、要求连带责任人承担责任、向破产清算人申报债权等。此外，根据《民法通则意见》的规定，权利人向债务保证人、债务人的代理人或者财产代管人主张权利的，可以认定诉讼时效中断。权利人向人民调解委员会或者有关单位提出保护民事权利的请求，从提出请求时起，诉讼时效中断。经调处达不成协议的，诉讼时效期间即重新起算；如调处达成协议，义务人未按协议所定期限履行义务的，诉讼时效期间应从期限届满时重新起算。

3. 当事人一方同意履行义务

当事人同意履行义务是指义务人通过一定的方式向权利作出愿意履行义务的意思表示。当事人一方同意履行义务的表示方法除了书面或能够证明的口头方式之外，债务人向债权人要求延期给付、对债务履行提供担保、支付利息或租金等也属于当事人一方同意履行义务的范畴，诉讼时效因此而中断。

(三)诉讼时效中断的效力

在发生了诉讼时效中断的事由之后，中断事由发生前已经经过的时效期间归于无效，等到中断事由消除后，诉讼时效期间重新开始计算。

四、诉讼时效的延长

诉讼时效的延长是指权利人因特殊原因未在法定的诉讼时效期间行使权利，在诉讼时效期间届满以后，向法院提起诉讼时，由法院决定对诉讼时效予以延展的制度。这里的特殊情况是除了中止事由以外的阻碍当事人在法定期间行使权利的客观障碍。例如，涉及去台人员和台湾同胞的民事权利的诉讼时效就会因为我国台湾和大陆地区未统一的现状而适当延长。《民法通则》第 137 条规定："诉讼时效期间从知道或者应当知道权利被侵害时起计算。但是，从权利被侵害之日起超过 20 年的，人民法院不予保护。有特殊情况的，人民法院可以延长诉讼时效期间。"法律对诉讼时效的延长没有规定法定的事由，而是由人民法院根据具体情况酌情决定。

第三节 期 间

一、期间的概念

期间是指从时间的某一个特定的点到另一个特定的点所经过的时间，其是时间的某一特定的段或区间。比如，从 2009 年 12 月 5 日到 2010 年 12 月 5 日就是一个期间。

二、期间的种类

期间可以分为法定、指定和约定三种类别。

(1)法定期间是指法律直接规定的期间。例如，法定的诉讼时效时间和除斥期间等，都有法律做出具体的规定，当事人不可以任意改变。

(2)指定期间是指由人民法院或仲裁机构确定的期间。例如，人民法院确定的一方当事人履行债权债务的期间。

(3)约定期间是指由法律关系的双方自由选择约定的期间。约定的期间虽然是由双方当事人选择的，但一旦确立，就对双方当事人具有法律的约束力，任何一方违反都要承受相应的后果。

三、期间的计算

《民法》所称的期间按照公历年、月、日、小时计算。规定按照小时计算期间的，从规定时开始计算。规定按照日、月、年计算期间的，开始的当天不算入，从下一天开始计算。期间的最后一天是星期日或者其他法定休假日的，以休假日的次日为期间的最后一天。期间的最后一天的截止时间为24:00。有业务时间的，到停止业务活动的时间截止。

课后习题

一、复习思考题

1. 什么是时效？什么是诉讼时效？什么是除斥期间？
2. 什么是普通诉讼时效？什么是特殊诉讼时效？什么是权利最长保护期限？
3. 我国《民法通则》规定的诉讼时效为1年的有哪些情况？
4. 诉讼时效中止的事由有哪些？诉讼时效中止有什么效力？
5. 诉讼时效中断的事由有哪些？诉讼时效中断有什么效力？
6. 什么是期间？它有哪些类别？

二、案例分析题

2006年2月1日，张三向李四借款人民币10万元，张三给李四打了一张欠条，注明借款时间为2006年2月1日，未写还款日期。2010年5月10日，李四诉至法院，要求张三返还借款10万元。在庭审中，被告张三辩称，本案诉讼时效已过，拒绝返还10万元借款。法院支持原告李四的诉讼请求，判决被告张三败诉，由张三返还李四的借款10万元并承担案件受理费。

请问：法院为什么支持原告李四的诉讼请求呢？

第四章　企业法

学习目标

掌握企业法的基本概念、调整对象；
掌握全民所有制企业的设立、变更和终止；
了解合伙企业的设立和合伙协议；
掌握个人独资企业的法律特征与设立；
掌握外商投资企业的种类。

引入案例

自称集体企业　海尔被列入青岛国资委名单

青岛市国资委公布了第一批监管企业名单。海尔集团位列其中。这个名单包括27家青岛市直企业，其中符合监管范围和标准的有23家，其余4家虽然不符合监管范围和标准，但考虑到行业的特殊性，也被纳入。按照有关规定，首批确定的27家市直企业由市国资委代表市政府全面履行国有出资人职责实施监管，逐步实现管资产、管人和管事相结合。

关于海尔被纳入的原因，青岛市国资委办公室车主任告诉《第一财经日报》，这是市政府授权委托市国资委履行出资人职责的。至于海尔是属于符合监管范围和标准的23家企业，还是属于不符合监管范围和标准的那4家，车主任表示“不好说”。

具体到海尔有多大规模的资产属于国资委的监管范围，车主任表示这是内部秘密，不便对外透露。记者向山东省国资委询问时，有关人士表示，具体市一级国资委对企业监管的标准和范围，由他们自己来制定。

青岛市国资委和海尔本身对海尔被列入监管范围不愿透露更多的信息，有专家认为，海尔的复杂身份及其改制过程增加了敏感性。有资料显示，海尔在其发展过程中为协助当地政府解决国有企业发展问题，以划拨和兼并的方式重组了部分国企，其资产中具有部分国有的成分。在海尔的网站上，海尔集团称自己是“集体企业”。此前山东省国资委有关人士表示，海尔是从集体小企业发展起来的，属集体企业无疑。但早在1998年青岛市原体改办制定的国有企业年薪制试点中，海尔亦名列其中。

前段时间，香港中文大学教授郎咸平认为，海尔在“变相侵吞国资”。对此，海尔集团首席执行官张瑞敏曾以“海尔是集体企业，不存在国有资产流失问题”予以回应。山东省国资委有关人士称，海尔肯定是以集体企业的身份被列入监管名单的。

按照国资监管“逐步实现管资产、管人和管事相结合”的原则，海尔今后隶属和管理模式是否会相应发生变化，令人关注。

——资料来源：http://business.sohu.com/20041201/n223266359.shtml。

第一节 企业法概述

一、企业的概念

企业是指依法成立并具备一定的组织形式，以营利为目的的独立从事商品生产经营活动和商业服务的经济组织。

二、企业的特征

(一)企业是独立从事生产经营或服务性生活的经济组织

企业作为经济组织，其从事的是经济活动，包括物质资料生产、经营、销售，也包括满足人们生产和生活需要的各方面服务活动。这一特征区别于国家机关、社会团体、事业单位、军队等部门的职能。所谓独立性，是指企业对外的活动是以企业名义发生的，企业内部的分支机构已获得独立的营业资格。另外，独立性还体现在企业享有经营管理的自主权和对外独立承担民事责任等方面。作为法人企业，企业的决策权集中在法人机关，而非法人企业的决策权则掌握在投资者手中。在企业的民事责任方面，法人企业以其经营管理的财产或所有的财产对外承担民事责任，具有完全的独立性；而非法人企业的债务则要由投资者以其共有的企业财产和所有的个人财产承担无限或连带的责任，表现为相对的独立性。

(二)企业是营利性的经济组织

企业是营利性的经济组织，企业生存和发展的目的就是通过其具体的经营活动，以较少的投入取得较大的收益，并以利润的最大化为目标。投资者在把消费资金转入生产资金时，一般都期望资金的增值，这种期望通过企业去实现，这就是企业活动的营利性。

(三)企业是依法成立并具备一定主体资格的经济组织

这是从企业存在的法律条件和法律地位来说的，企业只有具备了法律规定的要件，并履行了法定的必需程序，才可以取得相应类型的企业资格，才能进行营业活动，并得到法律的确认和保护。经依法成立的企业均在法律上有一定的主体资格。一般来说，具有法人资格的合伙企业和独资企业有相对独立的法律上的主体资格。具有法人资格的企业是独立的经济组织，其独立性主要表现在企业的财产独立、生产经营独立、利益独立、责任独立等方面。

三、企业法的定义

企业法是规范企业在设立、存续和终止过程中所发生的各类社会关系的法律制度。企业法要对企业在设立、存续和终止过程中所发生的财产关系、经济行政关系，以及内部的有关主体的权利和义务、职权和责任等内容通过立法形式加以确认、规范，从而把企业的全部活动和有关行为纳入法制轨道。企业法是国家管理企业的基本行为规范，也是国家对企业进行管理的基本法律依据。

四、企业法的调整对象

企业作为以营利为目的的经济组织，在国民经济活动中存续的全过程主要包括组织上的设立、变更和终止三个基本环节，而在这三个环节中所发生的由企业法所规范的社会关系又主要反映在三个方面：(1)企业以及企业与投资者之间所发生的财产关系；(2)企业存续过程中，国家与企业的宏观调控关系；(3)企业作为一个社会组织，其内部的经验管理关系以及企业在存续过程中所发生的经济行政关系。

五、企业法的特征

(一)企业法是一种组织法与行为法相结合、以组织法为主体的法律规范

企业法特定的规范对象就是企业这种经济组织。各国企业法无一例外都对本国企业的种类、组织形式、组成的条件，各类企业必须设置的法定机构、负责人及其职权作出规定，同时企业法通过对企业名称、住所、章程、权利能力与行为能力的规定来确定不同企业的法律地位。因此，企业法是一种组织法或者是主体法。与此同时，企业法还把组件企业以及企业设立后生产经营活动的基本行为应遵循的原则、行为的内容以及行为的法律后果作出基本规定，以保证企业依法成立的组件正常地开展生产经营活动。如公司法中的公司募股集资的方式、股份的发行与转让、债券的发行等规定均属于行为法的内容。所以，企业法是一种组织法与行为法相结合的法律规范。然而，企业法是以规范、确认企业这种社会组织的组成、法律地位、内部机构组成等以组织法为主的法律规范。

(二)企业法是一种实体法与程序法相结合、以实体法为主的法律规范

企业法是实体法，如企业的种类、企业设立须具备的条件、企业的注册资本数额以及资本构成、投资者的权利和义务、内部机构的设置及职权等，均属实体法性质的规定。与此同时，企业法还规定了为实现这些实体上的权利和义务所必须履行的法定程序。这些法定程序是多方面的，从企业的设立、变更、终止，到企业有关组织机构的组成、会议的召集和决策程序，乃至股份和债券的募集与发行等都有明确的程序上的规定。从这一点来讲，企业法又有程序法性质。

(三)企业法是一种强制性规范与任意性规范相结合、以强制性规范为主的法律规范

《公司法》规定，公司要标明公司的种类，股份有限公司开办的发起人不得少于法定人数；公司注册资本的最低数额，公司董事和其他主要负责人的任职资格，有关组织机构的职责，公司董事长、经理等不得为监事会成员等。这些规定均不得任意变更和伸缩，是典型的强制性规范。同时，企业在商品生产和商品流通中进行竞争，企业及其投资者要营利，要承担投资和经营风险，这就决定了企业有权选择有利于自己的投资方式、经营方式，也决定了企业要尊重投资者的意愿，因此，企业法在具体规定上有许多任意性的条款，供投资者选择。如股份有限公司募股集资的方式是发起设立还是募股设立，股息和红利的分配方式选择，以及扩股增资的途径等。

(四)企业法是一种管理法与财产法相结合的法律规范

国家制定企业法的目的就是根据国家国民经济和社会发展总目标的要求，来调整国家与企业间的关系，从而把企业的全部活动纳入法制轨道，并通过企业法对企业及其活动进行管理和监督，保证企业的合法经营和维护社会正常的经济秩序。如企业设立的审核与批准、企业登记制度、法律对企业的组织机构及其行为的各方面要求，均反映了企业法重要的管理属性。同时，企业法所调整的社会关系，相当一部分是财产关系，如企业财产的归属、企业盈利的分配、各类基金的计提、企业债权债务的享有与承担、企业终止后财产的分配等，这些也都是企业法的重要内容。

第二节　全民所有制企业法

一、全民所有制企业和全民所有制企业法概述

(一)全民所有制企业的概念

全民所有制企业即国有企业，是指国家投资兴办，依法自主经营、自负盈亏、独立核算的企业法人。全民所有制企业的财产属于全民所有，国家依照所有权和经营权分离的原则授予企业经营管理。企业对国家授予其经营管理的财产享有占有、使用和依法处分的权利。企业依法取得法人资格，以国家授予其经营管理的财产承担民事责任。企业根据政府主管部门的决定，可以采取承包、租赁等经营责任制形式。

(二)全民所有制企业法的概念

全民所有制企业法是指调整全民所有制工业企业在其设立、经营、变更和终止过程中所发生的经济关系的法律规范的总称，它有广义和狭义两种理解。

从狭义上讲，仅指第七届全国人民代表大会第一次会议于 1988 年 4 月 13 日通过并于同年 8 月 1 日起施行的《中华人民共和国所有制工业企业法》(以下简称《企业法》)。这部重要的所有制企业的基本法律，对于其他所有现行的关于全民所有制工业企业的法规起着统帅作用，同时，它又是制定关于全民所有制工业企业法规的根据。

从广义上讲，我国全民所有制企业法是以《企业法》为基础法，包括《企业破产法》《全民所有制工业企业承包经营合作制暂行条例》《全民所有制小型工业企业租赁经营暂行条例》以及《全民所有制工业企业转换经营机制条例》(以下简称《转机条例》)等有关调整全民所有制工业企业关系的法律规范的综合。

二、全民所有制企业的设立

(一)设立全民所有制企业必须具备的条件

根据《企业法》第 17 条的规定，申请设立全民所有制工业企业必须具备以下各项条件：(1)产品为社会所需要；(2)有能源、原材料、交通运输的必要条件；(3)有自己的名称和生产经营场所；(4)有符合国家规定的资金；(5)有自己的组织机构；(6)有明确的经营范围；(7)法律、法规规定的其他条件。

(二)设立企业的程序

设立企业必须经过申请、审批和登记三个法定程序。首先由准备设立者提出申请。然后，依照法律和国务院规定的审批权限，报请政府或政府主管部门审核批准。最后，到工商行政管理部门核准登记、领取营业执照，便正式取得法人资格。

企业登记注册的内容，主要包括下列事项：企业法人名称、住所、经营场所、法定代表人、经

济性质、经营范围、经营方式、注册资金、从业人数、经营期限、分支机构等。

办理企业开业登记，应该在审批机关批准后 30 日内，向登记主管机关提出申请。申请企业开业登记，应当提交的文件、证件有：组建负责人签署的登记申请书，审批机关的批准文件，组织章程，资金信用证明、验资证明或者资金担保，企业主要负责人的身份证明，住所和经营场所使用证明，其他有关部门文件、证件。

申请开业登记，经登记主管机关核准登记注册的，领取企业法人营业执照，取得法人资格，企业即告成立。企业法人凭其营业执照可以刻制公章、开立银行账户、签订合同，可以在核准登记的经营范围内从事生产经营活动，其合法权益受法律保护。

三、全民所有制企业的变更和终止

(一)企业变更

企业变更，是指企业在组织上分立、合并，以及企业在名称、地址、经营范围、注册资金等方面的变化。企业变化的主要情形有以下 4 种：

1. 企业的合并

这是指两个或两个以上的企业联合组成一个企业或者一个企业兼并一个或一个以上的企业。政府可以决定或者批准企业的合并。政府决定或者批准合并在全民所有制企业的范围内，可以采取资产无偿划转方式进行。合并方案由政府主管部门或者企业提出。在政府主管部门主持下，合并各方经充分协商后，订立合并协议。

企业可以自主决定兼并其他企业。企业兼并是一种有偿的合并形式。企业被兼并必须经政府主管部门批准。

2. 企业的分立

这是指一个企业分成两个或两个以上的企业。经政府批准，可以分立。企业分立时，应当由分立各方签订分立协议，明确划分分立各方的财产和债权、债务等。

3. 企业其他重要事项的变更

其他重要事项，是指企业法人改变名称、住所、经营场所、法定代表人、经济性质、经营范围、经营方式、注册资金、经营期限，以及增设或撤销分支机构。

4. 企业变更的程序和企业权利、义务的承受

企业的变更要依照法律、法规的规定，由政府或者政府主管部门批准。企业合并、分立，应当在审批机关批准后 30 日内向登记主管机关申请办理变更登记、开业登记或者注销登记。与此相衔接，企业应及时向国有资产管理部门申请变动产权登记、注销产权登记。企业其他重用事项的变更，应当在审批机关批准后 30 天内向登记主管机关申请办理变更登记。

企业的权利、义务不能因企业的变更而消失。在企业变更的情况下，原企业的权利和义务由变更后的企业享有和承担。企业合并、分立时，必须依法清理债券、债务。合并、分立前的企业的债券、债务，由合并、分立后的企业享有和承担。

(二)全民所有制企业的终止

1. 企业终止的原因

根据《企业法》第 19 条的规定，企业终止的原因有：(1)违反法律、法规被责令撤销；(2)政府主管部门依照法律、法规的规定决定解散；(3)依法被宣告破产；(4)其他原因。

2. 企业终止的清算

企业解散或者被撤销，应由政府主管部门指定成立的清算组进行清算。企业被宣告破产的，由人民法院组织有关部门机关和有关人员成立清算组织，进行清算。

清算的内容包括两个方面：一是查清企业财产，核实债权、债务，并登记造册；二是受偿权，清偿债务，依法处理剩余财产。

关于债务的清偿，在企业财产不足以偿还企业的全部债务时，一般应当在支付必要的清算费用后，按照下列顺序清偿：职工工资→国家税收→银行贷款→其他债权。

3. 企业终止的登记

企业终止，应当向登记主管机关申请办理注册登记，应当提交法定代表人签署的申请注销登记报告、审批机关的批准文件、清理债务完结的证明或者清算组织负责清理债权债务的文件。经登记主管机关核准后，收缴企业法人营业执照及其副本，收缴公章，并将注销登记情况告知企业的开户银行。

四、企业经营权

(一)企业经营权的定义

经营权是指全民所有制企业对国家授予其经营管理的财产依法进行占有、使用、收益和处分的权利。

(二)企业经营权的内容

经营权的内容由法律直接规定，包括企业对其经营管理的国有资产依法享有的权利和依法承担的义务。全民所有制企业对其经营管理的国有资产的占有权、使用权、收益权和处分权又直接表现为法律赋予企业的各种经营自主权。

1. 生产经营决策权

企业的生产经营决策同时也是企业对其占有的国有资产如何使用和处分的决策，因此生产经营决策权同时也是企业对其经营管理的国有资产如何进行占有、使用和处分的决定权。

2. 购销自主权

企业在组织购销方面，享有以下权利：物资采购权，产品销售权，产品、劳务定价权，进出口权。

企业组织购销的上述权利，与企业处分其流动资产密切相关，因此企业享有购销自主权以及处分流动资产的自主权。

3. 固定资产处置权

企业根据生产经营的需要，对一般固定资产，可以自主决定出租、抵押或者有偿转让；对关键设备、成套设备或重要建筑，可以出租，经政府主管部门批准也可以抵押或者有偿转让。

4. 留用资金支配权与工资、奖金分配权

企业有权按规定比例留用税后利润，并对依法留用的资金享有支配权。企业在保证实现企业财产保值、增值的前提下，有权自主确定留用资金中各项基金的比例和用途。

企业享有工资、奖金分配权。企业有权按政府规定的工资总额与经济效益挂钩的办法提取工资总额。对依法提取的工资总额，企业有权自主分配。企业有权依据本企业情况确定工资形式和奖金分配办法。

5. 进行投资、联营、兼并的权利

企业享有投资决策权，可以按照法律和国务院的有关部门规定，以留用资金、实物、土地使用权、工业产权和非专利技术等向国内各地区各行业的企业、事业单位投资，购买和持有其他企业。企业可以遵照国家产业政策和行业、地区发展规划，以留用资金和自筹资金自主决定立项，从事生产性建设。

企业享有联营或兼并的权利。经监督机构和有关部门批准，企业有权与其他企业、事业单位建立法人型、合伙型或合同型联营关系，有权按自愿、有偿的原则兼并其他企业。

企业进行投资、联营或兼并，都要调动企业资产，引起企业资产的重新组合，因此企业享有投资权、联营权与兼并权，意味着企业享有以投资、联营或兼并为目的的资产调动权与支配权。

五、企业的义务

根据《企业法》第 35～43 条的规定，全民所有制企业的义务可以概括为企业对国家的义务、对社会的义务和对职工的义务三个方面。

(一)企业对国家的义务

1. 企业必须完成指令性计划，必须履行依法订立的合同。

2. 企业必须保障固定资产的正常维修、改进和设备更新。

3. 企业必须遵守国家关于财务、劳动工资和物价管理等方面的规定，接受财政、审计、劳动工资和物价等机关的监督。

(二)企业对社会的义务

1. 企业必须保证产品质量和服务质量，对用户和消费者负责。

2. 企业必须提高劳动效率，节约能源和原材料，努力降低成本。

3. 企业必须加强保卫工作，维护生产秩序，保护国家财产。

4. 企业必须贯彻安全生产制度，改善劳动条件，做好劳动保护和环境保护工作，做到安全生产和文明生产。

(三)企业对职工的义务

1. 企业应当加强思想政治教育、法制教育、国防教育、科学文化教育和技术业务培训，提高职工队伍的素质。

2. 企业应当支持和奖励职工进行科学研究、发明创造，开展技术革新、合理化建议和社会主义劳动竞赛活动。

3. 依照《劳动法》的规定，在发展生产的基础上，维护职工的劳动权益，逐步改善职工的物质文化生活，提高职工的待遇。

4. 依照《工会法》的规定，拨付工会活动经费，维护职工参加企业民主管理的权利。

5. 依照《社会保险法》规定，依法缴纳职工社会保险费。

六、厂长负责制

(一)厂长的产生

我国全民所有制企业厂长的产生，除国务院另有规定外，由政府主管部门根据企业的情况决定采取下列一种方式：

1. 政府主管部门委任或者招聘。

2. 企业职工代表大会选举。

政府主管部门委任或者招聘的厂长人选，须征求职工代表的意见；企业职工代表大会选举的厂长，须报政府主管部门批准。

政府主管部门委任或者招聘的厂长，由政府主管部门免职或者解聘，并须征求职工代表的意见；企业职工代表大会选举的厂长，由职工代表大会罢免，并须报政府主管部门批准。

（二）厂长的地位和职权

厂长是企业的法定代表人。企业建立以厂长为首的生产经营管理系统。厂长在企业中处于中心地位，对企业的物质文明建设和精神文明建设负有全面责任。

厂长领导企业的生产经营管理工作，行使下列职权：

1. 依照法律和国务院规定，决定或者报请审查批准企业的各项计划。

2. 决定企业行政机构的设置。

3. 提请政府主管部门任免或者聘任、解聘副厂级行政领导干部。法律和国务院另有规定的除外。

4. 任免或者聘任、解聘企业中层行政领导干部。法律另有规定的除外。

5. 提出工资调整方案、奖金分配方案和重要的规章制度，提请职工代表大会审查同意。提出福利基金使用方案和其他有关职工生活福利的重大事项的建议，提请职工代表大会审议决定。

6. 依法奖惩职工，提请政府主管部门奖惩副厂级行政领导干部。

（三）厂长的义务

厂长必须依靠职工群众履行《企业法》规定的企业的各项义务，支持职工代表大会、工会和其他群众组织的工作，执行职工代表大会依法作出的决定。

第三节　合伙企业法

一、合伙企业的概念和种类

合伙企业，是指自然人、法人和其他组织依照《合伙企业法》在中国境内设立的普通合伙企业和有限合伙企业。

普通合伙企业由普通合伙人组成，合伙人对合伙企业债务承担无限连带责任。有限合伙企业由普通合伙人和有限合伙人组成，普通合伙人对合伙企业债务承担无限连带责任，有限合伙人以其认缴的出资额为限对合伙企业债务承担责任。国有独资公司、国有企业、上市公司以及公益性的事业单位、社会团体不得成为普通合伙人。

二、普通合伙企业

（一）合伙企业的设立

设立合伙企业，应当具备下列条件：

（1）有 2 个以上合伙人，且合伙人为自然人的，应当具有完全民事行为能力；

（2）有书面合伙协议；

（3）有合伙人认缴或者实际缴付的出资；

(4)有合伙企业的名称和生产经营场所；

(5)法律、行政法规规定的其他条件。

合伙企业名称中应当标明“普通合伙”字样。

申请设立合伙企业，应当向企业登记机关提交登记申请书、合伙协议书、合伙人身份证明等文件。合伙企业的经营范围中有属于法律、行政法规规定在登记前须经批准的项目的，该项经营业务应当依法经过批准，并在登记时提交批准文件。申请人提交的登记申请材料齐全、符合法定形式，企业登记机关能够当场登记的，应予当场登记，发给营业执照。否则企业登记机关应当自受理申请之日起20日内，作出是否登记的决定。予以登记的，发给营业执照；不予登记的，应当给予书面答复，并说明理由。

合伙企业的营业执照签发日期，为合伙企业成立日期。合伙企业领取营业执照前，合伙人不得以合伙企业名义从事合伙业务。

合伙企业设立分支机构，应当向分支机构所在地的企业登记机关申请登记，领取营业执照。合伙企业登记事项发生变更的，执行合伙事务的合伙人应当自作出变更决定或者发生变更事由之日起15日内，向企业登记机关申请办理变更登记。

(二)合伙人的出资

合伙人可以用货币、实物、知识产权、土地使用权或者其他财产权利出资，也可以用劳务出资。

合伙人以实物、知识产权、土地使用权或者其他财产权利出资，需要评估作价的，可以由全体合伙人协商确定，也可以由全体合伙人委托法定评估机构评估。

合伙人以劳务出资的，其评估办法由全体合伙人协商确定，并在合伙协议中载明。合伙人应当按照合伙协议约定的出资方式、数额和缴付期限，履行出资义务。以非货币财产出资的，依照法律、行政法规的规定，需要办理财产权转移手续的，应当依法办理。

(三)合伙协议

合伙协议是合伙企业成立的基础，它是指合伙人以从事某项事业为目的，通过意思表示，达成共同出资、共同经营、共负盈亏的协议。合伙协议依法由全体合伙人协商一致、以书面形式订立。合伙协议应当载明下列事项：

(1)合伙企业的名称和主要经营场所的地点；

(2)合伙目的和合伙经营范围；

(3)合伙人的姓名或者名称、住所；

(4)合伙人的出资方式、数额和缴付期限；

(5)利润分配、亏损分担方式；

(6)合伙事务的执行；

(7)入伙与退伙；

(8)争议解决办法；

(9)合伙企业的解散与清算；

(10)违约责任。

合伙协议经全体合伙人签名、盖章后生效。合伙人按照合伙协议享有权利并履行义务。修改或者补充合伙协议，应当经全体合伙人一致同意；但是，合伙协议另有约定的除外。合伙协议未约定或者约定不明确的事项，由合伙人协商决定；协商不成的，依照有关法律、行政法规的规定处理。

(四)合伙企业财产

合伙人的出资、以合伙企业名义取得的收益和依法取得的其他财产,均为合伙企业的财产。合伙人按照合伙协议的约定或者经全体合伙人决定,可以增加或者减少对合伙企业的出资。

合伙人在合伙企业清算前,不得请求分割合伙企业的财产;但是,法律另有规定的除外。合伙人在合伙企业清算前私自转移或者处分合伙企业财产的,合伙企业不得以此对抗善意第三人。除合伙协议另有约定外,合伙人向合伙人以外的人转让其在合伙企业中的全部或者部分财产份额时,须经其他合伙人一致同意。合伙人之间转让在合伙企业中的全部或者部分财产份额时,应当通知其他合伙人。

合伙人向合伙人以外的人转让其在合伙企业中的财产份额的,在同等条件下,其他合伙人有优先购买权;但是,合伙协议另有约定的除外。合伙人以外的人依法受让合伙人在合伙企业中的财产份额的,经修改合伙协议即成为合伙企业的合伙人,依照本法和修改后的合伙协议享有权利并履行义务。

合伙人以其在合伙企业中的财产份额出质的,须经其他合伙人一致同意。未经其他合伙人一致同意,其行为无效;由此给善意第三人造成损失的,由行为人依法承担赔偿责任。

(五)合伙事务执行

合伙人对执行合伙事务享有同等的权利。按照合伙协议的约定或者经全体合伙人决定,可以委托一个或者数个合伙人对外代表合伙企业,执行合伙事务。作为合伙人的法人、其他组织执行合伙事务的,由其委派的代表执行。委托一个或者数个合伙人执行合伙事务的,其他合伙人不再执行合伙事务。不执行合伙事务的合伙人有权监督执行事务合伙人执行合伙事务的情况。

被聘任的合伙企业的经营管理人员应当在合伙企业授权范围内履行职务,若其超越合伙企业授权范围履行职务,或者在履行职务过程中因故意或者重大过失给合伙企业造成损失的,依法承担赔偿责任。

由一个或者数个合伙人执行合伙事务的,执行事务合伙人应当定期向其他合伙人报告事务执行情况以及合伙企业的经营和财务状况,其执行合伙事务所产生的收益归合伙企业,所产生的费用和亏损由合伙企业承担。合伙人为了解合伙企业的经营状况和财务状况,有权查阅合伙企业会计账簿等财务资料。

合伙人分别执行合伙事务的,执行事务合伙人可以对其他合伙人执行的事务提出异议。提出异议时,应当暂停该项事务的执行。如果发生争议,依照《合伙企业法》第 30 条规定作出决定。受委托执行合伙事务的合伙人不按照合伙协议或者全体合伙人的决定执行事务的,其他合伙人可以决定撤销该委托。

合伙人对合伙企业有关事项作出决议,按照合伙协议约定的表决办法办理。合伙协议未约定或者约定不明确的,实行合伙人一人一票并经全体合伙人过半数通过的表决办法。

除合伙协议另有约定外,合伙企业的下列事项应当经全体合伙人一致同意:

(1)改变合伙企业的名称;

(2)改变合伙企业的经营范围、主要经营场所的地点;

(3)处分合伙企业的不动产;

(4)转让或者处分合伙企业的知识产权和其他财产权利;

(5)以合伙企业名义为他人提供担保;

(6)聘任合伙人以外的人担任合伙企业的经营管理人员。

合伙人不得自营或者同他人合作经营与本合伙企业相竞争的业务。除合伙协议另有约定或者经全体合伙人一致同意外,合伙人不得同本合伙企业进行交易。合伙人不得从事损害本合伙企业利益的活动。

(六)合伙企业利润分配

合伙企业的利润分配和亏损分担按照合伙协议的约定办理;合伙协议未约定或者约定不明确的,由合伙人协商决定;协商不成的,由合伙人按照实缴出资比例分配、分担;无法确定出资比例的,由合伙人平均分配、分担。

合伙协议不得约定将全部利润分配给部分合伙人或者由部分合伙人承担全部亏损。

(七)合伙企业与第三人关系

合伙企业对合伙人执行合伙事务以及对外代表合伙企业权利的限制,不得对抗善意第三人。

合伙企业对其债务,应先以其全部财产进行清偿。合伙企业不能清偿到期债务的,合伙人承担无限连带责任。合伙人由于承担无限连带责任,清偿数额超过规定的其亏损分担比例的,有权向其他合伙人追偿。

合伙人发生与合伙企业无关的债务,相关债权人不得以其债权抵消其对合伙企业的债务;也不得代位行使合伙人在合伙企业中的权利。

合伙人的自有财产不足以清偿其与合伙企业无关的债务的,该合伙人可以其从合伙企业中分取的收益用于清偿;债权人也可以依法请求人民法院强制执行该合伙人在合伙企业中的财产份额用于清偿。人民法院强制执行合伙人的财产份额时,应当通知全体合伙人,其他合伙人有优先购买权;其他合伙人未购买,又不同意将该财产份额转让给他人的,依照规定为该合伙人办理退伙结算,或者办理削减该合伙人相应财产份额的结算。

(八)入伙、退伙

新合伙人入伙,除合伙协议另有约定外,应当经全体合伙人一致同意,并依法订立书面入伙协议。订立入伙协议时,原合伙人应当向新合伙人如实告知原合伙企业的经营状况和财务状况。

入伙的新合伙人与原合伙人享有同等权利,承担同等责任。入伙协议另有约定的,从其约定。新合伙人对入伙前合伙企业的债务承担无限连带责任。

合伙协议约定合伙期限的,在合伙企业存续期间,有下列情形之一的,合伙人可以退伙:(1)合伙协议约定的退伙事由出现;(2)经全体合伙人一致同意;(3)发生合伙人难以继续参加合伙的事由;(4)其他合伙人严重违反合伙协议约定的义务。

合伙协议未约定合伙期限的,合伙人在不给合伙企业事务执行造成不利影响的情况下,可以退伙,但应当提前30日通知其他合伙人。合伙人违反规定退伙的,应当赔偿由此给合伙企业造成的损失。

合伙人有下列情形之一的,当然退伙:(1)作为合伙人的自然人死亡或者被依法宣告死亡;(2)个人丧失偿债能力;(3)作为合伙人的法人或者其他组织依法被吊销营业执照、责令关闭、撤销,或者被宣告破产;(4)法律规定或者合伙协议约定合伙人必须具有相关资格而丧失该资格;(5)合伙人在合伙企业中的全部财产份额被人民法院强制执行。

合伙人被依法认定为无民事行为能力人或者限制民事行为能力人的,经其他合伙人一致同意,可以依法转为有限合伙人,普通合伙企业依法转为有限合伙企业。其他合伙人未能一致同意的，该无民事行为能力或者限制民事行为能力的合伙人退伙。

退伙事由实际发生之日为退伙生效日。

合伙人有下列情形之一的，经其他合伙人一致同意，可以决议将其除名：(1)未履行出资义务；(2)因故意或者重大过失给合伙企业造成损失；(3)执行合伙事务时有不正当行为；(4)发生合伙协议约定的事由。

对合伙人的除名决议应当书面通知被除名人。被除名人接到除名通知之日，除名生效，被除名人退伙。被除名人对除名决议有异议的，可以自接到除名通知之日起 30 日内，向人民法院起诉。

合伙人死亡或者被依法宣告死亡的，对该合伙人在合伙企业中的财产份额享有合法继承权的继承人，按照合伙协议的约定或者经全体合伙人一致同意，从继承开始之日起，取得该合伙企业的合伙人资格。

有下列情形之一的，合伙企业应当向合伙人的继承人退还被继承合伙人的财产份额：(1)继承人不愿意成为合伙人；(2)法律规定或者合伙协议约定合伙人必须具有相关资格，而该继承人未取得该资格；(3)合伙协议约定不能成为合伙人的其他情形。

合伙人的继承人为无民事行为能力人或者限制民事行为能力人的，经全体合伙人一致同意，可以依法成为有限合伙人，普通合伙企业依法转为有限合伙企业。全体合伙人未能一致同意的，合伙企业应当将被继承合伙人的财产份额退还该继承人。

合伙人退伙，其他合伙人应当与该退伙人按照退伙时的合伙企业财产状况进行结算，退还退伙人的财产份额。退伙人对给合伙企业造成的损失负有赔偿责任的，相应扣减其应当赔偿的数额。退伙时有未了结的合伙企业事务的，待该事务了结后进行结算。

退伙人在合伙企业中财产份额的退还办法，由合伙协议约定或者由全体合伙人决定，可以退还货币，也可以退还实物。退伙人对基于其退伙前的原因发生的合伙企业债务，承担无限连带责任。合伙人退伙时，合伙企业财产少于合伙企业债务的，退伙人应当依照《合伙企业法》第 33 条第 1 款的规定分担亏损。

(九)特殊的普通合伙企业

以专业知识和专门技能为客户提供有偿服务的专业服务机构，可以设立为特殊的普通合伙企业。在特殊的普通合伙企业中，一个合伙人或者数个合伙人在执业活动中因故意或者重大过失造成合伙企业债务的，应当承担无限责任或者无限连带责任，其他合伙人以其在合伙企业中的财产份额为限承担责任。合伙人在执业活动中非因故意或者重大过失造成的合伙企业债务以及合伙企业的其他债务，由全体合伙人承担无限连带责任。

特殊的普通合伙企业名称中应当标明“特殊普通合伙”字样。

合伙人执业活动中因故意或者重大过失造成的合伙企业债务，以合伙企业财产对外承担责任后，该合伙人应当按照合伙协议的约定对给合伙企业造成的损失承担赔偿责任。

特殊的普通合伙企业应当建立执业风险基金、办理职业保险。执业风险基金用于偿付合伙人执业活动造成的债务，应当单独立户管理。具体管理办法由国务院规定。

三、有限合伙企业

有限合伙企业由 2 个以上 50 个以下合伙人设立；但是，法律另有规定的除外。有限合伙企业至少应当有 1 个普通合伙人。有限合伙企业名称中应当标明“有限合伙”字样。

有限合伙企业的合伙协议除载明普通合伙协议中的事项外，还应当载明下列事项：

(1)普通合伙人和有限合伙人的姓名或者名称、住所；

(2)执行事务合伙人应具备的条件和选择程序；

(3)执行事务合伙人权限与违约处理办法；

(4)执行事务合伙人的除名条件和更换程序；

(5)有限合伙人入伙、退伙的条件、程序以及相关责任；

(6)有限合伙人和普通合伙人相互转变程序。

有限合伙人可以用货币、实物、知识产权、土地使用权或者其他财产权利作价出资。有限合伙人不得以劳务出资。

有限合伙人应当按照合伙协议的约定按期足额缴纳出资；未按期足额缴纳的，应当承担补缴义务，并对其他合伙人承担违约责任。有限合伙企业登记事项中应当载明有限合伙人的姓名或者名称及认缴的出资数额。有限合伙企业由普通合伙人执行合伙事务。执行事务合伙人可以要求在合伙协议中确定执行事务的报酬及报酬提取方式。

有限合伙人不执行合伙事务，不得对外代表有限合伙企业。

有限合伙企业不得将全部利润分配给部分合伙人；但是，合伙协议另有约定的除外。有限合伙人可以同本有限合伙企业进行交易；但是，合伙协议另有约定的除外。有限合伙人可以自营或者同他人合作经营与本有限合伙企业相竞争的业务；但是，合伙协议另有约定的除外。有限合伙人可以将其在有限合伙企业中的财产份额出质；但是，合伙协议另有约定的除外。

有限合伙人可以按照合伙协议的约定向合伙人以外的人转让其在有限合伙企业中的财产份额，但应当提前30日通知其他合伙人。有限合伙人的自有财产不足以清偿其与合伙企业无关的债务的，该合伙人可以其从有限合伙企业中分取的收益用于清偿；债权人也可以依法请求人民法院强制执行该合伙人在有限合伙企业中的财产份额用于清偿。人民法院强制执行有限合伙人的财产份额时，应当通知全体合伙人。在同等条件下，其他合伙人有优先购买权。

有限合伙企业仅剩有限合伙人的，应当解散；有限合伙企业仅剩普通合伙人的，转为普通合伙企业。

第三人有理由相信有限合伙人为普通合伙人并与其交易的，该有限合伙人对该笔交易承担与普通合伙人同样的责任。有限合伙人未经授权以有限合伙企业名义与他人进行交易，给有限合伙企业或者其他合伙人造成损失的，该有限合伙人应当承担赔偿责任。

新入伙的有限合伙人对入伙前有限合伙企业的债务，以其认缴的出资额为限承担责任。

作为有限合伙人的自然人在有限合伙企业存续期间丧失民事行为能力的，其他合伙人不得因此要求其退伙。作为有限合伙人的自然人死亡、被依法宣告死亡或者作为有限合伙人的法人及其他组织终止时，其继承人或者权利承受人可以依法取得该有限合伙人在有限合伙企业中的资格。有限合伙人退伙后，对基于其退伙前的原因发生的有限合伙企业债务，以其退伙时从有限合伙企业中取回的财产承担责任。除合伙协议另有约定外，普通合伙人转变为有限合伙人，或者有限合伙人转变为普通合伙人，应当经全体合伙人一致同意。

有限合伙人转变为普通合伙人的，对其作为有限合伙人期间有限合伙企业发生的债务承担无限连带责任。普通合伙人转变为有限合伙人的，对其作为普通合伙人期间合伙企业发生的债务承担无限连带责任。

四、合伙企业解散、清算

合伙企业有下列情形之一的，应当解散：

(1)合伙期限届满，合伙人决定不再经营；

(2)合伙协议约定的解散事由出现；

(3)全体合伙人决定解散；

(4)合伙人已不具备法定人数满 30 天；

(5)合伙协议约定的合伙目的已经实现或者无法实现；

(6)依法被吊销营业执照、责令关闭或者被撤销；

(7)法律、行政法规规定的其他原因。

合伙企业解散，应当由清算人进行清算。清算人由全体合伙人担任；经全体合伙人过半数同意，可以自合伙企业解散事由出现后 15 日内指定一个或者数个合伙人，或者委托第三人，担任清算人。自合伙企业解散事由出现之日起 15 日内未确定清算人的，合伙人或者其他利害关系人可以申请人民法院指定清算人。

清算人在清算期间执行下列事务：

(1)清理合伙企业财产，分别编制资产负债表和财产清单；

(2)处理与清算有关的合伙企业未了结事务；

(3)清缴所欠税款；

(4)清理债权、债务；

(5)处理合伙企业清偿债务后的剩余财产；

(6)代表合伙企业参加诉讼或者仲裁活动。

清算人自被确定之日起 10 日内将合伙企业解散事项通知债权人，并于 60 日内在报纸上公告。债权人应当自接到通知书之日起 30 日内，未接到通知书的自公告之日起 45 日内，向清算人申报债权。

债权人申报债权，应当说明债权的有关事项，并提供证明材料。清算人应当对债权进行登记。

清算期间，合伙企业存续，但不得开展与清算无关的经营活动。合伙企业财产在支付清算费用和职工工资、社会保险费用、法定补偿金以及缴纳所欠税款、清偿债务后的剩余财产，依照规定进行分配。

清算结束，清算人应当编制清算报告，经全体合伙人签名、盖章后，在 15 日内向企业登记机关报送清算报告，申请办理合伙企业注销登记。

合伙企业注销后，原普通合伙人对合伙企业存续期间的债务仍应承担无限连带责任。

合伙企业不能清偿到期债务的，债权人可以依法向人民法院提出破产清算申请，也可以要求普通合伙人清偿。

合伙企业依法被宣告破产的，普通合伙人对合伙企业债务仍应承担无限连带责任。

第四节　个人独资企业法

一、个人独资企业的概念

依《中华人民共和国个人独资企业法》(以下简称《个人独资企业法》)第 2 条规定,独资企业是指依照本法在中国境内设立,由一个自然人投资,财产为投资人个人所有,投资人以其个人财产对企业债务承担无限责任的经营实体。独资企业也称为独资所有制或独资商号,简言之,是由一个自然人单独投资并经营的企业。

二、个人独资企业设立的条件

(一)投资者为一个自然人

《个人投资企业法》第 8 条第 1 款规定,个人独资企业的投资者必须是自然人,法人和其他经济组织不得设立个人独资企业。自然人即依法享有民事权利能力的人。而对于投资人是否具有民事行为能力问题,我国《个人独资企业法》对此未明确规定,但根据《民法通则》等规定的精神看,个人独资企业的投资人应该同时具有民事权利能力和民事行为能力。但并非所有的自然人都可以成为设立个人独资企业的投资者。《个人独资企业法》第 16 条规定:"法律、行政法规禁止从事营利性活动的人,不得作为投资人申请设立个人投资企业。"目前,我国法律禁止从事营利性活动的人主要包括:(1)不具有完全民事行为能力的人;(2)国家公务员;(3)政党机关有关领导干部;(4)警官、法官、检察官;(5)商业银行工作人员等。

(二)须有合法的企业名称

企业名称作为企业的识别符号,是企业从事生产、经营、服务等营业活动时所用的名称。《个人独资企业法》第 11 条规定:"个人独资企业的名称应当与其责任形式及从事的营业相符合。"由于独资企业的投资人对独资企业的债务承担无限责任,所以在独资企业的名称中不可以有"有限"或"有限责任"字样。又由于我国《公司法》所规范的公司,仅指有限责任公司和股份有限公司两种公司,而不承认无限公司和一人公司,故独资企业在登记时也不能使用公司的字样。依《企业名称登记管理规定》的规定,个人独资企业的名称,应当包括字号行业或经营特点和组织形式,不得使用法律禁止以及与自身实际情况不符的名称。个人独资企业名称应当经工商行政管理机关核准登记,经登记在规定的范围内享有专用权。

(三)投资人要申报其必要的与其申办企业规模相当的经营资金

个人独资企业的投资人必须有与其生产经营规模相适应的营运资本,以确保企业成立后经营活动的顺利进行和保障第三人的合法权益。但该经营的资金不是注册资本,因为法律并没有规定法定的最低注册资本金,即无论出资多少都可以设立个人独资企业。个人独资企业与合伙企业一样,并不是法人企业,企业承担责任的财产是投资人的全部个人财产而非企业注册资本,因而法律没有必要规定个人独资企业注册资本金的最低限额。此外,不规定注册资本金的最低限额也有利于增加民间投资,增加就业机会,符合我国当前的经济发展情况,与国际通行做法也是一致的。

(四)有固定的生产经营场所和必要的生产经营条件

生产经营场所是个人独资企业从事生产经营活动的所在地,它是企业从事生产经营活动的空间范围,是企业的债务履行地,也是工商登记管辖和诉讼管辖地。必要的生产经营条件,是设立个人独资企业的物质基础,它要根据其所从事营业的特点和要求来安排。

(五)有相对满足其经营业务开展需要的从业人员

对于独资企业而言,从业人员人数并不是主要衡量标准,关键在于资本的来源和责任方式。所以我国《个人独资企业法》对个人独资企业从业人数的规定作了相应的淡化,只是原则性地规定须有必要的从业人员,即有与独资企业的生产经营活动相应的营业人员。

三、个人独资企业的权利和义务

由于个人独资企业是自然人企业,不具有独立的法人资格,因此独资企业的权利义务与企业主的权利义务是融为一体的。但个人独资企业是一种商事组织,还享有和承担着某些不为一般自然人所享有和承担的权利和义务。

(一)个人独资企业的权利

(1)个人独资企业对企业财产及经营收益享有所有权,即可以依法占有、使用、收益、处分;

(2)个人独资企业对其经核准登记的名称,在规定范围内享有专有使用权;

(3)个人独资企业在核准登记范围内有权自主营销,享有经营自主权即决策权、指挥权和管理权;

(4)个人独资企业可以通过缴纳使用费,而有偿取得国有土地的使用权;

(5)个人独资企业有权向商业银行申请贷款,以用于企业的生产经营;

(6)个人独资企业有权拒绝各种违法的强制摊派;

(7)个人独资企业可依法将其企业及有关权力转让、赠送和遗嘱方式处分;

(8)法律、法规规定的其他权利。

(二)个人独资企业的义务

为了规范个人独资企业的组织和行为,同时也便于国家对个人独资企业进行宏观调控和监督管理,我国《个人独资企业法》规定个人独资企业在生产经营中必须履行以下义务:

(1)个人独资企业必须遵守国家法律、行政法规,依法经营,遵守诚实信用的原则,不得损害社会公共利益。

(2)个人独资企业虽不具有法人资格,但仍具有纳税人的主体资格,因此它应尽依法纳税义务。

(3)个人独资企业必须依法建立财务、会计制度,配备会计人员,建立会计账簿,进行会计核算。

(4)个人独资企业应保障和维护职工的合法权益。招用职工的应当依法与职工签订劳动合同,保障职工的劳动安全,并且按时、足额发放职工工资。同时依国家有关规定参加社会保险,为职工缴纳社会保险费。

(5)法律、法规规定的其他义务。个人独资企业投资人违反《个人独资企业法》的强行性和禁止性的规定,依法应当承担行政责任和民事赔偿责任,构成犯罪的,还应依法追究其刑事责任。

第五节　外商投资企业法

一、外商投资企业法概述

外商投资企业，是指依照外商投资企业的法律制度，外国投资者经中国政府批准，在中国境内投资举办的企业。

(一)外商投资企业的特征

(1)外商投资企业是外商直接投资举办的企业。直接投资是指投资者将资金投入企业，并不同程度地参与企业的经营决策，通过企业盈利分配获取投资收益的投资方法。相对于间接投资而言，直接投资具有更大的稳定性。

(2)外商投资企业是吸引外国私人投资举办的企业。私人投资是指以公司、企业和其他经济组织或者个人的名义进行的投资，它与政府的对外援助不同，具有民间经济技术合作的色彩。

(3)外商投资企业是依照中国的法律和行政法规，经中国政府批准，在中国境内设立的企业。外商投资企业设立后，必须遵守中国的法律，同时也受到中国法律的保护。

(二)我国外商投资企业立法的基本情况

1979 年 7 月 1 日第五届全国人民代表大会第二次会议通过，并于 1990 年 4 月 4 日第七届全国人民代表大会第三次会议和 2001 年 3 月 15 日第九届全国人民代表大会第四次会议修改的《中华人民共和国中外合资经营企业法》及其实施条例，是中外合资经营企业的主要法律依据。《中华人民共和国公司法》第 18 条规定："外商投资的有限责任公司适用本法，有关中外合资经营企业、中外合作经营企业、外资企业的法律另有规定的，适用其规定。"可见，《公司法》的相关规定也可适用于中外合资经营企业。

1988 年 4 月 13 日第七届全国人民代表大会第一次会议通过，并于 2000 年 10 月 31 日第九届全国人民代表大会第一次会议修改的《中华人民共和国中外经营企业法》及其实施细则，是中外合作经营企业主要的法律依据。

1986 年 4 月 12 日第六届全国人民代表大会第四次会议通过，2000 年 10 月 31 日第九届全国人民代表大会常务委员会第十八次会议修改的《外资企业法》及其实施细则，是外资企业适用的主要依据。

二、外商投资企业的种类

根据我国有关法律和行政法规的规定，我国目前的外商投资企业主要有四种类型：中外合资经营企业、中外合作经营企业、外商独资企业和中外合资股份有限公司。中外合资经营企业、中外合作经营企业和外商独资企业，通常被称为"三资企业"，是中国实行改革开放政策以来外商投资企业最初的三种主要形式。外商投资企业的另外一种形式是外商投资股份有限公司，这是在 20 世纪 90 年代之后开始出现的新现象。1995 年 1 月 10 日国务院发布的《关于设立外商投资股份有限公司若干问题的暂行规定》表明，我国对外投资股份有限公司有了专门的规范。

外商投资股份有限公司又称中外合资股份有限公司，是指外国的公司、企业和其他经济组织或者个人（简称外国股东）同中国的公司/企业或者其他经济组织（简称中国股东），依照中国的法律和行政法规，在中国境内设立的，全部资本由等额股份构成，股东以其所认购的股份对公司承担责任，公司以其全部财产对公司债务承担责任，中外股东共同持有公司股份的企业法人。

三、外商投资企业的投资项目

为了使外商投资企业的投资项目与我国国民经济和社会发展规划相适应，并有利于保护投资者的合法权益，2002 年 2 月 21 日国务院发布了《指导外商投资方向规定》，并自 2002 年 4 月 1 日起施行。

根据《指导外商投资方向规定》的规定，外商投资企业的投资项目分为以下四类。

（一）鼓励类外商投资项目

属于下列情形之一的，列为鼓励类外商投资项目：（1）属于农业新技术、农业综合开发和能源、交通、重要原材料工业的；（2）属于高新技术、先进适用技术，能够改进产品性能、提高企业技术经济效益或者生产国内生产能力不足的新设备、新材料的；（3）适应市场要求，能够提高产品档次、开拓新兴市场或者增加产品国际竞争能力的；（4）属于新技术、新设备，能够节约能源和材料、综合利用资源和再生资源以及防治环境污染的；（5）能够发挥中、西部地区的人力和资源优势，并符合国家产业政策的；（6）法律、行政法规规定的其他情形。

（二）限制类外商投资项目

属于下列情形之一的，列为限制类外商投资项目：（1）技术水平落后的；（2）不利于节约资源和改善生态环境的；（3）从事国家规定实行保护性开采的特定矿物勘探、开采的；（4）属于国家逐步开放的产业的；（5）法律、行政法规规定的其他情形。

（三）禁止类外商投资项目

属于下列情形之一的，列为禁止类外商投资项目：（1）危害国家安全或者损害社会公众利益的；（2）对环境造成污染损害，破坏自然资源或者损害人体健康的；（3）占用大量耕地，不利于保护、开发土地资源的；（4）危害军事设施安全和使用效能的；（5）运用我国特有工艺或者技术生产产品的；（6）法律、行政法规规定的其他情形。

（四）允许类外商投资项目

不属于鼓励类、限制类和禁止类的外商投资项目，为允许类外商投资项目。

四、外商投资企业的出资比例及期限

（一）外商投资企业的出资比例

外商投资企业的出资比例关系到企业的经营管理权控制在谁手中，一般是出资比例越大，经营管理控制权也越大；同时也涉及国家允许外资参与本国经济的程度。许多国家对外投资者的出资比例都加以限制。

我国外商投资企业法对外国投资者的出资比例也做了明确的规定。在中外合资经营企业中，外国合营者的投资比例一般不得低于合营企业注册资本的 25%。在中外合作经营企业中，对取得法人资格的合作企业，外国合作者的投资比例一般不得低于注册资本的 25%；对不具备法人资格的合作企业，合作各方的投资比例或合作条件，由国务院对外经济贸易主管部门规定。在外资企业中，外资企业的注册资本全部由外国投资者投入。在中外合资股份有限公司中，外国股东购买并持有的股份应不低于公司注册资本的25%。

建立外商投资企业的主要目的是吸收外国资本，引进先进技术，学习其科学的管理经验，因此，如果外国投资者的投资比例太小，少于25%，则起不到吸收外国投资者直接投资所要达到的目的。国际货币基金组织调查报告声称，这个投资比例是较能满足东道国利用外资的目的。

(二)外商投资企业的出资期限

根据我国法律和行政法规的规定，外商投资企业的投资应按照项目进度，在合同、章程中明确规定出资期限。未作规定的，审批机关不予批准，登记机关不予登记注册。

外商投资企业合同中规定一次缴付出资的，投资各方应当自营业执照签发之日起6个月内缴清；合同中规定分期缴付出资的，投资各方第一期出资不得低于各自认缴出资的15%，并且应当自营业执照签发之日起3个月内缴清。

为了加强对外商投资企业出资的管理，国家工商行政管理局、对外贸易经济合作部于1994年11月3日发布了《关于进一步加强外商投资企业审批和登记管理有关问题的通知》，对外商投资企业投资者分期出资的总期限规定为：(1)注册资本在50万美元以下(含50万美元)的，自营业执照核发之日起1年内，应将资本全部缴齐；(2)注册资本在50万美元以上100万美元以下(含100万美元)的，自营业执照核发之日起1年半内，应将资本全部缴齐；(3)注册资本在100万美元以上300万美元以下(含300万美元)的，自营业执照核发之日起2年内，应将资本全部缴齐；(4)注册资本在300万美元以上1 000万美元以下(含1 000万美元)的，自营业执照核发之日起3年内，应将资本全部缴齐；(5)注册资本在1 000万美元以上，出资期限由审批机关根据实际情况审定。

五、外资企业的经营管理

(一)外资企业的经营管理

外资企业自行规定其生产经营管理计划。

外资企业自行决定购买本企业自用的机器设备、原材料、燃料、零部件、配套件、运输工具和办公用品等。上述物资可以在中国市场上购买，也可以在外国市场上购买。外资企业有权在中国市场上销售其他产品，国家鼓励外资企业将其产品销往境外，以实现其外汇的收支平衡，并为国家创汇。外资企业作为出资的机器设备，依照中国规定需要领取进口许可证，外资企业凭批准的该企业进口设备和物资的清单直接或委托代理机构向发证机关申请领取进口许可证。外资企业在批准的经营范围内进口本企业自用并为生产所需的物资，依照中国规定领取进口许可证的，应当编制年度进口计划，每半年向发证机关申请一次。

(二)外资企业的外汇管理

外资企业应当遵循国家外汇管理法律制度。外资企业应在中国银行或国家外汇管理机关指定的银行开户。外资企业的一切外汇收入必须存入开户银行的外汇账户，一切外汇支出从其外汇存款账户中支付。外资企业不能解决外汇收支平衡的，外国投资者应在申请书中写明并提出解决外汇收支平衡的具体方案，审批机关与有关部门商定作出答复。外资企业因生产和经营需要在中国境外的银行开立外汇账户，须经中国外汇管理机关批准，并依照中国外汇管理机关的规定，定期报告外汇收付情况和提供银行对账单。外资企业生产的产品为中国急需并且可以替代进口，经批准在中国销售的，经中国外汇管理机关批准，可以收取外汇。外国投资者从外资企业获得合法利润、其他合法收入，可以汇往国外。外资企业的外籍职工和港澳台职工的工资和其他政党的外汇收益，依中国税法纳税后，可自由汇出。

（三）外资企业的劳动管理

外资企业雇佣中国职工应依法签订劳动合同，明确双方的权利和义务、雇佣、解雇、报酬、福利、劳动保护、劳动保险等事项，并报劳动管理部门备案。外资企业不得雇佣童工，不得歧视女性工作者。根据企业的职工有权依《中华人民共和国工会法》和《中华人民共和国工会章程》的规定组织工会，维护职工合法权益，代表职工签订集体劳动合同等，组织各类文化、体育生活，协助企业合理安排奖励基金和福利的使用，教育职工遵守劳动纪律，完成企业各项经济任务。外资企业研究决定有关职工奖惩、工资制度、社会福利、劳动保护和保险问题时，工会代表有权列席会议，资方应该听取工会意见，取得工会的合作。外资企业应当积极支持工会的活动，为其开展活动制造可能的条件，按每月本企业职工工资总额的2%拨付工会经费。

（四）外资企业的财务管理

《外资企业法实施细则》第59条规定："外资企业应当依照中国法律、法规和财政机关的规定，建立财务会计制度并报其所在地财政、税务机关备案。外资企业的财务、会计应贯彻执行《企业财务通则》和《企业会计准则》的有关规定，建立企业财务账簿，进行核算，计算纳税并接受财政、税务机关监督。外资企业的会计年度自公历的1月1日起至12月31日止。其自制的会计凭证、会计账簿和会计报表，应当用中文书写；用外文书写的，应当加注中文。外资企业应按规定编制并报送会计报表，聘请中国的注册会计师进行验证并出具报告，报送财政、税务机关，报审批机关和工商行政管理机关备案。外资企业应当向财政、税务机关报送年度资产负债表和损益表，并报审批机关和工商行政管理机关备案。外资企业依法缴纳所得税后的利润，应当提取储备基金和职工奖励及福利基金。储备基金的提取比例不得低于税后利润的10%。当累计提取金额达到注册资本的50%时，可以不再提取。职工奖励及福利基金的提取比例由外资企业自行确定。外资企业以往会计年度的亏损未弥补的不得分配利润，应首先用以弥补资本亏空；以往会计年度的未分配利润，可与本会计年度可供分配的利润一并分配。

（五）对外资企业的税务管理

外资企业应当依照中国法律、法规的规定，缴纳税款并接受中国税务机关的监督和稽核。

外商投资企业作为出资的机器设备、零部件、建设用建筑材料以及安装、加固机器所需的材料，以投资总额内的资金进口本企业生产所需的自用机器设备、零部件、生产用交通运输工具以及生产管理设备，为生产出口产品而进行的原材料、辅料、元器件、零部件以及包装物料，免征关税和进口环节税。外资企业进口自用的设备、物资，经批准在中国境内转卖或转用于生产在中国境内销售产品的，则要补交关税和进口环节税。外资企业生产的出口产品，除中国限制出口外，依有关规定免征关税和出口环节税并享受出口退税。

微型案例

例如，在安徽省合肥市有这样一家中外合营企业，中方合营者是中国合肥××玩具厂，外方合营者是加拿大××发展有限公司。合营企业成立后，外方没有按照合同规定的时间出资，故中方合营者提起仲裁，要求外方合营者赔偿因未按时出资而使中方合营者遭受的损失。外方合营者辩称，这个合营合同本身就是一个无效合同，外方当事人当然不需承担根据这份无效合同而规定的出资义务。理由是这份合同是在当年6月份订立的，而作为合营者一方的中方当事人中国合肥××玩具厂只是在当年的9月份才取得由工商管理部门颁发的作为企业法人的营业执照。所以在当年6月份中加双方订立合同合营时中方尚不具备订立合营合同的主体资格，合同应属无效。

仲裁庭认为，本案的关键是合营合同中的中方合营者在订立合营合同时是否已具备了缔结合同的主体资格。根据我国中外合资经营企业法及有关规定，能够成为中外合营企业中方合营者的必须是中国的公司、企业或其他经济组织，或经特许批准的城乡个体工商户、承包经营户的公民以及个人合伙等。本案中，作为该合营企业中的中方合营者——中国合肥××玩具厂，在当年6月份订立合营合同时还不是一个企业法人，尽管中方采取隐瞒和不正当的手段与港方订立了合同并获得了有关审批机关的批准，但该合同从开始就因中方合营者的主体不适当而成为一个无效合同。故仲裁庭认定合同无效，驳回了申请人的仲裁请求。

课后习题

一、复习思考题

1. 什么是企业，它有哪些特征？
2. 什么是全民所有制企业，它的设立条件和设立程序有哪些？
3. 全民所有制企业的经营权有哪些内容？
4. 什么是合伙企业，它的设立条件有哪些？
5. 合伙协议的主要条款有哪些？
6. 什么是个人独资企业，它的法律特征有哪些？
7. 什么是外商投资企业，它有哪些种类？
8. 我国对外商投资企业的投资项目、投资期限有哪些规定？

二、案例分析题

2008年1月，甲、乙、丙、丁4人决定成立一家普通合伙企业，并签订了书面合伙协议。合伙协议的部分内容如下：(1)甲以货币出资2万元，乙以实物折价出资3万元，丙以劳务出资，经其他三人同意，折价3万元，丁以货币出资4万元；(2)甲、乙、丙、丁按照3∶2∶3∶2的比例分配利润和承担风险；(3)合伙协议约定由甲作为合伙企业的事务执行人，但是对外签订合同的标的额不得超过10万元，超过10万元的合同应当经过其他合伙人同意，合伙协议中未约定合伙企业的经营期限。

合伙企业存续期间，发生以下事实：

(1)甲因给父亲治病向张某借款10万元，借款已经到期，张某多次向甲索要，但甲每次都以自己除了在合伙企业中的财产份额之外，没有其他财产可供清偿，于是在甲同意下，张某以自己对甲的债权抵消张某对合伙企业的债务。

(2)2008年5月，甲擅自以合伙企业的名义和飞达公司签订了一份买卖合同，合同的标的额为30万元，飞达公司不知道合伙企业对甲的权限限制。其他合伙人认为该合同不符合合伙企业的利益，决定对此合同的效力不予承认。

(3)2008 年 6 月,乙提出退伙,其退伙并不给合伙企业带来不利影响。2008 年 7 月,乙与其他合伙人结算后,撤资退伙。同时,合伙企业又接纳戊入伙,戊出资 5 万元。2008 年 8 月,合伙企业的债权人 A 银行就合伙人乙退伙前发生的债务 20 万元要求合伙企业的合伙人甲、丙、丁、戊和退伙人乙承担连带赔偿责任;乙以自己已经退伙为由,拒绝承担清偿责任,戊以自己是新入伙人为由拒绝承担清偿责任。

问题:

(1)合伙人的出资是否合法?为什么?

(2)合伙人约定的利润分配比例和出资比例不一致,是否合法?

(3)张某是否可以以自己对甲的债权抵消张某对合伙企业的债务?为什么?

(4)甲与飞达公司签订的买卖合同效力如何?

(5)乙是否应当对 A 银行的债务负清偿责任?为什么?

(6)戊的主张是否成立?为什么?

第五章　公司法

学习目标

掌握公司的概念、特征和分类；
掌握有限责任公司的概念、设立和组织机构；
掌握股份有限公司的概念、设立和组织机构；
了解公司董事、监事、高级管理人员的资格和义务；
了解公司债券的概念及特征、公司债券的发行和转让；
了解公司财务和会计；
了解公司合并、分立、增资、减资、解散与清算、外国公司的分支机构。

引入案例

国美电器控股权之争的反思

2010年9月28日下午，国美电器(0493.HK)特别股东大会在香港铜锣湾富豪酒店召开。因黄光裕入狱，陈晓执掌国美后引入贝恩资本、“去黄化”等引发的“国美内战”进入最后决战阶段。股东大会就8项动议进行了投票，前3项是陈晓方面所提出的，重选来自贝恩资本的竺稼、王励弘、Ian Andrew Reynolds进入董事会，后5项为黄光裕方面提出的动议，包括罢免陈晓董事局主席及孙一丁执行董事职务、提名邹晓春和黄光裕妹妹黄燕虹进入董事会及取消股东大会对董事会的一般授权。投票结果显示，国美董事局主席陈晓方面提出的3项议案均获得通过，而大股东黄光裕提出的议案，除了取消董事会增发授权得以通过外，关于撤换董事等议案支持率均低于反对率3个百分点。董事局主席陈晓、董事及副总裁孙一丁均得以留任。

持续了近2个月的国美大战终于谢幕。有人说，这给民营企业家们上了一课，告诉他们职业经理人猛于虎也；也有人说，这给职业经理人上了一课，为公司着想还是为老板着想需要谨慎选择；更有人说，这给中国目前的公司治理制度上了一课，没有从公司的规章制度上保证公司的各方利益，想建成像外企那样百年基业的商业帝国终不过是纸上谈兵。

很明显这场争夺战已远远超越了国美本身，并且成为中国企业公司治理的经典案例。在中国越来越多的民营企业通过资本市场从家族企业向公众企业转型的特殊历史时期，其折射出来的种种问题都值得商业界反思。国美不是第一战，当然更不是最后一战。

——资料来源：《南方周末》，http://www.infzm.com/content/50547。

第一节　公司和公司法概述

一、公司的概念和特征

公司是指一人或数人以上共同经营、以营利为目的的企业法人。它是依法成立、从事生产经营或服务性的业务、有独立的财产、自主经营、自负盈亏、依法承担经济责任的经济实体。《中华人民共和国公司法》(以下简称《公司法》)第2条规定:"本法所称公司是指依照本法在中国境内设立的有限责任公司和股份有限公司。"公司具有以下三个基本特征:

(一)法定性

公司的法定性是指公司的种类、设立、资本、组织机构、经营活动等必须按照《公司法》规定进行。如公司必须按照法律允许的程序、形式、内容、经营范围和经营方式成立公司,超出法律规定的范围,或者不属于法定的公司组织形式都是非法公司。公司必须有与生产经营或服务规模相适应的资金和设施,以弄虚作假等手法虚报自有资金来源者,取消其登记资格。公司必须有自己健全的组织管理机构以及与生产经营或服务规模相适应的从业人员,并有健全的财务制度等。

(二)营利性

所谓营利是指通过生产、经营或服务谋求某种利益,这种利益一般是指货币增值。依法设立的公司都具有营利性,这是因为公司是独立核算、自主经营、自负盈亏的经济实体。但公司的营利必须合法,其经营者必须严格遵守国家法律、行政法规,自觉接受工商、税务等部门的监督、管理。

(三)法人性

公司的法人性是指公司一旦成立,就意味着国家承认其法人资格,它就能像自然人一样拥有自己独立的财产,有权以独立民事主体资格进行一切合法的经济活动。我国《公司法》第3条规定:"公司是企业法人,有独立的法人财产,享有法人财产权。公司以其全部财产对公司的债务承担责任。有限责任公司的股东以其认缴的出资额为限对公司承担责任;股份有限公司的股东以其认购的股份为限对公司承担责任。"因此,公司享有由股东投资形成的全部法人财产权,依法享有民事权利,承担民事责任。公司对自己的法律行为所产生的法律后果承担全部法律责任。公司对它的法定代表人和其他工作人员的经营活动承担民事责任。

二、公司法的概念

公司法的概念具有广义和狭义之分,广义而言,公司法是指规定公司的设立、变更、经营、解散、清算、组织机构以及调整公司对内对外关系的法律规范的总称;狭义的公司法是指《中华人民共和国公司法》。我国的《公司法》于1993年12月29日由第八届全国人民代表大会常务委员会第五次会议通过,随后,《公司法》经过了1999年、2004年、2013年三次修正和2005年一次大的修订。

三、公司名称和住所

公司是法人，应该有自己的名称，公司名称是公司的标志，具有人格意义和财产意义。我国《公司法》规定，公司营业执照应当载明公司的名称，依法设立的有限责任公司，必须在公司名称中标明“有限责任公司”或者“有限公司”字样。依法设立的股份有限公司，必须在公司名称中标明“股份有限公司”或者“股份公司”字样。

公司住所赋予公司以空间上的确定意义，据此可以确定公司的诉讼管辖地、文书受送达地，在一般情况下，还可以确定公司的登记地等。我国《公司法》第10条规定：“公司以其主要办事机构所在地为住所。”

四、公司的分类

(一)无限公司、两合公司、股份有限公司和有限责任公司

根据公司股东的责任不同，可以将公司划分为无限公司、两合公司、股份有限公司和有限责任公司。

无限公司是指股东不以出资额为限，而是用自己的全部资产对公司的债务承担责任，即无限连带责任。有限责任公司是指股东仅以其出资额为限对公司承担责任，公司以其全部资产对公司债务承担责任的公司，股东和公司的债权人之间不发生任何关系。两合公司是指由无限责任股东和有限责任股东共同组成的公司。股份有限公司是指股份有限公司的资本必须进行等额划分，股东以所持股份为限对公司承担责任，公司以其全部资产对公司债务承担责任的企业法人。

我国《公司法》规定的公司只有两种，即有限责任公司和股份有限公司。

(二)总公司和分公司

根据公司的隶属关系，可以将公司分为总公司和分公司。

依法设立、管辖公司全部组织机构并具有独立法人资格的公司即为总公司。分公司是总公司的分支机构，它是总公司的组成部分。分公司没有自己独立的名称，没有自己的章程，没有健全的组织机构，没有自己独立的财产，也不能独立对外承担民事责任，所以分公司没有独立法人资格，而总公司都具有法人资格。我国《公司法》第14条第1款规定：“公司可以设立分公司。设立分公司，应当向公司登记机关申请登记，领取营业执照。分公司不具有法人资格，其民事责任由公司承担。”

(三)母公司和子公司

根据公司的控制与被控制关系，可以将公司分为母公司和子公司。

母公司是指一个公司持有另一个公司一定比例以上的股份并足以对该公司进行控制的公司；而子公司是指该公司一定比例以上的股份被其他公司所持有并受其控制的公司。母子公司之间都是各自独立的法人，子公司不隶属于母公司，它只是自己一部分股份控制在母公司的手里、原则上讲，母公司可以通过控股来影响子公司，可是不能直接来管理子公司，不直接决定和更换子公司的管理人员，也不能随便调拨子公司的资金。子公司是具有独立法人资格的企业，它能够以自己独立支配的财产独立对外承担民事责任。我国《公司法》第14条第2款规定：“公司可以设立子公司，子公司具有法人资格，依法独立承担民事责任。”

(四)本国公司和外国公司

根据公司的国籍可以将公司划分为本国公司和外国公司。

本国公司是指具有本国国籍的公司,外国公司是指具有外国国籍的公司。公司的国籍怎么确定,各国《公司法》关于公司国籍的确定主要有三种标准:一是以公司的主要股东所具有的国籍为公司的国籍,二是以公司的主要营业所所在地来确定公司的国籍,三是以公司设立所依据的法律来确定公司的国籍。我国关于公司国籍的确定主要采取第三种标准。

五、公司的权利和义务

(一)公司的权利

1. 法人财产权

公司是企业法人,有独立的法人财产,享有法人财产权。公司的合法权益受法律保护,不受侵犯。

2. 自主经营权

公司是独立核算、自主经营、自负盈亏的经济实体,依法享有自主经营权。

3. 投资权

公司可以向其他企业投资;但是,除法律另有规定外,不得成为对所投资企业的债务承担连带责任的出资人。

(二)公司的义务

1. 合法经营的义务

公司从事经营活动,必须遵守法律、行政法规,遵守社会公德、商业道德,诚实守信,接受政府和社会公众的监督,承担社会责任。

2. 保护职工合法权益的义务

公司必须保护职工的合法权益,依法与职工签订劳动合同,参加社会保险,加强劳动保护,实现安全生产。公司应当采用多种形式,加强公司职工的职业教育和岗位培训,提高职工素质。

3. 组织工会的义务

公司职工依照《中华人民共和国工会法》组织工会,开展工会活动,维护职工合法权益。公司应当为本公司工会提供必要的活动条件。公司工会代表职工就职工的劳动报酬、工作时间、福利、保险及劳动、安全、卫生等事项依法与公司签订集体合同。

公司依照宪法和有关法律的规定,通过职工代表大会或者其他形式,实行民主管理。

公司研究决定改制以及经营方面的重大问题、制定重要的规章制度时,应当听取公司工会的意见,并通过职工代表大会或者其他形式听取职工的意见和建议。

4. 设立中国共产党的组织的义务

在公司中,公司应根据中国共产党章程的规定,设立中国共产党的组织,开展党的活动。公司应当为党组织的活动提供必要条件。

六、公司股东的权利和义务

（一）公司股东的权利

1. 股东决议权

公司股东依法享有资产收益、参与重大决策和选择管理者等权利。

2. 分取红利权

股东按照实缴的出资比例分取红利。

3. 优先认缴出资权

公司新增资本时，股东有权优先按照实缴的出资比例认缴出资。但是，全体股东约定不按照出资比例分取红利或者不按照出资比例优先认缴出资的除外。

4. 查阅、复制权

股东有权查阅、复制公司章程、股东会会议记录、董事会会议决议、监事会会议决议和财务会计报告。股东可以要求查阅公司会计账簿。股东要求查阅公司会计账簿的，应当向公司提出书面请求，说明目的。

公司有合理根据认为股东查阅会计账簿有不正当目的，可能损害公司合法利益的，可以拒绝提供查阅，并应当自股东提出书面请求之日起 15 日内书面答复股东并说明理由。

公司拒绝提供查阅的，股东可以请求人民法院要求公司提供查阅。

5. 提起诉讼权

股东会或者股东大会、董事会的会议召集程序、表决方式违反法律、行政法规或者公司章程，或者决议内容违反公司章程的，股东可以自决议作出之日起 60 日内，请求人民法院撤销。股东依该规定提起诉讼的，人民法院可以应公司的请求，要求股东提供相应担保。

另外，公司股东还享有股东会出席权、选举和被选举权、出资转让权等。

（二）公司股东的义务

1. 依法行使股东权利的义务

公司股东应当遵守法律、行政法规和公司章程，依法行使股东权利，不得滥用股东权利损害公司或其他股东的利益；公司股东不得滥用公司法人独立地位和股东有限责任损害公司债权人的利益。公司股东会或股东大会、董事会的决议内容违反法律、行政法规的无效。

2. 不得抽逃出资的义务

公司成立后，股东不得抽逃出资。

3. 损失赔偿责任

公司股东滥用股东权利给公司或者其他股东造成损失的，应当依法承担赔偿责任。公司股东滥用公司法人独立地位和股东有限责任，逃避债务，严重损害公司债权人利益的，应当对公司债务承担连带责任。公司的控股股东、实际控制人、董事、监事、高级管理人员不得利用其关联关系损害公司利益。违反该规定，给公司造成损失的，应当承担赔偿责任。①

第二节　有限责任公司

一、有限责任公司的概念和特征

有限责任公司，是指依公司法规定，由一定人数的股东所组成，股东以其认购的出资额对公司负责，公司以其全部资产对债务负责的公司。

有限责任公司具有以下几个特征：

(1)有限责任公司的股东，仅就其出资额对公司负责，而公司以其全部资产对债务承担责任。

(2)有限责任公司的资本不分为等额股份，证明股东出资份额的证书称为出资证明书，而不是股票。

(3)有限责任公司的股东人数，一般都有最低和最高数额的限制，我国《公司法》规定，有限责任公司的股东人数为50人以下。

(4)有限责任公司的经营状况不公开，因为其不涉及社会上其他公众的利益。

(5)有限责任公司股东的出资转让受到较严格的限制。我国《公司法》规定，有限责任公司的股东向股东以外的人转让其出资时，必须经全体股东过半数同意。

二、有限责任公司的设立

(一)公司设立的条件

依我国《公司法》规定，设立有限责任公司应当具备下列条件：

1. 股东符合法定人数

依我国《公司法》第24条规定，“有限责任公司由50个以下股东出资设立。”

2. 有符合公司章程规定的全体股东认缴的出资额

有限责任公司的注册资本为在公司登记机关登记的全体股东认缴的出资额。法律、行政法规以及国务院决定对有限责任公司注册资本实缴、注册资本最低限额另有规定的，从其规定。

股东可以用货币出资，也可以用实物、知识产权、土地使用权等可以用货币估价并可以依法转让的非货币财产作价出资；但是，法律、行政法规规定不得作为出资的财产除外。对作为出资的非货币财产应当评估作价、核实财产，不得高估或者低估作价。法律、行政法规对评估

---

① 控股股东，是指其出资额占有限责任公司资本总额50%以上或者其持有的股份占股份有限公司股本总额50%以上的股东；出资额或者持有股份的比例虽然不足50%，但依其出资额或者持有的股份所享有的表决权已足以对股东会、股东大会的决议产生重大影响的股东。

实际控制人，是指虽不是公司的股东，但通过投资关系、协议或者其他安排，能够实际支配公司行为的人。

高级管理人员，是指公司的经理、副经理、财务负责人，上市公司董事会秘书和公司章程规定的其他人员。

关联关系，是指公司控股股东、实际控制人、董事、监事、高级管理人员与其直接或者间接控制的企业之间的关系，以及可能导致公司利益转移的其他关系。但是，国家控股的企业之间不仅仅因为同受国家控股而具有关联关系。

作价有规定的，从其规定。

股东应当按期足额缴纳公司章程中规定的各自所认缴的出资额。股东以货币出资的，应当将货币出资足额存入有限责任公司在银行开设的账户；以非货币财产出资的，应当依法办理其财产权的转移手续。股东不按规定缴纳出资的，除应当向公司足额缴纳外，还应当向已按期足额缴纳出资的股东承担违约责任。

股东认足公司章程规定的出资后，由全体股东指定的代表或者共同委托的代理人向公司登记机关报送公司登记申请书、公司章程等文件，申请设立登记。

有限责任公司成立后，发现作为设立公司出资的非货币财产的实际价额显著低于公司章程所定价额的，应当由交付该出资的股东补足其差额；公司设立时的其他股东承担连带责任。

有限责任公司成立后，应当向股东签发出资证明书。出资证明书应当载明下列事项：(1)公司名称；(2)公司成立日期；(3)公司注册资本；(4)股东的姓名或者名称、缴纳的出资额和出资日期；(5)出资证明书的编号和核发日期。出资证明书由公司盖章。

3. 股东共同制定公司章程

设立有限责任公司，必须按照《公司法》制定公司章程。有限责任公司章程应当载明下列事项：(1)公司名称和住所；(2)公司经营范围；(3)公司注册资本；(4)股东的姓名或者名称；(5)股东的出资方式、出资额和出资时间；(6)公司的机构及其产生办法、职权、议事规则；(7)公司法定代表人；(8)股东会会议认为需要规定的其他事项。

股东应当在公司章程上签名、盖章。公司章程对公司、股东、董事、监事、高级管理人员具有约束力。公司的经营范围由公司章程规定，并依法登记。公司可以修改公司章程，改变经营范围，但是应当办理变更登记。公司的经营范围中属于法律、行政法规规定须经批准的项目，应当依法经过批准。

4. 有公司名称，建立符合有限责任公司要求的组织机构

5. 有公司住所

(二)公司的设立程序

一般而言，有限责任公司设立程序有以下步骤：(1)订立股东(发起人)协议；(2)订立公司章程；(3)必要的行政审批；(4)股东缴纳出资并验资；(5)确立公司的组织机构；(6)申请设立登记。

设立公司，应当依法向公司登记机关申请设立登记。符合《公司法》规定的设立条件的，由公司登记机关分别登记为有限责任公司或者股份有限公司；不符合《公司法》规定的设立条件的，不得登记为有限责任公司或者股份有限公司。

法律、行政法规规定设立公司必须报经批准的，应当在公司登记前依法办理批准手续。公司应当将股东的姓名或者名称及其出资额向公司登记机关登记；登记事项发生变更的，应当办理变更登记。未经登记或者变更登记的，不得对抗第三人。

公众可以向公司登记机关申请查询公司登记事项，公司登记机关应当提供查询服务。

依法设立的公司，由公司登记机关发给公司营业执照。公司营业执照签发日期为公司成立日期。公司营业执照应当载明公司的名称、住所、注册资本、经营范围、法定代表人姓名等事项。公司营业执照记载的事项发生变更的，公司应当依法办理变更登记，由公司登记机关换发营业执照。

三、有限责任公司的组织机构

(一)股东会

有限责任公司股东会由全体股东组成。股东会是公司的权力机构,依法行使下列职权:

(1)决定公司的经营方针和投资计划;

(2)选举和更换非由职工代表担任的董事、监事,决定有关董事、监事的报酬事项;

(3)审议批准董事会的报告;

(4)审议批准监事会或者监事的报告;

(5)审议批准公司的年度财务预算方案、决算方案;

(6)审议批准公司的利润分配方案和弥补亏损方案;

(7)对公司增加或者减少注册资本作出决议;

(8)对发行公司债券作出决议;

(9)对公司合并、分立、解散、清算或者变更公司形式作出决议;

(10)修改公司章程;

(11)公司章程规定的其他职权。

对上述所列事项股东以书面形式一致表示同意的,可以不召开股东会会议,直接作出决定,并由全体股东在决定文件上签名、盖章。

首次股东会会议由出资最多的股东召集和主持,依法行使职权。

股东会会议分为定期会议和临时会议。定期会议应当依照公司章程的规定按时召开。代表1/10以上表决权的股东、1/3以上的董事,监事会或者不设监事会的公司的监事提议召开临时会议的,应当召开临时会议。

有限责任公司设立董事会的,股东会会议由董事会召集,董事长主持;董事长不能履行职务或者不履行职务的,由副董事长主持;副董事长不能履行职务或者不履行职务的,由半数以上董事共同推举一名董事主持。有限责任公司不设董事会的,股东会会议由执行董事召集和主持。董事会或者执行董事不能履行或者不履行召集股东会会议职责的,由监事会或者不设监事会的公司的监事召集和主持;监事会或者监事不召集和主持的,代表1/10以上表决权的股东可以自行召集和主持。

召开股东会会议,应当于会议召开15日前通知全体股东;但是,公司章程另有规定或者全体股东另有约定的除外。

股东会应当将所议事项的决定做成会议记录,出席会议的股东应当在会议记录上签名。

股东会会议由股东按照出资比例行使表决权;但是,公司章程另有规定的除外。

股东会的议事方式和表决程序,除《公司法》有规定的外,由公司章程规定。

股东会会议作出修改公司章程、增加或者减少注册资本的决议,以及公司合并、分立、解散或者变更公司形式的决议,必须经代表2/3以上表决权的股东通过。

(二)董事会

董事会是公司的执行机关。有限责任公司设董事会,其成员为3～13人;但是,股东人数较少或者规模较小的有限责任公司,可以设1名执行董事,不设董事会。

两个以上的国有企业或者两个以上的其他国有投资主体投资设立的有限责任公司,其董事会成员中应当有公司职工代表;其他有限责任公司董事会成员中可以有公司职工代表。董事会中的职工代表由公司职工通过职工代表大会、职工大会或者其他形式民主选举产生。

董事会设董事长1人,可以设副董事长。董事长、副董事长的产生办法由公司章程规定。

董事任期由公司章程规定,但每届任期不得超过3年。董事任期届满,连选可以连任。

董事任期届满未及时改选,或者董事在任期内辞职导致董事会成员低于法定人数的,在改选出的董事就任前,原董事仍应当依照法律、行政法规和公司章程的规定,履行董事职务。

董事会对股东会负责,行使下列职权:

(1)召集股东会会议,并向股东会报告工作;

(2)执行股东会的决议;

(3)决定公司的经营计划和投资方案;

(4)制订公司的年度财务预算方案、决算方案;

(5)制订公司的利润分配方案和弥补亏损方案;

(6)制订公司增加或者减少注册资本以及发行公司债券的方案;

(7)制订公司合并、分立、解散或者变更公司形式的方案;

(8)决定公司内部管理机构的设置;

(9)决定聘任或者解聘公司经理及其报酬事项,并根据经理的提名决定聘任或者解聘公司副经理、财务负责人及其报酬事项;

(10)制定公司的基本管理制度;

(11)公司章程规定的其他职权。

股东人数较少或者规模较小的有限责任公司的执行董事的职权由公司章程规定。

董事会会议由董事长召集和主持;董事长不能履行职务或者不履行职务的,由副董事长召集和主持;副董事长不能履行职务或者不履行职务的,由半数以上董事共同推举一名董事召集和主持。

董事会的议事方式和表决程序,除本法有规定的外,由公司章程规定。董事会应当将所议事项的决定做成会议记录,出席会议的董事应当在会议记录上签名。董事会决议的表决,实行一人一票。

(三)经理

有限责任公司可以设经理,由董事会决定聘任或者解聘。股东人数较少或者规模较小的有限责任公司的执行董事可以兼任公司经理。经理对董事会负责,行使下列职权:

(1)主持公司的生产经营管理工作,组织实施董事会决议;

(2)组织实施公司年度经营计划和投资方案;

(3)拟订公司内部管理机构设置方案;

(4)拟订公司的基本管理制度;

(5)制定公司的具体规章;

(6)提请聘任或者解聘公司副经理、财务负责人;

(7)决定聘任或者解聘除应由董事会决定聘任或者解聘以外的负责管理人员;

(8)董事会授予的其他职权。

公司章程对经理职权另有规定的,从其规定。经理列席董事会会议。

(四)监事会

监事会是公司的监督机关。有限责任公司设监事会,其成员不得少于3人。股东人数较少或者规模较小的有限责任公司,可以设1～2名监事,不设监事会。

监事会应当包括股东代表和适当比例的公司职工代表，其中职工代表的比例不得低于1/3，具体比例由公司章程规定。监事会中的职工代表由公司职工通过职工代表大会、职工大会或者其他形式民主选举产生。

监事会设主席1人，由全体监事过半数选举产生。监事会主席召集和主持监事会会议；监事会主席不能履行职务或者不履行职务的，由半数以上监事共同推举1名监事召集和主持监事会会议。

董事、高级管理人员不得兼任监事。

监事的任期每届为3年。监事任期届满，连选可以连任。

监事任期届满未及时改选，或者监事在任期内辞职导致监事会成员低于法定人数的，在改选出的监事就任前，原监事仍应当依照法律、行政法规和公司章程的规定，履行监事职务。

监事会、不设监事会的公司的监事行使下列职权：

(1)检查公司财务；

(2)对董事、高级管理人员执行公司职务的行为进行监督，对违反法律、行政法规、公司章程或者股东会决议的董事、高级管理人员提出罢免的建议；

(3)当董事、高级管理人员的行为损害公司的利益时，要求董事、高级管理人员予以纠正；

(4)提议召开临时股东会会议，在董事会不履行公司法规定的召集和主持股东会会议职责时召集和主持股东会会议；

(5)向股东会会议提出提案；

(6)依照《公司法》第152条的规定，对董事、高级管理人员提起诉讼；

(7)公司章程规定的其他职权。

监事可以列席董事会会议，并对董事会决议事项提出质询或者建议。监事会、不设监事会的公司的监事发现公司经营情况异常，可以进行调查；必要时，可以聘请会计师事务所等协助其工作，费用由公司承担。

监事会每年度至少召开一次会议，监事可以提议召开临时监事会会议。

监事会的议事方式和表决程序，除公司法有规定的外，由公司章程规定。

监事会决议应当经半数以上监事通过。监事会应当将所议事项的决定做成会议记录，出席会议的监事应当在会议记录上签名。

监事会、不设监事会的公司的监事行使职权所必需的费用，由公司承担。

(五)公司法定代表人

公司法定代表人依照公司章程的规定，由董事长、执行董事或者经理担任，并依法登记。公司法定代表人变更，应当办理变更登记。

四、一人有限责任公司的特别规定

一人有限责任公司，是指只有一个自然人股东或者一个法人股东的有限责任公司。

一人有限责任公司的注册资本最低限额为人民币10万元。股东应当一次足额缴纳公司章程规定的出资额。一个自然人只能投资设立一个一人有限责任公司。该一人有限责任公司不能投资设立新的一人有限责任公司。一人有限责任公司应当在公司登记中注明自然人独资或者法人独资，并在公司营业执照中载明。一人有限责任公司章程由股东制定。

一人有限责任公司不设股东会。股东作出公司的经营方针和投资计划决定时，应当采用书面形式，并由股东签名后置备于公司。一人有限责任公司应当在每一会计年度终了时编制财务会计报告，并经会计师事务所审计。一人有限责任公司的股东不能证明公司财产独立于股东自己的财产的，应当对公司债务承担连带责任。

五、国有独资公司的特别规定

国有独资公司，是指国家单独出资、由国务院或者地方人民政府授权本级人民政府国有资产监督管理机构履行出资人职责的有限责任公司。

国有独资公司章程由国有资产监督管理机构制定，或者由董事会制定，并报国有资产监督管理机构批准。

国有独资公司不设股东会，由国有资产监督管理机构行使股东会职权。国有资产监督管理机构可以授权公司董事会行使股东会的部分职权，决定公司的重大事项，但公司的合并、分立、解散、增加或者减少注册资本和发行公司债券，必须由国有资产监督管理机构决定；其中，重要的国有独资公司合并、分立、解散、申请破产的，应当由国有资产监督管理机构审核后，报本级人民政府批准。

国有独资公司设董事会，依照《公司法》第 47 条、第 67 条的规定行使职权。董事每届任期不得超过 3 年。董事会成员中应当有公司职工代表。董事会成员由国有资产监督管理机构委派；但是，董事会成员中的职工代表由公司职工代表大会选举产生。董事会设董事长一人，可以设副董事长。董事长、副董事长由国有资产监督管理机构从董事会成员中指定。

国有独资公司设经理，由董事会聘任或者解聘。经理依照《公司法》第 50 条规定行使职权。经国有资产监督管理机构同意，董事会成员可以兼任经理。

国有独资公司的董事长、副董事长、董事、高级管理人员，未经国有资产监督管理机构同意，不得在其他有限责任公司、股份有限公司或者其他经济组织兼职。

国有独资公司监事会成员不得少于 5 人，其中职工代表的比例不得低于 1/3，具体比例由公司章程规定。监事会成员由国有资产监督管理机构委派；但是，监事会成员中的职工代表由公司职工代表大会选举产生。监事会主席由国有资产监督管理机构从监事会成员中指定。监事会行使《公司法》第 54 条第 1～3 项规定的职权和国务院规定的其他职权。

六、有限责任公司的股权转让

有限责任公司的股东之间可以相互转让其全部或者部分股权。

股东向股东以外的人转让股权，应当经其他股东过半数同意。股东应就其股权转让事项书面通知其他股东征求同意，其他股东自接到书面通知之日起满 30 日未答复的，视为同意转让。其他股东半数以上不同意转让的，不同意的股东应当购买该转让的股权；不购买的，视为同意转让。

经股东同意转让的股权，在同等条件下，其他股东有优先购买权。两个以上股东主张行使优先购买权的，协商确定各自的购买比例；协商不成的，按照转让时各自的出资比例行使优先购买权。公司章程对股权转让另有规定的，从其规定。

人民法院依照法律规定的强制执行程序转让股东的股权时，应当通知公司及全体股东，其他股东在同等条件下有优先购买权。其他股东自人民法院通知之日起满 20 日不行使优先购买权的，视为放弃优先购买权。

依照《公司法》规定转让股权后，公司应当注销原股东的出资证明书，向新股东签发出资证明书，并相应修改公司章程和股东名册中有关股东及其出资额的记载。对公司章程的该项修改不需再由股东会表决。

有下列情形之一的，对股东会该项决议投反对票的股东可以请求公司按照合理的价格收购其股权：

(1)公司连续 5 年不向股东分配利润，而公司该 5 年连续盈利，并且符合本法规定的分配利润条件的；

(2)公司合并、分立、转让主要财产的；

(3)公司章程规定的营业期限届满或者章程规定的其他解散事由出现，股东会会议通过决议修改章程使公司存续的。

自股东会会议决议通过之日起 60 日内，股东与公司不能达成股权收购协议的，股东可以自股东会会议决议通过之日起 90 日内向人民法院提起诉讼。

自然人股东死亡后，其合法继承人可以继承股东资格；但是，公司章程另有规定的除外。

微型案例

某有限责任公司董事会议拟增加注册资本，公司监事会全部 7 名成员坚决反对，但董事会坚持决议。于是，监事会中的 3 名成员联名通知全体股东召开临时股东会议。除两名股东因故未参加股东会以外，其他股东全部参加。与会股东最终以 2/3 人数通过了公司增加注册资本的董事会决议。监事会认为会议的表决未到法定人数，因而决议无效。董事会认为，监事越权召开股东会，会后又对会议通过的决议横加指责，纯属无理之举。其实，该临时股东会的召集程序是合法的，因为《公司法》规定，1/3 以上的监事可以提议召开临时股东会，本次临时股东会由 3 名监事召集，该公司共有监事 7 人，达到 1/3 以上。

第三节　股份有限公司

一、股份有限公司的概念和特征

股份有限公司是指将公司全部资本分为等额股份，股东以其所持股份为限对公司承担财产责任，公司以其全部资产对公司债务承担责任的公司。

股份有限公司具有以下几个主要特征：

(1)股份有限公司的全部资本分为等额股份，股份体现为股票形式。这是股份有限公司与有限责任公司最主要的区别。

(2)股份有限公司的股东就其所认购股份对公司负责，也就是股东对公司只负缴清其股份金额的责任，并不对公司的债权人负责，公司以其全部资产对公司的债务承担责任。

(3)股份有限公司的股东必须达到法定的人数。即股份有限公司的股东有最低人数的限制，而没有最高人数的限制。

(4)公司的所有权与经营管理权分开。股份有限公司的资本虽为全体股东所有，但具体的经营管理权却不操在全体股东手中。负责公司一切日常经营管理活动的是董事会和经理。

二、股份有限公司的设立

(一)股份有限公司的设立条件

我国《公司法》规定,设立股份有限公司,应当具备下列条件:

1. 发起人符合法定人数

设立股份有限公司,应当有 2 人以上 200 人以下为发起人,其中须有半数以上的发起人在中国境内有住所。

2. 有符合公司章程规定的全体发起人认购的股本总额或者募集的实收股本总额股份有限公司的设立,可以采取发起设立或者募集设立的方式。发起设立,是指由发起人认购公司应发行的全部股份而设立公司。募集设立,是指由发起人认购公司应发行股份的一部分,其余股份向社会公开募集或者向特定对象募集而设立公司。股份有限公司发起人承担公司筹办事务。发起人应当签订发起人协议,明确各自在公司设立过程中的权利和义务。

股份有限公司采取发起设立方式设立的,注册资本为在公司登记机关登记的全体发起人认购的股本总额。在发起人认购的股份缴足前,不得向他人募集股份。

股份有限公司采取募集方式设立的,注册资本为在公司登记机关登记的实收股本总额。法律、行政法规以及国务院决定对股份有限公司注册资本实缴、注册资本最低限额另有规定的,从其规定。

以发起设立方式设立股份有限公司的,发起人应当书面认足公司章程规定其认购的股份,并按照公司章程规定缴纳出资。以非货币财产出资的,应当依法办理其财产权的转移手续。发起人不依照规定缴纳出资的,应当按照发起人协议承担违约责任。

发起人可以用货币出资,也可以用实物、知识产权、土地使用权等可以用货币估价并可以依法转让的非货币财产作价出资;但是,法律、行政法规规定不得作为出资的财产除外。对作为出资的非货币财产应当评估作价,核实财产,不得高估或者低估作价。法律、行政法规对评估作价有规定的,从其规定。

发起人认足公司章程规定的出资后,应当选举董事会和监事会,由董事会向公司登记机关报送公司章程以及法律、行政法规规定的其他文件,申请设立登记。

以募集设立方式设立股份有限公司的,发起人认购的股份不得少于公司股份总数的 35%;但是,法律、行政法规另有规定的,从其规定。

3. 股份发行、筹办事项符合法律规定

发起人向社会公开募集股份,必须公告招股说明书,并制作认股书。认股书应当载明公司法第 87 条所列事项,由认股人填写认购股数、金额、住所,并签名、盖章。认股人按照所认购股数缴纳股款。《公司法》第 87 条规定,“招股说明书应当附有发起人制定的公司章程,并载明下列事项:(1)发起人认购的股份数;(2)每股的票面金额和发行价格;(3)无记名股票的发行总数;(4)募集资金的用途;(5)认股人的权利、义务;(6)本次募股的起止期限及逾期未募足时认股人可以撤回所认股份的说明。”

发起人向社会公开募集股份,应当由依法设立的证券公司承销,签订承销协议。

发起人向社会公开募集股份,应当同银行签订代收股款协议。代收股款的银行应当按照协议代收和保存股款,向缴纳股款的认股人出具收款单据,并负有向有关部门出具收款证明的义务。

发行股份的股款缴足后，必须经依法设立的验资机构验资并出具证明。发起人应当自股款缴足之日起 30 日内主持召开公司创立大会。创立大会由发起人、认股人组成。

发行的股份超过招股说明书规定的截止期限尚未募足的，或者发行股份的股款缴足后，发起人在 30 日内未召开创立大会的，认股人可以按照所缴股款并加算银行同期存款利息，要求发起人返还。

发起人应当在创立大会召开 15 日前将会议日期通知各认股人或者予以公告。创立大会应有代表股份总数过半数的发起人、认股人出席，方可举行。

创立大会行使下列职权：(1)审议发起人关于公司筹办情况的报告；(2)通过公司章程；(3)选举董事会成员；(4)选举监事会成员；(5)对公司的设立费用进行审核；(6)对发起人用于抵作股款的财产的作价进行审核；(7)发生不可抗力或者经营条件发生重大变化直接影响公司设立的，可以作出不设立公司的决议。

创立大会对前款所列事项作出决议，必须经出席会议的认股人所持表决权过半数通过。

发起人、认股人缴纳股款或者交付抵作股款的出资后，除未按期募足股份、发起人未按期召开创立大会或者创立大会决议不设立公司的情形外，不得抽回其股本。

4. 发起人制订公司章程，采用募集方式设立的须经创立大会通过

股份有限公司章程应当载明下列事项：

(1)公司名称和住所；

(2)公司经营范围；

(3)公司设立方式；

(4)公司股份总数、每股金额和注册资本；

(5)发起人的姓名或者名称、认购的股份数、出资方式和出资时间；

(6)董事会的组成、职权和议事规则；

(7)公司法定代表人；

(8)监事会的组成、职权和议事规则；

(9)公司利润分配办法；

(10)公司的解散事由与清算办法；

(11)公司的通知和公告办法；

(12)股东大会会议认为需要规定的其他事项。

5. 有公司名称，建立符合股份有限公司要求的组织机构

6. 有公司住所

(二)股份有限公司的设立程序

股份有限公司设立程序分发起设立和募集设立两种情况。

1. 发起设立的股份公司设立程序

(1)订立发起人协议；(2)制定公司章程；(3)办理审批程序；(4)发起人缴纳出资并验资；(5)召开创立大会；(6)申请设立登记。

2. 募集设立的股份公司设立程序

(1)订立股东(发起人)协议；(2)制定公司章程；(3)报经国务院授权的部门或者省级人民政府审批；(4)发起人认足部分股份；(5)制作招股说明书；(6)报国务院债券管理部门审批；(7)公告和招募股份；(8)召开创立大会；(9)申请设立登记。

董事会应于创立大会结束后 30 日内，向公司登记机关报送下列文件，申请设立登记：

(1)公司登记申请书;(2)创立大会的会议记录;(3)公司章程;(4)验资证明;(5)法定代表人、董事、监事的任职文件及其身份证明;(6)发起人的法人资格证明或者自然人身份证明;(7)公司住所证明。

以募集方式设立股份有限公司公开发行股票的,还应当向公司登记机关报送国务院证券监督管理机构的核准文件。

(三)发起人的设立责任

股份有限公司成立后,发起人未按照公司章程的规定缴足出资的,应当补缴;其他发起人承担连带责任。股份有限公司成立后,发现作为设立公司出资的非货币财产的实际价额显著低于公司章程所定价额的,应当由交付该出资的发起人补足其差额;其他发起人承担连带责任。

股份有限公司的发起人应当承担下列责任:

(1)公司不能成立时,对设立行为所产生的债务和费用负连带责任;

(2)公司不能成立时,对认股人已缴纳的股款,负返还股款并加算银行同期存款利息的连带责任;

(3)在公司设立过程中,由于发起人的过失致使公司利益受到损害的,应当对公司承担赔偿责任。

三、股份有限公司的组织机构

(一)股东大会

股份有限公司股东大会由全体股东组成。股东大会是公司的权力机构,依法行使职权。公司法关于有限责任公司股东会职权的规定,适用于股份有限公司股东大会。

股东大会应当每年召开1次年会。有下列情形之一的,应当在两个月内召开临时股东大会:

(1)董事人数不足本法规定人数或者公司章程所定人数的2/3时;

(2)公司未弥补的亏损达实收股本总额1/3时;

(3)单独或者合计持有公司10%以上股份的股东请求时;

(4)董事会认为必要时;

(5)监事会提议召开时;

(6)公司章程规定的其他情形。

股东大会会议由董事会召集,董事长主持;董事长不能履行职务或者不履行职务的,由副董事长主持;副董事长不能履行职务或者不履行职务的,由半数以上董事共同推举1名董事主持。

董事会不能履行或者不履行召集股东大会会议职责的,监事会应当及时召集和主持;监事会不召集和主持的,连续90日以上单独或者合计持有公司10%以上股份的股东可以自行召集和主持。

召开股东大会会议,应当将会议召开的时间、地点和审议的事项于会议召开20日前通知各股东;临时股东大会应当于会议召开15日前通知各股东;发行无记名股票的,应当于会议召开30日前公告会议召开的时间、地点和审议事项。

单独或者合计持有公司3%以上股份的股东,可以在股东大会召开10日前提出临时提案并书面提交董事会；董事会应当在收到提案后2日内通知其他股东，并将该临时提案提交股东大会审议。临时提案的内容应当属于股东大会职权范围，并有明确议题和具体决议事项。

股东大会不得对前述通知中未列明的事项作出决议。

无记名股票持有人出席股东大会会议的，应当于会议召开5日前至股东大会闭会时将股票交存于公司。

股东出席股东大会会议，所持每一股份有一表决权。但是，公司持有的本公司股份没有表决权。

股东大会作出决议，必须经出席会议的股东所持表决权过半数通过。但是，股东大会作出修改公司章程、增加或者减少注册资本的决议，以及公司合并、分立、解散或者变更公司形式的决议，必须经出席会议的股东所持表决权的2/3以上通过。

《公司法》和公司章程规定公司转让、受让重大资产或者对外提供担保等事项必须经股东大会作出决议的，董事会应当及时召集股东大会会议，由股东大会就上述事项进行表决。

股东大会选举董事、监事，可以依照公司章程的规定或者股东大会的决议，实行累积投票制。①

股东可以委托代理人出席股东大会会议，代理人应当向公司提交股东授权委托书，并在授权范围内行使表决权。

股东大会应当将所议事项的决定做成会议记录，主持人、出席会议的董事应当在会议记录上签名。会议记录应当与出席股东的签名册及代理出席的委托书一并保存。

(二)董事会、经理

股份有限公司设董事会，其成员为5～19人。董事会成员中可以有公司职工代表。董事会中的职工代表由公司职工通过职工代表大会、职工大会或者其他形式民主选举产生。有限责任公司董事任期的规定，适用于股份有限公司董事。有限责任公司董事会职权的规定，适用于股份有限公司董事会。

董事会设董事长1人，可以设副董事长。董事长和副董事长由董事会以全体董事的过半数选举产生。

董事长召集和主持董事会会议，检查董事会决议的实施情况。副董事长协助董事长工作，董事长不能履行职务或者不履行职务的，由副董事长履行职务；副董事长不能履行职务或者不履行职务的，由半数以上董事共同推举1名董事履行职务。

董事会每年度至少召开两次会议，每次会议应当于会议召开10日前通知全体董事和监事。

代表1/10以上表决权的股东、1/3以上董事或者监事会，可以提议召开董事会临时会议。董事长应当自接到提议后10日内，召集和主持董事会会议。

董事会召开临时会议，可以另定召集董事会的通知方式和通知时限。

董事会会议应有过半数的董事出席方可举行。董事会作出决议，必须经全体董事的过半数通过。董事会决议的表决，实行一人一票。

---

① 《公司法》所称累积投票制，是指股东大会选举董事或者监事时，每一股份拥有与应选董事或者监事人数相同的表决权，股东拥有的表决权可以集中使用。

董事会会议，应由董事本人出席；董事因故不能出席，可以书面委托其他董事代为出席，委托书中应载明授权范围。

董事会应当将会议所议事项的决定做成会议记录，出席会议的董事应当在会议记录上签名。

董事应当对董事会的决议承担责任。董事会的决议违反法律、行政法规或者公司章程、股东大会决议，致使公司遭受严重损失的，参与决议的董事对公司负赔偿责任。但经证明在表决时曾表明异议并记载于会议记录的，该董事可以免除责任。

股份有限公司设经理，由董事会决定聘任或者解聘。公司法关于有限责任公司经理职权的规定，适用于股份有限公司经理。公司董事会可以决定由董事会成员兼任经理。

公司不得直接或者通过子公司向董事、监事、高级管理人员提供借款。公司应当定期向股东披露董事、监事、高级管理人员从公司获得报酬的情况。

（三）监事会

股份有限公司设监事会，其成员不得少于 3 人。监事会应当包括股东代表和适当比例的公司职工代表，其中职工代表的比例不得低于 1/3，具体比例由公司章程规定。监事会中的职工代表由公司职工通过职工代表大会、职工大会或者其他形式民主选举产生。

监事会设主席 1 人，可以设副主席。监事会主席和副主席由全体监事过半数选举产生。监事会主席召集和主持监事会会议；监事会主席不能履行职务或者不履行职务的，由监事会副主席召集和主持监事会会议；监事会副主席不能履行职务或者不履行职务的，由半数以上监事共同推举 1 名监事召集和主持监事会会议。

董事、高级管理人员不得兼任监事。

《公司法》关于有限责任公司监事任期的规定，适用于股份有限公司监事。公司法关于有限责任公司监事会职权的规定，适用于股份有限公司监事会。监事会行使职权所必需的费用，由公司承担。

监事会每 6 个月至少召开 1 次会议。监事可以提议召开临时监事会会议。监事会的议事方式和表决程序，除本法有规定的外，由公司章程规定。

监事会决议应当经半数以上监事通过。监事会应当将所议事项的决定做成会议记录，出席会议的监事应当在会议记录上签名。

四、上市公司组织机构的特别规定

上市公司是指其股票在证券交易所上市交易的股份有限公司。

上市公司在 1 年内购买、出售重大资产或者担保金额超过公司资产总额 30％的，应当由股东大会作出决议，并经出席会议的股东所持表决权的 2/3 以上通过。

上市公司设立独立董事，具体办法由国务院规定。上市公司设董事会秘书，负责公司股东大会和董事会会议的筹备、文件保管以及公司股东资料的管理，办理信息披露事务等事宜。

上市公司董事与董事会会议决议事项所涉及的企业有关联关系的，不得对该项决议行使表决权，也不得代理其他董事行使表决权。该董事会会议由过半数的无关联关系董事出席即可举行，董事会会议所作决议须经无关联关系董事过半数通过。出席董事会的无关联关系董事人数不足 3 人的，应将该事项提交上市公司股东大会审议。

五、股份有限公司的股份发行和转让

(一)股份发行

股份有限公司的股份是公司资本的组成成分，是计算公司资本最小的均等的构成单位。公司资本总额分成若干相等的单位，以每个股东拥有其单位数的多少来作为行使权利、承担义务以及流通转让的依据。

股份有限公司的资本划分为股份，每一股的金额相等。公司的股份采取股票的形式。股票是公司签发的证明股东所持股份的凭证。

股份的发行实行公平、公正的原则，同种类的每一股份应当具有同等权利。同次发行的同种类股票，每股的发行条件和价格应当相同；任何单位或者个人所认购的股份，每股应当支付相同价额。

股票发行价格可以按票面金额，也可以超过票面金额，但不得低于票面金额。

股票采用纸面形式或者国务院证券监督管理机构规定的其他形式。股票应当载明下列主要事项：(1)公司名称；(2)公司成立日期；(3)股票种类、票面金额及代表的股份数；(4)股票的编号。股票由法定代表人签名，公司盖章。发起人的股票，应当标明"发起人股票"字样。

公司发行的股票，可以为记名股票，也可以为无记名股票。公司向发起人、法人发行的股票，应当为记名股票，并应当记载该发起人、法人的名称或者姓名，不得另立户名或者以代表人姓名记名。

公司发行记名股票的，应当置备股东名册，记载下列事项：(1)股东的姓名或者名称及住所；(2)各股东所持股份数；(3)各股东所持股票的编号；(4)各股东取得股份的日期。

发行无记名股票的，公司应当记载其股票数量、编号及发行日期。

股份有限公司成立后，即向股东正式交付股票。公司成立前不得向股东交付股票。

公司发行新股，股东大会应当对下列事项作出决议：(1)新股种类及数额；(2)新股发行价格；(3)新股发行的起止日期；(4)向原有股东发行新股的种类及数额。

公司经国务院证券监督管理机构核准公开发行新股时，必须公告新股招股说明书和财务会计报告，并制作认股书。

公司发行新股，可以根据公司经营情况和财务状况，确定其作价方案。公司发行新股募足股款后，必须向公司登记机关办理变更登记，并公告。

(二)股份的转让

股份的转让，是指股份所有人出让股份给受让人，使受让人取得股份而转移其股东权利的法律行为。

股东持有的股份可以依法转让。股东转让其股份，应当在依法设立的证券交易场所进行或者按照国务院规定的其他方式进行。

记名股票，由股东以背书方式或者法律、行政法规规定的其他方式转让；转让后由公司将受让人的姓名或者名称及住所记载于股东名册。股东大会召开前20日内或者公司决定分配股利的基准日前5日内，不得进行该项股东名册的变更登记。但是，法律对上市公司股东名册变更登记另有规定的，从其规定。

无记名股票的转让，由股东将该股票交付给受让人后即发生转让的效力。

发起人持有的本公司股份，自公司成立之日起1年内不得转让。公司公开发行股份前已发行的股份，自公司股票在证券交易所上市交易之日起1年内不得转让。

公司董事、监事、高级管理人员应当向公司申报所持有的本公司的股份及其变动情况，在任职期间每年转让的股份不得超过其所持有本公司股份总数的25%；所持本公司股份自公司股票上市交易之日起1年内不得转让。上述人员离职后半年内，不得转让其所持有的本公司股份。公司章程可以对公司董事、监事、高级管理人员转让其所持有的本公司股份作出其他限制性规定。

公司不得收购本公司股份。但是，有下列情形之一的除外：(1)减少公司注册资本；(2)与持有本公司股份的其他公司合并；(3)将股份奖励给本公司职工；(4)股东因对股东大会作出的公司合并、分立决议持异议，要求公司收购其股份的。公司因前述第(1)项至第(3)项的原因收购本公司股份的，应当经股东大会决议。公司依照前述规定收购本公司股份后，属于第(1)项情形的，应当自收购之日起10日内注销；属于第(2)项、第(4)项情形的，应当在6个月内转让或者注销。公司依照第(3)项规定收购的本公司股份，不得超过本公司已发行股份总额的5%；用于收购的资金应当从公司的税后利润中支出；所收购的股份应当在一年内转让给职工。

公司不得接受本公司的股票作为质押权的标的。

记名股票被盗、遗失或者灭失，股东可以依照《中华人民共和国民事诉讼法》规定的公示催告程序，请求人民法院宣告该股票失效。人民法院宣告该股票失效后，股东可以向公司申请补发股票。

上市公司的股票，依照有关法律、行政法规及证券交易所交易规则上市交易。

第四节　公司董事、监事、高级管理人员的资格和义务

一、公司董事、监事、高级管理人员的资格

《公司法》第147条规定，有下列情形之一的，不得担任公司的董事、监事、高级管理人员：

(1)无民事行为能力或者限制民事行为能力；

(2)因贪污、贿赂、侵占财产、挪用财产或者破坏社会主义市场经济秩序，被判处刑罚，执行期满未逾5年，或者因犯罪被剥夺政治权利，执行期满未逾5年；

(3)担任破产清算的公司、企业的董事或者厂长、经理，对该公司、企业的破产负有个人责任的，自该公司、企业破产清算完结之日起未逾3年；

(4)担任因违法被吊销营业执照、责令关闭的公司、企业的法定代表人，并负有个人责任的，自该公司、企业被吊销营业执照之日起未逾3年；

(5)个人所负数额较大的债务到期未清偿。

公司违反前述规定选举、委派董事、监事或者聘任高级管理人员的，该选举、委派或者聘任无效。董事、监事、高级管理人员在任职期间出现无民事行为能力或者限制民事行为能力情形的，公司应当解除其职务。

二、公司董事、监事、高级管理人员的义务

董事、监事、高级管理人员应当遵守法律、行政法规和公司章程，对公司负有忠实义务和勤

勉义务。董事、监事、高级管理人员不得利用职权收受贿赂或者其他非法收入，不得侵占公司的财产。

董事、高级管理人员不得有下列行为：(1)挪用公司资金；(2)将公司资金以其个人名义或者以其他个人名义开立账户存储；(3)违反公司章程的规定，未经股东会、股东大会或者董事会同意，将公司资金借贷给他人或者以公司财产为他人提供担保；(4)违反公司章程的规定或者未经股东会、股东大会同意，与本公司订立合同或者进行交易；(5)未经股东会或者股东大会同意，利用职务便利为自己或者他人谋取属于公司的商业机会，自营或者为他人经营与所任职公司同类的业务；(6)接受他人与公司交易的佣金归为己有；(7)擅自披露公司秘密；(8)违反对公司忠实义务的其他行为。董事、高级管理人员违反这些规定所得的收入应当归公司所有。

董事、监事、高级管理人员执行公司职务时违反法律、行政法规或者公司章程的规定，给公司造成损失的，应当承担赔偿责任。

股东会或者股东大会要求董事、监事、高级管理人员列席会议的，董事、监事、高级管理人员应当列席并接受股东的质询。董事、高级管理人员应当如实向监事会或者不设监事会的有限责任公司的监事提供有关情况和资料，不得妨碍监事会或者监事行使职权。

董事、高级管理人员执行公司职务时违反法律、行政法规或者公司章程的规定，给公司造成损失的，有限责任公司的股东、股份有限公司连续180日以上单独或者合计持有公司1%以上股份的股东，可以书面请求监事会或者不设监事会的有限责任公司的监事向人民法院提起诉讼；监事执行公司职务时违反法律、行政法规或者公司章程的规定，给公司造成损失的，前述股东可以书面请求董事会或者不设董事会的有限责任公司的执行董事向人民法院提起诉讼。

监事会、不设监事会的有限责任公司的监事，或者董事会、执行董事收到前述规定的股东书面请求后拒绝提起诉讼，或者自收到请求之日起30日内未提起诉讼，或者情况紧急、不立即提起诉讼将会使公司利益受到难以弥补的损害的，前述规定的股东有权为了公司的利益以自己的名义直接向人民法院提起诉讼。

董事、高级管理人员违反法律、行政法规或者公司章程的规定，损害股东利益的，股东可以向人民法院提起诉讼。

第五节　公司债券

一、公司债券的概念及特征

公司债券是公司依照法定程序发行的，约定在一定期限还本付息的有价证券。它表示发行债券的公司和债券投资者之间的债权债务关系。

公司债券具有以下几方面的特征：

(1)公司债券是一种有价证券；

(2)公司债券是债权证券，持有公司债券的人为公司的债权人；

(3)公司债券是公司依《公司法》规定的程序发行的有价证券；

(4)公司债券是到期由公司还本付息的有价证券。

二、公司债券的发行

公司发行公司债券应当符合《中华人民共和国证券法》规定的发行条件。

发行公司债券的申请经国务院授权的部门核准后，应当公告公司债券募集办法。公司债券募集办法中应当载明下列主要事项：(1)公司名称；(2)债券募集资金的用途；(3)债券总额和债券的票面金额；(4)债券利率的确定方式；(5)还本付息的期限和方式；(6)债券担保情况；(7)债券的发行价格、发行的起止日期；(8)公司净资产额；(9)已发行的尚未到期的公司债券总额；(10)公司债券的承销机构。

公司以实物券方式发行公司债券的，必须在债券上载明公司名称、债券票面金额、利率、偿还期限等事项，并由法定代表人签名，公司盖章。

公司债券可以为记名债券，也可以为无记名债券。公司发行公司债券应当置备公司债券存根簿。

发行记名公司债券的，应当在公司债券存根簿上载明下列事项：(1)债券持有人的姓名或者名称及住所；(2)债券持有人取得债券的日期及债券的编号；(3)债券总额，债券的票面金额、利率、还本付息的期限和方式；(4)债券的发行日期。

发行无记名公司债券的，应当在公司债券存根簿上载明债券总额、利率、偿还期限和方式、发行日期及债券的编号。

记名公司债券的登记结算机构应当建立债券登记、存管、付息、兑付等相关制度。

三、公司债券的转让

公司债券可以转让，转让价格由转让人与受让人约定。公司债券在证券交易所上市交易的，按照证券交易所的交易规则转让。

记名公司债券，由债券持有人以背书方式或者法律、行政法规规定的其他方式转让；转让后由公司将受让人的姓名或者名称及住所记载于公司债券存根簿。

无记名公司债券的转让，由债券持有人将该债券交付给受让人后即发生转让的效力。

上市公司经股东大会决议可以发行可转换为股票的公司债券，并在公司债券募集办法中规定具体的转换办法。上市公司发行可转换为股票的公司债券，应当报国务院证券监督管理机构核准。

发行可转换为股票的公司债券，应当在债券上标明“可转换公司债券”字样，并在公司债券存根簿上载明可转换公司债券的数额。同时，公司应当按照其转换办法向债券持有人换发股票，但债券持有人对转换股票或者不转换股票有选择权。

第六节　公司财务、会计

一、公司的财务会计报告

公司应当依照法律、行政法规和国务院财政部门的规定建立本公司的财务、会计制度。

公司应当在每一会计年度终了时编制财务会计报告，并依法经会计师事务所审计。财务会计报告应当依照法律、行政法规和国务院财政部门的规定制作。

有限责任公司应当依照公司章程规定的期限将财务会计报告送交各股东。

股份有限公司的财务会计报告应当在召开股东大会年会的20日前置备于本公司，供股东查阅；公开发行股票的股份有限公司必须公告其财务会计报告。

二、公司的利润分配和公积金

公司分配当年税后利润时，应当提取利润的10%列入公司法定公积金。公司法定公积金累计额为公司注册资本的50%以上的，可以不再提取。

公司的法定公积金不足以弥补以前年度亏损的，在依照前款规定提取法定公积金之前，应当先用当年利润弥补亏损。

公司从税后利润中提取法定公积金后，经股东会或者股东大会决议，还可以从税后利润中提取任意公积金。

公司弥补亏损和提取公积金后所余税后利润，有限责任公司依照《公司法》第35条的规定分配；股份有限公司按照股东持有的股份比例分配，但股份有限公司章程规定不按持股比例分配的除外。

股东会、股东大会或者董事会违反前款规定，在公司弥补亏损和提取法定公积金之前向股东分配利润的，股东必须将违反规定分配的利润退还公司。

公司持有的本公司股份不得分配利润。

股份有限公司以超过股票票面金额的发行价格发行股份所得的溢价款以及国务院财政部门规定列入资本公积金的其他收入，应当列为公司资本公积金。

公司的公积金用于弥补公司的亏损、扩大公司生产经营或者转为增加公司资本。但是，资本公积金不得用于弥补公司的亏损。法定公积金转为资本时，所留存的该项公积金不得少于转增前公司注册资本的25%。

三、公司聘用和解聘会计师事务所

公司聘用、解聘承办公司审计业务的会计师事务所，依照公司章程的规定，由股东会、股东大会或者董事会决定。公司股东会、股东大会或者董事会就解聘会计师事务所进行表决时，应当允许会计师事务所陈述意见。公司应当向聘用的会计师事务所提供真实、完整的会计凭证、会计账簿、财务会计报告及其他会计资料，不得拒绝、隐匿、谎报。

公司除法定的会计账簿外，不得另立会计账簿。对公司资产，不得以任何个人名义开立账户存储。

第七节　公司合并、分立、增资、减资、解散与清算

一、公司合并与分立

公司合并可以采取吸收合并或者新设合并。一个公司吸收其他公司为吸收合并，被吸收

的公司解散。两个以上公司合并设立一个新的公司为新设合并，合并各方解散。

公司合并应当由合并各方签订合并协议，并编制资产负债表及财产清单。公司应当自作出合并决议之日起 10 日内通知债权人，并于 30 日内在报纸上公告。债权人自接到通知书之日起 30 日内，未接到通知书的自公告之日起 45 日内，可以要求公司清偿债务或者提供相应的担保。

公司合并时，合并各方的债权、债务应当由合并后存续的公司或者新设的公司承继。

公司分立，其财产作相应的分割并编制资产负债表及财产清单。公司应当自作出分立决议之日起 10 日内通知债权人，并于 30 日内在报纸上公告。

公司分立前的债务由分立后的公司承担连带责任。但是，公司在分立前与债权人就债务清偿达成的书面协议另有约定的除外。

公司合并或者分立，登记事项发生变更的，应当依法向公司登记机关办理变更登记。

二、公司增资与减资

公司需要减少注册资本时，必须编制资产负债表及财产清单。公司应当自作出减少注册资本决议之日起 10 日内通知债权人，并于 30 日内在报纸上公告。债权人自接到通知书之日起 30 日内，未接到通知书的自公告之日起 45 日内，有权要求公司清偿债务或者提供相应的担保。

有限责任公司增加注册资本时，股东认缴新增资本的出资，依照本法设立有限责任公司缴纳出资的有关规定执行。

股份有限公司为增加注册资本发行新股时，股东认购新股，依照本法设立股份有限公司缴纳股款的有关规定执行。

公司增加或者减少注册资本，应当依法向公司登记机关办理变更登记。

三、公司解散和清算

公司因下列原因解散：

(1)公司章程规定的营业期限届满或者公司章程规定的其他解散事由出现；

(2)股东会或者股东大会决议解散；

(3)因公司合并或者分立需要解散；

(4)依法被吊销营业执照、责令关闭或者被撤销；

(5)人民法院依照《公司法》第 183 条的规定予以解散。

公司有上述第(1)项情形的，可以通过修改公司章程而存续。依照该规定修改公司章程，有限责任公司须经持有 2/3 以上表决权的股东通过，股份有限公司须经出席股东大会会议的股东所持表决权的 2/3 以上通过。

公司经营管理发生严重困难，继续存续会使股东利益受到重大损失，通过其他途径不能解决的，持有公司全部股东表决权 10%以上的股东，可以请求人民法院解散公司。

公司因上述第(1)项、第(2)项、第(4)项、第(5)项规定而解散的，应当在解散事由出现之日起 15 日内成立清算组，开始清算。有限责任公司的清算组由股东组成，股份有限公司的清算组由董事或者股东大会确定的人员组成。逾期不成立清算组进行清算的，债权人可以申请人民法院指定有关人员组成清算组进行清算。人民法院应当受理该申请，并及时组织清算组进行清算。

清算组在清算期间行使下列职权：

(1)清理公司财产，分别编制资产负债表和财产清单；

(2)通知、公告债权人；

(3)处理与清算有关的公司未了结的业务；

(4)清缴所欠税款以及清算过程中产生的税款；

(5)清理债权、债务；

(6)处理公司清偿债务后的剩余财产；

(7)代表公司参与民事诉讼活动。

清算组应当自成立之日起 10 日内通知债权人，并于 60 日内在报纸上公告。债权人应当自接到通知书之日起 30 日内，未接到通知书的自公告之日起 45 日内，向清算组申报其债权。

债权人申报债权，应当说明债权的有关事项，并提供证明材料。清算组应当对债权进行登记。在申报债权期间，清算组不得对债权人进行清偿。

清算组在清理公司财产、编制资产负债表和财产清单后，应当制定清算方案，并报股东会、股东大会或者人民法院确认。

公司财产在分别支付清算费用、职工的工资、社会保险费用和法定补偿金，缴纳所欠税款，清偿公司债务后的剩余财产，有限责任公司按照股东的出资比例分配，股份有限公司按照股东持有的股份比例分配。

清算期间，公司存续，但不得开展与清算无关的经营活动。公司财产在未依照前款规定清偿前，不得分配给股东。

清算组在清理公司财产、编制资产负债表和财产清单后，发现公司财产不足清偿债务的，应当依法向人民法院申请宣告破产。公司经人民法院裁定宣告破产后，清算组应当将清算事务移交给人民法院，依照有关企业破产的法律实施破产清算。

公司清算结束后，清算组应当制作清算报告，报股东会、股东大会或者人民法院确认，并报送公司登记机关，申请注销公司登记，公告公司终止。

清算组成员应当忠于职守，依法履行清算义务。清算组成员不得利用职权收受贿赂或者其他非法收入，不得侵占公司财产。清算组成员因故意或者重大过失给公司或者债权人造成损失的，应当承担赔偿责任。

公司解散的，应当依法办理公司注销登记；设立新公司的，应当依法办理公司设立登记。

第八节　外国公司的分支机构

一、外国公司分支机构的概念和设立

外国公司是指依照外国法律在中国境外设立的公司。外国公司在中国境内设立分支机构，必须向中国主管机关提出申请，并提交其公司章程、所属国的公司登记证书等有关文件，经批准后，向公司登记机关依法办理登记，领取营业执照。外国公司分支机构的审批办法由国务院另行规定。

外国公司在中国境内设立分支机构，必须在中国境内指定负责该分支机构的代表人或者代理人，并向该分支机构拨付与其所从事的经营活动相适应的资金。对外国公司分支机构的经营资金需要规定最低限额的，由国务院另行规定。

外国公司的分支机构应当在其名称中标明该外国公司的国籍及责任形式。外国公司的分支机构应当在本机构中置备该外国公司章程。

二、外国公司分支机构的法律地位

外国公司在中国境内设立的分支机构不具有中国法人资格。外国公司对其分支机构在中国境内进行经营活动承担民事责任。

经批准设立的外国公司分支机构，在中国境内从事业务活动，必须遵守中国的法律，不得损害中国的社会公共利益，其合法权益受中国法律保护。

三、外国公司分支机构的撤销和清算

外国公司撤销其在中国境内的分支机构时，必须依法清偿债务，依照本法有关公司清算程序的规定进行清算。未清偿债务之前，不得将其分支机构的财产移至中国境外。

课后习题

一、复习思考题

1. 什么是公司？公司股东的权利和义务有哪些？
2. 有限责任公司的设立条件、设立程序有哪些？
3. 有限责任公司的组织机构有哪些？各有什么职权？
4. 股份有限公司的股份发行条件是什么？
5. 禁止担任公司董事、监事、高级管理人员的情形有哪些？公司董事、监事、高级管理人员有哪些义务？
6. 公司债券的发行条件有什么？
7. 什么是公司合并，什么是公司分立？
8. 公司的解散情形有哪些？

二、案例分析题

某股份有限公司董事会由 11 名董事组成。2008 年 5 月 10 日，公司董事长李某召集并主持召开董事会会议，出席会议的共有 8 名董事，另有 3 名董事因事请假。董事会会议讨论了下列事项，经表决，有 6 名董事同意并通过。

(1)鉴于公司董事会成员工作任务加重，决定给每位董事涨工资 30%；

(2)鉴于监事会成员中的职工代表张某生病，决定由本公司职工王某参加监事会；

(3)鉴于公司的财务会计工作日益繁重，拟将财务科升级为财务部，并向社会公开招聘会计人员 3 名，招聘会计人员事宜及财务科升格为财务部的方案经股东大会通过后实施；

(4)鉴于公司的净资产额已达2 900万元，符合有关公司发行债券的法律规定，决定发行公司债券1 000万元。

问题：

(1)公司董事会的召开和表决程序是否符合法律规定？为什么？

(2)公司董事会通过的事项有无不符合法律规定之处？如有，请分别说明理由。

第六章　物权法

学习目标

掌握物权的概念、特征和种类，以及物权法的基本原则；
掌握不动产登记、动产交付；
掌握所有权的概念、种类和内容；
了解用益物权和担保物权；
了解占有制度。

引入案例

“重庆钉子户”事件

2004 年，重庆南隆房地产开发有限公司与重庆智润置业有限公司共同对九龙坡区鹤兴路片区进行开发，拆迁工作从 2004 年 9 月开始，该片区 280 户均已搬迁，仅剩一户未搬迁。这幢户主为杨武、吴苹夫妻的两层小楼一直伫立在工地上。

2005 年 2 月，开发商向九龙坡区房管局提出拆迁行政裁决，要求裁决被拆迁人限期搬迁。九龙坡区房管局于 2007 年 1 月 11 日下达了拆迁行政裁决书，并于 2 月 1 日向九龙坡区人民法院提起了“先予强制拆迁申请书”，法院受理了此案。

2007 年 3 月 19 日，九龙坡区法院组织九龙坡区房地产管理局、吴苹、重庆南隆房地产开发有限公司进行听证，并当庭裁定限吴苹夫妇在 3 月 22 日前自动搬迁。

2007 年 3 月 23 日，九龙坡区法院表示，“本案将于今日进入强制执行程序，在执行中，双方和解及申请人自愿撤回申请，皆有可能，下一步是否需要强制执行，目前尚不能确定。”

2007 年 4 月 2 日，吴苹夫妇与开发商在九龙坡区法院达成和解，吴苹夫妇同意接受易地实物安置，并自愿搬迁。当日晚，吴苹夫妇的房屋被拆除，至此，重庆“钉子户”事件解决。

2007 年 4 月 3 日，重庆市九龙坡区法院就重庆“钉子户”拆迁案举行了新闻发布会。重庆市九龙坡区法院院长张立说，重庆九龙坡区鹤兴路片区 17 号房屋拆迁案对今后的城市拆迁工作不仅没有负面影响，反而具有积极的深远意义。重庆市九龙坡区法院行政审判庭庭长戴庆伟解释说，首先，该案引发了专家学者和公众对拆迁的广泛讨论，对拆迁双方各自的权利和义务、私有财产的保护和权利的滥用、合理安置和漫天要价、商业利益和国家公共利益等问题的实质解决充分发表了自己的看法，为今后拆迁的相关法律法规的制定和完善提供了参考意见；其次，该案也证实了法律的尊严和司法的权威不容动摇。虽然此案受到关注和争议，但法院一直严格依照法律规定进行审理和执行，重庆市和九龙坡区政府都从未对该案的司法活动进行任何干预。

参与大众的热情、情绪、意见分流，媒体理性、积极的报道，专家学者的理性和冷静，政府的态度和法院的调解，均在这一事件中得到了充分展现。该案件虽然发生于《物权法》出台之前，解决于

《物权法》公布之后、实施之前，但对于《物权法》的理解和实施了产生里程碑式的深远影响。

——资料来源：《聚焦重庆最牛钉子户》，金融界专题，http://focus.jrj.com.cn/special/home/cqzmdzh.html。

第一节 物权法概述

一、物权的概念、特征

物权是指权利人对特定的物享有直接支配利用和排他的权利。物权具有以下法律特征：

（一）物权是权利人直接支配物的权利

所谓直接支配物，是指物权人可以依自己的意志就标的物直接行使其权利，无须他人的意思或义务人行为的介入。

物权是一种绝对权，其权利人是特定的，而义务人是不特定的，义务内容是不作为，只要不特定的第三人没有非法干涉其行使权利，即为履行了义务。而债权在这一点上与其显著不同，债权是相对权，债权人不能直接支配标的物，债权的实现必须依赖于债务人的行为。

物权的客体是物，原则上是指有体物。有体物包括不动产、动产以及虽然不占据一定空间或具备一定形状，但是能够为人力所控制的电、气、光波、磁波等物。权利成为物权的客体，仅限于法律有明确规定的情况，如权利质权、土地承包经营权。

（二）物权是权利人直接享受物的利益的权利

物的利益，以权利人对于标的物的直接支配与享受为特点。这里的利益，可以分为三种：一是物的归属，二是物的利用，三是设立物的担保。物权的内容，因对标的物的利益不同，而有所有权、用益物权和担保物权的区别。

（三）物权是排他性的权利

物权为权利人直接支配物的权利，具有排他性。首先，物权是一种对世权，物权人有权排除他人对物上权利行使的干涉，可以对抗一切不特定的人；其次，同一物上不许有内容不相容的物权并存。例如，一间房屋上不能同时有两个所有权。但是，在共有关系上，只是几个共有人共同享有一个所有权，并非一物之上有几个所有权。在担保物权中，一物之上可以设定两个以上的抵押权，即先设立的抵押权优先于后设立的抵押权：有先后次序的不同。因此，共有关系和两个以上抵押权的并存与物权的排他性并不矛盾。

二、物权的种类

基于物权法定主义原则，各国民法都对物权作出了明确的规定。我国物权法规定了所有权、用益物权和担保物权三类。在学理上，为了更好地理解和区分物权，根据不同的分类标准将物权分为不同的种类，以下是物权的通常分类。

（一）自物权与他物权

根据权利行使主体是否是所有权人，将物权分为自物权与他物权。自物权是指所有人依法可以对物进行占有、使用、收益和处分的权利，即所有权。它是物权中最完整、最充分的权利。他物权是指所有权以外的物权，它是在所有权权能，如占有、使用、收益和收益的权能与所有权人发生分离的基础上产生的，由他物权人对物享有一定程度的直接支配权。

(二)用益物权和担保物权

根据设立目的不同，传统民法将他物权又分为用益物权和担保物权。用益物权是指以物的使用收益为目的的物权，包括地上权、地役权、永佃权等。担保物权是指以担保债权为目的，即以确保债务的履行为目的的物权，包括抵押权、质押权、留置权、典权等。

(三)动产物权与不动产物权

根据物权的客体为动产或不动产，将物权分为动产物权和不动产物权。这种分类的主要意义在于，二者在取得方法、成立要件和效力方面存在着一些区别。在我国，不动产物权包括不动产所有权、地上权、地役权、房屋典权、国有土地的使用权、不动产的抵押权等。动产物权包括动产所有权、留置权、动产的抵押权等。

(四)主物权和从物权

根据物权是否具有独立性，将物权分为主物权和从物权。主物权是指能够独立存在的物权，如所有权、地上权、永佃权。从物权则是指必须依附于其他权利而存在的物权，如抵押权、质权、留置权、地役权等。

三、物权的效力

物权的效力是指物权所特有的功能和作用。物权具有追及效力和优先效力。

物权的追及效力是指物权的标的物不管辗转流入什么人的手中，物权人都可以依法向物的不法占有人索取，请求其返还原物。

物权的优先效力包括两方面：第一，当物权与债权并存时，物权优先于债权。例如，享有担保物权的人较之普遍债权人具有优先受偿的权利。第二，在某些情况下，当事人可以在同一物之上设立多个物权，例如，为担保同一债权而设立两个或两个以上的担保物权。同一物之上有数个物权并存时，先设立的物权优先于后设立的物权，这就是物权相互间的优先效力。

四、物权法的基本原则

(一)物权法定主义

物权法定主义的含义包括：(1)物权必须由法律设定。即物权必须由法律设定而不得由当事人随意创设。例如，法律规定以动产设立质押必须移转占有，当事人不得设立不移转占有的动产质押权，否则与现行法律规定不符。(2)物权的内容由法律规定，而不能由当事人通过协议设定。(3)物权的效力必须由法律规定，而不能由当事人通过协议加以设定。(4)物权的公示方法必须由法律规定，不得由当事人随意确定。

(二)一物一权原则

一物一权原则包含以下两项内容：

1. 物权的客体仅为独立的特定的物

只有在作为物权客体的物具有独立性和特定性的情况下才能明确物权的支配范围，使物权人能够在其客体之上形成物权并排斥他人的干涉。

2. 一个所有权的客体仅为一个独立物

根据一物一权，一个所有权的客体仅为一个独立物，集合物原则上不能成为一个所有权的客体，而只能成为多个所有权的客体。

所有权是一种最终的支配权，决定了所有权的原则只能是一物一权。如果一物之上可以并存多项所有权，则难以确定物的真正归属，而且容易发生各种产权纠纷。当然我们说一个所有权的客体仅为一个特定物，并不是说一个特定物之上的所有人不能为多人。事实上数人对一物享有所有权，并不指所有权也成为多重所有权。所有权仍然是一个，只不过主体存在着多人而已。一物的某一部分也不能成立单个的所有权。这就是说，按照一物一权原则，物只能在整体上成立一个所有权，而一物的某一部分如尚未与该物完全分离，则不能成为单独所有权的客体，尤其是对于那些附属于主物的从物而言，只能是主物的一部分，如房屋的墙壁和门窗等只能是房屋的一部分。不能与主物分离。在交易上，主物的所有权发生移转，从物也随之移转。

（三）公示、公信原则

1. 公示原则

所谓公示，是指物权在变动时，必须将物权变动的事实通过一定的公示方法向社会公开，从而使第三人知道物权变动的情况，以避免第三人遭受损害并保护交易安全。物权的变动之所以要公示是由物权的性质本身所决定的。因为物权具有排他的、优先的效力。如果物权的变动不采用一定的公示方法，某人享有某种物权，第三人并不知道，而该人要向第三人主张优先权时，必然会使第三人遭受损害。物权公示制度的建立极大地减少了产权变动中的纠纷，从而维护了交易的安全和秩序。

2. 公信原则

所谓公信，是指一旦当事人变更物权时，依据法律的规定进行了公示，则即使依公示方法表现出来的物权不存在或存在瑕疵，但对于信赖该物权的存在并已从事了物权交易的人，法律仍然承认其具有与真实的物权存在相同的法律效果，以保护交易安全。例如甲将乙的房屋登记在自己的名义下，并将该房屋转让给丙，丙因信赖甲所提出的产权证书等文件，而与甲订立了房屋买卖合同，则尽管甲不是真正的权利人，但法律上仍承认该项交易所导致的所有权移转之效果，以保护当事人的利益并维护交易安全。

微型案例

索某夫妇离婚时，自行约定把两居室房屋的南侧一间归索某，北侧一间归妻子张某。在张某提起诉讼后，北京市第一中级人民法院作出判决，确认双方在离婚协议中分割房屋的约定无效。这是《物权法》实施以来，一物一权（所有权）的基本原则首次在法院判决中得以适用。

索某与张某于2005年3月14日协议离婚，针对双方共同所有的登记在张某名下的一套两居室房屋，双方在离婚协议中约定：南侧1间归索某所有，北侧1间归张某所有。2007年1月，张某起诉到法院，要求确认离婚协议中有关房屋的约定无效，请求依法分割。此案经过二级法院的审理，北京市第一中级人民法院作出终审判决，判决约定无效，两居室房屋归张某所有，张某给付索某房屋折价款。

点评：《物权法》规定了“一物一权”的基本原则，物权是权利人依法对特定的物享有直接支配和排他的权利。权利人要实现这些权利，就要以国家公权力的保护为后盾。而国家公权力要实现对物权的保护，必须以确定物的范围和界域为前提。但是，一套房屋的范围和界域内只能确定一个所有权，国家对不动产实行的统一登记制度中，不允许对同一套房屋登记两个以上的所有权。所以，不动产虽然可以由两个以上个人共有，但成套建造的单元楼房不能由两个以上个人分别拥有该套房屋内的不同房间。索某与张某的离婚协议约定两居室房屋中南侧一间归索某所有、北侧一间归张某所有，违反了一物一权（所有权）的基本原则，该约定无效。张某起诉要求确认离婚协议中的该约定无效，符合《物权法》的相关规定，应予支持。

——资料来源：王宏刚，《法院首次适用"一物一权" 离婚自行分房被判无效》，《北京晚报》，2008年1月9日。

五、动产交付和不动产登记

（一）动产交付

所谓交付，即移转占有。出卖人将标的物交付给买受人，就是将对物的占有移转给买受人。《物权法》第23条规定，动产物权的设立和转让，自交付时发生效力，但法律另有规定的除外。第24条规定，船舶、航空器和机动车等物权的设立、变更、转让和消灭，未经登记，不得对抗善意第三人。

交付通常是指现实交付，即直接占有的移转。随着商品经济的发展，为了交易上的便利，发展出一些变通的交付方法，即在特殊情况下，法律允许当事人通过特别的约定，并不实际交付动产，而采取一种变通的交付办法来代替实际交付，称为观念交付。主要有：

（1）简易交付，即受让人已经占有动产的，于物权变动的合意成立时，视为交付。我国《物权法》第25条规定，"动产物权设立和转让前，权利人已经依法占有该动产的，物权自法律行为生效时发生效力。"

（2）指示交付，即动产由第三人占有时，出让人将其对于第三人的返还请求权让与受让人以代替交付。我国《物权法》第26条规定，"动产物权设立和转让前，第三人依法占有该动产的，负有交付义务的人可以通过转让请求第三人返还原物的权利代替交付。"

（3）占有改定，即动产物权的让与人与受让人之间特别约定，标的物仍然由出让人继续占有的，在物权让与的合意成立时，视为交付，受让人取得间接占有。我国《物权法》第27条规定，"动产物权转让时，双方又约定由出让人继续占有该动产的，物权自该约定生效时发生效力。"

（4）拟制交付，即出让人将标的物的权利凭证（如仓单、提单）交给受让人，以代替物的现实交付。

（二）不动产登记

1. 不动产登记的概念

不动产登记是将物权变动的事项登载于特定国家机关的簿册上。通过不动产登记，由专门的登记机关，依照法定的程序，对不动产上的权利及其变动进行登记，向社会公开以供查阅，便利不动产交易的进行，并保护交易安全。

2. 不动产登记的效力

对不动产登记的效力，各国立法规定不尽一致。大陆法系国家主要有两种不同的观点：登记要件说和登记对抗说。我国采取的是登记要件作为一般原则，以登记对抗作为例外。《物权法》第9条规定："不动产物权的设立、变更、转让和消灭，经依法登记，发生效力；未经登记，不发生效力，但法律另有规定的除外。"

不动产登记的效力包括：

（1）自记载于不动产登记簿之日起发生物权设立和变动的效力。《物权法》第14条规定：

"不动产物权的设立、变更、转让和消灭,依照法律规定应当登记的,自记载于不动产登记簿时发生效力。"

(2)权利推定效力。《物权法》第16条规定,不动产登记簿是物权归属和内容的根据。

(3)善意保护的效力。不动产权属证书是权利人享有该不动产物权的证明。《物权法》第17条规定了登记与权属证明之间的关系:"不动产权属证书记载的事项,应当与不动产登记簿一致;记载不一致的,除有证据证明不动产登记簿确有错误外,以不动产登记簿为准。"

登记效力和合同效力存在区别。《物权法》第15条规定:"当事人之间订立有关设立、变更、转让和消灭不动产物权的合同,除法律另有规定或者合同另有约定外,自合同成立时生效;未办理物权登记的,不影响合同效力。"

3. 登记机构及其审查义务

登记机构是指负责在登记机构所管辖的行政区划内依法接受申请人递交的申请材料办理所有权和其他物权变动登记的机构。《物权法》第10条规定,"国家对不动产实行统一登记制度。统一登记的范围、登记机构和登记办法,由法律、行政法规规定。"当事人申请登记,应当根据不同登记事项提供权属证明和不动产界址、面积等必要材料。

关于登记机构在登记审查中承担何种义务,在制定《物权法》过程中曾有实质审查说和形式审查说之分。《物权法》最终采取了形式审查为主、实质审查为辅的审查制度。《物权法》第12条规定,登记机构应当履行下列职责:(1)查验申请人提供的权属证明和其他必要材料;(2)就有关登记事项询问申请人;(3)如实、及时登记有关事项;(4)法律、行政法规规定的其他职责。申请登记的不动产的有关情况需要进一步证明的,登记机构可以要求申请人补充材料,必要时可以实地查看。

《物权法》第13条规定,登记机构不得有下列行为:(1)要求对不动产进行评估;(2)以年检等名义进行重复登记;(3)超出登记职责范围的其他行为。

4. 登记查询

《物权法》第18条规定:"权利人、利害关系人可以申请查询、复制登记资料,登记机构应当提供。"

5. 更正登记和异议登记

更正登记,是指权利人、利害关系人认为不动产登记簿记载的事项有错误时,经其申请,经过权利人书面同意更正或者有证据证明登记确有错误的,登记机构对错误事项进行更正的登记。《物权法》第19条第1款规定:"权利人、利害关系人认为不动产登记簿记载的事项错误的,可以申请更正登记。不动产登记簿记载的权利人书面同意更正或者有证据证明登记确有错误的,登记机构应当予以更正。"

异议登记,是指利害关系人对不动产登记簿记载的物权归属等事项有异议的,可以通过异议登记来保护其权利。《物权法》第19条第2款规定:"不动产登记簿记载的权利人不同意更正的,利害关系人可以申请异议登记。登记机构予以异议登记的,申请人在异议登记之日起15日内不起诉,异议登记失效。异议登记不当,造成权利人损害的,权利人可以向申请人请求损害赔偿。"

6. 预告登记

预告登记,是指为了确保债权的实现、保障将来实现物权等目的,按照约定向登记机构申请办理的预先登记。《物权法》第22条规定:"当事人签订买卖房屋或者其他不动产物权的协议,为保障将来实现物权,按照约定可以向登记机构申请预告登记。预告登记后,未经预告登记的权利人同意，处分该不动产的，不发生物权效力。”预先登记的效果是限制登记权利人的处分行为，以保障债权请求权的实现。

7. 登记的请求权

登记的请求权，是指登记权利人对登记义务人所享有的请求其履行登记义务或协助履行登记义务的权利。我国立法长期以来一直将登记、审批等作为合同成立并生效的要件，导致实践中当事人在签订合同后为获取不正当利益而愿意不办理登记，致合同不能生效，法院也不能在合同无效后强制其办理登记、审批的手续。所以，将登记与合同的效力分开，使登记义务成为合同请求权内容，才能在一方故意不办理登记手续时，另一方可请求法院强制其办理登记手续。登记义务人原则上由法律与合同加以确定。如果法律和合同没有规定的，双方都应当负有办理登记的义务。

六、物权的保护

（一）物权保护的概念

物权保护，是指通过法律规定的方法和程序保障物权人在法律许可的范围内对其财产行使占有、使用、收益、处分权利的制度。物权由法律规定，并受法律保护。在我国，保护各种类型的物权，维护社会主义的所有制和经济秩序，是宪法、行政法、刑法、民法等各个法律部门共同的任务。不同法律部门对物权进行保护的方法不同，民法主要是通过民事诉讼和民法方法对物权进行保护的。

（二）物权保护的方式

民法对物权的保护，可以依据权利人是否通过民事诉讼程序而将之分为物权的自我保护和诉讼保护。

物权的自我保护即自力救济，是指物权人在其物权受到侵害以后，直接请求侵害人为一定行为或不为一定行为。如请求侵害人停止侵害、排除妨害、恢复原状等。但物权人采取这种方法，必须享有法律规定的请求权（包括物上请求权和损害赔偿的请求权）。同时，权利人必须以法律许可的正当方式行使这些权利，不得滥用权利而加害他人。

物权的诉讼保护，又称公力救济，是指物权人在其物权受到侵害时，有权依法提起诉讼，请求人民法院确认其物权的存在，责令侵害人承担民事责任。

我国民法对物权的保护方法主要有确认权利、返还原物、恢复原状、停止侵害、排除妨害和赔偿损失。这些物权的民法保护方法，可以单独适用，也可以根据权利被侵害的情形合并适用。侵害物权，除承担民事责任外，违反行政管理规定的，依法承担行政责任；构成犯罪的，依法追究刑事责任。

第二节 所有权

一、财产所有权的概念和特征

财产所有权是指财产所有人依法对自己的财产享有占有、使用、收益和处分的权利。财产所有权物权制度的一种基本形态，是其他各种物权的基础，所有权以外的其他物权都是由所有

权派生而来。所有权除具有物权的共性外,还具有以下法律特征:

(一)所有权具有绝对性

所有权是绝对权,它的行使无须他人的帮助便可实现。而所有权的义务主体是所有权以外的一切人,他们所负的义务是不得非法干涉所有权人行使其所有权,这是一种不特定的义务,因此,所有权具有绝对性。

(二)所有权具有完全性

所有权是财产所有人对于其所有物进行的全面支配的最完全的、最充分的物权。财产所有人对于其所有物的支配,不仅包括对物的占有、使用、收益,还包括对物的具有决定意义的最终处分权。所以,所有权具有完全性,是一种最完全的权利,是他物权的源泉。

(三)所有权具有排他性

所有权具有排他的性质,财产所有权人有权排除他人对于其物的干涉,并且同一物上只有一个所有权存在,而不能同时并存两个或两个以上的所有权。

(四)所有权具有永久性

所有权的存在不能预定其存续期间,也不因时效而消灭。除所有物灭失、转让、抛弃等法律事实外,所有权是无限期的存在。

二、所有权的取得

(一)所有权取得概述

财产所有权取得是指民事主体根据一定的法律事实获得某物的所有权。《物权法》第 7 条规定:“物权的取得和行使,应当遵守法律,尊重社会公德,不得损害公共利益和他人合法权益。”

所有权的取得分为原始取得和继受取得。原始取得,是指所有权第一次产生或者不依靠原所有权而取得所有权或者根据法律规定取得新物、无主物,包括生产,取得原物孳息,国家强制取得所有权(如没收、征收等),国家取得所有人不明的埋藏物、隐藏物和无人认领的遗失物,国家或集体取得无人继承的财产,善意取得。

继受取得又称传来取得,指新的所有人通过某种法律行为或法律事件而从原所有人那里取得财产所有权,包括买卖、互易、赠与、继承与接受遗赠、其他合法原因。与原始取得不同,它是以原所有人的所有权和原所有人转让所有权的意志为根据的。

同时,《物权法》第 106～116 条特别规定了善意取得、拾得遗失物、漂流物、埋藏物的权利归属和孳息等所有权取得方式。

(二)善意取得

1. 善意取得的概念和适用范围

善意取得又称即时取得,是指无处分权人将其动产或不动产转让给受让人,受让人取得该动产或不动产时出于善意,则受让人将依法取得该动产或不动产的所有权或其他物权。善意取得制度虽然限制了所有权之上的追及权的效力,从而在一定程度上牺牲了所有人的利益,但是它对于维护商品交换的安全和良好秩序具有重要的作用。我国《物权法》第 106～108 条规定了善意取得制度。

根据《物权法》规定,我国善意取得的适用范围是:(1)动产所有权;(2)不动产所有权;(3)其他物权。《物权法》第 106 条第 3 款规定:“当事人善意取得其他物权的,参照前两款规定。”因此，在符合法定条件的情况下，不动产用益物权以及抵押权、质权等担保物权，也可以发生善意取得。

我国以往的法律制度原则上否定善意取得对遗失物、盗赃物的适用。现在《物权法》第107条对遗失物的善意取得问题作了特别规定：“所有权人或者其他权利人有权追回遗失物。该遗失物通过转让被他人占有的，权利人有权向无处分权人请求损害赔偿，或者自知道或者应当知道受让人之日起2年内向受让人请求返还原物，但受让人通过拍卖或者向具有经营资格的经营者购得该遗失物的，权利人请求返还原物时应当支付受让人所付的费用。权利人向受让人支付所付费用后，有权向无处分权人追偿。”

2. 善意取得适用的条件

《物权法》第106条规定，除法律另有规定外，符合下列情形的，受让人取得该不动产或者动产的所有权：(1)受让人受让该不动产或者动产时是善意的；(2)以合理的价格转让；(3)转让的不动产或者动产依照法律规定应当登记的已经登记，不需要登记的已经交付给受让人。

3. 善意取得的效力

《物权法》第108条规定：“善意受让人取得动产后，该动产上的原有权利消灭，但善意受让人在受让时知道或者应当知道该权利的除外。”原权利人可以基于债权上的请求权要求转让人承担合同责任、侵权责任或不当得利的返还责任，但不能向受让人和其他权利人追及。

(三)拾得遗失物

1. 遗失物的概念

遗失物是所有人遗忘于某处，不为任何人占有的物。遗失物只能是动产，不动产不存在遗失的问题。遗失物也不是无主财产，只不过是所有人丧失了对于物的占有，不为任何人占有的物。

2. 拾得人的义务

《物权法》第109条规定：“拾得遗失物，应当返还权利人。拾得人应当及时通知权利人领取，或者送交公安等有关部门。”第111条规定：“拾得人在遗失物送交有关部门前，有关部门在遗失物被领取前，应当妥善保管遗失物。因故意或者重大过失致使遗失物毁损、灭失的，应当承担民事责任。”

3. 拾得人的权利

《物权法》第112条规定：“权利人领取遗失物时，应当向拾得人或者有关部门支付保管遗失物等支出的必要费用。权利人悬赏寻找遗失物的，领取遗失物时应当按照承诺履行义务。拾得人侵占遗失物的，无权请求保管遗失物等支出的费用，也无权请求权利人按照承诺履行义务。”

4. 招领公告期过后遗失物的归属

《物权法》第113条规定：“遗失物自发布招领公告之日起6个月内无人认领的，归国家所有。”

(四)漂流物的拾得、埋藏物和隐藏物的发现

《物权法》第114条规定：“拾得漂流物、发现埋藏物或者隐藏物的，参照拾得遗失物的有关规定。文物保护法等法律另有规定的，依照其规定。”

(五)孳息

《物权法》第116条规定：“天然孳息，由所有权人取得；既有所有权人又有用益物权人的，由用益物权人取得。当事人另有约定的，按照约定。法定孳息，当事人有约定的，按照约定取得；没有约定或者约定不明确的，按照交易习惯取得。”

三、财产所有权的内容（四项权能）

财产所有权的内容，是指财产所有人在法律规定的范围内，对于其所有的财产可以行使的权能。权能是指权利人在实现权利时所能实施的行为。《民法通则》第71条规定：财产所有权是指所有人依法对自己的财产享有占有、使用、收益和处分的权利。因此，财产所有权具有四项权能，即占有、使用、收益和处分。

（一）占有

占有是指财产所有人对于其财产的实际占领、控制。根据占有人是否是财产所有人，可将占有分为所有人占有和非所有人占有。所有人占有是指所有人自身对于其财产进行事实的占领、控制，如甲居住自己的产权房。而非所有人占有是指所有人以外的人对于所有人财产进行事实的占领、控制，如乙居住在租赁房中。

非所有人占有，根据有无法律依据，又可分为合法占有和非法占有，合法占有是指非财产所有占有人占有财产有法律依据；非法占有是指非财产所有占有人占有财产没有法律依据，如挪用公款。

非法占有根据占有人的主观心态又可分为善意占有和恶意占有，善意占有是指占有人不知道或无须知道他的占有是非法的，恶意占有是指占有人知道或应当知道他的占有是非法的，如小偷占有赃物。

（二）使用

使用是指依照物的性能和用途对物加以利用，以满足人们生产和生活的需求，如居住房屋。物的使用权能可以由财产所有人行使，也可以根据法律规定或与所有人的约定由非财产所有人行使。

（三）收益

收益是指收取由原物生产出来的利益，它包括孳息与利润。孳息分为自然孳息和法定孳息。自然孳息是指所有物自然派生出来的利益，如农作物、家禽生仔等。法定孳息是指依法律关系由所有物取得的利益，如租金、银行利息等。

（四）处分

处分是指权利主体对其财产进行事实上和法律上处置的权能。处分权能是所有权的主要权能，它的行使会导致所有权的根本变化。

处分权能包括事实上的处分和法律上的处分。事实上的处分是指在生产和生活中使物发生物质形态的变更或消灭，如吃掉饼。法律上的处分是指通过某种法律行为使物的所有权发生变化，如卖掉书。

占有、使用、收益和处分四项权能一起构成所有权的内容。完整的所有权包括这四项权能。但在实际生产和生活中，为发挥财产的经济效益，满足生产和生活需求，占有、使用、收益和处分四项权能往往与所有权发生分离，这并不意味着所有人丧失了所有权，而恰恰是所有人对其物行使所有权的一种具体表现。

四、所有权的种类

(一)国家所有权

国家所有权是全民所有制在法律上的表现,是中华人民共和国享有的对国家财产的占有、使用、收益、处分的权利。《民法通则》第73条第1款规定,国家财产属于全民所有。

1. 国家所有权的主体

在所有权主体方面,国家所有权具有统一性和唯一性的特征,即中华人民共和国是国家所有权的统一的和唯一的主体。这是国家财产所有权的最基本的特征。

2. 国家所有权的客体

国家所有权客体的广泛性。这是指任何财产都可以成为国家所有权的客体,而不受任何限制。《物权法》第46～52条规定,国家所有权的客体包括矿藏、水流、海域,土地,森林、山岭、草原、荒地、滩涂等自然资源,野生动植物资源,无线电频谱资源,国防资产,文物,铁路、公路、电力设施、电信设施和油气管道等基础设施等。而且,根据宪法和法律的规定,有些财产只能作为国家所有权的客体,即国家专有,而不能成为集体组织或者公民个人所有权的客体,如矿藏、水流、海域、无线电频谱资源、国防资产。除此之外,国家还可以为了公共利益的需要,依照法律规定的权限和程序征收集体所有的土地,单位、个人的房屋及其他不动产。

3. 国有所有权的行使

国有财产由国务院代表国家行使所有权;法律另有规定的,依照其规定。国家机关对其直接支配的不动产和动产,享有占有、使用以及依照法律和国务院的有关规定处分的权利。国家举办的事业单位对其直接支配的不动产和动产,享有占有、使用以及依照法律和国务院的有关规定收益、处分的权利。国家出资的企业,由国务院、地方人民政府依照法律、行政法规规定分别代表国家履行出资人职责,享有出资人权益。

4. 国有所有权的保护

国家所有的财产受法律保护,禁止任何单位和个人侵占、哄抢、私分、截留、破坏。履行国有财产管理、监督职责的机构及其工作人员,应当依法加强对国有财产的管理、监督,促进国有财产保值增值,防止国有财产损失;滥用职权,玩忽职守,造成国有财产损失的,应当依法承担法律责任。违反国有财产管理规定,在企业改制、合并分立、关联交易等过程中,低价转让、合谋私分、擅自担保或者以其他方式造成国有财产损失的,应当依法承担法律责任。

(二)集体所有权

集体所有权又称劳动群众集体组织所有权,是集体组织对其财产享有的占有、使用、收益、处分的权利。集体组织所有权是劳动群众集体所有制在法律上的表现。

1. 集体所有权的主体

集体所有权享有者主要是农村集体组织,也包括城镇集体企业和合作社集体组织。

2. 集体所有权的客体

集体组织所有的财产,除了法律规定的国家专有财产外,可以是其他任何财产。集体所有的不动产和动产,包括如下四个方面:(1)法律规定属于集体所有的土地、森林、山岭、草原、荒地、滩涂;(2)集体所有的建筑物、生产设施、农田水利设施;(3)集体所有的教育、科学、文化、卫生、体育等设施;(4)集体所有的其他不动产和动产。

3. 集体所有权的行使

农民集体所有的不动产和动产，属于本集体成员集体所有。下列事项应当依照法定程序经本集体成员决定：(1)土地承包方案以及将土地发包给本集体以外的单位或者个人承包；(2)个别土地承包经营权人之间承包地的调整；(3)土地补偿费等费用的使用、分配办法；(4)集体出资的企业的所有权变动等事项；(5)法律规定的其他事项。

对于集体所有的土地和森林、山岭、草原、荒地、滩涂等，依照下列规定行使所有权：(1)属于村农民集体所有的，由村集体经济组织或者村民委员会代表集体行使所有权；(2)分别属于村内两个以上农民集体所有的，由村内各该集体经济组织或者村民小组代表集体行使所有权；(3)属于乡镇农民集体所有的，由乡镇集体经济组织代表集体行使所有权。

城镇集体所有的不动产和动产，依照法律、行政法规的规定由本集体享有占有、使用、收益和处分的权利。

4. 集体所有权的保护

集体经济组织或者村民委员会、村民小组应当依照法律、行政法规以及章程、村规民约向本集体成员公布集体财产的状况。集体所有的财产受法律保护，禁止任何单位和个人侵占、哄抢、私分、破坏。集体经济组织、村民委员会或者其负责人作出的决定侵害集体成员合法权益的，受侵害的集体成员可以请求人民法院予以撤销。

(三)私人所有权

私人所有权是公民个人依法对其所有的动产或者不动产享有的占有、使用、收益和处分的权利。根据我国法律的规定，私人所有权主要包括自然人所有权、企业法人所有权和社会团体所有权等。

私人对其合法的收入、房屋、生活用品、生产工具、原材料等不动产和动产享有所有权。私人合法的储蓄、投资及其收益受法律保护。国家依照法律规定保护私人的继承权及其他合法权益。私人的合法财产受法律保护，禁止任何单位和个人侵占、哄抢、破坏。

国家、集体和私人依法可以出资设立有限责任公司、股份有限公司或者其他企业。国家、集体和私人所有的不动产或者动产，投到企业的，由出资人按照约定或者出资比例享有资产收益、重大决策以及选择经营管理者等权利并履行义务。

企业法人对其不动产和动产依照法律、行政法规以及章程享有占有、使用、收益和处分的权利。企业法人以外的法人，对其不动产和动产的权利，适用有关法律、行政法规以及章程的规定。

社会团体所有权，是指各类社会团体依法对其所有的不动产和动产所享有的权利。《民法通则》第 77 条规定："社会团体包括宗教团体和合法财产受法律保护。"《物权法》第 69 条规定："社会团体依法所有的不动产和动产，受法律保护。"

五、建筑物区分所有权

(一)建筑物区分所有权的概念

建筑物区分所有权是指业主对建筑物内的住宅、经营性用房等专有部分享有所有权，对专有部分以外的共有部分享有共有和共同管理的权利。建筑物区分所有权将建筑物的特定部分作为所有权的标的，表面上看，与物权客体须为独立物以及一物一权主义原则不相符合。但是依当今社会居住状态，一建筑物区分为若干部分，各有该部分的所有权，应为常有之事；而且这样也不妨碍物权的公示，无害于交易安全。

(二)建筑物区分所有权的内容

建筑物区分所有权的内容,包括区分所有建筑物专有部分的单独所有权、共有部分的共有权,以及因区分所有权人的共同关系所生的管理权。

1. 专有部分的单独所有权

专有部分是在一栋建筑物内区分出的住宅或者商业用房等单元。业主对其专有部分享有单独所有权,性质上与一般的所有权并无不同。《物权法》第71条规定,"业主对其建筑物专有部分享有占有、使用、收益和处分的权利。业主行使权利不得危及建筑物的安全,不得损害其他业主的合法权益。"第77条规定,"业主不得违反法律、法规以及管理规约,将住宅改变为经营性用房。业主将住宅改变为经营性用房的,除遵守法律、法规及管理规约外,应当经有利害关系的业主同意。"

2. 共有部分的共有权

共有部分是指区分所有的建筑物及其附属物的共同部分,即专有部分以外的建筑物的其他部分。共有部分既有由全体业主共同使用的部分,如地基、屋顶、梁、柱、承重墙、外墙、地下室等基本构造部分,楼梯、走廊、电梯、给排水系统、公共照明设备、贮水塔、消防设备、大门、通信网络设备以及物业管理用房等公用部分,道路、停车场、绿地、树木花草、楼台亭阁、游泳池等附属公共设施;也有仅为部分业主共有的部分,如各相邻专有部分之间的楼板、隔墙,部分业主共同使用的楼梯、走廊、电梯等。

我国《物权法》第73~74条规定,建筑区划内的道路,属于业主共有,但属于城镇公共道路的除外。建筑区划内的绿地,属于业主共有,但属于城镇公共绿地或者明示属于个人的除外。建筑区划内的其他公共场所、公用设施和物业服务用房,属于业主共有。建筑区划内,规划用于停放汽车的车位、车库应当首先满足业主的需要。建筑区划内,规划用于停放汽车的车位、车库的归属,由当事人通过出售、附赠或者出租等方式约定。占用业主共有的道路或者其他场地用于停放汽车的车位,属于业主共有。

另外,我国《物权法》规定,业主对建筑物专有部分以外的共有部分,享有权利并承担义务,但不得以放弃权利为由不履行义务。业主转让建筑物内的住宅、经营性用房,其对建筑物共有部分享有的共有和共同管理的权利一并转让。业主依据法律规范、合同以及业主公约,对共有部分享有使用、收益、处分权,并按照其所有部分的价值,分担共有部分的修缮费以及其他负担。

3. 业主的管理权

基于区分所有建筑物的构造,业主在建筑物的权利归属以及使用上形成了不可分离的共同关系,并基于此共同关系而享有管理权。该管理权的内容为:

(1)业主可以成立业主大会并选举业主委员会。地方人民政府有关部门应当对设立业主大会和选举业主委员会给予指导和协助。业主大会或者业主委员会的决定,对业主具有约束力。业主大会或者业主委员会作出的决定侵害业主合法权益的,受侵害的业主可以请求人民法院予以撤销。

(2)业主有权决定区分建筑物相关事项。下列事项由业主共同决定:①制定和修改业主大会议事规则;②制定和修改建筑物及其附属设施的管理规约;③选举业主委员会或者更换业主委员会成员;④选聘和解聘物业服务企业或者其他管理人;⑤筹集和使用建筑物及其附属设施的维修资金;⑥改建、重建建筑物及其附属设施;⑦有关共有和共同管理权利的其他重大事项。决定筹集和使用建筑物及其附属设施的维修资金和改建、重建建筑物及其附属设施的事项,应当经专有部分占建筑物总面积 2/3 以上的业主且占总人数 2/3 以上的业主同意。决定其他事项，应当经专有部分占建筑物总面积过半数的业主且占总人数过半数的业主同意。

建筑物及其附属设施的维修资金，属于业主共有。经业主共同决定，可以用于电梯、水箱等共有部分的维修。维修资金的筹集、使用情况应当公布。建筑物及其附属设施的费用分摊、收益分配等事项，有约定的，按照约定；没有约定或者约定不明确的，按照业主专有部分占建筑物总面积的比例确定。

业主可以自行管理建筑物及其附属设施，也可以委托物业服务企业或者其他管理人管理。对建设单位聘请的物业服务企业或者其他管理人，业主有权依法更换。

物业服务企业或者其他管理人根据业主的委托管理建筑区划内的建筑物及其附属设施，并接受业主的监督。

业主应当遵守法律法规以及管理规约。业主大会和业主委员会对任意弃置垃圾、排放污染物或者噪声、违反规定饲养动物、违章搭建、侵占通道、拒付物业费等损害他人合法权益的行为，有权依照法律、法规以及管理规约，要求行为人停止侵害、消除危险、排除妨害、赔偿损失。业主对侵害自己合法权益的行为，可以依法向人民法院提起诉讼。

小资料

问题一：车位可否卖给“外来户”？

根据《物权法》规定，“建筑区划内，规划用于停放汽车的车位、车库，应当首先满足业主的需要”。因此，开发商不能以价格等原因将车位先卖给“外来户”，而是应该先满足小区业主的需要。

问题二：地面车位归谁所有？

在一些居民较多的小区，由于车位紧张，不少开发商将地面上的部分区域划出来，作为车位卖给业主。《物权法》中明确规定，“占用业主共有的道路或者其他场地用于停放汽车的车位，属于业主共有”。也就是说，除了专门为停车建造的地下车库、立体车库等外，其他地方都不可以出售给业主。如果有出售的，应该将钱款还给业主。

问题三：共有空间收费归谁？

对于在小区共有道路上停车收费、公共空间放广告等现象，开发商、物业公司不能将这些收费所得据为己有，应在扣除必要管理费后的所得款归全体业主共有。

六、相邻关系

（一）相邻关系的概念

相邻关系是指两个或两个以上相邻不动产的所有人或使用人，在行使占有、使用、收益、处分权利时发生的权利义务关系。

（二）处理相邻关系的原则

《物权法》第 84、85 条规定：不动产的相邻权利人应当按照有利生产、方便生活、团结互助、公平合理的原则，正确处理相邻关系。法律、法规对处理相邻关系有规定的，依照其规定；法律、法规没有规定的，可以按照当地习惯。

（三）几种主要的相邻关系

1. 相邻用水、排水关系

《物权法》第86条规定:“不动产权利人应当为相邻权利人用水、排水提供必要的便利。对自然流水的利用,应当在不动产的相邻权利人之间合理分配对自然流水的排放,应当尊重自然流向。”

2. 相邻通行关系

《物权法》第87条规定:“不动产权利人对相邻权利人因通行等必须利用其土地的,应当提供必要的便利。”

3. 相邻建造、修缮建筑物以及铺设管线关系

《物权法》第88条规定:“不动产权利人因建造、修缮建筑物以及铺设电线、电缆、水管、暖气和燃气管线等必须利用相邻土地、建筑物的,该土地、建筑物的权利人应当提供必要的便利。”

4. 相邻通风、采光和日照关系

《物权法》第89条规定:“建造建筑物,不得违反国家有关工程建设标准,妨碍相邻建筑物的通风、采光和日照。”

5. 相邻排污关系

《物权法》第90条规定:“不动产权利人不得违反国家规定弃置固体废物,排放大气污染物、水污染物、噪声、光、电磁波辐射等有害物质。”

6. 相邻防险关系

《物权法》第91条规定:“不动产权利人挖掘土地、建造建筑物、铺设管线以及安装设备等,不得危及相邻不动产的安全。”

不动产权利人因用水、排水、通行、铺设管线等利用相邻不动产的,应当尽量避免对相邻的不动产权利人造成损害;造成损害的,应当给予赔偿。

七、共有

(一)共有的概述

1. 共有的概念

共有是指由两个或两个以上的权利主体对某物共同享有所有权。《物权法》第93条规定:“不动产或者动产可以由两个以上单位、个人共有。共有包括按份共有和共同共有。”

2. 准共有

准共有是指两个以上单位、个人共同享有用益物权、担保物权等权利。《物权法》第105条规定:“两个以上单位、个人共同享有用益物权、担保物权的,参照本章规定。”准共有究竟应当适用按份共有还是共同共有的规定,应当视具体情况而定。如果是数人基于某种共同关系而共有一财产权时,应适用共同共有的有关规定,其他则应适用按份共有的有关规定。

(二)按份共有

1. 按份共有的概念

按份共有又称分别共有,是指两个以上的共有人按照各自的份额分别对共有财产享有权利和承担义务的一种共有关系。《物权法》第94条:“按份共有人对共有的不动产或者动产按照其份额享有所有权。”

2. 按份共有人的权利

(1)按份额对共有财产享有占有、使用、收益和处分的权利。按份共有人依据其份额享有

并行使权利，份额越大，则使用共有财产并获取经济利益的权利就越大，反之，这种权利就越小。《物权法》第104条规定：“按份共有人对共有的不动产或者动产享有的份额，没有约定或者约定不明确的，按照出资额确定；不能确定出资额的，视为等额享有。”

(2)共有物管理权。《物权法》第96条规定：“共有人按照约定管理共有的不动产或者动产；没有约定或者约定不明确的，各共有人都有管理的权利和义务。”

(3)自有份额处分权。《物权法》第101条规定：“按份共有人可以转让其享有的共有的不动产或者动产份额。”《民法通则》第78条规定：“按份共有财产的每个共有人有权要求将自己的份额分出或者转让。”为了保护共有人的权益，应允许共有人自己转让其共有份额。但共有人转让其份额，不得损害其他共有人的利益。如果共有是合伙形式的，则共有人退出共有和转让份额，都要受合伙合同的约束。

(4)优先购买权。为防止某一按份共有人转让其份额造成对其他共有人的损害，《物权法》第101条规定：“按份共有人可以转让其享有的共有的不动产或者动产份额。其他共有人在同等条件下享有优先购买的权利。”这就是说，某一共有人在出售其份额时，应告知其他共有人。在出价大体相等的情况下，其他共有人可以优先于非共有人购买所出售的份额。例如，甲、乙、丙三人合建一房屋，各占1/3的份额，在丙欲出让其份额时，甲、乙二人有权优先于他人购买该份额。

(5)共有财产处分和修缮的同意权。共有财产属于全体共有人所有，因此，对共有财产的处分和修缮，必须依法进行。《物权法》第97条规定：“处分共有的不动产或者动产以及对共有的不动产或者动产作重大修缮的，应当经占份额2/3以上的按份共有人或者全体共同共有人同意，但共有人之间另有约定的除外。”当然，多数人或份额多的共有人在处分共有财产时，不得损害少数人或份额少的共有人的利益。

3. 按份共有人的义务

(1)对共有物的管理费用以及其他负担。《物权法》第98条规定，对共有物的管理费用以及其他负担，有约定的，按照约定；没有约定或者约定不明确的，按份共有人按照其份额负担。按份共有人按照各自的份额，对共有财产分享权利，同时也要按各自的份额分担义务。按份共有人享有的份额越大，其承担的因经营共有财产所产生的义务和责任也就越大；反之，则越少。

(2)因共有产生的债权和债务。《物权法》第102条规定，因共有的不动产或者动产产生的债权债务，在对外关系上，共有人享有连带债权、承担连带债务，但法律另有规定或者第三人知道共有人不具有连带债权债务关系的除外；在共有人内部关系上，除共有人另有约定外，按份共有人按照份额享有债权、承担债务。偿还债务超过自己应当承担份额的按份共有人，有权向其他共有人追偿。

4. 约定不明视为按份共有

《物权法》第103条规定：“共有人对共有的不动产或者动产没有约定为按份共有或者共同共有，或者约定不明确的，除共有人具有家庭关系等外，视为按份共有。”这一规定改变了我国司法实践中长期实施的推定为共同所有的做法。最高人民法院《关于贯彻执行〈中华人民共和国民法通则〉若干问题的意见(试行)》第88条规定：“对于共有财产，部分共有人主张按份共有，部分共有人主张共同共有，如果不能证明财产是按份共有的，应当认定为共同共有。”按份共有因共有人之间的协议、共有财产归于一人所有、共有财产丧失和被转让等原因而发生消灭。

(三)共同共有

1. 共同共有的概念和特征

共同共有是指两个以上的公民或法人,根据某种共同关系而对某项财产不分份额地共同享有权利并承担义务。《民法通则》第78条规定:“共同共有人对共有财产享有权利并承担义务。”《物权法》第95条规定:“共同共有人对共有的不动产或者动产共同享有所有权。”

2. 共同共有人的权利

(1)平等占有、使用权。共有人对共有财产的收益,不是按比例分配,而是共同享用,平等占有、使用。

(2)共有物管理权。《物权法》第96条规定:“共有人按照约定管理共有的不动产或者动产;没有约定或者约定不明确的,各共有人都有管理的权利和义务。”

(3)处分和修缮权。《物权法》第97条规定:“处分共有的不动产或者动产以及对共有的不动产或者动产作重大修缮的,应当经占份额2/3以上的按份共有人或者全体共同共有人同意,但共有人之间另有约定的除外。”因此,在对共有财产的处分和修缮方面,共同共有与按份共有是相同的。

3. 共同共有人的义务

(1)对共有物的管理费用以及其他负担。《物权法》第98条规定,对共有物的管理费用以及其他负担,有约定的,按照约定;没有约定或者约定不明确的,共同共有人共同负担。

(2)因共有产生的债权和债务。《物权法》第102条规定,因共有的不动产或者动产产生的债权债务,在对外关系上,共有人享有连带债权、承担连带债务,但法律另有规定或者第三人知道共有人不具有连带债权债务关系的除外;在共有人内部关系上,除共有人另有约定外,按份共有人按照份额享有债权、承担债务,共同共有人共同享有债权、承担债务。偿还债务超过自己应当承担份额的按份共有人,有权向其他共有人追偿。

共同共有关系存续期间,各共有人无权请求分割共有财产,部分共有人擅自划分份额并分割共有财产的,应认定为无效。共同共有也可以因合同而产生,在合同确定了共有人之间的权利义务后,共有人应按合同的规定行使权利并承担义务。共同共有因共同关系解除、共有物丧失等原因而消灭。

4. 共同共有的形式

在我国,共同共有的基本形式有两种,即夫妻共有财产和家庭共有财产。

(1)夫妻共有财产。根据我国《婚姻法》规定,婚姻关系存续期间夫妻一方所得和双方共同所得的收入和财产,均归夫妻双方共同共有,但特有财产和约定为夫妻一方所有的财产除外。夫妻对共同所有的财产,有平等的处理权。

(2)家庭共有财产。家庭共有财产是指家庭成员在家庭共同生活关系存续期间,共同创造、共同所得的财产。家庭共有财产以维持家庭成员共同的生活或生产为目的,每个家庭成员都对其享有平等的权利。除法律另有规定或家庭成员间另有约定外,对于家庭共有财产的使用、处分或分割,应取得全体家庭成员的同意。家庭共有财产只有在家庭共同生活关系终止以后,才能进行分割。

(四)共有财产的分割

1. 分割的原则

按份共有人有权请求从共有财产中分割出属于他的份额,共同共有人在共有关系解体以后(如离婚、分家等),也要对共有财产进行分割。共有财产分割应遵循如下原则:

(1)遵守当事人约定。《物权法》第99条规定:“共有人约定不得分割共有的不动产或者动产,以维持共有关系的,应当按照约定;但共有人有重大理由需要分割的,可以请求分割”。如果共有人之间事先订立合同,明确规定了共有财产的分割方式,则各共有人应依合同的规定分割共有财产。在按份共有中,合同禁止在共有存续期间分割共有财产,或规定共有人在一定期限内不得退出共有的,则在合同规定的期限内不得分割共有财产。某个共有人将其份额转让给共有人之外的其他人,该受让人加入共有的,也应遵守合同的规定。

(2)遵循法律规定。

2. 分割的方式

《物权法》第100条规定:“共有人可以协商确定分割方式。达不成协议,共有的不动产或者动产可以分割并且不会因分割减损价值的,应当对实物予以分割;难以分割或者因分割会减损价值的,应当对折价或者拍卖、变卖取得的价款予以分割。共有人分割所得的不动产或者动产有瑕疵的,其他共有人应当分担损失。”对共有财产的分割可以采取三种方式:实物分割、变价分割、作价补偿。

3. 分割的效力

共有财产分割以后,共有关系归于消灭。不管是就原物进行分割还是变价分割,各共有人就分得的份额取得单独的所有权。分割以后某个共有人的财产由于分割以前的原因而为第三人追索或发现有瑕疵的,原共有人应当分担损失。因为原共有人有义务担保各人分得的共有财产不受第三人的追索,对原共有财产负有瑕疵担保责任。

第三节 用益物权

一、用益物权概述

(一)用益物权的概念和特征

用益物权是指非所有人依法占有、使用和收益他人所有的不动产或动产的物权。《物权法》第117条规定:“用益物权人对他人所有的不动产或者动产,依法享有占有、使用和收益的权利。”我国《物权法》规定的用益物权有土地承包经营权、建设用地使用权、宅基地使用权、地役权和特许物权。

用益物权作为物权的一种,着眼于财产的使用价值,是以对标的物使用、收益为目的的权利。与财产所有权、担保物权相比较,其特征有:

(1)用益物权以对标的物的使用、收益为其主要内容,并以对物的占有为前提。

(2)用益物权是他物权、限制物权和有期限物权。用益物权是在他人所有物上设定的物权,是非所有人根据法律的规定或当事人的约定,对他人所有物享有的使用、收益的权利。因而从其法律性质上讲,用益物权属于他物权。

用益物权是一种限制物权,它只是在一定方面支配标的物的权利,没有完全的支配权。例如地上权、地役权只限于在特定方面使用他人的土地;而不像所有权那样作为一种完全的权利,是一种在全面的关系上支配标的物的权利。

用益物权是一种有期限物权,用益物权的存续期限,其表现形式可以是一个确定的期限,如30年或50年,也可以是一个不定期的期限。此时的用益物权在符合一定的条件时,可以随时由当事人的行为使其终止。

(3)用益物权主要是不动产物权。从《物权法》第117条的规定和《物权法》中列举的各类用益物权形态来看，我国的用益物权的客体主要是不动产，例外情况下包括不动产权利。此外，为给将来的发展留有空间，还允许动产作为用益物权的客体。根据《物权法》第117条的规定，动产是可以作为用益物权的客体，但根据物权法定原则，动产作为用益物权的客体，只能在法律作出特别规定的情况下才被允许。目前我国还没有法律明确规定什么动产能够设立用益物权，也没有规定什么样的用益物权可以动产为客体。第117条的规定为以后的立法提供了依据。

由于用益物权的物权性质，因不动产或者动产被征收、征用致使用益物权消灭或者影响用益物权行使的，用益物权人有权依照物权法的规定获得相应补偿。

(二)准物权

准物权，是指自然人、法人或者其他组织依法通过特别行政许可方式取得的对特定空间内的自然资源进行开发和利用的权利，包括海域使用权、探矿权、采矿权、取水权、养殖权、捕捞权等。由于这些权利的设定、流转、内容和效力等多通过《海域使用管理法》《矿产资源法》《渔业法》《水法》等特别法加以规定，因此也被称为特别法上的物权。《物权法》第122、123条规定：依法取得的海域使用权受法律保护。依法取得的探矿权、采矿权、取水权和使用水域、滩涂从事养殖、捕捞的权利受法律保护。

二、土地承包经营权

(一)土地承包经营权的概念

土地承包经营权，是指自然人、法人和其他组织依法对其承包经营的土地享有占有、使用和收益的用益物权。《物权法》第124条规定："农村集体经济组织实行家庭承包经营为基础、统分结合的双层经营体制。农民集体所有和国家所有由农民集体使用的耕地、林地、草地以及其他用于农业的土地，依法实行土地承包经营制度。"《物权法》第125条规定："土地承包经营权人依法对其承包经营的耕地、林地、草地等享有占有、使用和收益的权利，有权从事种植业、林业、畜牧业等农业生产。"

(二)土地承包经营权的内容

1. 土地承包经营权人的权利和义务

土地承包经营权人享有对承包经营土地的占有权、使用权和收益权，享有对土地承包经营权的流转权、获得补偿权等。《物权法》第128条规定："土地承包经营权人依照农村土地承包法的规定，有权将土地承包经营权采取转包、互换、转让等方式流转。流转的期限不得超过承包期的剩余期限。未经依法批准，不得将承包地用于非农建设。"承包地被征收的，土地承包经营权人有权依法获得相应补偿。通过招标、拍卖、公开协商等方式承包荒地等农村土地，依照《农村土地承包法》等法律和国务院的有关规定，其土地承包经营权可以转让、入股、抵押或者以其他方式流转。土地承包经营权人应承担维持土地的农业用途，不得用于非农建设；依法保护和合理利用土地，不得给土地造成永久性损害；以及法律、行政法规规定的其他义务。

2. 发包人的权利和义务

承包期内发包人不得调整承包地。因自然灾害严重毁损承包地等特殊情形，需要适当调整承包的耕地和草地的，应当依照《农村土地承包法》等法律规定办理。承包期内，发包人不得收回承包地。《农村土地承包法》等法律另有规定的，依照其规定。

(三)土地承包经营权的期限

《物权法》第126条规定，"耕地的承包期为30年。草地的承包期为30～50年；林地的承包期为30～70年；特殊林木的林地承包期，经国务院林业行政主管部门批准可以延长。承包期届满，由土地承包经营权人按照国家有关规定继续承包。"

三、建设用地使用权

(一)建设用地使用权的概念

建设用地使用权是指公民、法人对国家所有或者集体所有的土地占有、使用和收益，在该土地上建造并经营建筑物、构筑物以及其他附着物的权利。《物权法》第135条规定："建设用地使用权人依法对国家所有的土地享有占有、使用和收益的权利，有权利用该土地建造建筑物、构筑物及其附属设施。"

(二)建设用地使用权的设立

1. 建设用地使用权的设立范围

建设用地使用权可以在土地的地表、地上或者地下分别设立。新设立的建设用地使用权，不得损害已设立的用益物权。

2. 建设用地使用权的设立方式

设立建设用地使用权，可以采取出让或者划拨等方式。工业、商业、旅游、娱乐和商品住宅等经营性用地以及同一土地有两个以上意向用地者的，应当采取招标、拍卖等公开竞价的方式出让。严格限制以划拨方式设立建设用地使用权。采取划拨方式的，应当遵守法律、行政法规关于土地用途的规定。

采取招标、拍卖、协议等出让方式设立建设用地使用权的，当事人应当采取书面形式订立建设用地使用权出让合同。建设用地使用权出让合同一般包括下列条款：(1)当事人的名称和住所；(2)土地界址、面积等；(3)建筑物、构筑物及其附属设施占用的空间；(4)土地用途；(5)使用期限；(6)出让金等费用及其支付方式；(7)解决争议的方法。

3. 建设用地使用权的设立登记

设立建设用地使用权的，应当向登记机构申请建设用地使用权登记。建设用地使用权自登记时设立。登记机构应当向建设用地使用权人发放建设用地使用权证书。

(三)建设用地使用权的内容

(1)建设用地使用权人应当合理利用土地，不得改变土地用途；需要改变土地用途的，应当依法经有关行政主管部门批准。

(2)建设用地使用权人应当依照法律规定以及合同约定支付出让金等费用。

(3)建设用地使用权人建造的建筑物、构筑物及其附属设施的所有权属于建设用地使用权人，但有相反证据证明的除外。

(4)建设用地使用权人有权将建设用地使用权转让、互换、出资、赠与或者抵押，但法律另有规定的除外。

(5)建设用地使用权转让、互换、出资、赠与或者抵押的，当事人应当采取书面形式订立相应的合同。使用期限由当事人约定，但不得超过建设用地使用权的剩余期限。

(6)建设用地使用权转让、互换、出资或者赠与的,应当向登记机构申请变更登记。

(7)建设用地使用权转让、互换、出资或者赠与的,附着于该土地上的建筑物、构筑物及其附属设施一并处分。

(8)建筑物、构筑物及其附属设施转让、互换、出资或者赠与的,该建筑物、构筑物及其附属设施占用范围内的建设用地使用权一并处分。

(9)建设用地使用权期间届满前,因公共利益需要提前收回该土地的,应当依法对该土地上的房屋及其他不动产给予补偿,并退还相应的出让金。

(四)建设用地使用权的期限及消灭

住宅建设用地使用权期间届满的,自动续期。非住宅建设用地使用权期间届满后的续期,依照法律规定办理。该土地上的房屋及其他不动产的归属,有约定的,按照约定;没有约定或者约定不明确的,依照法律、行政法规的规定办理。

建设用地使用权消灭的,出让人应当及时办理注销登记。登记机构应当收回建设用地使用权证书。

四、宅基地使用权

(一)宅基地使用权的概念

宅基地使用权是我国特有的一种用益物权形式,指农村居民及少数城镇居民为建造自有房屋对集体所有的土地享有的占有、使用的权利。《物权法》第 152 条:"宅基地使用权人依法对集体所有的土地享有占有和使用的权利,有权依法利用该土地建造住宅及其附属设施。"宅基地使用权可以分为两种:农村宅基地使用权和城镇宅基地使用权。《土地管理法》没有确认城镇非农业户口居民在农村建房、对集体土地享有宅基地使用权。

(二)宅基地使用权的内容

《物权法》第 153 条规定"宅基地使用权的取得、行使和转让,适用《土地管理法》等法律和国家有关规定。"

1. 宅基地使用权人的权利

(1)权利人有权在宅基地上建设房屋和附属物。公民对依法审批的宅基地享有长期的使用权,有权在宅基地上建造房屋和其他建筑物,有权在宅基地上种植树木。

(2)对于宅基地上的房屋和其他附属物等,公民享有完全的所有权。

(3)公民转让房屋所有权,宅基地的使用权随之转让。

(4)宅基地使用权是一种无期限的使用权。宅基地上的建筑物或者其他附属物灭失的,不影响宅基地使用权的效力。宅基地使用权人有权在宅基地上重新建造房屋,以供居住。

2. 宅基地使用权人的义务

(1)不得非法转让宅基地使用权。不得以馈赠钱款、索取物资、以土地入股等方式变相买卖宅基地使用权。非法转让宅基地的,该转让协议无效。因出卖房屋转让宅基地的,不得再申请宅基地。村民迁居并拆除房屋以后,腾出宅基地的,应当由集体组织收回宅基地,并统一安排使用。村民长期闲置或抛弃的宅基地,集体组织有权收回。

(2)接受政府统一规划的义务。如果因为国家建设需要征用土地的,或者村镇规划需要改变土地用途,或者居民个人的宅基地实际过多,远远超过了当地规定的标准,可以经过法定程序,进行合理的调剂或重新安排。

(3)正当使用宅基地的义务。由于宅基地主要是作为生活资料提供的,所以权利人不能将宅基地作为生产资料使用,例如用于投资办厂等。

(三)宅基地使用权的消灭

宅基地因自然灾害等原因灭失的,宅基地使用权消灭。对失去宅基地的村民,应当重新分配宅基地。已经登记的宅基地使用权转让或者消灭的,应当及时办理变更登记或者注销登记。

五、地役权

(一)地役权的概念和特征

地役权是地役权人按照合同约定,利用他人的不动产,以提高自己的不动产的效益的用益物权。他人的不动产为供役地,自己的不动产为需役地。地役权人,可以是土地所有权人,也可以是土地承包经营权、建设用地使用权、宅基地使用权等权利人。

地役权源于罗马法,是罗马法最古老的他物权。大陆法国家民法典都有规定。

地役权的特征主要有:

(1)客体是他人的不动产,包括他人的土地、房屋和其他附属物。《物权法》虽然在名称上使用的是地役权,但在《物权法》第156条中明确规定地役权的客体为不动产,而不是仅限于土地。

(2)须有两个土地相邻为条件,即需役地和供役地相邻为条件。

(3)是利用他人土地的物权。地役权原则上以不作为为内容。依该原则,供役地人对需役地人对他的土地的利用,只负容忍的义务或者不作为的义务,而不负实施一定行为的义务。

(4)内容具有较大的任意性,但其内容不得违反强行性规定或公序良俗。

地役权是由需役地权利人和供役地权利人相互之间通过地役权合同约定设立的,其内容具有较大的任意性,如设立地役权可以有偿也可以无偿。但是,其内容不得违反强行性规定或公序良俗。例如,不得以其他用益物权的内容为内容;不得设立禁止邻地使用或袋地(包围地)通行为内容的地役权,或者设定容忍权利滥用的地役权的。

(5)地役权具有从属性。地役权的从属性是指地役权虽然是一种独立的用益物权,但它必须从属于需役地存在。具体包括:

①地役权不可与需役地分离而转让。《物权法》第164条规定:"地役权不得单独转让。土地承包经营权、建设用地使用权等转让的,地役权一并转让,但合同另有约定的除外。"第166条:"需役地以及需役地上的土地承包经营权、建设用地使用权部分转让时,转让部分涉及地役权的,受让人同时享有地役权。"第167条规定:"供役地以及供役地上的土地承包经营权、建设用地使用权部分转让时,转让部分涉及地役权的,地役权对受让人具有约束力。"

②地役权不可与需役地分离而为其他权利的标的。《物权法》第165条规定:"地役权不得抵押。土地承包经营权、建设用地使用权等依法抵押的,在实现抵押权时,地役权一并转让。"

(6)地役权的不可分性。地役权的不可分性,包括地役权取得上的不可分性、消灭上的不可分性和地役权的享有或负担上的不可分性。包括:①需役地为共有的,各共有人的应有部分,不能取得地役权,要整体取得地役权。②需役地为共有的,各共有人不能就其应有部分,使已经存在的地役权一部分消灭或全部消灭。③地役权设定后,需役地或供役地变成共有时,地役权并不是分割而由需役地各共有人分别享有,也不是由供役地共有人分别负担。④需役地经分割的,地役权为各部分的利益,继续存在。供役地经分割的,地役权就其各部分,继续存在。

(二)地役权的取得

1. 约定取得

根据《物权法》规定，地役权人有权按照合同约定，利用他人的不动产，以提高自己的不动产的效益。设立地役权，当事人应当采取书面形式订立地役权合同。地役权合同一般包括下列条款：(1)当事人的姓名或者名称和住所；(2)供役地和需役地的位置；(3)利用目的和方法；(4)利用期限；(5)费用及其支付方式；(6)解决争议的方法。

地役权自地役权合同生效时设立。当事人要求登记的，可以向登记机构申请地役权登记；未经登记，不得对抗善意第三人。

2. 因连同需役地一并转让而取得

土地承包经营权、建设用地使用权等转让的，地役权一并转让。

设立地役权，当事人应当采取书面形式订立地役权合同。地役权合同一般包括：(1)当事人的姓名或者名称和住所；(2)供役地和需役地的位置；(3)利用目的或者方法；(4)利用期限；(5)费用及其支付方式；(6)解决争议的办法。

3. 视单独行为如遗嘱设定地役权

需要有设定地役权的遗嘱并经登记，才发生设定地役权。《物权法》未明文规定。

4. 基于法律事实取得

由于地役权的从属性，地役权的继承，应是因继承土地所有权、使用权而同时继承的。如宅基地可因继承其上建筑物而继续享有使用权。

(三)地役权的内容

(1)供役地权利人应当按照合同约定，允许地役权人利用其土地，不得妨害地役权人行使权利。

(2)地役权人应当按照合同约定的利用目的和方法利用供役地，尽量减少对供役地权利人物权的限制。

(3)地役权的期限由当事人约定，但不得超过土地承包经营权、建设用地使用权等用益物权的剩余期限。

(4)土地所有权人享有地役权或者负担地役权的，设立土地承包经营权、宅基地使用权时，该土地承包经营权人、宅基地使用权人继续享有或者负担已设立的地役权。

(5)土地上已设立土地承包经营权、建设用地使用权、宅基地使用权等权利的，未经用益物权人同意，土地所有权人不得设立地役权。

(6)地役权不得单独转让。土地承包经营权、建设用地使用权等转让的，地役权一并转让，但合同另有约定的除外。

(7)地役权不得单独抵押。土地承包经营权、建设用地使用权等抵押的，在实现抵押权时，地役权一并转让。

(8)需役地以及需役地上的土地承包经营权、建设用地使用权部分转让时，转让部分涉及地役权的，受让人同时享有地役权。

(9)供役地以及供役地上的土地承包经营权、建设用地使用权部分转让时，转让部分涉及地役权的，地役权对受让人具有约束力。

(四)地役权的消灭

《物权法》第 168 条规定，地役权人有下列情形之一的，供役地权利人有权解除地役权合同，该地役权消灭：(1)违反法律规定或者合同约定，滥用地役权的；(2)有偿利用供役地，约定的付款期间届满后在合理期限内经两次催告未支付费用的。

同时，地役权也可以基于地役权期间届满、供役地因自然变化不能实现地役权目的、抛弃地役权、供役地或者需役土灭失等原因消灭。

已经登记的地役权变更、转让或者消灭的，应当及时申请变更或者注销登记。

第四节　担保物权

一、担保物权概述

(一)担保物权的概念和特征

担保物权，是为了担保债务的履行，在债务人或第三人的特定物或权利上所设定的物权。

(二)担保物权的特征

1. 担保物权是为担保主债权的实现而设定的从权利

设定的目的是为了保证债权履行，是以一定的物作为担保物来担保债权的实现，而当事人之间发生的债权因一定的担保物的存在而得到充分的保障。

2. 担保物权是债务人或第三人提供一定的物或财产权利进行担保的限制物权

3. 担保物权是从物权

设定担保物权是为了担保债的履行，确保债务人履行义务。担保物权的存在，是以债权的存在为前提的，并且随着债权的转移而转移、随着债权的消灭而消灭，因此是从属于债权的从物权。

4. 担保物权是他物权

担保物权是在他人的所有物上设定的，担保物的所有人是债务人或其他第三人。对于债权人来说，担保物是他人的所有物，因此担保物权是他物权。

担保物权人有排除他人干涉权和追及权。担保物落入他人之手，债权人可以追及主张其权利。同时，在债务人不履行债务时，可以行使对担保物的处分权，并取得受偿的权利。

5. 担保物权具有从属性、不可分性和代位性

(1)从属性。所谓从属性，是指在一般情况下担保物权是从属于主债权的从权利，其在效力上必须依附于被担保的主债权。但担保物权作为从权利，并不影响其作为物权的独立存在。

(2)不可分性。所谓不可分性，是指担保物权的各个部分应担保债权的全部，享有担保物权的债权人有权就担保物的全部行使担保物权，担保物是否被分割或产生部分的毁损灭失，或担保物权所担保的债权是否已经部分履行，都对担保物权的存在不产生影响。

(3)物上代位性。所谓物上代位，是指标的物因出卖、出租、消灭、毁灭或毁坏，发生以金钱或其他财物(代偿物)代替时，担保物权人可以对此行使权利。《担保法解释》第 80 条规定："在抵押物灭失、毁损或者被征用的情况下，抵押权人可以就该抵押物的保险金、赔偿金或者补偿金优先受偿。抵押物灭失、毁损或者被征用的情况下，抵押权所担保的债权未届清偿期的，抵押权人可以请求人民法院对保险金、赔偿金或补偿金等采取保全措施。"

二、担保物权的基本内容

担保物权的主要功能是担保债权的实现。在现代市场经济下，担保物权本身作为社会融资的基本手段，对经济的繁荣有着积极的作用。我国《民法通则》只规定了抵押权、留置权，未区分出质权。1995 年 6 月全国人大常委会通过，1995 年 10 月 1 日实施的《中华人民共和国担保法》则对抵押权和质权进行了区别，并对抵押权、质权、留置权、保证、定金作了具体的规定。最高人民法院于 2000 年 12 月 13 日起实施了《最高人民法院关于适用〈中华人民共和国担保法〉若干问题的解释》(共 134 条，以下称《担保法解释》)。《物权法》只是将《担保法》中担保物权的内容纳入自己的体系。《物权法》施行后，《担保法》与《物权法》如何适用，在发生不一致时如何处理？《物权法》第 178 条对此作了原则性规定：《担保法》与本法的规定不一致的，适用本法。

因前述担保法一章已经对担保作了详细介绍，本节只对《物权法》与《担保法》规定不一致的地方进行阐述。主要有担保物权的定义、区分物权合同和物权行为、担保物权与保证、抵押财产的范围扩大、承认浮动担保、房产地产统一抵押、行使担保物权的时限、最高额抵押主债权的确定、权利质押登记、关于留置权的范围等 10 个方面。[①] 下面主要阐述动产浮动抵押权、最高额抵押权。

(一)动产浮动抵押权

1. 动产浮动抵押权的概念

《物权法》第 181 条规定："经当事人书面协议，企业、个体工商户、农业生产经营者可以将现有的以及将有的生产设备、原材料、半成品、产品抵押，债务人不履行到期债务或者发生当事人约定的实现抵押权的情形，债权人有权就实现抵押权时的动产优先受偿。"这是我国《物权法》确立的一类新型抵押权——动产浮动抵押权。

2. 动产浮动抵押权的登记——登记对抗要件主义

《物权法》第 189 条规定："企业、个体工商户、农业生产经营者以本法第 181 条规定的动产抵押的，应当向抵押人住所地的工商行政管理部门办理登记。抵押权自抵押合同生效时设立；未经登记，不得对抗善意第三人。依照本法第 181 条规定抵押的，不得对抗正常经营活动中已支付合理价款并取得抵押财产的买受人。"

3. 抵押财产的确定

根据《物权法》第 196 条规定，抵押财产自下列情形之一发生时确定：(1)债务履行期届满，债权未实现；(2)抵押人被宣告破产或者被撤销；(3)当事人约定的实现抵押权的情形；(4)严重影响债权实现的其他情形。

(二)最高额抵押权

1. 最高额抵押权的概念

最高额抵押权，是指债务人或第三人与抵押权人达成协议，在最高债权额限度内，以抵押物对一定期间内将要连续发生的债权作担保。当债务人不履行债务或发生当事人约定的实现抵押权的情形时，抵押权人有权在最高债权额限度内就该担保财产优先受偿。根据《物权法》

---

① 这 10 个方面可以参阅：《物权法与担保法的十处区别》，法律教育网，http://www.chinalawedu.com/news/1300/23230/2007/6/li30002258531726700227716—0.htm。

第203条第1款规定："为担保债务的履行，债务人或者第三人对一定期间内将要连续发生的债权提供担保财产的，债务人不履行到期债务或者发生当事人约定的实现抵押权的情形，抵押权人有权在最高债权额限度内就该担保财产优先受偿。"

2. 最高额抵押权的设立

《物权法》第207条规定："最高额抵押权除适用本节规定外，适用本章第一节一般抵押权的规定。"其特殊性在于：

(1)用于担保一定期间内将要连续发生的债权。

(2)合同条款的特殊性。①在设定最高额抵押权的合同中应当包括最高债权额限度，未约定最高额抵押权无法成立；②通常要约定决算期即"债权确定期间"，它是使得最高额抵押权所担保的不特定债权得以特定的日期。《物权法》第206条第2项规定，如果没有约定债权确定期间或者约定不明确的，抵押权人或者抵押人自最高额抵押权设立之日起满2年后请求确定债权。

最高额抵押权的登记，适用《物权法》关于一般抵押权登记的规定，且只需要办理一次登记即可。

3. 最高额抵押权的范围、转让、变更与确定

最高额抵押权设立前已经存在的债权，经当事人同意，可以转入最高额抵押担保的债权范围。

最高额抵押担保的债权确定前，部分债权转让的，最高额抵押权不得转让，但当事人另有约定的除外。

最高额抵押担保的债权确定前，抵押权人与抵押人可以通过协议变更债权确定的期间、债权范围以及最高债权额，但变更的内容不得对其他抵押权人产生不利影响。

有下列情形之一的，抵押权人的债权确定：(1)约定的债权确定期间届满；(2)没有约定债权确定期间或者约定不明确，抵押权人或者抵押人自最高额抵押权设立之日起满2年后请求确定债权；(3)新的债权不可能发生；(4)抵押财产被查封、扣押；(5)债务人、抵押人被宣告破产或者被撤销；(6)法律规定债权确定的其他情形。

第五节　占　有

一、占有概述

(一)占有的概念和性质

1. 占有的概念

占有，是指主体对于物基于占有的意思进行控制的事实状态。占有是对物的一种事实上的控制。在主观上，占有必须具有占有的意思。占有并不要求占有人具备据为己有的意图，但占有人应当具有一种占有的意图。从客观上，占有要求占有人事实上控制或管领了某物。

2. 占有的性质

关于占有的性质问题，是指占有是事实还是权利问题。自罗马法以来，对占有的性质一直存在争论。占有本质的学说之争，在近现代民事立法中也有所体现。德国、瑞士民法认为，占有是一种事实，称为"占有"，即物的占有因对物有实际的控制而取得(德国民法典第854条第

1 项);日本、意大利民法认为,占有是一种权利,称为“占有权”,即占有是一种以行使所有权或其他物权的形式表现出的对物的权利(意大利民法典第 1140 条)。我国《物权法》是将占有作为一种事实第五编专编进行了规定的。

(二)占有的种类

1. 自主占有与他主占有

这是依占有人的意思为标准进行的分类。自主占有是指以物属于自己所有(所有的意思)的占有,而仅于某种特定关系支配物的意思的占有是他主占有。

自主占有与他主占有区别的意义在于,作为所有权取得的时效要件的占有和先占要件的占有,应当是自主占有。另外,在占有物毁损、灭失时,自主占有人与他主占有人的责任范围不同。

2. 直接占有与间接占有

这是以占有人在事实上是否占有物为标准进行的分类。直接占有是指在事实上对物的占有,如居住房屋、穿着衣服;间接占有是指基于一定法律关系,对于事实上占有物的人(即直接占有人)有返还请求权,因而间接对物管领的占有。如享有返还请求权的出质人、出租人、寄托人为间接占有人。

直接占有与间接占有区别的意义在于这两种占有的取得手段不同,保护方法也不一样。

3. 有权占有与无权占有

这是根据进行的占有是否依据本权所做的分类。所谓本权,是指基于法律上的原因,可对物进行占有的权利,如所有权、地上权、典权、质权、留置权。有权占有即指有本权的占有,如地上权人依地上权对土地的占有;无权占有是指无本权的占有,如拾得人对于遗失物的占有。

有权占有与无权占有区别的意义在于:无权占有人在本权人请求返还原物时,有返还的义务;另外,作为留置权要件的占有,限于有权占有。

4. 善意占有与恶意占有

这是对无权占有依占有人的主观心理状态的不同所做的分类。善意占有是占有人不知其无占有的权利的占有,恶意占有是占有人知道其无占有的权利的占有。

善意占有与恶意占有区别的意义在于:取得时效中善意占有与恶意占有的期间不同,即时取得以善意占有为要件;另外,善意占有与恶意占有受保护的程度不同。

5. 无过失占有与有过失占有

这是对善意占有的再分类,以占有人不知其无占有的权利有无过失为区分标准。无过失占有是占有人不知且不应知其无占有的权利的占有;有过失占有是占有人应当知道但因过失不知其无占有的权利的占有。

6. 无瑕疵占有与有瑕疵占有

无瑕疵占有是指善意且无过失、和平、公然、继续的占有;有瑕疵占有是指恶意且有过失、强暴、隐秘、不继续的占有。

二、占有的效力和保护

(一)占有的效力

占有的效力是指占有所具有的法律上的证明力和强制力。占有的效力通常有权利推定的效力、事实推定、动产物权的善意取得、占有物的使用收益、占有人与回复请求权人之间的权利义务等五项内容。关于动产物权善意取得,前面已有讲述,下面主要讲述其余四项。

1. 占有的权利推定效力

占有的权利推定效力又称占有权利的推定力，是指占有人于占有物上行使的权利，推定其为合法并有此权利。这是占有的最主要效力。

2. 事实推定

当占有究竟是自主占有还是他主占有不易判断时，推定为自主占有；当占有究竟是善意占有还是恶意占有，或者是公然占有还是隐秘占有不易判断时，推定为善意占有与公然占有；占有人先前曾经占有，现在也依然占有，则推定其在中间的时段也进行了占有，即连续占有的推定。

3. 占有物的使用收益

有权占有人对占有物的使用收益依据合同和法律规定处理。《物权法》第 241 条规定："基于合同关系等产生的占有，有关不动产或者动产的使用、收益、违约责任等，按照合同约定；合同没有约定或者约定不明确的，依照有关法律规定。"无权占有人对占有物的使用收益取决于其是善意占有还是恶意占有。对占有的使用，《物权法》第 242 条规定："占有人因使用占有的不动产或者动产，致使该不动产或者动产受到损害的，恶意占有人应当承担赔偿责任。"对占有物的收益，《物权法》第 243 条规定："不动产或者动产被占有人占有的，权利人可以请求返还原物及其孳息，但应当支付善意占有人因维护该不动产或者动产支出的必要费用。"

4. 占有人的赔偿责任

《物权法》第 244 条规定："占有的不动产或者动产毁损、灭失，该不动产或者动产的权利人请求赔偿的，占有人应当将因毁损、灭失取得的保险金、赔偿金或者补偿金等返还给权利人；权利人的损害未得到足够弥补的，恶意占有人还应当赔偿损失。"

（二）占有的保护

占有的保护是法律对占有人提供的以防占有遭受损害的保护手段。民法中对占有的保护可分为物权法上的保护与债法上的保护。物权法上的保护包括占有人的自力救济权、占有保护请求权。债法上保护包括不当得利与侵权损害赔偿请求权。《物权法》规定了占有的保护请求权，但是不承认占有人（以及物权）可以自力救济。

根据《物权法》第 245 条规定，对占有的保护有两种方法：

1. 占有保护请求权

占有保护的请求权，是指占有人请求国家有权机关通过运用国家强制力来保护其占有，包括占有物返还请求权、排除妨害请求权和消除危险请求权。《物权法》第 245 条规定："占有的不动产或者动产被侵占的，占有人有权请求返还原物；对妨害占有的行为，占有人有权请求排除妨害或者消除危险……占有人返还原物的请求权，自侵占发生之日起一年内未行使的，该请求权消灭。"

2. 占有的损害赔偿请求权

《物权法》第 245 条规定："因侵占或者妨害造成损害的，占有人有权请求损害赔偿。"

课后习题

一、复习思考题

1. 什么叫物权，物权的优先效力有哪些？

2. 什么是物权法定主义原则？
3. 物权的公示方式有哪些？
4. 试述我国用益物权和担保物权体系。
5. 什么是占有？它有哪些特征？

二、案例分析题

北京的地下室、广州深圳的城中村、上海的“群租房”，都是大城市居住体系中外来低收入人员不多的选择。开门上床，伸手碰墙，排队如厕，穷人住上高档房，这就是上海的“群租房”。有人没房住，有房没人住，需求决定供给，租不到便宜的房，外来务工人员和新来大学生就成了“群租房”的主体房客。治安、消防隐患，扰民，“群租房”成了小区的众矢之的。2007 年 8 月 27 日，上海市房地产局对 2005 年版的《业主公约》《业主临时公约》示范文本增补条款提出，居住房屋租赁必须符合本市规定的房屋出租条件和人均承租面积标准，即不得低于 5 平方米。不得擅自改变房屋原设计功能和布局，对房屋进行分割搭建，按间或按床位出租或转租。9 月 6 日早上 7 时，在著名群租小区中远两湾城，开始了号称上海有史以来最大的一次整治群租房行动。一纸“禁租令”，令上海“群租房”全国闻名。“不能合租”“不能男女同居”的禁令引发全国媒体大争论。

2007 年 9 月 5 日，北京市公安机关开展了“出租房主守法履责达标建设”活动，集中检查出租房“五不租”情况。此前，上海市房地产局下发取缔“群租”通知。新规一出，立刻引起了广泛讨论。“五不租”，即无合法有效证件的人员不租，从事非法经营活动的人员不租，从事非法宗教活动的人员不租，所租房屋用于非法生产、储存、经营易燃、易爆等危险违禁物品的人员不租，违背生活作息规律、有利用所租房屋进行违法犯罪活动的可疑人员不租。

争议：问题是否解决，法律依据是否充分？

有学者和公众认为，群租是房门内的问题，应该由私法调整，而不应用公权力去干涉私权利。房屋产权人的合法权益、对房子的自由处置，是受到法律保护的，不应该进行限制。群租的确存在问题，但是需要的是规范，并不是取缔和扼杀。把老百姓合理的房地产出租行为扼杀住了，不利于房屋租赁市场的健康发展。同时，我们应当充分考虑到群租客群体的实际处境，群租现象伴随着中国城市社会发展而产生，它几乎是必然的，我们无从趋避。在治理群租现象的同时应解决实际存在的问题。目前，政府部门已经开始酝酿通过借用闲置非居住房屋改建宿舍等措施妥善安置群租客。①

问题：

结合所学的《物权法》，谈谈你对上海“取缔群租”、北京“五不租” 新规的看法。

① 更详细的资料可以查阅，《京沪出台租房新规定——搜狐焦点房地产网》，http://house.focus.cn/ztdir/zufang/index.php。

第七章　侵权责任法

学习目标

掌握侵权行为的概念和分类、侵权行为的构成要件；
了解侵权责任法的保护范围；
全面认识和理解侵权责任构成与责任方式；
掌握侵权责任主体的特殊规定；
掌握各种特殊侵权责任。

引入案例

丈夫拒不签字手术致妻子难产死亡

2007 年 11 月 21 日下午 4 点左右，一名孕妇因难产生命垂危被其丈夫送进北京某医院，面对身无分文的孕妇，医院决定免费入院治疗，而与其同来的丈夫竟然却拒绝在医院的剖腹产手术单上面签字。医院几十名医生、护士焦急却无奈，在抢救了 3 个小时后(19 点 20 分)，医生宣布孕妇抢救无效死亡。在长达 3 个小时的僵持过程中，该男子一直对众多医生的苦苦劝告置之不理，该医院的院长亲自到场，110 支队的警察也来到医院。为了让该男子签署同意手术单，甚至医院的许多病人及家属都出来相劝，一名住院的病人当场表示：如果该男子签字，则立即奖励他一万元钱。然而所有说服都毫无效果，该男子自言自语道："她(指妻子)只是感冒，好了后就会自己生了。"过了一会，他开始放声大哭："再观察观察吧。"医生和其他病人百般劝服下不能打动他，该男子竟然在手术通知单上写上："坚持用药治疗，坚持不做剖腹手术，后果自负。"为确认其精神没有异常，医院紧急调来已经下班的神经科主任，经过询问，其精神毫无异常。该医院妇产科医生在 3 个小时的急救过程中，一方面请 110 紧急调查该孕妇的户籍，试图联系上她其他家人；一方面上报了北京市卫生系统的各级领导，得到的指示为：如果家属不签字，不得进行手术。在"违法"与"救死扶伤"的两难中，医院的几名主治医生只好动用所用急救药物和措施，不敢"违法"进行剖腹产手术。呼吸机已经无任何作用，几个医生轮番进行心脏按压。晚 7 点 20 分，22 岁的孕妇抢救无效死亡。

该案当时的困局：法律虽然保护了患者和家属的知情权，但同时也限制了医生治病救人的冲动。

讨论：没有病人或家属签字，医生是否有权强行手术？

——资料来源：《丈夫拒不签字手术致妻子难产死亡》，http://news.sina.com.cn/s/2007-11-21/210114358601.shtml。

第一节 侵权责任和侵权责任法概述

一、侵权行为的概念、特征和分类

(一)侵权行为的概念和特征

侵权行为是指行为人由于过错侵害他人的财产权利和人身权利,依法应当承担民事责任的不法行为,以及依法律特别规定应当承担民事责任的其他侵害行为。它具有以下法律特征:

(1)侵权行为是违反民法规范、侵害了他人合法权益的不法行为;

(2)侵权行为是行为人因主观过错而实施的非法行为;

(3)侵权行为是给他人的合法权益造成了某种实际损害的行为;

(4)侵权行为是依法应当承担民事责任的行为。

(二)侵权行为的分类

1. 一般侵权行为与特殊侵权行为

根据《民法通则》的有关规定并结合侵权行为的归责原则理论,可将侵权行为分为一般侵权行为与特殊侵权行为。一般侵权行为是指行为人基于过错致人损害而应承担民事责任的行为。特殊侵权行为是指行为人虽无过错,但根据法律规定强使其承担民事责任的行为。一般侵权行为为侵权行为的常态,司法实践中最为多见。特殊侵权行为为侵权行为的例外,只有在法律有特别规定的情况下,才能成立。

2. 侵害财产权行为与侵害人身权行为

根据侵害对象的不同,可将侵权行为分为侵害财产权的行为与侵害人身权的行为。民事权利总体上可分为财产权和人身权两大类,凡侵害民事主体财产权利的,为侵害财产权的行为,如损坏他人财产的行为。凡侵害民事主体人身权利的,为侵害人身权的行为,如侵害他人名誉权的行为。也有的侵权行为既侵害他人的财产权也侵害他人的人身权,如对知识产权的侵害,就可能涉及知识产权中的财产权与人身权同时被侵害。

3. 单独侵权行为与共同侵权行为

根据致害人人数的多少,可将侵权行为分为单独侵权行为与共同侵权行为。单独侵权行为,是指致害人仅为一人的侵权行为。共同侵权行为,是指致害人为两人或两人以上的侵权行为。主体的复合性、行为的共同性、结果的单一性,是共同侵权行为的特征。单独侵权行为在民事责任的承担上较为简单,共同侵权行为由于致害人在两人以上,故在确定共同侵权责任的同时,还需解决共同致害人相互间责任的划分问题。一般情况下,共同致害人应对受害人负连带赔偿责任。

4. 积极侵权行为和消极侵权行为

根据侵权行为的性质不同,可将侵权行为分为积极侵权行为与消极侵权行为。积极侵权行为,是指行为人以作为的形式致人损害的行为。消极侵权行为,是指行为人以不作为的形式致人损害的行为。实践中,侵权行为以积极侵权行为居多,消极侵权行为只有某些负有特定义务的人才可能构成。

二、侵权行为的构成要件

(一)一般侵权行为的构成要件

1. 违法行为

违法行为是指行为人实施的行为违反了法律的禁止性规定或强制性规定。

2. 损害事实

损害事实既包括对公共财产的损害,也包括对私人财产的损害,还包括对非财产性权利的损害。对财产的损害,包括直接损害与间接损害。直接损害又称积极的财产损失,是指受害人现有实际财产的减少;间接损害又称消极财产损失,是指受害人可得利益的减少。对人身的损害包括对生命、健康、名誉、荣誉等损害,而且对人身的损害往往也会生成一定的财产损失。

3. 因果关系

侵权行为中的因果关系是指违法行为与损害结果之间的客观联系,即特定的损害事实是否是行为人的行为必然引起的结果。只有当二者间存在因果关系时,行为人才应承担相应的民事责任。因果关系是复杂多变的,往往一个损害后果的出现是由多个原因引起的,既有主要原因与次要原因,也包括直接原因与间接原因。

4. 主观过错

过错是侵权行为构成要件中的主观因素,反映行为人实施侵权行为的心理状态。过错根据其类型分为故意与过失。故意,是指行为人预见到自己的行为可能产生的损害结果,仍希望其发生或放任其发生。过失,是指行为人对其行为结果应预见或能够预见而因疏忽未预见,或虽已预见,但因过于自信,以为其不会发生,以致造成损害后果。根据法律对行为人要求的注意程度不同,过失又分为一般过失与重大过失。一般过失是指行为人没有违反法律对一般人的注意程度的要求,但没有达成法律对具有特定身份人的较高要求。重大过失是指行为人不仅没有达到法律对他的较高要求,甚至连法律对普通人的一般要求也未达到。在侵权行为中,一般而言,对过错程度的划分并不影响民事责任的成立与否,也不会影响赔偿责任的大小。因为只要行为人主观上有过错,无论其是故意还是过失,是一般过失还是重大过失都应承担赔偿责任,其赔偿的范围由损害的结果决定,不会因其过错较轻而减轻其赔偿。

(二)特殊侵权行为的构成要件

一般侵权行为有四个构成要件,但对于特殊侵权行为而言,唯一的区别就在于第四个要件不需要具备,但前三个要件都是一样要求的。

三、侵权责任的概念和特征

侵权责任即侵权行为的民事责任,是指侵权行为人因实施了侵害他人财产权利或人身权利的不法行为或依法律的直接规定而应当承担的民事法律责任。它具有以下法律特征:

(1)侵权责任是民事主体因违反了法定义务而应承担的法律后果,是一种民事法律关系;

(2)侵权责任主要是财产责任;

(3)侵权责任是以国家强制力保障其实施的法律责任。

四、侵权责任法概述

(一)《侵权责任法》的出台

侵权责任法是规范我国侵权法律关系的法律规范的总称。

我国的《民法通则》《消费者权益保护法》《产品质量法》《环境保护法》《道路交通安全法》等法律，对侵权责任都做了一些规定，对保护公民、法人的合法权益、维护社会秩序起到了积极作用。但随着经济社会的发展，新的侵权类型不断出现，法院受理的侵权案件呈增多趋势，而现行法律有些规定较为原则，缺乏可操作性，又因为分散在各个单行法律中，缺乏对共性问题的规定，所以有必要制定一部较为完备的侵权责任法。

2009 年 12 月 26 日，第十一届全国人民代表大会常务委员会第十二次会议审议通过了《中华人民共和国侵权责任法》(以下简称《侵权责任法》)，自 2010 年 7 月 1 日起施行。《侵权责任法》就是一部保护民事主体合法权益、明确侵权责任、预防并制裁侵权行为、促进社会和谐稳定的民事法律。

(二)侵权责任法的保护范围

《侵权责任法》规定，侵害民事权益，应当依照侵权法承担侵权责任。

民事权益是指公民或者法人在民事活动中享有的民事权利与民事利益。所谓民事权利，是指民事主体依据民法而取得的为一定行为或获取一定利益的法律资格。所谓民事利益，是指民事主体在行使民事权利时所取得的一定的好处。民事权利是法律规定的，而民事利益不是法律规定的，是民事权利行使的结果。

《侵权责任法》所称的民事权益，包括生命权、健康权、姓名权、名誉权、荣誉权、肖像权、隐私权、婚姻自主权、监护权、所有权、用益物权、担保物权、著作权、专利权、商标专用权、发现权、股权、继承权等人身、财产权益。

(三)侵权责任与行政责任、刑事责任的责任竞合

《侵权责任法》第 4 条规定："侵权人因同一行为应当承担行政责任或者刑事责任的，不影响依法承担侵权责任。因同一行为应当承担侵权责任和行政责任、刑事责任，侵权人的财产不足以支付的，先承担侵权责任。"

民事责任、行政责任和刑事责任是三种不同性质的法律责任，各自有其不同的发生根据和特定的适用范围。一般情况下，三者各自独立存在，并行不悖。因此，侵权人因同一行为应当承担行政责任或者刑事责任的，不影响依法承担侵权责任。但在特定的情况下，如果责任主体的财产不足以同时承担民事赔偿责任和承担罚款、罚金及没收财产等行政或刑事责任时，三种责任就发生了冲突，产生了竞合关系，必然会产生哪一种责任优先适用的问题。

《侵权责任法》采用的是"民事责任优先原则"，当侵权责任与行政责任、刑事责任冲突时，优先承担侵权责任。例如，某企业生产伪劣产品，造成了消费者的人身和财产损害，需要对消费者进行赔偿，同时因构成了生产伪劣产品罪，被判处罚金，而其财产不足以同时支付赔偿金和罚金时，对受害人的侵权责任要优先于罚金的承担。

第二节 侵权责任构成与责任方式

一、侵权责任的归责原则

(一)过错责任原则

《侵权责任法》第6条第1款规定:“行为人因过错侵害他人民事权益,应当承担侵权责任。”这就是说,造成损害是否要承担赔偿责任,要看行为人是否有过错,有过错有责任,无过错就无责任。承担过错责任要满足三个条件:一是行为人实施了某一行为,这里的“行为”包括作为和不作为;二是行为人有过错,这里的“过错”包括故意和过失;三是受害人的民事权益受到损害。

(二)过错推定责任原则

《侵权责任法》第6条第2款规定:“根据法律规定推定行为人有过错,行为人不能证明自己没有过错的,应当承担侵权责任。”过错推定实质上就是从侵害事实中推定行为人有过错,免除了受害人对过错的举证责任,加重了行为人的证明责任,行为人不能证明自己没有过错的,就要承担责任。过错推定责任是对行为人的一种较重的责任,不宜被滥用,要由法律对适用范围作严格限定。例如对机动车交通事故责任的认定,就采用过错推定责任。

(三)无过错责任原则

《侵权责任法》第7条规定:“行为人损害他人民事权益,不论行为人有无过错,法律规定应当承担侵权责任的,依照其规定。”这就是说,在法律规定适用无过错原则的案件中,法官在判断被告应否承担侵权责任时,只要查明被告的行为与原告的损害之间存在因果关系,即可判决被告承担责任。

二、共同侵权行为的概念及其责任追究

(一)共同侵权行为的概念

所谓共同侵权行为,是指两人以上共同不法侵害他人权益造成损害的行为。构成共同侵权行为需要满足四个要件:(1)主体的复数性。必须是两人以上,行为人可以是自然人,也可以是法人。(2)共同实施了侵权行为。这里的“共同”可以是共同故意,也可以是共同过失。(3)侵权行为与损害后果之间具有因果关系。(4)受害人有损害。

(二)共同侵权行为的责任追究

对于共同侵权行为的责任追究,《侵权责任法》分别做了规定:

(1)两人以上共同实施侵权行为,造成他人损害的,应当承担连带责任。

(2)教唆、帮助他人实施侵权行为的,应当与行为人承担连带责任。教唆、帮助无民事行为能力人、限制民事行为能力人实施侵权行为的,应当承担侵权责任;该无民事行为能力人、限制民事行为能力人的监护人未尽到监护责任的,应当承担相应的责任。

(3)两人以上实施危及他人人身、财产安全的行为,其中一人或者数人的行为造成他人损害,能够确定具体侵权人的,由侵权人承担责任;不能确定具体侵权人的,行为人承担连带责任。

(4)两人以上分别实施侵权行为造成同一损害,每个人的侵权行为都足以造成全部损害的,行为人承担连带责任。

(5)两人以上分别实施侵权行为造成同一损害,能够确定责任大小的,各自承担相应的责任;难以确定责任大小的,平均承担赔偿责任。

对于连带责任,《侵权责任法》第13、14条规定:"法律规定承担连带责任的,被侵权人有权请求部分或者全部连带责任人承担责任","连带责任人根据各自责任大小确定相应的赔偿数额;难以确定责任大小的,平均承担赔偿责任。"也就是说,连带责任是一个整体责任,无论被侵权人是向一个还是数个连带责任人请求承担责任,都不影响被请求的连带责任人对外承担全部责任。连带责任人对外承担了赔偿责任后,需要在内部确定各自的责任,支付超出自己赔偿数额的连带责任人,有权向其他连带责任人追偿。

三、承担侵权责任的方式

承担侵权责任的方式主要有:(1)停止侵害;(2)排除妨碍;(3)消除危险;(4)返还财产;(5)恢复原状;(6)赔偿损失;(7)赔礼道歉;(8)消除影响、恢复名誉。

以上承担侵权责任的方式,可以单独适用,也可以合并适用。

四、损害赔偿

(一)人身侵害赔偿

人身侵害赔偿是指行为人侵犯他人的生命健康权益,造成致伤、致残、致死等后果,承担金钱赔偿责任的一种民事法律救济制度。《侵权责任法》第16、17条规定:"侵害他人造成人身损害的,应当赔偿医疗费、护理费、交通费等为治疗和康复支出的合理费用,以及因误工减少的收入。造成残疾的,还应当赔偿残疾生活辅助具费和残疾赔偿金。造成死亡的,还应当赔偿丧葬费和死亡赔偿金","因同一侵权行为造成多人死亡的,可以以相同数额确定死亡赔偿金。"

(二)财产损害赔偿

《侵权责任法》第19条规定:"侵害他人财产的,财产损失按照损失发生时的市场价格或者其他方式计算。"也就是说,因侵权行为导致财产损失的,要以财产损失发生的那个时间,这个财产在市场上的价格为计算标准。如果是完全毁损、灭失的,要按照该物在市场上所对应的标准全价计算;如果该物已经使用多年,其全价应当是市场相应的折旧价格。如果该财产没有在市场上流通,没有对应价格的,可以其他方式计算。如家传的古董,没有市场价格,就可以按照有关部门的评估价格计算。

《侵权责任法》第20条规定:"侵害他人人身权益造成财产损失的,按照被侵权人因此受到的损失赔偿;被侵权人的损失难以确定,侵权人因此获得利益的,按照其获得的利益赔偿;侵权人因此获得的利益难以确定,被侵权人和侵权人就赔偿数额协商不一致,向人民法院提起诉讼的,由人民法院根据实际情况确定赔偿数额。"

(三)精神损害赔偿

精神损害赔偿是受害人因人格利益或身份利益受到损害或者遭受精神痛苦而获得的金钱赔偿。《侵权责任法》第22条规定:"侵害他人人身权益,造成他人严重精神损害的,被侵权人可以请求精神损害赔偿。"人身权益包括生命权、健康权、姓名权、名誉权、肖像权、隐私权、监护权等。对如何确定精神损害赔偿金，法律未作出统一规定，应当由法官根据具体案情，对侵权人的主观过错、被侵权人遭受精神痛苦的程度、侵权人的经济状况等因素进行综合考虑后确定。

五、见义勇为者的损害的责任承担

在日常生活中，见义勇为而使自己的利益受到损害的情况为数不少。为了弘扬社会主义良好风尚，鼓励和支持舍己为人的高尚行为，《侵权责任法》规定："因防止、制止他人民事权益被侵害而使自己受到损害的，由侵权人承担责任。侵权人逃逸或者无力承担责任，被侵权人请求补偿的，受益人应当给予适当补偿。"

六、受害人和行为人对损害的发生都没有过错的责任承担

侵权责任的承担是以行为人有过错为基本构成要件的。行为人对损害发生没有过错的，除法律规定承担无过错责任的外，一般不承担责任。但在现实生活中，有些损害的发生尽管行为人无过错，但毕竟由其引起，如果严格按无过错即无责任的原则处理，受害人就要自担损失，这不仅有失公平，也不利于和谐人际关系的建立。为此，《侵权责任法》第 24 条规定："受害人和行为人对损害的发生都没有过错的，可以根据实际情况，由双方分担损失。"

七、侵权人可以不承担责任或减轻责任的情形

《侵权责任法》规第 26～31 条规定，在下列情况下，侵权人可以减轻或不承担责任：

(1)被侵权人对损害的发生也有过错的，可以减轻侵权人的责任。

(2)损害是因受害人故意造成的，行为人不承担责任。

(3)损害是因第三人造成的，第三人应当承担侵权责任。

(4)因不可抗力造成他人损害的，不承担责任。法律另有规定的，依照其规定。

(5)因正当防卫造成损害的，不承担责任。正当防卫超过必要的限度，造成不应有的损害的，正当防卫人应当承担适当的责任。

(6)因紧急避险造成损害的，由引起险情发生的人承担责任。如果危险是由自然原因引起的，紧急避险人不承担责任或者给予适当补偿。紧急避险采取措施不当或者超过必要的限度，造成不应有的损害的，紧急避险人应当承担适当的责任。

第三节　侵权责任主体的特殊规定

一、监护人承担侵权责任

无民事行为能力人、限制民事行为能力人造成他人损害的，由监护人承担侵权责任。监护人尽到监护责任的，可以减轻其侵权责任。有财产的无民事行为能力人、限制民事行为能力人造成他人损害的，从本人财产中支付赔偿费用。不足部分，由监护人赔偿。

二、完全民事行为能力人对自己的行为暂时没有意识或者失去控制造成他人损害有过错的侵权责任

完全民事行为能力人对自己的行为暂时没有意识或者失去控制造成他人损害有过错的，应当承担侵权责任；没有过错的，根据行为人的经济状况对受害人适当补偿。完全民事行为能力人因醉酒、滥用麻醉药品或者精神药品对自己的行为暂时没有意识或者失去控制造成他人损害的，应当承担侵权责任。

三、用人单位的责任承担

用人单位的工作人员因执行工作任务造成他人损害的，由用人单位承担侵权责任。劳务派遣期间，被派遣的工作人员因执行工作任务造成他人损害的，由接受劳务派遣的用工单位承担侵权责任；劳务派遣单位有过错的，承担相应的补充责任。

四、个人因劳务而造成他人损害或者自己受到伤害的责任主体

个人之间形成劳务关系，提供劳务一方因劳务造成他人损害的，由接受劳务一方承担侵权责任。提供劳务一方因劳务自己受到损害的，根据双方各自的过错承担相应的责任。

五、网络用户、网络服务提供者的网络侵权责任

网络用户、网络服务提供者利用网络侵害他人民事权益的，应当承担侵权责任。网络用户利用网络服务实施侵权行为的，被侵权人有权通知网络服务提供者采取删除、屏蔽、断开链接等必要措施。网络服务提供者接到通知后未及时采取必要措施的，对损害的扩大部分与该网络用户承担连带责任。网络服务提供者知道网络用户利用其网络服务侵害他人民事权益，未采取必要措施的，与该网络用户承担连带责任。

六、安全保障义务的责任主体

宾馆、商场、银行、车站、娱乐场所等公共场所的管理人或者群众性活动的组织者，未尽到安全保障义务，造成他人损害的，应当承担侵权责任。因第三人的行为造成他人损害的，由第三人承担侵权责任；管理人或者组织者未尽到安全保障义务的，承担相应的补充责任。

七、教育机构的责任承担

无民事行为能力人在幼儿园、学校或者其他教育机构学习、生活期间受到人身损害的，幼儿园、学校或者其他教育机构应当承担责任，但能够证明尽到教育、管理职责的，不承担责任。

限制民事行为能力人在学校或者其他教育机构学习、生活期间受到人身损害，学校或者其他教育机构未尽到教育、管理职责的，应当承担责任。

无民事行为能力人或者限制民事行为能力人在幼儿园、学校或者其他教育机构学习、生活

期间，受到幼儿园、学校或者其他教育机构以外的人员人身损害的，由侵权人承担侵权责任；幼儿园、学校或者其他教育机构未尽到管理职责的，承担相应的补充责任。

第四节　各类特殊侵权责任

一、产品责任

（一）产品责任和产品责任的责任主体

产品责任，是指产品存在缺陷发生侵权，造成他人损害，生产者、销售者等应当承担的侵权责任。

《侵权责任法》对产品责任的责任主体的规定如下：

（1）因产品存在缺陷造成他人损害的，生产者应当承担侵权责任。

（2）因销售者的过错使产品存在缺陷，造成他人损害的，销售者应当承担侵权责任。销售者不能指明缺陷产品的生产者，也不能指明缺陷产品的供货者的，销售者应当承担侵权责任。

（3）因产品存在缺陷造成损害的，被侵权人可以向产品的生产者请求赔偿，也可以向产品的销售者请求赔偿。产品缺陷由生产者造成的，销售者赔偿后，有权向生产者追偿。因销售者的过错使产品存在缺陷的，生产者赔偿后，有权向销售者追偿。因运输者、仓储者等第三人的过错使产品存在缺陷，造成他人损害的，产品的生产者、销售者赔偿后，有权向第三人追偿。

（二）有缺陷产品的警示、召回等补救措施

《侵权责任法》第 46 条规定："产品投入流通后发现存在缺陷的，生产者、销售者应当及时采取警示、召回等补救措施。未及时采取补救措施或者补救措施不力造成损害的，应当承担侵权责任。"

"警示"是指对产品有关的危险或产品的正确使用方式等注意事项给予说明、提示，使使用者在使用该产品时注意产品存在的危险或者潜在可能发生的危险，防止或者减少损害。"召回"是指产品的生产者、销售者发现其生产或者销售的产品存在缺陷，对已经流入市场的缺陷产品进行换货、退货、更换零配件等，及时防止或者减少缺陷产品所造成的危害。

（三）产品责任的惩罚性赔偿

《侵权责任法》第 47 条规定："明知产品存在缺陷仍然生产、销售，造成他人死亡或者健康严重损害的，被侵权人有权请求相应的惩罚性赔偿。"惩罚性赔偿是加害人给受害人超过其实际损害数额的金钱赔偿，具有补偿、惩罚、遏制等功能。需要说明的是，并非缺陷产品造成的任何损害都适用惩罚性赔偿。惩罚性赔偿的适用有两个条件：第一，侵权人明知产品存在缺陷；第二，缺陷产品造成被侵权人死亡或者健康受到严重损害。

微型案例

2008 年 6 月 28 日，位于兰州市的解放军第一医院收治了首例患"肾结石"病症的婴幼儿，据家长们反映，孩子从出生起就一直食用河北石家庄三鹿集团所产的三鹿婴幼儿奶粉。7 月中旬，甘肃省卫生厅接到医院婴儿泌尿结石病例报告后，随即展开了调查，并报告卫生部。随后短短两个多月，该医院收治的患婴人数就迅速扩大到 14 名。9 月 11 日，除甘肃省外，陕西、宁夏、湖南、湖北、山东、安徽、江西、江苏等地都有类似案例发生。9 月 11 日晚，卫生部指出，近期甘肃等地报告多例婴幼儿泌尿系统结石病例，调查发现患儿多有食用三鹿牌婴幼儿配方奶粉的历史。经相关部门调查，高度怀疑石家庄三鹿集团股份有限公司生产的三鹿牌婴幼儿配方奶粉受到三聚氰胺污染。卫生部专家指出，三聚氰胺是一种化工原料，可导致人体泌尿系统产生结石。9月11日晚，石家庄三鹿集团股份有限公司发布产品召回声明称，经公司自检发现2008年8月6日前出厂的部分批次三鹿牌婴幼儿奶粉受到三聚氰胺的污染，市场上大约有700吨。为对消费者负责，该公司决定立即对该批次奶粉全部召回。9月13日，卫生部党组书记高强在"三鹿牌婴幼儿配方奶粉"重大安全事故情况发布会上指出，"三鹿牌婴幼儿配方奶粉"事故是一起重大的食品安全事故。三鹿牌部分批次奶粉中含有的三聚氰胺，是不法分子为增加原料奶或奶粉的蛋白含量而人为加入的。2008年12月23日，石家庄市中级人民法院宣布三鹿集团破产。

二、机动车交通事故责任

《侵权责任法》对机动车交通事故责任的认定作如下规定：

（1）机动车发生交通事故造成损害的，依照《道路交通安全法》的有关规定承担赔偿责任。这就是说，对机动车交通事故的处理还应适用《道路交通安全法》的有关规定。

（2）因租赁、借用等情形机动车所有人与使用人不是同一人时，发生交通事故后属于该机动车一方责任的，由保险公司在机动车强制保险责任限额范围内予以赔偿。不足部分，由机动车使用人承担赔偿责任；机动车所有人对损害的发生有过错的，承担相应的赔偿责任。

（3）当事人之间已经以买卖等方式转让并交付机动车但未办理所有权转移登记，发生交通事故后属于该机动车一方责任的，由保险公司在机动车强制保险责任限额范围内予以赔偿。不足部分，由受让人承担赔偿责任。

（4）以买卖等方式转让拼装或者已达到报废标准的机动车，发生交通事故造成损害的，由转让人和受让人承担连带责任。

（5）盗窃、抢劫或者抢夺的机动车发生交通事故造成损害的，由盗窃人、抢劫人或者抢夺人承担赔偿责任。保险公司在机动车强制保险责任限额范围内垫付抢救费用的，有权向交通事故责任人追偿。

（6）机动车驾驶人发生交通事故后逃逸，该机动车参加强制保险的，由保险公司在机动车强制保险责任限额范围内予以赔偿；机动车不明或者该机动车未参加强制保险，需要支付被侵权人人身伤亡的抢救、丧葬等费用的，由道路交通事故社会救助基金垫付。道路交通事故社会救助基金垫付后，其管理机构有权向交通事故责任人追偿。

三、医疗损害责任

（一）医疗损害责任的归责原则

《侵权责任法》第54条规定："患者在诊疗活动中受到损害，医疗机构及其医务人员有过错的，由医疗机构承担赔偿责任。"这就是说，医疗损害责任原则上适用过错责任，即由原告对医疗机构及其医务人员的过错承担举证责任，医疗机构及其医务人员有过错的，才承担赔偿责任。

由于诊疗行为专业性很强，患者可能并不了解相关医学知识，令其证明医疗机构及医务人员在实施诊疗行为过程中主观上是否有过错，难度很大。为此，《侵权责任法》规定了三种推定医疗机构有过错的情形，患者只要能证明医疗机构及其医务人员具有任何一种情形，即可直接推定医疗机构具有过错。这三种情形是：(1)违反法律、行政法规、规章以及其他有关诊疗规范的规定。(2)隐匿或者拒绝提供与纠纷有关的病历资料。(3)伪造、篡改或者销毁病历资料。但根据这三种情形推定医疗机构有过错时，医疗机构有权提出反证，证明自己没有过错或者该过错与损害后果之间没有因果关系。

(二)患者的知情同意权

《侵权责任法》第55条规定，医务人员在诊疗活动中应当向患者说明病情和医疗措施。需要实施手术、特殊检查、特殊治疗的，医务人员应当及时向患者说明医疗风险、替代医疗方案等情况，并取得其书面同意；不宜向患者说明的，应当向患者的近亲属说明，并取得其书面同意。医务人员未尽到这一义务，造成患者损害的，医疗机构应当承担赔偿责任。

同时《侵权责任法》第56条也规定了例外情形："因抢救生命垂危的患者等紧急情况，不能取得患者或者其近亲属意见的，经医疗机构负责人或者授权的负责人批准，可以立即实施相应的医疗措施。"

(三)医务人员的诊疗义务

《侵权责任法》第57条规定："医务人员在诊疗活动中未尽到与当时的医疗水平相应的诊疗义务，造成患者损害的，医疗机构应当承担赔偿责任。""相应的诊疗义务"主要是指诊疗行为应当符合法律、行政法规、规章以及诊疗规范的有关要求。此外，医务人员还有通过谨慎的作为或者不作为避免患者受到损害的义务。判断是否尽到诊疗义务，应当以诊疗行为发生时的诊疗水平为参照。

(四)因药品、医疗器械等缺陷造成患者损害的赔偿责任

《侵权责任法》第59条规定：因药品、消毒药剂、医疗器械的缺陷，或者输入不合格的血液造成患者损害的，患者可以向生产者或者血液提供机构请求赔偿，也可以向医疗机构请求赔偿。患者向医疗机构请求赔偿的，医疗机构赔偿后，有权向负有责任的生产者或者血液提供机构追偿。

(五)医疗机构不承担赔偿责任的情形

《侵权责任法》第58条规定，患者有损害，因下列情形之一的，医疗机构不承担赔偿责任：(1)患者或者其近亲属不配合医疗机构进行符合诊疗规范的诊疗；(2)医务人员在抢救生命垂危的患者等紧急情况下已经尽到合理诊疗义务；(3)限于当时的医疗水平难以诊疗。

在上述情形中，医疗机构及其医务人员也有过错的，应当承担相应的赔偿责任。

四、环境污染责任

(一)环境污染的侵权责任认定

(1)因污染环境造成损害的，污染者应当承担侵权责任。

(2)两个以上污染者污染环境，污染者承担责任的大小，根据污染物的种类、排放量等因素确定。

(3)因第三人的过错污染环境造成损害的，被侵权人可以向污染者请求赔偿，也可以向第三人请求赔偿。污染者赔偿后，有权向第三人追偿。

(二)环境污染纠纷的举证责任

《侵权责任法》第66条规定，因污染环境发生纠纷，污染者应当就法律规定的不承担责任或者减轻责任的情形及其行为与损害之间不存在因果关系承担举证责任。

微型案例

某板纸厂位于驿城区朱古洞乡；其从1999年开始以废纸、商品浆为原料生产黄板纸。纸板厂排放的造纸废水向东经田间沟河流入臻头河，最后流入宿鸭湖水库。宿鸭湖水库因流入工业排放的废水，水体已被严重污染。2000年5月9日，驻马店地区渔政监督管理站认定：宿鸭湖水库因工业废水污染，1999年度水产损失达百万元，构成重大渔业污染事故。原告驻马店市宿鸭湖水库管理局(以下简称宿管局)向河南省汝南县人民法院提起诉讼，请求判令被告：(1)停止向宿鸭湖水库排放污水；(2)赔偿原告2000～2003年的经济损失10万元。根据《中华人民共和国水污染防治法》(以下简称《水污染防治法》)第55条第1款、第2款，《民法通则》第124条，第134条第1款第1项、第7项，《民事诉讼法》第128条的规定，河南省汝南县人民法院判决如下：(1)被告板纸厂停止向宿鸭湖水库排放造纸废水。(2)被告板纸厂赔偿原告宿管局2000～2002年的损失10万元。以上一、二项限判决生效后10日内履行完毕。

五、高度危险责任

(1)从事高度危险作业造成他人损害的，应当承担侵权责任。

(2)民用核设施发生核事故造成他人损害的，民用核设施的经营者应当承担侵权责任，但能够证明损害是因战争等情形或者受害人故意造成的，不承担责任。

(3)民用航空器造成他人损害的，民用航空器的经营者应当承担侵权责任，但能够证明损害是因受害人故意造成的，不承担责任。

(4)占有或者使用易燃、易爆、剧毒、放射性等高度危险物造成他人损害的，占有人或者使用人应当承担侵权责任，但能够证明损害是因受害人故意或者不可抗力造成的，不承担责任。被侵权人对损害的发生有重大过失的，可以减轻占有人或者使用人的责任。

(5)从事高空、高压、地下挖掘活动或者使用高速轨道运输工具造成他人损害的，经营者应当承担侵权责任。但能够证明损害是因受害人故意或者不可抗力造成的，不承担责任。被侵权人对损害的发生有过失的，可以减轻经营者的责任。

(6)遗失、抛弃高度危险物造成他人损害的，由所有人承担侵权责任。所有人将高度危险物交由他人管理的，由管理人承担侵权责任；所有人有过错的，与管理人承担连带责任。

(7)非法占有高度危险物造成他人损害的，由非法占有人承担侵权责任。所有人、管理人不能证明对防止他人非法占有尽到高度注意义务的，与非法占有人承担连带责任。

(8)未经许可进入高度危险活动区域或者高度危险物存放区域受到损害，管理人已经采取安全措施并尽到警示义务的，可以减轻或者不承担责任。

承担高度危险责任，法律规定赔偿限额的，依照其规定。

六、饲养动物损害责任

(1)饲养的动物造成他人损害的，动物饲养人或者管理人应当承担侵权责任，但能够证明损害是因被侵权人故意或者重大过失造成的，可以不承担或者减轻责任。

(2)违反管理规定，未对动物采取安全措施造成他人损害的，动物饲养人或者管理人应当承担侵权责任。

(3)禁止饲养的烈性犬等危险动物造成他人损害的,动物饲养人或者管理人应当承担侵权责任。

(4)动物园的动物造成他人损害的,动物园应当承担侵权责任,但能够证明尽到管理职责的,不承担责任。

(5)遗弃、逃逸的动物在遗弃、逃逸期间造成他人损害的,由原动物饲养人或者管理人承担侵权责任。

(6)因第三人的过错致使动物造成他人损害的,被侵权人可以向动物饲养人或者管理人请求赔偿,也可以向第三人请求赔偿。动物饲养人或者管理人赔偿后,有权向第三人追偿。

七、物件损害责任

《侵权责任法》的"物件损害责任"一章,规定了物件引起的致人损害案件的赔偿责任,这种责任承担的是无过错责任,判断标准不在于行为人有没有过错,而在于是否有损害发生,法律是否对其有特别规定。《侵权责任法》第85～91条规定:

(1)建筑物、构筑物或者其他设施及其搁置物、悬挂物发生脱落、坠落造成他人损害,所有人、管理人或者使用人不能证明自己没有过错的,应当承担侵权责任。所有人、管理人或者使用人赔偿后,有其他责任人的,有权向其他责任人追偿。

(2)建筑物、构筑物或者其他设施倒塌造成他人损害的,由建设单位与施工单位承担连带责任。建设单位、施工单位赔偿后,有其他责任人的,有权向其他责任人追偿。因其他责任人的原因,建筑物、构筑物或者其他设施倒塌造成他人损害的,由其他责任人承担侵权责任。

(3)从建筑物中抛掷物品或者从建筑物上坠落的物品造成他人损害,难以确定具体侵权人的,除能够证明自己不是侵权人的外,由可能加害的建筑物使用人给予补偿。

(4)堆放物倒塌造成他人损害,堆放人不能证明自己没有过错的,应当承担侵权责任。

(5)在公共道路上堆放、倾倒、遗撒妨碍通行的物品造成他人损害的,有关单位或者个人应当承担侵权责任。

(6)因林木折断造成他人损害,林木的所有人或者管理人不能证明自己没有过错的,应当承担侵权责任。

(7)在公共场所或者道路上挖坑、修缮安装地下设施等,没有设置明显标志和采取安全措施造成他人损害的,施工人员应当承担侵权责任。窨井等地下设施造成他人损害,管理人不能证明尽到管理职责的,应当承担侵权责任。

课后习题

一、复习思考题

1. 什么是侵权行为?侵权行为的分类有哪些?
2. 侵权行为的构成要件有哪些?
3. 侵权责任法的保护范围有哪些?

4. 侵权责任的归责原则有哪些？
5. 什么是共同侵权行为？怎样追究共同侵权行为的责任？
6. 承担侵权责任的方式主要有哪些？
7. 人身损害赔偿的范围有哪些？
8. 侵权人可以减轻或不承担责任的情形有哪些？
9.《侵权责任法》对侵权责任主体有哪些特殊规定？
10.《侵权责任法》规定了哪几类特殊侵权责任？

二、案例分析题

2009 年 2 月 1 日，张三骑自行车回家途中，遭遇车祸，住进了医院。交警认定机动车一方负全责，张三无责任。张三在医院住院治疗 30 天。出院后，医生开具医嘱，建议张三回家继续休养一个月，注意增加营养，并定期做复查。后经伤残鉴定，张三构成十级伤残。

请问：张三可以向交通事故责任方主张哪些赔偿呢？

第八章　合同法

学习目标

掌握合同法律制度的基本原理；

掌握合同的订立、效力与履行，合同的变更、转让和终止，无效合同以及违约责任等方面的法律规定；

了解我国《合同法》规定的几种规范合同。

引入案例

鲁瑞庚诉东港市公安局悬赏广告纠纷案

原告：鲁瑞庚，男，27岁，工人，住辽宁省东港市前阳镇。

被告：辽宁省东港市公安局。住所地：辽宁省东港市大东镇。法定代表人：刘华，该局局长。

1999年12月12日，辽宁省东港市大东管理区永安街发生了一起特大持枪杀人案。为尽快破案，东港市公安局在被害人家属同意后，于1999年12月13日通过东港市电视台发布了悬赏通告，其主要内容是：(1)凡是提供线索直接破案的，被害人家属奖励人民币50万元；(2)凡是提供线索公安机关通过侦察破获此案的，公安机关给予重奖；等等。

原告鲁瑞庚看到电视台播出的悬赏通告后，想到案发当晚，其租住房的房主汪世平曾领来两人到东侧的杂物房藏匿，形迹十分可疑，认为这两个人可能就是杀人凶手。于是向东港市公安局提供了这个线索，并指认了公安机关要求其辨认的部分涉案人员照片。公安机关经过大量的调查取证，在1992年12月25日得出结论，认定该线索确与"12·12"特大持枪杀人案有关，并决定按照悬赏通告的第二条奖励鲁瑞庚10万元人民币。此后，公安机关经过一系列的侦查工作，破获了本案。另查，被害人家属已于1999年12月13日将用于奖励线索举报人的50万元人民币交给了东港市公安局。

本案原告认为被告未按照悬赏通告履行义务，给付被害人家属奖励50万元人民币，因而向辽宁省丹东市中级人民法院提起诉讼。

发布悬赏广告是一种民事法律行为，属于合同订立过程中的要约，任何人完成了广告所指定的行为即构成承诺，合同至此成立。依法成立的合同，对当事人具有法律约束力，当事人应全面、诚信地切实履行合同。

——资料来源：中华人民共和国最高人民法院公报2003年第1期(总第81期)。

第一节　合同法的概述

一、合同的概念和法律性质

(一)合同的概念

在私法领域中,允许当事人根据合同自由的原则设定自己的权利和义务,因此,合同就成了私法上权利和义务的最重要依据。

依照《中华人民共和国合同法》(以下简称《合同法》)第 2 条的规定,合同是指平等主体的自然人、法人,其他经济组织之间设立、变更、终止民事权利义务关系的协议。

(二)合同的法律性质

依法订立的合同具有以下法律性质:

(1)合同是一种民事法律行为。因此,合同也以意思表示为其构成要素,即意思加表示行为。

(2)合同是两方以上当事人的意思表示一致的民事法律行为。法律行为分为单方行为、双方行为和多方行为。合同既为双方法律行为,就必须有双方当事人,双方当事人处于彼此相反之利害关系的地位,相互进行意思表示。

(3)合同是以设立、变更、终止民事权利和义务关系为目的的民事法律行为。我国《合同法》第 2 条第 2 款规定:婚姻、收养、监护等有关身份关系的协议,不适用合同法的规定。

二、合同法的概念和调整范围

(一)合同法的概念

市场交换是一个自由自愿的双向选择过程,而契约正是其媒介,合同法的本质正体现在对经济流转关系的调整上。市场活动只有在得到确实保证的情况下才会进行,法律秩序对于一个市场的存在是必不可少的。合同法为市场的运转提供保障和必要的手段,并且提供整个体制发展的活力。

合同法是调整平等主体之间当事人的合同权利和义务关系的法律规范的总称。

(二)合同法的调整范围

(1)平等主体之间订立的民事权利义务关系的协议,主要指民事法律关系。

(2)《合同法》仅调整属于财产关系的民事法律关系,民事关系中属于人身关系的部分不适用《合同法》。

(3)《合同法》第 124 条规定,本法分则或者其他法律没有明文规定的合同,适用本法总则的规定,并可以参照本法分则或者其他法律最相类似的规定。

三、合同法的基本原则

合同法的基本原则,是指适用于合同法全部领域的原则。根据《合同法》第 3～7 条的规定,合同法的基本原则包括:平等原则、合同自由原则、公平原则、诚实信用原则、遵守法律和维护道德原则。合同法的基本原则既是合同立法的准则，也是解释和补充合同法的准则，还是解释和补充合同的依据。合同法的基本原则是强行性的法律规则，指导合同当事人行使权利、履行义务；违反基本原则的合同无效；当事人也不能通过合同约款排除合同法基本原则的适用。

第二节　合同的订立

一、订立合同的主体及其资格

法人、自然人或者其他组织都可以成为合同主体，但是必须具备合同主体的资格。《合同法》第 9 条规定，"当事人订立合同，应当具有相应的民事权利能力和民事行为能力。""当事人依法可以委托代理人订立合同。"

二、合同的形式

合同的形式是指当事人采用何种形式来表现所订立合同的内容。《合同法》第 10 条规定，"当事人订立合同，有书面形式、口头形式和其他形式。"

三、合同的内容

合同的内容就是当事人之间就设立、变更或者终止权利和义务关系所表示一致的意思。通常称为合同的条款。合同条款直接明确了当事人双方的合同权利和合同义务。依照《合同法》第 12 条的规定，当事人约定的合同的内容，一般应包括下列条款：(1)当事人的名称或者姓名和住所；(2)标的；(3)数量；(4)质量；(5)价款或者报酬；(6)履地期限、地点和方式；(7)违约责任；(8)解决争议的方式。

四、订立合同的方式——要约和承诺

《合同法》第 13 条规定，"当事人订立合同，采取要约、承诺方式。"依照这一规定，当事人订立合同要经过要约和承诺这一过程。

(一)要约的概念和条件

1. 要约的概念

要约是特定人以缔结合同为目的而向相对人作出的意思表示。依照《合同法》第 14 条规定，要约就是希望与他人订立合同的意思表示。要约又称发价、报价和发盘等，当事人可以通过发信、发电报、传真等方式向对方发出要约。要约的目的在于订立合同，这是要约与要约邀请的本质区别。要约邀请，是指希望他人向自己发出要约的意思表示。寄送的价目表、拍卖公告、招标公告、招股说明书、商业广告一般为要约邀请，商业广告的内容符合要约规定的，视为要约。

2. 要约的有效条件

依照《合同法》第 14 条规定，有效的要约必须具备以下条件：

(1)要约的内容具体确定。

(2)要约应当表明经受要约人承诺,要约人即受该意思表示的约束。这也是要约和要约邀请的主要区别。

(二)要约的生效

要约的生效时间,因要约的不同形式而有差异。对于口头形式的要约,其法律效力从相对人了解要约时开始生效。对于书面形式的要约,其法律效力的生效时间,各国立法例采用两种不同的做法,即发信主义和到达主义。我国《合同法》第16条不区分要约的形式,一律采用到达主义。

(三)要约的撤回和撤销

要约人在发出要约后即对要约人产生约束力,但为了尊重要约人的意志和保护要约人的利益,已发出的要约可以撤回和撤销。同时为保护受要约人的利益,这种撤回或撤销又是有条件限制的。

要约的撤回,是指在要约发出之后,但在发生法律效力之前,要约人欲使该要约不发生法律效力而作出的意思表示。撤回要约的通知应当在要约到达受要约人之前或者与要约同时到达受要约人。

要约的撤销,是指要约人在要约发生法律效力之后而在受要约人承诺之前,欲使要约失去法律效力的意思表示。撤销要约的通知应当在受要约人发出承诺意思表示之前到达受要约人。但有下列情形之一,要约不得撤销:(1)要约人确定了承诺期限或者以其他形式明示要约不可撤销;(2)受要约人有理由认为要约是不可撤销的,并已为履行合同做了准备工作。

(四)要约的失效

要约的失效,是指要约丧失了法律拘束力,不再对要约人和受要约人产生法律拘束力。《合同法》规定,有下列情形之一的,要约失效:(1)拒绝要约的通知到达要约人。但是,对不特定的人发出的要约,不因特定的人表示拒绝而归于消灭。(2)要约人依法撤销要约。(3)承诺期限届满,受要约人未作出承诺。(4)受要约人对要约的内容作出实质性变更。(5)要约人或受要约人死亡或终止。

(五)承诺的概念和条件

1. 承诺的概念

承诺是受要约人同意要约的意思表示,依照《合同法》第25条的规定,承诺一旦生效,合同即成立。承诺是合同订立的一个重要环节,关系到合同的订立与否。

2. 承诺的条件

依照《合同法》的规定,承诺必须具备以下条件:

(1)承诺必须由受要约人作出。

(2)承诺必须向要约人作出。

(3)承诺的内容必须与要约的内容一致。

(4)承诺必须在要约的有效期限内作出。

(六)承诺的生效

我国采用到达主义,即承诺通知到达要约人时生效。承诺不需要通知的,根据交易习惯或要约的要求作出承诺的行为时生效。

(七)承诺的撤回

承诺的撤回,是指受要约人阻止承诺发生法律效力的意思表示。依照《合同法》第27条的规定,"承诺可以撤回。撤回承诺的通知应当在承诺通知到达要约人之前或者与承诺通知同时到达要约人。"

(八)承诺对要约内容的变更及其法律后果

承诺对要约内容的变更,可有实质性变更与非实质性变更之分别。受要约人对要约的内容中有关合同标的、数量、质量、价款或者报酬、履行期限、履行地点和方式、违约责任和解决争议方法等作出变更的,称为实质性变更,则要约失效,受要约人的意思表示为新要约,又称反要约。承诺对要约的内容作为非实质性变更的,除要约人及时表示反对或者要约表明承诺不得对要约的内容做出任何变更的以外,该承诺有效,合同的内容以承诺的内容为准。

五、缔约过失责任

所谓缔约过失责任,是指在合同的订立过程中,一方因违背其依据诚实信用原则所应尽的义务,致另一方的信赖利益的损失,而应承担的民事责任。缔约过失的理论依据以诚信原则说为通说。缔约过失的构成要件包括:(1)这种责任发生在合同的订立阶段;(2)一方当事人违反了依据诚实信用原则所产生的义务;(3)造成了另一方信赖利益的损失。所谓信赖利益的损失,是指一方实施某种行为后,另一方对此产生了信赖,并支付了一定的费用,因一方违反了诚实信用原则而使该费用不能得到补偿。我国《合同法》规定发生缔约过失责任的情形有四种:一是假借订立合同,恶意进行磋商;二是故意隐瞒与订立合同有关的重要事实或者提供虚假情况;三是泄露或不正当使用在订立合同过程中知悉的对方当事人的商业秘密;四是其他违背诚实信用原则的行为。在上述情况下,一方必须给另一方造成了损失,才应承担缔约过失责任。

第三节　合同的效力

一、合同生效

(一)合同生效的概念和条件

合同生效,是指合同所产生的法律上的约束力。合同生效应当具备以下条件:

(1)订立合同的当事人具有相应的民事行为能力;

(2)订约双方当事人的意思表示要真实;

(3)合同的内容不得违反法律或者社会公共利益。

(二)合同生效的时间

《合同法》第44条规定,"依法成立的合同,自成立时生效。""法律、行政法规规定应当办理批准、登记等手续生效的,依照其规定。"

二、无效合同

(一)无效合同的概念和特征

无效合同,就是不具有法律约束力和不发生履行效力的合同。无效合同具有以下特征:(1)无效合同具有违法性;(2)无效合同是自始无效的。

(二)无效合同的种类

依照《合同法》第52条规定，无效合同从合同内容上可以分为三类，即损害国家、集体或者第三人利益的合同，违反法律、法规强制性规定的合同和损害社会公共利益的合同。具体而言，有下列情形之一的，合同无效：

(1)一方以欺诈、胁迫的手段订立合同，损害国家利益；

(2)恶意串通，损害国家、集体或者第三人利益；

(3)以合法形式掩盖非法目的；

(4)损害社会公共利益；

(5)违反法律、行政法规的强制性规定。

(三)免责条款的无效

免责条款是指双方当事人在合同中约定的，为免除或者限制一方或者双方当事人未来责任的条款。免责条款具有约定性、明示性和免责性的三个特征。依照《合同法》第53条的规定，合同中的下列免责条款无效：

(1)造成对方人身伤害的；

(2)因故意或者重大过失造成对方财产损失的。

三、可变更和可撤销的合同

可变更和可撤销的合同是指合同成立后，因存在法定事由，人民法院或者仲裁机构根据一方当事人的申请，变更合同的有关内容或者将合同予以撤销。

可变更和可撤销的合同的变更或撤销必须具备三个要件：一是必须具有法定事由；二是必须有一方当事人行使请求权；三是必须是由人民法院或者仲裁机构行使变更或者撤销权。

依照《合同法》第54条的规定，下列合同，当事人一方有权请求人民法院或者仲裁机构变更或者撤销：

(1)因重大误解订立的合同；

(2)在订立合同时显失公平的合同；

(3)一方以欺诈、胁迫的手段或者乘人之危，使对方在违背真实意思的情况下订立的合同，受损害方有权请求人民法院或者仲裁机构变更或者撤销。

当事人请求变更的，人民法院或者仲裁机构不得撤销。撤销权应在法定的时间内行使，具有撤销权的当事人自知道或者应当知道撤销事由之日起1年内没有行使撤销权。具有撤销权的当事人知道撤销事由后明确表示或者以自己的行为放弃撤销权的，撤销权丧失。

四、合同无效与合同被撤销的法律后果

依照《合同法》第56条的规定，无效的合同或者被撤销的合同自始没有法律约束力。合同部分无效，不影响其他部分效力的，其他部分仍然有效。合同无效或者被撤销后，因该合同取得的财产，应当予以返还；不能返还或者没有必要返还的，应当折价补偿。有过错的一方应当赔偿对方因此所受到的损失，双方都有过错的，应当各自承担相应的责任。当事人恶意串通，损害国家、集体或者第三人利益的，因此取得的财产收归国家所有或者返还集体、第三人。

微型案例

1995年5月16日，陈某向发展商购买一块位于澄迈县老城镇江南路的宅基地，面积为128平方米，价款为人民币15万元。1996年3月12日，陈某所购买的宅基地取得了澄迈县人民政府颁发的"集体土地建设用地使用证"。1999年5月6日，陈某与冯某签订《宅基地调换位置协议书》，该协议书约定：双方(冯某在1996年2月15日也取得了澄迈县人民政府颁发的《集体土地建设用地使用证》)对换调整宅基地位置，即陈某位于东边的宅基地与冯某位于西边的宅基地互换位置，双方所持的土地使用证中的尺寸不变。2001年9月18日，冯某在未依法办理宅基地使用权变更手续的情况下，在与陈某调换位置的宅基地上建起一栋四层、面积为500平方米的楼房并搬入居住。2002年1月27日，陈某以"冯某未依法取得宅基地使用权的情况下，擅自在其宅基地的位置上建房，其行为已构成民事侵权"为由向法院提起诉讼，请求法院判决被告补偿购地款人民币15万元的经济损失。被告在诉讼中以双方签订的协议书有效，请求法院判决驳回原告的诉讼请求进行抗辩。

点评：本案原、被告双方经过协商同意签订《宅基地调换位置协议书》，将各自合法享有的宅基地使用权互换，是双方自行处分其民事权利，属于真实意思表示，其调换宅基地使用权的行为也未损害国家利益、社会公共利益和他人利益，合同依法成立。合同成立是合同生效的一般要件，但是在关于土地使用权转让合同、机动车辆交易合同、认定房地产转让、房屋买卖合同生效等问题方面，我国法律、行政法规规定将批准、登记作为合同生效特别要件。

陈某、冯某于1999年5月6日签订《宅基地调换位置协议书》后，未依照《土地管理法》第12条和国务院发布《土地管理法实施条例》第6条的规定，向土地所在地的澄迈县人民政府土地行政主管部门提出办理调换宅基地使用权变更登记手续，其行为违反上述法律、行政法规的强制性规定，不符合合同生效的特别要件。根据《合同法》第44条第2款和最高人民法院法释[1999]19号《关于适用〈合同法〉若干问题的解释(一)》第9条的规定，法院应认定双方所签订的《宅基地调换位置协议书》未生效。

第四节　合同的履行

一、合同的履行原则

(一)诚实信用原则

一方面，当事人除应遵守法定、约定义务以外，还应遵守依诚实信用原则所产生的附随义务。另一方面，在法律、合同对义务无规定、约定，或规定、约定不明确时，当事人应当依照诚实信用原则履行义务。

(二)适当履行原则

适当履行原则是指当事人应依合同约定的标的、质量、数量，由适当主体在适当的期限、地点，以适当的方式，全面完成合同义务的原则，即当事人的履行应符合履行具体规则。

(三)经济合理原则

经济合理原则是指在合同履行过程中，应讲求经济效益，以最少的成本取得最佳的合同效益。

(四)协作履行原则

协作履行原则是指在合同履行过程中,双方当事人应互助合作,共同完成合同义务的原则。协作履行原则具有以下几个方面的要求:第一,债务人履行合同债务时,债权人应适当受领给付;第二,债务人履行合同债务时,债权人应创造必要条件、提供方便;第三,债务人因故不能履行或不能完全履行合同义务时,债权人应积极采取措施防止损失扩大,否则,应就扩大的损失自负其责。

二、合同的履行规则

(一)合同条款存在缺陷时的履行规则

《合同法》本着尊重当事人订约自愿的精神,规定以协议补缺和规则补缺两种方式来解决合同条款的缺陷,以利于当事人顺利履行合同的义务。

(二)合同条款约定不明的履行规则

合同生效后,当事人就质量、价款或者报酬、履行地点等内容没有约定或者约定不明确的,可以协议补充;不能达成补充协议的,适用下列规定:

(1)质量要求不明确的,按照国家标准、行业标准履行;没有国家标准、行业标准的,按照通常标准或者符合合同目的的特定标准履行。

(2)价款或者报酬不明确的,按照订立合同时履行地的市场价格履行;依法应当执行政府定价或者政府指导价的,按照规定履行。

(3)履行地点不明确,给付货币的,在接受货币一方所在地履行;交付不动产的,在不动产所在地履行;其他标的,在履行义务一方所在地履行。

(4)履行期限不明确的,债务人可以随时履行,债权人也可以随时要求履行,但应当给对方必要的准备时间。

(5)履行方式不明确的,按照有利于实现合同目的的方式履行。

(6)履行费用的负担不明确的,由履行义务一方负担。

执行政府定价或者政府指导价的,在合同约定的交付期限内政府价格调整时,按照交付时的价格计价。逾期交付标的物的,遇价格上涨时,按照原价格执行;价格下降时,按照新价格执行。逾期提取标的物或者逾期付款的,遇价格上涨时,按照新价格执行;价格下降时,按照原价格执行。

(三)债务人向第三人履行或者第三人向债权人履行债务的履行规则

当事人约定由债务人向第三人履行债务的,债务人未向第三人履行债务或者履行债务不符合约定,应当向债权人承担违约责任。当事人约定由第三人向债权人履行债务的,第三人不履行债务或者履行债务不符合约定,债务人应当向债权人承担违约责任。

三、合同履行中的抗辩权

(一)情势变更抗辩权

合同依法成立后,因不可归责于双方当事人的原因发生了不可预见的情势变更,致使合同的基础丧失或动摇,若继续维持合同原有效力将显失公平,因而允许变更或解除合同。适用情势变更抗辩权应符合以下条件:

(1)须有情势变更的事实,即作为缔约基础和环境的客观情况发生异常变化。

(2)情势变更须发生在合同成立以后、履行完毕之前。

(3)须情势变更的发生不可归责于当事人,即应由不可抗力及其他意外事故引起。

(4)须情势变更是当事人所不可预见的。

(5)须情势变更使履行原合同显失公平。

适用情势变更原则,可以按照当事人的请求,对合同进行变更或解除。

(二)双务合同履行中的抗辩权

双务合同履行中的抗辩权,是指一方当事人依法具有的对抗对方当事人的履行请求,暂时拒绝履行其合同债务的权利,根据《合同法》的规定,双务合同的当事人依法享有以下抗辩权:

1. 同时履行抗辩权

同时履行抗辩权是指双务合同的当事人一方在对方没有进行对待给付之前,可拒绝履行自己的债务的对抗权。行使同时履行抗辩权,发生使对方请求权延期的法律效果,但没有否定对方请求权的效力。

2. 先履行抗辩权

先履行抗辩权当事人互负债务,没有先后履行顺序的,应当同时履行。一方在对方履行之前有权拒绝其履行要求。一方在对方履行债务不符合约定时,有权拒绝其相应的履行要求。先履行抗辩权的行使,产生后履行一方中止履行自己债务的效力。先履行一方采取补救措施,变违约为适当履行后,先履行抗辩权消灭。

3. 不安抗辩权

不安抗辩权是指因双务合同负担债务并负先给付义务之人,如果他方的财产在缔约后明显减少,有难为对待给付之虞时,在他方没有进行对待给付或提出担保之前,可拒绝自己的给付。我国《合同法》第 68 条规定,应当先履行债务的当事人,有确切证据证明对方有下列情形之一的,可以中止履行:(1)经营状况严重恶化;(2)转移财产、抽逃资金,以逃避债务;(3)丧失商业信誉;(4)有丧失或者可能丧失履行债务能力的其他情形。当事人没有确切证据中止履行的,应当承担违约责任。

不安抗辩权的行使应通知对方。行使不安抗辩权的,在后履行义务人提供担保前,抗辩权行使人可中止履行合同;后履行义务人对履行提供担保的,不安抗辩权归于消灭,先履行义务人应恢复履行;先履行义务人中止履行后,如果对方在合理期限内未恢复履行能力,也未提供适当担保,中止履行一方可解除合同。

四、合同履行中的债的保全

债的保全又称合同的保全,是指为防止债务人的责任财产不当减少,以确保无特别担保的一般债权得以清偿而法律允许、合同债权人行使某些权利的法律制度。在合同保全制度中,债权人可以行使的权利有代位权和撤销权。

代位权是指因债务人怠于行使其到期债权,对债权人造成损害的,债权人可以向人民法院请求以自己的名义代位行使债务人的债权,但该债权专属于债务人自身的除外。代位权的行使范围以债权人的债权为限。债权人行使代位权的必要费用由债务人负担。

撤销权是指因债务人放弃其到期债权或者无偿转让财产,对债权人造成损害的,债权人可以请求人民法院撤销债务人的行为。债务人以明显不合理的低价转让财产,对债权人造成损害，并且受让人知道该情形的，债权人也可以请求人民法院撤销债务人的行为。撤销权的行使范围以债权人的债权为限。债权人行使撤销权的必要费用，由债务人负担。撤销权自债权人知道或者应当知道撤销事由之日起1年内行使。自债务人的行为发生之日起5年内没有行使撤销权的，该撤销权消灭。

微型案例

2005年6月1日，某甲向某乙借款20万元，约定2006年1月1日还本付息（利息按同期银行利率计算）。半年后，甲财产状况严重恶化，遂将其贵重财产无偿低价转让给其友丙。债务到期后，乙要求甲偿还债务，甲无力归还。乙于是向法院起诉并申请强制执行甲的财产，但甲的财产已经所剩无几，无奈之下，乙诉请法院撤销甲对丙的低价转让行为。

点评：撤销权与代位权属于合同的保全措施。债权人的撤销权，又称罢废诉权，是指债权人对于债务人所为的危害债权的行为，得请求法院予以撤销的权利。债权人撤销权的行使必须符合以下要求：(1)债务人于债权成立后实施了以财产为标的的减少财产的行为；(2)债务人的行为须对债权造成损害，即有害债权；(3)债务人主观有恶意。《合同法》第74条规定，因债务人放弃其到期债权或者无偿转让财产，对债权人造成损害的，债权人可以请求人民法院撤销债务人的行为。债务人以明显不合理的低价转让财产，对债权人造成损害，并且受让人知道该情形的，债权人也可以请求人民法院撤销债务人的行为。

第五节　合同的变更和转让

一、合同的变更

（一）合同变更的概念与形式

广义的合同变更包括合同的主体及内容的变更。狭义的合同变更仅指合同内容的变更，而不包括合同主体的变更。平常所称合同的变更仅指合同内容变更，即指合同成立后、履行完毕之前当事人依法对合同内容所做的修改。合同的变更形式有协议变更和依法变更两种。当事人协商一致，可以变更合同。法律、行政法规规定变更合同应当办理批准、登记等手续的，依照其规定。

（二）对合同变更的内容约定不明确的处理

在合同当事人以协商的形式变更合同的情况下，如果对合同变更的内容约定不明确的，就推定为合同未作变更，当事人仍应当依照原合同的约定履行各自的义务。

二、合同的转让

合同的转让，是指合同当事人依法将合同的全部或者部分权利义务转让给他人的法律行为。债权人可以将合同的权利全部或者部分转让给第三人，但有下列情形之一的除外：(1)根据合同性质不得转让；(2)按照当事人约定不得转让；(3)依照法律规定不得转让。合同的转让分为权利的转让、义务的转让和权利义务全部转让三种。

(一)合同权利的转让

合同权利的转让,是指合同中享有权利的一方当事人通过协议依法将自己的债权全部或者部分转让给另方当事人以外的第三人的法律行为。债权人转让权利的,应当通知债务人。未经通知,该转让对债务人不发生效力。债权人转让权利的通知不得撤销,但经受让人同意的除外。

债权人转让权利的,受让人取得与债权有关的从权利,但该从权利专属于债权人自身的除外。债务人接到债权转让通知后,债务人对让与人的抗辩,可以向受让人主张。债务人接到债权转让通知时,债务人对让与人享有债权,并且债务人的债权先于转让的债权到期或者同时到期的,债务人可以向受让人主张抵消。

(二)合同义务的转让

合同义务的转让,是指合同中的债务人将自己应当履行的义务转让给第三人的行为。债务人将合同的义务全部或者部分转移给第三人的,应当经债权人同意。

债务人转移义务的,新债务人可以主张原债务人对债权人的抗辩。债务人转移义务的,新债务人应当承担与主债务有关的从债务,但该从债务专属于原债务人自身的除外。

(三)合同权利和义务的全部转让

依照《合同法》的有关规定,当事人若欲将自己在合同中的权利和义务一并转让给第三人的,除了依照《合同法》规定的存有不得转让的情形之外,都可以转让。

法律、行政法规规定转让权利或者转移义务应当办理批准、登记等手续的,依照其规定。

当事人订立合同后合并的,由合并后的法人或者其他组织行使合同权利,履行合同义务。当事人订立合同后分立的,除债权人和债务人另有约定的以外,由分立的法人或者其他组织对合同的权利和义务享有连带债权,承担连带债务。

第六节　合同的权利和义务的终止

一、合同权利和义务终止的原因

合同的权利和义务终止,就是合同确立的当事人之间的权利、义务关系的消灭。合同终止后,当事人之间的权利和义务关系消灭,合同的从债或担保物权消灭,债务人得请求债权人将负债字据返还或销毁。

《合同法》第91条规定,合同权利和义务可以因以下法定原因而终止:(1)债务已经按照约定履行;(2)合同解除;(3)债务相互抵消;(4)债务人依法将标的物提存;(5)债权人免除债务;(6)债权债务同归于一人;(7)法律规定或者当事人约定终止的其他情形。

抵消,是指当事人双方互负给付的义务时,将两项债务相互充抵,使其相互在对等额内消灭,债务抵消,相应的债权也就抵消。我国《合同法》规定了法定抵消与合意抵消。法定抵消的要件包括:(1)当事人互负到期债务;(2)该债务的标的物种类、品质相同;(3)债务并非依照法律规定或者按照合同性质不得抵消。抵消是单方法律行为,当事人主张抵消的,应当通知对方。通知自到达对方时生效。抵消不得附条件或者附期限。合意抵消是指当事人互负债务,标的物种类、品质不相同的,经双方协商一致,也可以抵消。

提存,是指债务人于债务已届履行期时,将无法给付的标的物提交给提存机关,以消灭合同债务的行为。有下列情形之一，难以履行债务的，债务人可以将标的物提存：(1)债权人无正当理由拒绝受领；(2)债权人下落不明；(3)债权人死亡未确定继承人或者丧失民事行为能力未确定监护人；(4)法律规定的其他情形。标的物不适于提存或者提存费用过高的，债务人依法可以拍卖或者变卖标的物，提存所得的价款。标的物提存后，除债权人下落不明的以外，债务人应当及时通知债权人或者债权人的继承人、监护人。标的物提存后，毁损、灭失的风险由债权人承担。提存期间，标的物的孳息归债权人所有。提存费用由债权人负担。债权人可以随时领取提存物，但债权人对债务人负有到期债务的，在债权人未履行债务或者提供担保之前，提存部门根据债务人的要求应当拒绝其领取提存物。债权人领取提存物的权利，自提存之日起 5 年内不行使而消灭，提存物扣除提存费用后归国家所有。

二、合同终止后的义务

合同的权利和义务终止后，当事人的合同关系已经结束，但某些合同的特点决定当事人的义务具有延续性，或者具有不可替代性，因此，合同终止后，当事人仍应当履行某些义务，如当事人应当遵循诚实信用原则，根据交易习惯履行通知、协助、保密等义务。合同终止不影响合同中结算和清理条款的效力。

三、合同的解除

(一)合同解除的概念和形式

合同解除，是指合同有效成立后，因当事人一方或双方的意思表示，使基于合同而生的权利义务关系终止的行为。合同解除包括协议解除、约定解除和法定解除。协议解除，是指当事人通过协商而解除合同；约定解除，是指当事人基于合同中约定的解除事由行使解除权而解除合同；法定解除，是指当事人基于法律规定的事由行使解除权而解除合同。《合同法》第 94 条规定，法定解除事由包括：(1)因不可抗力致使不能实现合同目的；(2)在履行期限届满之前，当事人一方明确表示或者以自己的行为表明不履行主要债务；(3)当事人一方迟延履行主要债务，经催告后在合理期限内仍未履行；(4)当事人一方迟延履行债务或者有其他违约行为致使不能实现合同目的；(5)法律规定的其他情形。

(二)合同解除的期限与程序

法律规定或者当事人约定解除权行使期限，期限届满当事人不行使的，该权利消灭。法律没有规定或者当事人没有约定解除权行使期限，经对方催告后在合理期限内不行使的，该权利消灭。当事人一方主张解除合同的，应当通知对方。合同自通知到达对方时解除。对方有异议的，可以请求人民法院或者仲裁机构确认解除合同的效力。法律、行政法规规定解除合同应当办理批准、登记等手续的，依照其规定。

(三)合同解除的法律后果

合同解除后，尚未履行的，终止履行；已经履行的，根据履行情况和合同性质，当事人可以要求恢复原状、采取其他补救措施，并有权要求赔偿损失。

微型案例

2007 年 1 月 31 日，东某与刘某签订购房协议，协议约定，东某自愿以现金的方式购买刘某名下位于南开区的一套住房，房屋总价款32万元。东某预交定金1万元，刘某出具了一张收条，约定2007年5月15日～5月18日办理过户手续。同时双方还约定，从交付定金之日起到5月15日～18日过户时，刘某不可以以任何理由将房屋终止买卖或转让他人，如发生以上情况，刘某属违约，须向东某交付定金的双倍2万元；如东某在约定的时间内违反约定，不执行双方在约定时间办理过户、不保证刘某32万元净价、不承担一切过户费用，刘某有权终止合同的一切约定，1万元定金不退还东某。5月13日，东某找到刘某要求其协助办理购房贷款手续时，刘某认为东某的要求违反了房屋买卖协议中以现金方式结算的约定，因此没有给予协助，导致双方所签订的协议无法继续履行，引发纠纷。东某随后作为原告提起诉讼，要求解除房屋买卖协议，并退还1万元预付款。庭审中，被告表示可以解除房屋买卖协议，但由于原告违约在先，致使协议不能履行，故不同意退还定金1万元。

点评：双方所签订的房屋买卖协议是双方当事人的意思表示，合同成立，双方应该按照约定履行。原告向被告交纳定金1万元后，没有在约定期限内以现金方式购买诉争的房屋，致使双方协议无法继续履行，原告要求解除房屋买卖协议，被告无异议，符合《合同法》关于合同解除的条件。原告违约应当承担违约责任，其所支付的定金1万元不应退还。

本案改编自：http://szbxls.anyp.com/ulilongchang/4955—140306.aspx。

第七节　违约责任

一、违约责任的概念和违约行为形态

（一）违约责任的概念

违约责任又称违反合同的民事责任，是指合同当事人不履行合同义务或者履行合同义务不符合约定时所承担的法律后果。英美法将违约责任称为违约的补救，大陆法系则将其包括在债务不履行的民事责任之中，或将之视为债的效力的范畴。

（二）违约行为形态

违约行为形态，是根据违约行为违反合同义务的性质和特点，对违约行为所做的分类。依照我国《合同法》第107条和第108条的规定，结合理论上对违约行为的认识，违约行为可以分为以下几种类型：

1. 履行不能

履行不能是指债务人由于某种原因不能履行其债务。一般认为，在认定何种情况为履行不能时，应当依照社会观念来判断，凡是社会观念认为债务事实上无法强制履行的即为履行不能。依不同的标准，可将履行不能区分为以下不同的类型：(1)以是否可归责于债务人为标准，可以分为主观不能和客观不能；(2)以履行不能发生的时间为标准，可分为自始不能和嗣后不能；(3)以不能是否持久为标准，可分为永久不能和一时不能；(4)以导致履行不能的事实的性质为标准，可分为事实不能与法律不能；(5)以全部的范围为标准，可分为全部不能和部分不能。

2. 迟延履行

迟延履行，又称逾期履行或债务人迟延，是指债务人能够履行，但在履行期届满时却没有履行债务的情形。

迟延履行的构成，必须包括以下要件：(1)存在着有效的债务。(2)债务人能够履行。如债务已不可能履行，则属于履行不能而不构成迟延履行。(3)债务已届履行期，即债务履行期限已届满。(4)债务人未履行债务。(5)债务人无正当理由。如债务人行使各种抗辩权或债权人未协助等，均为不履行债务有正当理由，此时债务人的不履行不能构成迟延履行。

3. 拒绝履行

拒绝履行，又称毁约，是指债务人能够履行其债务而在履行期届满时对债权人表示不履行债务。拒绝履行的构成，必须包括以下要件：(1)必须存在有效债务。(2)债务可能履行。(3)债务人有拒绝履行的表示。债务人作出拒绝履行的表示可以明示方式或默示方式。(4)债务人出于故意，即债务人明知有债务且未履行而拒绝履行。(5)债务人拒绝履行无正当理由。如果债务人行使同时履行抗辩权、不安抗辩权、先诉抗辩权以及时效完成、期限届满之抗辩权，则为正当权利之行使，不构成拒绝履行。

4. 受领迟延

受领迟延，又称债权人迟延，是指债权人对于债务人之履行应当且能够受领而不为或不能受领。受领迟延的构成，必须包括以下要件：(1)债务履行须债权人协助；(2)债务已届履行期；(3)债务人已提出履行或实际履行；(4)债权人不为受领或不能受领。债权人不为受领表现为拒绝受领或需债权人协助时未为协助。债权人不能受领是指因债权人自己的原因在客观上无法受领，如债权人仓库倒塌、场地未准备就绪等。

5. 不完全履行

不完全履行，又称不完全给付或不适当履行，是指当事人虽以适当的履行的意思进行了履行，但履行的内容不符合法律的规定或者合同的约定，即不符合债务的本旨。

不完全履行可以分为以下几种类型：(1)量的不完全履行。量的不完全履行是指标的物数量短缺或过多。(2)瑕疵履行。(3)加害给付。(4)履行方法的不完全履行。如本应一次履行却分次履行，本应选择最近运输路线却选择了较远路线履行等。(5)违反附随义务的不完全履行。

6. 预期违约

我国《合同法》第108条规定，“当事人一方明确表示或者以自己的行为表明不履行合同义务的，对方可以在履行期限届满之前要求其承担违约责任。”该条明确将预期违约规定为一种违约类型。预期违约可以分为明示预期违约与默示预期违约两个基本类型。

明示预期违约，又称明示毁约，是指在合同有效成立后至合同约定的履行期届满前，一方当事人明确肯定的向另一方当事人明示其将不按约定履行合同义务。

默示预期违约，又称默示毁约，是指在履行期到来之前，一方当事人有足够的证据证明对方将不履行或不能履行合同义务，而对方当事人又不愿意提供必要的担保。例如在履行期限届临前，负有交货义务的一方将作为合同标的的货物以高价转售给第三方，该自身行为就构成默示预期违约。在默示毁约的情况下，非违约方既可以在履行期到来以后要求毁约方实际履行或承担违约责任，也可以不必等待履行期限的到来而直接要求毁约方实际履行或承担违约责任。

二、违约责任的归责原则

归责原则，是指基于一定的归责事由而确定行为人是否应当承担责任的法律原则。我国

《合同法》确定的违约责任的归责原则是严格责任原则。在一般情况下,违约责任的构成要件仅为违约行为。

三、违约责任的承担方式

(一)继续履行

继续履行,是违约方不履行合同债务或履行合同债务不符合约定时,由法院强制违约方依照合同的规定继续履行的责任形式。强制继续履行是一种补救方法,是否请求继续履行是当事人的权利,强制继续履行可以与支付违约金、支付赔偿金、定金责任并存,但不得与解除合同并存。

(二)合同解除

《合同法》第91条第2项规定合同解除是合同的权利义务终止的原因之一,因此,合同解除的法律效果是使合同关系终止(参见本章第六节)。

(三)损害赔偿

赔偿损失是指违约方不履行合同而给他方造成损失时,为了弥补受害人的损失而向受害人支付一定数额金钱的责任方式。损害赔偿具有补偿性,即填补、弥补对方当事人因此所受的损失。损害赔偿责任的承担,必须具备以下要件:(1)有违约行为;(2)受害人有损失;(3)违约行为与损失之间有因果关系。

我国现行法在违约损害赔偿上采纳的一个基本原则就是完全赔偿原则。完全赔偿原则是指违约方应赔偿受害人因其违约行为所遭受的全部损失。违约给当事人造成的损失包括积极损失和消极损失。积极损失就是可得利益损失。由于一方当事人违反合同以后,另一方当事人不仅可能会遭受现有财产的损失,而且也可能会遭受可得利益损失。对于这些损失,违约方当事人都应当赔偿。

(四)违约金

违约金是指当事人在合同中约定的或者由法律规定的,一方违约时应当向对方支付一定数量的货币。当事人可以约定一方违约时应当根据违约情况向对方支付一定数额的违约金,也可以约定因违约产生的损失赔偿额的计算方法。约定的违约金低于造成的损失的,当事人可以请求人民法院或者仲裁机构予以增加;约定的违约金过分高于造成的损失的,当事人可以请求人民法院或者仲裁机构予以适当减少。当事人就迟延履行约定违约金的,违约方支付违约金后,还应当履行债务。

(五)定金

定金是指合同当事人为了确保合同的履行,依据双方约定由当事人一方在合同订立时或者在订立后履行前,按照合同金额的一定比例,预先给付对方当事人的金钱或有价证券。当事人可以依照《中华人民共和国担保法》约定一方向对方给付定金作为债权的担保。债务人履行债务后,定金应当抵作价款或者收回。给付定金的一方不履行约定的债务的,无权要求返还定金;收受定金的一方不履行约定的债务的,应当双倍返还定金。当事人既约定违约金,又约定定金的,一方违约时,对方可以选择适用违约金或者定金条款。

四、违约行为与侵权行为的竞合

违约行为与侵权行为的竞合,是指当事人一方的同一行为既构成违约行为也构成侵权行为。《合同法》第122条规定，因当事人一方的违约行为，侵害对方人身、财产权益的，受损害方有权选择要求其承担违约责任或者依照其他法律要求其承担侵权责任。

微型案例

2002年2月1日，某市物资局供销公司与某县王路居预制厂签订购销钢材合同。合同规定：某市物资局供销公司供给某县王路居预制厂10号钢材450吨，每吨价格1 200元，货款总额为54万元；交货期限为2002年2月底，由某市物资局供销公司代办运输，运费由某县王路居预制厂负担，货到3日内付清全部货款及运费。

合同签订后，某市物资局供销公司即积极组织货源，于2002年2月28日，将货物全部发往某县王路居预制厂，某县王路居预制厂收到货物后，以所收钢材质量不合格为由拒绝付款。某市物资局供销公司曾先后多次派人与某县王路居预制厂协商，均未达成一致意见。

某市物资局供销公司也曾提出请有关部门对此钢材进行质量鉴定，以明确责任。但是某县王路居预制厂表示反对，并单方做主将钢材全部退回某市物资局供销公司，造成数量短少了3.50吨。无奈，某市物资局供销公司投诉于当地人民法院，要求某县王路居预制厂给付货款，并偿付逾期付款的滞纳金。

受诉法院在审理期间，委托有关部门对某市物资局供销公司所供钢材进行了检验。检验结果为：某市物资局供销公司供给某县王路居预制厂的全部钢材均为合格品。

经法院查明，某县王路居预制厂在与某市物资局供销公司签订合同后，又以略低于此合同价格与另一单位订立了购销同一种钢材的合同。由于将货款全部预付出去，故在收到某市物资局供销公司发来的钢材无力支付货款的情况下，借口钢材不合格，拒绝给付货款。

点评：合同依法成立，即具有法律约束力，当事人必须全面、诚信地履行合同规定的义务，任何一方不得擅自变更或解除合同。本案某市物资局供销社在合同签订后，积极、认真地履行合同规定的义务，而某县王路居预制厂却不按合同规定支付货款，并且，在双方对货物质量问题未予解决的情况下，便将货物退回，属于严重的违约行为。应承担违约后果：(1)给付某市物资局供销公司货款54万元，并承担全部运费，给付逾期付款的滞纳金；(2)负担本案的鉴定费。

——本案改编自：http://www.cnfalv.com/a/anli2/5832.html。

第八节　几种主要的有名合同

一、买卖合同

买卖合同，是出卖人转移标的物的所有权于买受人，买受人支付价款的合同。依约定应交付标的物并转移标的物所有权的一方称为出卖人，应支付价款的一方称为买受人。买卖合同具有以下法律特征：(1)买卖合同是一方当事人转移标的物的所有权、另一方当事人支付价款的合同；(2)买卖合同是双务合同；(3)买卖合同是有偿合同；(4)买卖合同是诺成合同；(5)买卖合同为不要式合同。

标的物的所有权自标的物交付时起转移，但法律另有规定或者当事人另有约定的除外。标的物毁损、灭失的风险，在标的物交付之前由出卖人承担，交付之后由买受人承担，但法律另有规定或者当事人另有约定的除外。

在我国《合同法》中，特种买卖合同包括分期付款买卖合同、样品买卖合同、试用买卖合同、招标投标买卖合同和拍卖合同等。

分期付款买卖是一种特殊的买卖形式，是买受人将其应付的总价款按照一定期限分批向出卖人支付的买卖。分期付款买卖在我国常常用于房屋及高档消费品的买卖。在分期付款买卖中，为保护买受人的利益，只有当买受人未支付到期价款的金额达到全部价款 1/5 的，出卖人方可要求买受人支付全部价款或者解除合同。出卖人解除合同的，可以向买受人要求支付该标的物的使用费。

样品买卖又称货样买卖，是指当事人双方约定一定的样品，出卖人交付的标的物应与样品具有相同品质的买卖。

试用买卖合同，是指当事人双方约定，于合同成立时，出卖人将标的物交付买受人试验或检验，并以买受人在约定期限内对标的物的认可为生效要件的买卖合同。这种买卖常见于某些新产品的销售。

招标投标买卖合同，是指由招标人向数人或公众发出招标通知或招标公告，在诸多投标中选择自己最满意的投标人并与之订立买卖合同的方式。

拍卖有广义、狭义之分。广义的拍卖是指竞争买卖，即众多欲订约的人通过竞争与出卖人订立合同，购买物品，它包括狭义的拍卖和投标拍卖两种情况。其中，狭义的拍卖，是指对物品的拍卖，即以公开竞价的方法，将标的物的所有权转移给最高应价者的买卖方式。从拍卖的方式上说，广义的拍卖泛指以竞争方式的缔约，包括拍卖和招标。

二、供用电、水、气、热力合同

供用电、水、气、热力合同是供方向用方供电、水、气、热力，用方支付价款的合同。本类合同的供方主体具有特殊性，其标的物是由有关单位垄断经营的，因此，法律需要对其予以特别的规制。供用电、水、气、热力合同为诺成性双务有偿合同，自当事人双方意思表示一致时即可成立生效。合同成立生效后，双方均负有对待给付的义务。任何一方从对方取得利益都须支付相应的财产代价。

三、赠与合同

赠与合同是指赠与人将自己的财产无偿给予受赠人，受赠人表示接受赠与的合同。就赠与合同的标的物而言，赠与物并不仅限于有体物所有权，土地使用权、股权、债权等无体物以及将来物都可以成为赠与合同的标的物。赠与合同具有以下法律特征：(1)赠与合同为单务、无偿合同；(2)赠与合同为诺成合同；(3)赠与合同原则上为不要式合同，但在当事人有特约以及不动产赠与中，赠与合同为要式合同。

四、借款合同

借款合同是借款人向贷款人借款，到期返还借款并支付利息的合同。借款合同采用书面形式，但自然人之间借款另有约定的除外。借款合同的内容包括借款种类、币种、用途、数额、利率、期限和还款方式等条款。借款合同具有以下法律特征：(1)借款合同是转让货币所有权的合同;(2)借款合同原则上是双务、诺成合同;(3)借款合同为有偿合同。

但自然人之间的借款合同为实践性合同,自贷款人提供借款时生效。并且,除当事人有明确约定外,自然人之间的借款合同为单务、无偿、不要式合同。

五、租赁合同

租赁合同是指当事人一方将物交付另一方使用、收益,另一方支付租金,并于使用、收益完毕后归还原物的协议。租赁合同具有以下法律特征:(1)租赁合同是转让财产使用权、收益权的合同;(2)租赁合同是双务、诺成合同;(3)租赁合同为有偿合同;(4)租赁合同是临时性和继续性合同;(5)租赁合同兼具债权与物权特征。

六、融资租赁合同

融资租赁合同是出租人根据承租人对出卖人、租赁物的选择,向出卖人购买租赁物,提供给承租人使用,承租人支付租金的合同。融资租赁合同集融资与融物因素于一身,涉及买卖、租赁两种合同及出卖人、出租人、承租人三方当事人,具有复杂的法律结构和权利义务关系,并发挥融资、担保、使用等多项经济功能,成为不同于传统有名合同的一种新型合同。

七、承揽合同

承揽合同是承揽人按照定做人的要求完成工作、交付工作成果,由定做人支付报酬的合同。按要求完成工作、交付工作成果并收取酬金的一方,为承揽人;提出工作要求、按约定接受工作成果并给付酬金的一方,为定做人。承揽合同具有以下法律特征:(1)承揽合同以一定工作的完成为目的;(2)承揽合同的标的物具有特定性;(3)承揽人具有完成工作的独立性;(4)承揽合同是诺成合同、不要式合同、有偿合同、双务合同。

八、建设工程合同

建设工程合同是承包人进行工程建设、发包人支付价款的合同。建设工程合同包括工程勘察、设计、施工合同。建设工程合同具有以下法律特征:(1)建设工程合同主体的特殊性。发包人只能是经批准投资建设工程的建设单位,承包人只能是具有相应资质的勘察、设计、施工单位。(2)建设工程合同的标的是建设工程。(3)国家管理的特殊性。合同的签订具有严格的程序性,合同的订立和履行受国家的严格管理和监督。(4)建设工程合同应当采用书面形式。建设工程合同一般通过招标投标订立,发包人可以与总承包人订立建设工程合同,也可以分别与勘察人、设计人、施工人订立勘察、设计、施工承包合同。但发包人不得将应当由一个承包人完成的建设工程肢解成若干部分发包给几个承包人。

九、运输合同

运输合同,又称运送合同,是承运人将旅客及其行李或货物运送到约定地点,旅客、托运人或收货人支付票款或运费的合同。运输包括货物运输和旅客运输。此外,从运输所经由的途径来看,运输可分为陆上运输、海上运输与空中运输,对于海上运输有海商法予以适用,故运输合同不包括海上运输。运输合同具有以下法律特征:(1)运输合同为双务有偿合同;(2)运输合同为诺成合同;(3)运输合同一般为格式合同;(4)运输合同的承运人一方依法负有强制缔约义务。《合同法》第289条规定,从事公共运输的承运人不得拒绝旅客、托运人通常、合理的运输要求。该规定即为承运人的强制缔约义务。

微型案例

2003年7月12日清晨,王某冒雨在自家楼下等待搭乘某公交公司的车去上班,但是该路公交车到站后并未停车。王某在原地又等待了一段时间后,雨越下越大,已经错过上班时间,于是王某返回家中,整日未去工作。当日,单位根据内部管理制度规定,扣除王某工资50元。王某认为此损失系公交公司拒载造成,故诉至法院要求公交公司予以赔偿。

原告王某诉称,公交公司作为公用事业,从事公共交通运输,具有强制缔约的义务,不应该拒载。现因公交公司拒载导致其误工,故诉请法院判决赔偿误工损失50元。公交公司则辩称,雨天搭载乘客较多,以致车厢满员,出于交通安全和实际承载能力的考虑没有停车,原告完全可以再行搭载出租车赶至单位,从而减少或避免损失,公交公司对于王某的损失没有必然的赔偿义务,故拒不赔偿。法院经审理认为,公交公司故意拒载的行为违背了强制缔约义务,是造成原告误工的主要原因,应予赔偿原告的误工损失。但是原告本身采取补救措施不力,也存在一定的过错,其本可以选择搭乘其他车辆从而减少甚至避免损失,所以原告对损失的发生负有次要责任。综合以上情况,判决公交公司承担王某的部分误工损失40元。

点评:我国《合同法》第289条规定,"从事公共运输的承运人不得拒绝旅客、托运人的通常、合理的要求。"由此可见,从事公共运输的承运人被设定了强制缔约义务。乘客站立于相应车站牌下这个动作本身的法律意味便是发出要约,等待承诺。在合同订立过程中,要约人对受要约人形成了特殊的信任,在合同双方之间便产生称"先合同义务"和信赖利益。据此,对强制缔约义务的违反也即对先合同义务的违反,最终导致缔约过失责任的承担。

本案改编自:http://www.cnfalv.com/a/anli2/5892.html。

十、技术合同

技术合同是指当事人就技术开发、转让、咨询或者服务订立的确立相互之间权利和义务的合同。订立技术合同,应当有利于科学技术的进步,加速科学技术成果的转化、应用和推广。技术合同为诺成性、双务有偿合同。技术合同包括技术开发合同、技术转让合同、技术咨询合同和技术服务合同。技术开发合同应当采用书面形式。

十一、保管合同

保管合同,又称寄托合同、寄存合同,是保管人保管寄存人交付的保管物,并返还该物的合同。保管合同具有以下法律特征:(1)保管合同的标的是保管行为;(2)保管合同为实践性合同;(3)保管合同一般为无偿合同。但当事人约定保管费的,保管合同为有偿合同;(4)保管合同为双务、不要式合同。

十二、仓储合同

仓储合同是指保管人储存存货人交付的仓储物，存货人支付仓储费的合同。仓储合同具有保管合同的性质，其标的也是保管行为，因此，法律对仓储合同没有规定的，适用保管合同的规定。但仓储合同又与保管合同不同，其主要有以下特殊性：(1)仓储物为动产，而不能是不动产；(2)仓储合同为诺成性合同；(3)仓储合同为有偿合同。

十三、委托合同

委托合同也称委任合同，是指委托人和受托人约定，由受托人处理委托人事务的合同。在委托合同关系中，委托他人为自己处理事务的人称为委托人，接受委托的人为受托人。委托合同具有以下法律特征：(1)在委托合同中，受托人依据委托人的授权和指示处理事务；(2)委托合同建立在委托人与受托人相互信任的基础之上；(3)委托合同是诺成合同；(4)委托合同是不要式合同；(5)委托合同是双务合同，委托人和受托人均负有义务；(6)委托合同可以是有偿的，也可以是无偿的。

十四、行纪合同

行纪合同是指行纪人以自己的名义为委托人从事贸易活动，委托人支付报酬的合同。在行纪合同关系中，委托对方为自己从事贸易活动，并向对方给付报酬的当事人为委托人；接受委托为对方从事贸易活动，并获得对方报酬的当事人为行纪人。行纪合同的主要法律特征有：(1)行纪人以自己的名义为委托人办理事务；(2)行纪合同是双务合同、有偿合同、诺成合同、不要式合同。

十五、居间合同

居间合同是指居间人向委托人报告订立合同的机会或者提供订立合同的媒介服务，委托人支付报酬的合同。在居间合同关系中，报告订立合同机会或提供订立合同媒介服务，并接受对方报酬的一方为居间人。接受对方所提供的报告订立合同机会或订立合同媒介服务，并向对方支付报酬的一方为委托人。居间合同有如下的法律性质：(1)居间合同一般是有偿合同；(2)居间合同是诺成合同、不要式合同。

居间合同与委托合同、行纪合同都以信任为基础，居间人、受托人、行纪人都为委托人的利益为委托人办理事务、提供劳务。三者之间的差异主要表现在以下两个方面：

第一，居间人、受托人、行纪人办理的事务的内容和性质不同。居间人为委托人办理的事务是为委托人报告订立合同的机会，或提供订立合同的媒介服务，其目的是促成委托人与第三人订立合同，其性质是事实行为。而在委托合同关系中，受托人为委托人办理的事务则十分广泛，可以是事实行为，如委托审计；也可以是法律行为，如委托买卖等。在行纪合同关系中，行纪人为委托人办理的事务是贸易活动，其性质是法律行为。

第二，居间人、受托人、行纪人与第三人的法律关系不同。在居间合同关系中，居间人不以委托人的名义，也不以自己的名义与第三人订立合同，居间人不参与委托人与第三人的关系；在委托合同关系中，受托人可以委托人的名义或自己的名义与第三人订立合同，并参与该合同关系；在行纪合同关系中，行纪人以自己的名义与第三人订立合同，与第三人直接产生权利义务关系。

课后习题

一、复习思考题

1. 什么是合同？它有哪些法律特征？
2. 合同的形式和内容有哪些？
3. 什么是要约？它的生效条件和失效情形有哪些？
4. 什么是承诺？承诺的生效条件有哪些？
5. 合同的生效条件有哪些？合同无效的情形有哪些？
6. 合同无效或合同被撤销后的法律后果有哪些？
7. 合同约定不明的履行规则有哪些？
8. 什么是抗辩权，双务合同的抗辩权有哪几种？
9. 合同权利和义务终止的原因有哪些？
10. 合同的法定解除事由有哪些？
11. 违约责任的承担方式有哪些？

二、案例分析题

某商场新进一种DVD机，价格定为2 598元。柜台组长在制作价签时，误将2 598元写为598元。李某在浏览该柜台时发现该DVD机物美价廉，于是用信用卡支付1 196元购买了两台DVD机。一周后，商店盘点时，发现少了4 000元，经查是柜台组长标错价签所致。由于李某用信用卡结算，所以商店查出是李某少付了DVD机货款，找到李某，提出或补交4 000元或退回DVD机，商店退还1 196元。李某认为彼此的买卖关系已经成立并交易完毕，商店不能反悔，拒绝商店的要求。商店无奈只得向人民法院起诉，要求李某返还4 000元或DVD机。

问题：

(1)商店能否要求李某返还4 000元或DVD机？理由是什么？

(2)本案应如何处理？

第九章　担保法

学习目标

掌握担保法律制度的基本原理；

了解我国保证担保、抵押担保、质押担保、留置担保和定金担保的法律规定。

引入案例

房产抵押未登记 抵押合同无效力

王某经营需17万元进货款，经协商，夏某同意借给王某17万元，借款期为6个月，但要王某提供借款抵押。王某的好朋友陈某愿以自己的房产作为王某的借款抵押物，并与夏某签订了以房屋作为借款抵押物的合同。

由于经营不善，6个月期满后王某无钱归还借款，夏某持借款抵押合同找到陈某，要求陈某按合同履行，陈某认为借款人是王某，与自己无关。无奈，夏某将陈某告上法庭，要求法院判决王某归还借款、陈某承担抵押担保责任。

人民法院经审理查明：(1)王某向夏某借款17万元，有王某与夏某签订的借款合同，双方认可，并已实际履行；(2)为向夏某借款17万元，陈某将自己房屋抵押给夏某，并签订了房屋为抵押物的借款合同，但未进行登记。遂判决：

(1)王某在判决生效10日内归还夏某借款17万元；

(2)陈某不承担抵押担保责任。

第一节　担保法律制度概述

一、担保的概念

担保是为促进资金融通和商品流通、保障债权的实现、发展社会主义市场经济而设立的一种法律制度。从债权角度看，担保是保障债权人债权实现的民事法律行为；从债务角度看，担保也是保证债务人债务履行的民事法律行为。担保法律制度是规定担保这一民事法律行为的法律规范的总称。

二、担保的适用范围、种类和性质

（一）担保的适用范围

《担保法》规定，在借贷、买卖、货物运输、加工承揽等经济活动中，债权人需要以担保方式保障其债权实现的，可以依照本法规定设定担保。该项规定表明，我国《担保法》规定的担保适用于民商事领域的经济活动。其他领域如因身份关系而产生的权利义务关系、因政府和国家机关管理行为而发生的权利和义务关系均不适用于《担保法》规定的担保。

（二）担保的种类和基本原则

我国《担保法》规定了五种担保方式，即保证、抵押、质押、留置和定金。上述担保方式根据各自的不同性质分为人保、物保和金钱担保。我国《担保法》规定，担保活动应当遵循平等、自愿、公平、诚实信用的原则。

（三）反担保

《担保法》规定，第三人为债务人向债权人提供担保时，可以要求债务人提供反担保。反担保，是指第三人为债务人向债权人提供担保时，债务人应第三人的要求为第三人提供的担保。反担保就债务人与第三人的关系来说也不过是一般意义上的担保，因而严格说来，反担保与担保并不存在质的差异，它仍然具有担保的特性，且在担保的成立条件、担保的形式、担保的效力等方面都适用关于担保的规定。

（四）担保的性质

担保受民商法一般原则的制约，又具有自身的一些特征：

1. 从属性

担保是为了保障债务的履行而设立，因而从属于主债权。在合同关系中，担保合同是主合同的从合同，主合同无效，担保合同无效。担保合同与主合同之间的关系是从属关系。

2. 选择性

我国合同法设立了担保制度，但并未规定当事人必须设立担保。当事人是否约定担保、约定何种担保方式等，均取决于当事人的选择。

3. 保障性

保障主债权的实现是担保最基本的作用。担保的设立，一方面在客观上具有迫使债务人积极履行债务的功效；另一方面，当债务人不能履行债务时，债权人可以行使担保权利，从而满足自己的债权。

三、担保合同的成立方式

担保合同是要式合同，依《担保法》第 93 条，担保合同的方式包括：(1)可以是在主合同之外单独订立的书面合同；(2)当事人之间具有担保性质的信函、传真等；(3)也可以是主合同中的担保条款。上述方式适用于保证、抵押、质押和定金合同。另外，根据《担保法解释》的规定，保证合同可以保证人在主合同中以保证人身份签字的方式设立。

四、人保与物保并存的法律关系

(一)人保与第三人提供的物保并存时

债权人可选择要求保证人或者物的担保人承担担保责任，当事人对保证担保的范围或者物的担保的范围没有约定或者约定不明的，承担了担保责任的担保人，可以向债务人追偿，也可以要求其他担保人清偿其应当分担的份额。放弃第三人物保的，保证人在债权人放弃权利的范围内减轻或者免除保证责任。

(二)人保与债务人提供的物保并存时

保证人仅对保证人对物的担保以外的债权承担保证责任。放弃债务人提供的物保的，保证人免除相应的责任。

(三)债务人提供的物保与第三人提供的物保并存时

债权人可任意选择行使担保物权，但不可放弃债务人提供的物保，否则其他担保人在其放弃权利的范围内减轻或者免除担保责任。放弃指：(1)怠于行使担保物权，致使担保物的价值减少或者毁损、灭失；(2)免除担保人的担保责任。

第二节　保　证

一、保证概述

(一)保证的概念

保证是指保证人和债权人约定，当债务人不履行债务时，保证人按照约定履行债务或者承担责任的行为。保证方式中第三人是以自己的信用作保，实际上是以自己所有的财产作为债权人之债权实现的总担保。

(二)保证合同的概念及特征

保证合同是保证人与主债中的债权人签订的合同。根据《担保法》规定，保证合同必须采用书面形式。保证合同是单务、无偿、诺成合同。保证合同为从合同。

(三)保证人

我国《担保法》第 7 条规定，具有代为清偿债务能力的法人、其他组织或者公民，可以做保证人。依《担保法》和《〈担保法〉解释》，不可以担当保证人的有：(1)国家机关。《担保法》第 8 条规定，国家机关不得为保证人，但经国务院批准为使用外国政府或者国际经济组织贷款进行转贷的除外。(2)事业单位、社会团体。《担保法》第 9 条规定，学校、幼儿园、医院等以公益为目的的事业单位、社会团体不得为保证人。但依《〈担保法〉解释》第 16 条，从事经营活动的事业单位、社会团体(即非公益法人)可以担当保证人。(3)企业法人的分支机构、职能部门。但企业法人的分支机构有法人书面授权的，可以在授权范围内提供保证。

二、保证方式

(一)一般保证

当事人在保证合同中约定,债务人不能履行债务时,由保证人承担保证责任的,为一般保证。一般保证人享有先诉抗辩权,即在主合同纠纷未经审判、仲裁,并就债务人的财产依法强制执行仍不能履行债务前,债权人要求保证人承担责任的,保证人有权拒绝。但在下列三种情形下,该权利丧失:(1)债务人住所变更,致使债权人主张债权发生重大困难的;(2)债务人破产案法院已经受理,中止执行程序的;(3)保证人书面弃权的。

(二)连带责任保证

当事人在保证合同中约定保证人与债务人对债务承担连带责任的,为连带责任保证;另外,当事人对保证方式没有约定或者约定不明确的,按照连带责任保证承担保证责任。在连带保证中,一旦主债务人到期不偿还债务的,债权人可请求债务人履行债务,也可要求保证人承担保证责任,也可一并要求债务人、保证人对债权人承担连带责任。

(三)共同保证

共同保证是指两个或者两个以上的保证人为同一债务作保证的行为。《担保法》规定,同一债务有两个以上保证人的,保证人应当按照保证合同约定的保证份额,承担保证责任,没有约定保证份额的,保证人承担连带责任,债权人可以要求任何一个保证人承担全部保证责任,保证人都负有担保全部债权实现的义务。已经承担保证责任的保证人,有权向债务人追偿,或者要求承担连带责任的其他保证人清偿其应当承担的份额。

(四)最高额保证

保证人可以与债权人签订一个总的保证合同,为一定期限内连续发生的借贷合同或某项商品交易行为提供保证,只要债权人与债务人在保证合同约定的债权额度内进行交易,保证人即承担保证责任。这就是最高额保证形式。依《担保法》第 27 条,最高额保证未约定保证期间的,保证人可以随时书面通知债权人终止保证合同,但保证人对于通知到债权人前所发生的债权,承担保证责任。

三、保证责任

(一)保证范围

保证范围即保证担保的范围,是指在保证关系中保证人所承担的保证责任的范围。保证范围包括当事人约定的保证范围和法定的保证范围。法定的保证担保范围包括主债权及利息、违约金、损害赔偿金和实现债权的费用。当事人对保证担保的范围没有约定或者约定不明确的,保证人应当对全部债务承担责任。

(二)主合同变更时的保证责任承担

关于主债权转让的,依《担保法》第 22 条,保证期间,债权人依法将主债权转让给第三人的,保证人在原保证担保的范围内继续承担保证责任。保证合同另有约定的,按照约定。

关于主债务转让的,依《担保法》第 23 条,保证期间,债权人许可债务人转让债务的,应当取得保证人书面同意,保证人对未经其同意转让的债务,不再承担保证责任。

另外,债权人与债务人协议变更主合同的,应当取得保证人书面同意,未经保证人书面同意的，保证人不再承担保证责任。保证合同另有约定的，按照约定。

（三）保证期间与保证责任

保证期间为保证人承担保证责任的期间。保证期间可由当事人在保证合同中自由约定；当事人没有约定或者约定不明确的，则依法定。保证期间为除斥期间，不因任何事由发生中断、中止、延长的法律后果。

一般保证的保证人与债权人未约定保证期间的，保证期间为主债务履行期届满之日起六个月。在合同约定的保证期间和前款规定的保证期间，债权人未对债务人提起诉讼或者申请仲裁的，保证人免除保证责任；债权人已提起诉讼或者申请仲裁的，保证期间适用诉讼时效中断的规定。

连带责任保证的保证人与债权人未约定保证期间的，债权人有权自主债务履行期届满之日起六个月内要求保证人承担保证责任。在合同约定的保证期间和前款规定的保证期间，债权人未要求保证人承担保证责任的，保证人免除保证责任。

（四）追偿权

保证人承担保证责任后，有权向债务人追偿。另外，人民法院受理债务人破产案件后，债权人未申报债权的，保证人可以参加破产财产分配，预先行使追偿权。

微型案例

2003 年 3 月初，市民张某急需一笔资金从事服装批发和零售业务，找到邻居李某，想借款人民币 6 万元。李某同意，双方于 3 月 13 日签订了借款合同，合同约定：张某向李某借款人民币 6 万元，从 3 月 23 日起，借期为 6 个月。

3 月 23 日李某将钱交给张某后，感觉不放心，遂要求张某提供担保，张某便找到从事汽车服务业的朋友王某，要其向李某担保，王某立即写了一份担保书，写明：如果张某到期不还款，我愿承担全部的还款责任，并在担保书上签了字。2003 年 9 月 23 日，李某按约定向张某要求还款 6 万元，并要求支付利息。张某妻子称张某生意做得不顺，去深圳打工了，要过年才能回来。李某遂找到王某要求其承担担保责任，王某称李某没有在担保书上签字，担保合同无效，其不应承担还款责任，李某遂诉至法院，要求王某承担还款责任以及利息。

点评：本案涉及以下三个问题：(1)本案保证合同是否有效？(2)本案属于一般保证还是连带责任保证？(3)本案王某是否应该给付利息？

本案保证人王某要求确认担保合同无效，其理由是李某没有在担保合同上签字，其根据是《担保法》第 13 条，保证人与债权人应当以书面形式订立保证合同。但根据《担保法》第 93 条，本法所称保证合同、抵押合同、质押合同、定金合同可以是单独订立的书面合同，包括当事人之间的具有担保性质的信函、传真等，也可以是主合同中的担保条款。因而该保证合同有效。

根据《担保法》第 17、18 条的规定：当事人在保证合同中约定，债务人不能履行债务时，由保证人承担保证责任的，为一般保证。本案为是一般保证，一般保证的保证人享有先诉抗辩权，在这种保证方式下，债权人李某应先起诉本案债务人张某，在对张某财产依法强制执行仍不能履行义务情况下，王某才承担还款的责任。

公民之间的借款具有互助性，既可以是无偿的，也可以是有偿的。我国《合同法》第 211 条第 1 款规定：“自然人之间的借款合同对支付利息没有约定或者约定不明确的，视为不支付利息。”所以李某不能要求偿还借款期间的利息，但李某可以要求支付自借款期限届满至实际还款之日的逾期还款利息。

本案改编自：http://www.cnfalv.com/a/anli11/7103.html。

第三节 抵押权

一、抵押权概述

(一)抵押权的概念

抵押权是指债务人或者第三人向债权人提供一定的财产以担保债务的履行,在债务人不履行债务时,债权人有依照法律的规定以该财产折价或拍卖、变卖该财产的价款优先受偿的权利。在抵押法律关系中,享有抵押权的人是债权人,亦称抵押权人;提供一定担保财产的债务人或第三人,称为抵押人;抵押人提供的担保财产,称为抵押财产或抵押物。

(二)不动产抵押权、动产抵押权和权利抵押权

根据不同的标准,可以将抵押权划分为不同的种类。根据抵押标的物类别的不同,将抵押权划分为不动产抵押权、动产抵押权和权利抵押权是比较普遍的分类。

不动产抵押权是指以不动产为抵押标的物而设立的抵押权。动产抵押权是指以动产为抵押标的物而设立的抵押权。动产抵押以不转移动产的占有为要件,否则不属于抵押权。权利抵押权是以特定的财产权利作为抵押标的物而设立的抵押权。在我国,可供抵押的权利一般为土地使用权。

(三)抵押担保的意义

抵押权是一项古老的法律制度,被誉为最理想且最可靠的担保物权,有"担保之王"之称。就抵押人而言,因抵押标的物仍由抵押人占有,有利于实现抵押物的使用价值;如抵押人为债务人,则还有利于增强债务人清偿债务的能力,同时又不失债务人之信用。就债权人(抵押权人)而言,当债务人不履行债务时,债权人直接享有以抵押物的变价优先实现其债权的权利,有利于债权的实现;同时,债权人在抵押关系中无需负保管抵押物之义务,也不承担抵押物损毁灭失的风险,省却了其许多精力。

二、抵押合同

抵押权的设立应当由抵押人和抵押权人订立书面抵押合同。抵押合同应当包括下列内容:(1)被担保的主债权种类、数额;(2)债务人履行债务的期限;(3)抵押物的名称、数量、质量、状况、所在地、所有权权属或者使用权权属;(4)抵押担保的范围;(5)当事人认为需要约定的其他事项。其中,被担保的主债权的种类、使抵押物特定化的属性是担保合同必须具备的内容;否则,抵押合同不成立。

在抵押合同中,当事人不得约定"流抵押条款"。即订立抵押合同时,抵押权人和抵押人不得在合同中约定,在债务履行期届满、抵押权人未受清偿时,抵押物的所有权转移为债权人所有。

三、抵押物

根据我国《担保法》的规定,下列几类财产可以抵押:(1)抵押人享有所有权的房屋和其他地上定着物、机器、交通运输工具以及其他财产。(2)抵押人依法有权处分的国有土地使用权、房屋和其他财产。(3)抵押人依法承包并经发包人同意抵押的荒山、荒沟、荒丘、荒滩等荒地的土地使用权;随乡(镇)村企业厂房等建筑物抵押时一并抵押的乡(镇)村企业厂房等建筑物占用范围的土地使用权。(4)依法可以抵押的其他财产。

根据我国《担保法》的规定,下列财产不得抵押:(1)法律禁止转让的财产,如土地所有权、各种禁止流通物。(2)法律限制转让的财产,主要是指集体所有的耕地、宅基地、自留地、自留山等土地使用权。(3)所有权、使用权不明或有争议的财产,以及已采取强制措施的财产。(4)以公益为目的的事业单位、社会团体的教育设施、医疗卫生设施和其他公益设施。(5)依法不得抵押的其他财产。

四、抵押权的设立

根据《担保法》规定,抵押合同必须采用书面形式。一项完整的抵押合同,应当包括以下内容:被担保的主债权种类、数额,债务人履行债务的期限,抵押物的名称、数量、质量、状况、所在地、所有权权属或者使用权权属,抵押担保的范围,双方认为需要约定的其他事项。抵押合同不完全具备上述内容的,可以补正。

抵押权的设立原则上以登记为其生效要件。当事人以城市房地产或者乡(镇)、村企业的厂房等建筑物、林木、土地使用权、交通运输工具、企业的设备和其他动产为标的设立抵押权的,应当办理抵押物登记,抵押合同自登记之日起生效;当事人以其他财产抵押的,可以自愿办理抵押物登记,抵押合同自签订之日起生效。但未办理抵押物登记的,不得对抗第三人。

对于抵押权登记的效力,历来有两种主张:一是登记要件主义,二是登记对抗主义(又称"登记公示主义")。依前者主张,抵押权的成立除当事人之间存在抵押合同外,还须进行登记,否则不生抵押权成立之效力。依后者主张,抵押权的成立只需在当事人间达成抵押合意即可,但未经登记不得对抗善意第三人。我国《担保法》在抵押权登记的效力上采取的是以登记要件主义为主、以登记对抗主义为辅的原则。

五、抵押权的效力

(一)抵押权对优先受偿范围的效力

抵押权优先受偿的范围,即抵押担保的范围,当事人可以通过抵押合同约定;当事人没有约定的,适用《担保法》的规定,即包括主债权及其利息、违约金、损害赔偿金、实现抵押权的费用。

(二)抵押权对抵押标的物的效力

根据我国法律规定,抵押权所及的标的物的范围除了包括抵押物本身外,还包括抵押物的从物、从权利、孳息、代位物,以及因添附而产生的附合物、混合物和加工物。

孳息包括天然孳息与法定孳息,但只有在债务履行期限届满,抵押物被法院依法扣押,且抵押权人将扣押抵押物的事实通知应清偿法定孳息的义务人后,抵押权的效力才及于孳息。

根据抵押权的物上代位性,抵押物因转让而获得的价款,或因毁损灭失而获得的赔偿,属于抵押物的代位物,在此情况下,抵押权的效力及于抵押物的代位物。

抵押物因附合、混合或者加工使抵押物的所有权为第三人所有的,抵押权的效力及于抵押物的补偿金；抵押物所有人为附合物、混合物或者加工物的所有人的，抵押权的效力及于附合物、混合物或者加工物；第三人与抵押物所有人为附合物、混合物或者加工物的共有人的，抵押权的效力及于抵押人对共有物享有的份额。

（三）抵押权效力与承租权的效力

抵押人将其已出租的财产抵押，即租赁权成立在先、抵押权成立在后的，实行"抵押不破租赁"的原则。

抵押权设立在先、租赁权成立在后的，根据"物权优先于债权"的原则，当抵押权实现后，租赁合同对取得抵押物所有权的受让人不具有约束力，此种情况可以概括为"抵押破除租赁"。

（四）抵押权对抵押物处分权的效力

抵押权以不移转标的物的占有为条件，所以抵押权设定后，抵押人仍然是标的物的所有人，在抵押期间对抵押物享有处分权。但为了保障抵押权人优先受偿权的实现，法律对抵押人处分抵押物作了一定的限制。这种限制表现为：在抵押期间，抵押人不能对抵押物为事实上的处分；抵押期间，抵押人转让已办理登记的抵押物的，应当通知抵押权人并告知受让人转让物已经抵押的情况，否则转让行为无效；抵押人转让抵押物的价款明显低于其价值的，抵押权人可以要求抵押人提供相应的担保，抵押人不提供的，不得转让抵押物；抵押人转让抵押物的价款，应当向抵押权人提前清偿所担保的债权或者向与抵押权人约定的第三人提存。

六、抵押权的实现

（一）抵押权实现的一般规定

债务履行期届满、抵押权人未受清偿的，可以与抵押人协议以抵押物折价或者以拍卖、变卖该抵押物所得的价款受偿；协议不成的，抵押权人可以向人民法院提起诉讼。抵押物折价或者拍卖、变卖后，其价款超过债权数额的部分归抵押人所有，不足部分由债务人清偿。当抵押物的变价产生有其他费用，且当事人没有约定的，应按下列顺序清偿：（1）实现抵押权的费用；（2）主债权的利息；（3）主债权。

（二）同一抵押物上存在数个抵押权时的清偿顺序

根据我国《担保法》的规定，同一财产向两个以上债权人抵押的，拍卖、变卖抵押物所得的价款按照下列顺序清偿：

（1）抵押合同须登记生效的，按照抵押物登记的先后顺序清偿；顺序相同的，按照债权比例清偿。

（2）抵押合同自签订之日起生效的，该抵押物已登记的，按照前一顺序清偿；未登记的，按照合同生效时间的先后顺序清偿，顺序相同的，按照债权比例清偿。抵押物已登记的先于未登记的清偿。

（3）同一动产向两个以上债权人抵押的，当事人未办理抵押物登记，实现抵押权时，各抵押权人按照债权比例受偿。

（三）同一抵押物上存在数个担保物权时的清偿顺序

同一抵押物上除存在抵押权外，如果还存在质权、留置权等担保物权，则发生担保物权的竞合，此时，抵押物折价或者被拍卖、变卖所得的价款应优先清偿何种担保物权？其问题比较复杂，在司法实践中的一般规定是：同一财产法定登记的抵押权与质权并存时，抵押权人优先于质权人受偿；同一财产抵押权与留置权并存时，留置权人优先于抵押权人受偿。

(四)物上保证人的求偿权

为债务人抵押担保的第三人为物上保证人。在抵押权人实现抵押权后，物上保证人有权向债务人追偿。

七、最高额抵押权

最高额抵押权，是指抵押人与抵押权人协议，在确定的债权最高额限度内，以抵押物担保一定期限内连续发生的债权而设定的抵押权。

最高额抵押权的特征十分显著：(1)抵押担保的是将来的债权，现在尚未发生；(2)抵押担保的债权额不确定，但又设有最高额限制，而非担保的债权实际最高额；(3)实际发生的债权是连续的、不特定的；(4)债权人仅得对抵押财产行使最高额限度内的优先受偿权；(5)最高额抵押只需一次登记即可设置。

我国最高额抵押的适用范围依法为两种法律关系：一是借款合同，二是债权人与债务人就某项商品在一定期间内连续发生交易而签订的合同。

最高额抵押为约定成立，须有当事人的抵押协议，并应进行登记公示。最高额抵押合同与其担保的主债权合同之间基本上不存在从属性，故主债权合同中的债权转让后，受让人并不必然依最高额抵押合同而享有抵押权。我国法律规定，最高额抵押的主合同债权不得转让。

最高额抵押权的实现，以主债权确定并已届清偿期而未受清偿为先决条件。当连续性的债权交易结束时，若实际发生额超过最高额限度时，以最高额为限；超过部分，为普通债权，不得以抵押物优先受偿。实际发生额低于最高额的，则以实际发生额为限，依此对抵押物享有优先受偿权。

微型案例

原告河南省汝南县某农村信用合作社，被告庞某。1999 年 7 月 10 日，被告借原告款 8 万元人民币，月利率为 7.312 5‰，期限至 2000 年 5 月 10 日。被告庞某以坐落于汝南县某镇自有房产 7 间抵押，在汝南县房地产交易管理所办理了抵押登记。原告、被告签订借款合同的同时，又以书面形式订立“抵押房屋买卖契约”，约定：如庞某不能按期偿还贷款本息，庞某愿将抵押房产卖于原告，房屋评估价 10 万元，原告在扣除贷款本息、房产过户手续税费及其他费用后，余款归还庞某。

借款到期后，庞某于 1999 年 10 月 30 日、2000 年 2 月 27 日分别清偿利息2 145元、2 340元，本金 8 万元及剩余利息至今未还。原告以上述事实诉至法院，请求被告偿还借款 8 万元及剩余利息，实现抵押权，或者判令被告履行抵押房屋买卖合同。

点评：原告、被告在签订抵押合同的同时签订抵押房屋买卖契约，目的是债务履行期限届满原告未受清偿时，通过私力转移抵押物的所有权实现债权，该约定违反了我国《担保法》禁止性规定，不能有效保护当事人的利益，该“抵押房屋买卖契约”无效。但本案被告庞某应偿还原告汝南县某农村信用社借款本金8 万元及利息。逾期不履行，可以拍卖被告抵押房产，原告优先受偿。

本案改编自：http://www.cnfalv.com/a/anli11/7121.html。

第四节 质押权

一、质押权概述

(一)质押权的概念与法律特征

质押权又称质权,是指债务人或第三人将其动产或权利移转给债权人占有,债务人不履行债务时,债权人可依法以该动产或权利的变价优先受偿的权利。其中,设立质权的债务人或第三人是出质人,享有质权的债权人是质权人,移交给质权人的动产为质物。

质押与抵押均具有物权性,共同体现了作为他物权中担保物权的价值权、不可分性、优先受偿性和物上代位性等特性。

(二)质权的种类

权的种类在各国法律中并不相同,根据我国《担保法》的规定,质权分为动产质权与权利质权。动产质权,是指出质人(债务人或第三人)将质物(动产)移转给质权人(债权人)占有,当债务人不履行债务时,债权人享有以该动产的变价优先受偿的权利。权利质权,是指为担保债权的清偿,出质人以依法可以质押的权利为标的物而设立的质权,当债务人届期不履行债务时,债权人有权将该权利转让以优先受偿。

二、动产质权

(一)动产质权的设立

动产质权的设立,须出质人和质权人订立书面质押合同,质物已移转给债权人占有,两者缺一不可。在质押合同中,出质人和质权人不得约定,债务履行期限届满、质权人未受清偿时,质物的所有权转移为质权人所有的“流质条款”。

(二)动产质权的标的物

动产质押的标的物是各种动产,但需为可交易物,即法律允许流通的动产。如对金钱加以封存使之成为不可代替之特定物时,也可成立动产质权。

(三)动产质押合同

质押合同是出质人与主债中的债权人(质权人)签订的合同。根据《担保法》的规定,质押合同必须采用书面形式。一项完整的质押合同,应当包括以下内容:(1)被担保的主债权种类、数额;(2)债务人履行债务的期限;(3)质物的名称、数量、质量、状况;(4)质押担保的范围,这是指出质人承担责任的范围;(5)质物移交的时间;(6)双方认为需要约定的其他事项。质押合同不完全具备上述内容的,可以补正。质押合同自质物移交于质权人占有时生效。

约定于债务清偿期届满而未能清偿时,质物的所有权转移为质权人所有的,为流质合同。我国《担保法》规定:“出质人和质权人在合同中不得约定在债务履行期届满质权人未受清偿时,质物的所有权转移为质权人所有。”

(四)动产质权所担保的债权的范围

除质押合同另有约定的以外,动产质权所担保的债权的范围包括主债权及利息、违约金、损害赔偿金、质物的保管费用,以及实现质权的费用。

(五)质权人的权利和义务

质权人权利主要包括:(1)留置质物权;(2)优先受偿权;(3)收取质物孳息的权利;(4)请求偿还有关费用的权利。

质权人的义务主要有:(1)妥善保管质物的义务。质权人依法负有妥善保管质物的义务,因保管不善使质物灭失或毁损的,质权人应承担民事责任。若质权人不能妥善保管质物可能致其灭失或毁损时,出质人可以要求质权人将质物提存或要求提前清偿债务而请求返还质物。(2)届期返还质物的义务。当债务履行期届满,债务人已履行债务或出质人提前清偿了所担保的债权时,质权人应当返还质物给出质人。

三、权利质权

(一)可以出质的权利的法定范围

(1)债权。我国《担保法》所列举的可以出质的债权有七种两类,其中,汇票、本票、支票、债券、存款单属金钱给付类债权,而仓单、提单则属给付动产类债权。

(2)依法可以转让的股份、股票。

(3)依法可转让的知识产权中的财产权,具体指商标专用权、专利权、著作权中的财产权。

(4)依法可以质押的其他权利,如不动产上的收益权等。

(二)权利质权的设定方式

权利质权的设立,一般依法律规定的该种权利的转让方式设立。

1. 债权质权的设定

以汇票、支票、本票、债券、存款单、仓单、提单出质的,出质人应当在合同约定的期限内将权利凭证交付质权人,质押合同自权利凭证交付之日起生效;相应地,质权自质权人占有质押标的物时生效。

2. 股份、股票权利质权的设定

以依法允许转让的股份、股票出质的,出质人与质权人应当订立书面合同,并且需向证券登记机构办理出质登记,质押合同自登记之日起生效;相应地,质权也于登记之日起设定。

3. 知识产权质权的设定

以依法可以转让的商标专用权、专利权、著作权中的财产权出质的,出质人与质权人应订立书面合同,并向有关管理部门办理出质登记,质押合同自登记之日起生效,质权也随之生效。

四、转质权

转质是指质权人以自己的责任或经出质人承诺,为担保自己的债务,将出质人提供的质物交付给自己的债权人占有而设定一个新的质权的行为。

转质包括两类:(1)责任转质,是指质权人于质权存续期间,不经出质人同意,而以自己的责任将质物转质于第三人,设定新质权;(2)承诺转质,是指质权人经出质人同意,为担保自己的债务,以其占有的质物为第三人,再设定较自己质权有优先效力的新质权。

对于转质权制度,我国《担保法》本身没有规定。根据最高人民法院的司法解释,承诺转质一般是允许的,但禁止责任转质。具体地说,质权人在质权存续期间,为担保自己债务,经出质人同意，以其所占有的质物为第三人设定质权的，应当在原质权所担保的债权范围之内，超过的部分不具有优先受偿的效力；转质权的效力优于原质权。质权人在质权存续期间，未经出质人同意，为担保自己债务，在其所占有的质物上为第三人设定质权的无效；质权人对因转质而发生的损害承担赔偿责任。

第五节　留置权与定金

一、留置权的概念与法律特征

（一）留置权的概念

留置权是指债权人按照合同约定占有债务人的财产，当债务人逾期不履行债务时，债权人有权留置该财产并依法以该财产折价或以拍卖、变卖该财产的价款优先受偿的权利。留置权中的债权人称为留置权人，被留置的财产称为留置物。

（二）留置权的法律特征

留置权除具有担保物权的共性外，还有以下法律特征：

（1）留置权是以属于债务人的特定动产为标的物的担保物权。

（2）留置权是债权人在其债权受清偿前扣留并拒绝返还已合法占有的债务人的财产的权利。该属性含义有两个：①留置物并非限于债务人所有之物，还应包括依合同约定债务人占有的物，该物可能归债务人所有，也可能是属于第三人之动产。②留置权以债权人已占有债务人财产为其存续或成立的必备要件。

（3）留置权是具有双重物权效力的权利。当债务人不履行债务时，债权人可直接对其占有的标的物进行留置，以促使债务人履行其义务，这是留置权的第一次效力；其第二次效力是债务人经催告后仍不履行债务，债权人便可以留置物的变价实行优先受偿权。

（4）留置权是法定担保物权。留置权的产生非依当事人的约定，而是直接依照法律的规定。

二、留置权的成立条件

按照我国《担保法》及其有关法律规定，留置权中的牵连关系是指债权债务是因债权人取得占有的合同而设定。因保管合同、运输合同、加工承揽合同发生的债权，债务人不履行债务的，债权人有留置权。法律规定可以留置的其他合同，适用前述规定。当事人可以在合同中约定不得留置的物。

三、留置权的效力

（一）留置权效力的范围

1. 留置权所担保的债权的范围

留置权所担保的债权的范围包括主债权及利息、违约金、损害赔偿金、留置物保管费用和实现留置权的费用。

2. 留置权标的物的范围

留置权标的物的范围包括动产本身及其从物、孳息和代位物。

(二)留置权对留置物所有人的效力

留置物虽已脱离债务人的占有,但债务人并未丧失对留置物的所有权。故债务人仍可自由处分标的物,而且这种处分并不影响留置权。其表现为:(1)留置物的所有权,因继承等法定事件而移转于承受人的,其承受人同时也承担被担保债务,故留置权关系续存于留置权人与新所有人之间。(2)留置物的所有权,因债务人单方面的法律行为(如赠与、遗赠)移转于受让人的,其受让人同时也承担被担保债务。(3)留置物的所有权,因债务人与第三人合意而移转于受让人的,因第三人同时承担债务而使留置权关系继续存在。

(三)留置权对留置权人的效力

1. 留置权人的权利

(1)对标的物的占有权。留置权人在债权未受偿之前,有留置标的物的权利。留置权人对标的物的留置为继续占有权,受占有制度的保护。

(2)对标的物孳息的收取权。留置权人基于对留置物的留置权,而衍生收取标的物自然孳息和法定孳息的权利。但该权利并不能取得孳息的所有权,而仅为就其孳息优先受偿的抵偿权。

(3)对标的物的保管使用权。留置权人应以善良保管人的注意保管留置物。留置权人原则上对留置物无使用权,但为保管留置物的必要而使用留置物的除外。

(4)必要费用的求偿权。留置权人因保管留置物,收取孳息所支出的必要费用,有请求债务人偿还的权利。

(5)就留置物优先受偿的权利。债务人不履行清偿义务超过履行期之后的宽限期,债权人才能将留置物折价或拍卖、变卖并从所得价金中优先受偿。

2. 留置权人的义务

(1)对留置物的保管义务。留置权人应以善良保管人的注意保管留置物。留置权人的保管义务包括:保障留置物的安全、适时适当收取留置物的孳息、非为保管必要不得使用留置物。

(2)不得擅自处分留置物的义务。除实现留置权时的变价受偿权外,留置权人未经债务人同意不得擅自出租留置物,也不得以之为其他债权提供担保。

(3)返还留置物的义务。

四、留置权的实现

(一)实现程序

留置权人实现留置权一般应经历四个步骤:(1)留置财产。即在债务履行期限届满,债权未获得全额清偿时,债权人对依合同占有的债务人的财产,予以留置。(2)确定宽限期。债权人与债务人可在合同中事先约定,债权人留置财产后,债务人应当在不少于 2 个月的期限内履行债务。若合同未约定,债权人留置债务人财产后,确定 2 个月以上的期限,要求债务人在该期限内履行债务。(3)通知债务人,请求债务人在宽限期内履行债务。(4)宽限期届满,债务人未履行债务,也未提供相应担保的,债权人行使留置权。

(二)实现方式

留置权的实现方式有两种:(1)折价抵债,即债权人与债务人协商一致,以转移标的物的所有权抵作债务人应当支付的款项;(2)拍卖、变卖留置物,以其价款优先受偿。

(三)优先受偿的范围

留置权人优先受偿的范围(即留置担保的范围)一般包括:主债权及利息、违约金、损害赔偿金、留置物的保管费用、实现留置权的费用。

五、定金

(一)定金概述

定金是当事人在合同订立时或者代价支付期限以前,为担保合同的履行,由一方向对方支付的金钱。定金数额由当事人约定,但不得超过主合同标的额的20%。

定金应当以书面形式约定,当事人在定金合同中应当约定交付定金的期限。定金合同为实践性合同,从实际交付定金之日起生效。实际交付的定金数额多于或者少于约定数额,视为变更定金合同;收受定金一方提出异议并拒绝接受定金的,定金合同不生效。

定金交付后,交付定金的一方可以按照合同的约定以丧失定金为代价而解除主合同,收受定金的一方可以双倍返还定金为代价而解除主合同。对解除主合同后责任的处理,适用《中华人民共和国合同法》的规定。

(二)定金的效力

债务人履行债务后,定金应当抵作价款或者收回。给付定金的一方不履行约定债务的,无权要求返还定金;收受定金的一方不履行约定债务的,应当双倍返还定金。

当事人交付留置金、担保金、保证金、订约金、押金或者定金等,但没有约定定金性质的,当事人不能主张定金权利。

(三)定金罚则的适用

《〈担保法〉解释》第120条规定:"因当事人一方迟延履行或者其他违约行为,致使合同目的不能实现,可以适用定金罚则。但法律另有规定或者当事人另有约定的除外。当事人一方不完全履行合同的,应当按照未履行部分所占合同约定内容的比例,适用定金罚则。"

因合同关系以外第三人的过错,致使主合同不能履行的,适用定金罚则。受定金处罚的一方当事人,可以依法向第三人追偿。

因不可抗力、意外事件致使主合同不能履行的,不适用定金罚则。

课后习题

一、复习思考题

1. 什么是担保?担保的适用范围和种类有哪些?
2. 依《担保法》规定,不可以担当保证人的有哪些?
3. 《担保法》规定的保证方式有哪些?
4. 保证担保的范围有哪些?

5. 什么是抵押权？它有哪些种类？
6. 根据我国《担保法》的规定，不得抵押的财产有哪些？
7. 质权人的权利和义务有哪些？
8. 权利质权中可以出质的权利范围有哪些？
9. 留置权成立的条件有哪些？留置权的效力有哪些？
10. 什么是定金？什么是定金罚则？

二、案例分析题

2001 年 3 月 20 日，甲公司与乙银行签订了2 000万元的借款合同。根据合同约定，借款期限为 2001 年 4 月 1 日～2002 年 3 月 31 日。根据乙银行的要求，甲公司以自己所有的价值 800 万元的机器设备 A 设置抵押。在抵押合同中，双方约定在债务履行期限届满时，如甲公司不能清偿本息，该机器设备的所有权直接转移为乙银行所有。

同时，根据乙银行的要求，丙公司作为保证人与乙银行签订了书面保证合同。根据合同约定，丙公司保证担保的债权为1 200万元，其保证方式为一般保证，但未约定保证期间。

2002 年 4 月 1 日，由于甲公司不能清偿到期债务，乙银行要求行使抵押权将机器设备 A 直接运回，但甲公司拒绝了乙银行的主张。2002 年 5 月 1 日，乙银行向人民法院提起诉讼。6 月 1 日，人民法院作出判决，要求甲公司清偿贷款本息。

问题：

(1)甲公司与乙银行签订的抵押合同是否符合法律规定？理由是什么？

(2)甲公司拒绝了乙银行直接占有机器设备 A 的主张是否成立？理由是什么？

(3)具体说明丙公司的保证期间，并说明理由。

(4)如果债权人乙银行放弃债务人甲公司的抵押担保，则丙公司的保证责任如何变化？理由是什么？

第十章 证券法

学习目标

掌握证券法的概念、特征和基本原则；
掌握证券交易所和证券公司的相关知识；
了解证券发行、承销、上市和交易法律制度；
掌握信息披露制度的概念和要求；
掌握证券违法行为的主要表现形式；
了解我国的证券监管制度。

引入案例

"327"国债期货事件

上海证券交易所在1993年10月25日向社会公众开放国债期货交易。最初，国债期货交易未被投资者所认识，市场规模较小，行情波动也不大。

1994年10月以后，中国人民银行提高3年期以上储蓄存款利率和恢复存款保值贴补，国库券利率也同样保值贴补。保值贴补率的不确定性为炒作国债期货提供了空间，大量机构投资者由股市转入债市，国债期货市场行情火暴，成交迭创新高，市场成交规模急速扩大。多空双方对峙的焦点，始终是围绕对"327"国债期货品种到期价格的预测。

1992年3年期国库券到期的基础价格已经确定，为票面价值100元加上3年合计利息28.50元(年息为9.50%)，合计为128.50元。此外，其到期的预测价格还受到保值贴补率和是否加息的影响，市场对此看法不一。多空双方在148元附近大规模建仓，"327"品种未平仓合约数量逐渐加大。市场潜伏的危机已经到了一触即发的地步。

1995年2月23日，空头主力上海万国证券公司在收市前8分钟内抛出1 056万口卖单，这一数字相当于"327"国债期货的本品——1992年国库券发行量的3倍多，并将"327"国债期货价位从150.30元打压到147.50元，希望以此来减少其已持有的巨大空头头寸的亏损。这完全是一种蓄意违规行为。为避免事态进一步扩大，上海证券交易所宣布最后8分钟交易无效，从2月27日开始休市，并组织协议平仓。

最后，上海万国证券公司等有关违规当事人受到严肃查处。1995年5月18日，鉴于我国开放国债期货市场的条件尚未成熟，国务院决定暂停国债期货交易。

——资料来源：http://blog.163.com/zxdzyzv@126/blog/static/2649290120074179129113。

第一节　证券与证券法

一、证券概述

(一)证券的概念和法律特征

证券是一个外延广泛的概念,有广义和狭义的不同界定。广义的证券是指以证明或设定权利为目的而做成的凭证,即记载并代表一定权利的凭证的统称。广义的证券可分为三大类型:一是金券,指券面标明一定金额并为特殊目的而使用的证券,典型形式为邮票和印花;二是资格证券,表明证券持有人具有行使一定权利的资格的证券,典型形式为车船票、电影票等;三是有价证券,是指记载并表明一定财产权利的证券,可以自由转让。

狭义上的证券特指资本证券,证券法上的证券也特指资本证券。其法律特征如下:

(1)证券是一种投资凭证。作为投资者权利的载体,证券可以证明投资者的投资,同时代表了投资者的一定权利,如红利请求权、参加股东大会的权利等。

(2)证券是一种含有风险的权益凭证。证券是一定权益的体现,投资者凭券获取相应收益,如股息分红、赠股等,但同时证券又具有风险性,投资者可能因为证券行市的涨跌而获得收益或亏损。投资不同的证券,收益不同,风险也不同。

(3)证券是一种可转让的权利凭证。证券可以根据当事人的意志在不同主体之间进行有偿或无偿转让,通过转让证券,持有者可以实现自身的权利。证券的可转让性即流通性,是证券的生命力所在。

(4)证券是一种面值均等的权利凭证。同一种证券,其票面上标注的或代表的金额都是相等的,面值均等便于流通。

(5)证券是一种要式凭证。传统意义上的证券一般采用书面形式,并对样式或格式、记载内容以及签章有所规范;现代证券多实行电子化或簿记方式,要式性依然存在。

(二)证券的种类

根据《中华人民共和国证券法》(以下简称《证券法》)第 2 条的规定,我国证券主要有以下几种:

1. 股票

股票是股份有限公司发行的,用以证明投资者的股东身份和权益,并据以获得股息和红利的可转让书面凭证。股票是最主要的证券表现形式。

2. 债券

债券是指政府或金融机构或公司依法向投资者出具的,在一定时期内按约定的条件还本付息的一种有价证券。

3. 证券投资基金份额

证券投资基金是一种由众多不确定的投资者将不同的出资份额汇集起来,交由专业机构投资于股票或者债券等有价证券,所得的收益由投资者按出资份额分享的投资工具。证券投资基金专为投资证券设立,不能投资于证券以外的项目。证券投资基金份额即证券投资基金的投资者持有的并证明其相关权益的有价证券。

4. 证券衍生品种

证券衍生品种是一个类概念，是指在传统证券基础上衍生出来的各种证券交易品种的总称，如股票指数、股票权证、股指期货等。其出现是由于证券市场风险规避的需要，但同时也带来新的证券交易风险。

二、证券法概述

（一）证券法的概念

证券法是调整证券市场的参与者在证券的募集、发行、交易、服务和监管过程中所发生的各种社会关系的法律规范的总称。广义上的证券法是指与证券有关的一切法律规范的总称，既包括专门的证券法，也包括公司法、刑法等其他法律中涉及证券内容的部分。狭义上的证券法是指专门对证券发行、交易、服务和监督管理进行法律调整并由此形成的法律规范体系。

（二）证券法的基本原则

证券法的基本原则是证券法的精神所在，是证券发行、交易和监管活动所必须遵循的最基本的准则，贯穿证券立法、司法和执法活动的始终。

1. 公开原则

公开原则，又称信息公开原则，是证券法的核心和精髓所在，公开原则不仅是证券发行和交易活动应遵循的基本原则之一，也是对证券市场进行监管的有效手段。公开原则表现为两个阶段的信息公开。第一，证券发行之信息公开，也称为“信息的初期披露”，指证券发行人在首次发行证券时，应向投资者披露与证券发行人以及所发行的证券有关的所有重要信息，证券发行人应保证所公开信息的真实、完整、及时、易得、易理解，不得存在虚假陈述、重大误导和遗漏；证券发行人所聘请的中介机构也承担保证相关信息真实、完整、及时、易得、易理解的责任。第二，证券发行后之信息披露，也称为“信息的持续披露”，即要求证券发行人及相关机构和人员在证券发行结束后，定期或不定期地以适当方式向社会公众公开公司或其他机构的内部财务和经营情况。

2. 公平原则

公平原则是指在证券发行和交易中双方当事人的法律地位平等、法律待遇平等、法律保护平等，以及所有的市场参与者的机会平等。

首先，机会平等，它体现为公平的市场准入和市场规则，每个当事人的机会和条件都是相同的。

其次，平等的主体地位和平等的待遇，即在法律上平等地享有权利、承担义务，权利和义务相一致。

再次，平等地受法律保护。任何市场主体的权利都平等地受法律保护，不论谁的权利受到侵害，都能得到有效的法律救济。

3. 公正原则

公正原则是指在证券发行和交易中证券监管机构及相关国家机关应公正地制定和适用法律，对当事人应公正平等地对待，不偏袒、不徇私。公正原则以立法公正为前提，也要求执法者与司法者在法律范围内中立、无私地执行法律，解决利益纠纷。

（三）我国证券法体系

我国证券法体系是随着我国证券市场的产生和发展，在总结自己的实践经验以及借鉴国外先进做法的基础上形成的。我国证券法律规范包括《证券法》《公司法》《证券投资基金法》等法律和一系列行政法规、部门规章及司法解释，此外还有大量的自律性规范作为补充。

第二节　证券市场主体法律制度

一、证券交易场所

（一）证券交易场所的概念

证券交易所是为证券集中交易提供场所和设施、组织和监督证券交易、实行自律管理的法人。证券交易所既不直接买卖证券，也不决定证券价格，只是为买卖证券的当事人提供场所和各种服务。根据《证券法》的规定，证券交易所的设立必须经国务院批准。证券交易所应有自己的资本、办公及交易场所和设施、交易所章程、组织机构和管理制度等，具备法人资格。

（二）证券交易所的设立和解散

1. 证券交易所的设立

参照各国的立法实践，证券交易所的设立体制主要有三种类型：一是承认制，即立法承认现存证券交易所的合法性并赋予其法人资格，承认其自治自律权的设立体制。该制度以英国为代表。二是注册制，也称登记制，即设立证券交易所必须经由国家主管部门注册登记，接受形式审查。该制度以美国为代表，管理较为宽松。三是许可制，也称特许制，即设立证券交易所须经主管行政机关依法进行形式要件和实质要件的审查。该制度以日本为代表。我国证券交易所的设立属于许可制。

证券交易所的设立，一般应符合下列条件：(1)有自己的名称；(2)有自己的章程和业务规则；(3)有必要的场地、设备和资本金；(4)有一定数量的会员；(5)有符合任职条件的管理人员和从业人员等。

2. 证券交易所的解散

证券交易所的存在条件发生改变，不符合国家法律规定的，或者遇有不可抗力的事件发生，致使交易所无法运转，或者会员大会通过解散决议的，可予以解散。在我国，解散证券交易所，应经中国证券监督管理委员会（以下简称证监会）审核同意后报国务院批准。

（三）证券交易所的职能和组织机构

1. 证券交易所的职能

证券交易所的职能在于创造公开、公平、公正的市场环境，提供各种设施和便利条件，为证券活动的正常进行提供服务并进行自律监管。主要包括：

(1)依法制定业务规则。《证券法》第118条规定，证券交易所依照证券法律、行政法规制定上市规则、交易规则、会员管理规则和其他有关规则，并报国务院证券监管机构批准。

(2)依法对证券交易进行监管。内容主要有：①对证券交易实行实时监控，即对交易情况和交易秩序进行及时、全面的监控；②公开证券交易信息，包括即时行情和非即时行情，以促使公平合理的证券价格形成；③依法使用技术性停牌和临时停市措施，以应对突发性事件，维护证券交易的正常秩序；④对出现重大异常交易情况的证券账户限制交易等。

(3)依法对证券公司进行监管。内容主要有：①限制交易席位的数量并对会员取得的交易席位实施严格管理；②对其会员的证券自营业务实施监管；③对其会员代理客户买卖证券的证券经纪业务进行监管；④对其会员的财务状况、内部风险控制制度以及遵守国家有关法律法规和证券交易所业务规则等情况进行抽样或全面检查，并将检查结果上报证监会；⑤根据证券交易所章程和业务规则对其会员的违规行为进行制裁等。

(4)依法对证券发行人进行监管。内容主要有：①对上市证券发行人信息披露进行监管，督促其依法及时、准确地披露信息；②采取暂停交易措施；③限制未履行因持股数量变动而产生的信息披露义务股东的继续交易；④采取必要措施，将上市公司尚未上市流通股份与其已上市流通股份区别开来；⑤采取必要措施，保证上市公司的董事、监事、经理在规定期限内不得卖出本人持有的本公司股票等。

2. 证券交易所的组织机构

会员制证券交易所的组织机构通常由会员大会、理事会、总经理和专门委员会组成。会员大会是其最高权力机关，由全体会员组成；理事会是证券交易所的决策机构，由会员理事和非会员理事组成，其中会员理事由会员大会选举产生、非会员理事由证监会委派；总经理是证券交易所的法定代表人，在理事会领导下负责证券交易所的日常管理工作。

(四)证券交易所的特殊法定义务

1. 不得分配共有积累

证券交易所可以自行支配的各项费用收入，首先应用于保证其场所和设施的正常运行并逐步改善。实行会员制的证券交易所积累的财产归会员所有，其权益由会员共同享有，在其存续期间不得分配其积累的共有财产。

2. 设立风险基金

证券交易所应从其收取的交易费用、会员费和席位费中提取一定比例的金额设立风险基金，并不得擅自使用。

3. 从业人员的回避制度

证券交易所的负责人和其他从业人员在执行与证券交易有关的职务时，与本人或其亲属有利害关系的，应当回避。

4. 不得改变交易结果

按照依法制定的交易规则进行的交易，证券交易所不得改变交易结果。对违规交易者应负的民事责任不得免除；在违规交易中所获利益，依照有关规定处理。

5. 报告与报批

证券交易所在行使监管职权中所采取的措施必须及时向证券监管机构报告，其制定的监管规则应报请证券监管机构批准后实施。

二、证券公司

(一)证券公司的概念

证券公司是指依照公司法和证券法规定的设立条件，经证券监管机构批准设立的，经营证券业务的有限责任公司或者股份有限公司。

(二)证券公司的业务范围和业务规则

1. 业务范围

经证券监管机构批准，证券公司可以经营下列部分或全部业务：

(1)证券经纪业务。即证券公司根据投资者的委托并按照其要求，代理客户买卖证券并收取佣金的业务。

(2)证券投资咨询。即证券公司及其从业人员为证券投资者或者客户提供证券投资的相关信息、分析、预测或建议,并收取费用或获得补偿的业务。

(3)与证券交易、证券投资活动有关的财务顾问。即证券公司为客户提供与证券交易、证券投资活动有关的、有特定要求的方案设计和研究等业务。财务顾问业务是《证券法》允许证券公司从事的新型业务。

(4)证券承销与保荐。证券承销是指证券公司以证券承销商的身份,根据证券发行人委托、为证券发行人发行股票或公司债券的业务;保荐是指有资格的保荐人推荐符合上市条件的公司上市,并对所推荐的上市公司提供持续性训示、督促、辅导、指导和信用担保的制度。证券的承销和保荐业务是证券公司的核心竞争力所在。

(5)证券自营业务。即证券公司以自己的名义、自有资金,为了自己的利益所从事的证券买卖业务。

(6)证券资产管理。即证券公司作为受托方,在一定期限内受客户的委托、为其办理资产或者财产估价、管理、运用、处置、变现等事务,并由客户承担投资风险的业务。

(7)其他证券业务。即证监会批准的其他证券业务,如融资融券业务、代理登记开户等业务。

2. 业务规则

(1)证券公司须将其证券经纪业务、承销业务、自营业务和资产管理业务分开办理,不得混合操作的分业经营规则;

(2)自营业务应采取实名制并使用合法的自有资金规则;

(3)充分保护客户资产规则;

(4)保存、报送信息材料规则;

(5)限制信用交易(主要是融资融券业务)规则;

(6)禁止接受或变相接受客户的全权委托责任;

(7)禁止向客户作出权益或减少损失的承诺规则;

(8)禁止证券公司及其从业人员私下接受委托规则等。

(三)证券公司的设立条件

《证券法》规定的证券公司设立的条件高于《公司法》规定的条件,依照《证券法》的规定,设立证券公司须满足下列条件:

(1)有符合法律、行政法规规定的公司章程;

(2)主要股东具有持续盈利能力,信誉良好,最近3年无重大违法违规记录,净资产不低于人民币2亿元;

(3)有符合法律规定的注册资本;

(4)董事、监事、高级管理人员具备任职资格,从业人员具有证券从业资格;

(5)有完善的风险管理与内部控制制度;

(6)有合格的经营场所和业务设施;

(7)法律、行政法规规定的和经国务院批准的国务院证券监管机构规定的其他条件。

(四)证券公司的业务风险管理

1. 净资本与负债比例的管理

《证券法》第130条规定,证券监管机构应当对证券公司的净资本,净资本与负债的比例,净资本与净资产的比例,净资本与自营、承销、资产管理等业务规模的比例,负债与净资产的比例，以及流动资产与流动负债的比例等风险控制指标做出规定。证券公司不得为其股东或者股东的关系人提供融资或者担保。

2. 投资保护基金制度

根据《证券法》第134条规定，国家设立证券投资者保护基金。该基金由证券公司缴纳的资金及其他依法筹集的资金组成。

3. 风险准备金制度

风险准备金又称营业保证金。《证券法》第135条规定，证券公司从每年的税后利润中依法定标准或者比例提取缴纳的，用于弥补证券交易损失的准备金。

4. 风险隔离制度

《证券法》第136条规定，证券公司应当建立健全的内部控制制度，采取有效隔离措施，防范公司与客户之间、不同客户之间的利益冲突。证券公司必须将其证券经纪业务、承销业务、自营业务和资产管理业务分开办理，不得混合操纵。

5. 客户资金管理制度

《证券法》第139条规定，证券公司客户的交易结算资金应当存放在商业银行，并且是以每个客户的名义单独立户管理。证券公司不得将客户的交易结算资金和证券归入其自有财产。禁止任何单位或者个人以任何形式挪用客户的交易结算资金和证券。证券公司破产或者清算时，客户的交易结算资金和证券不属于其破产财产或者清算财产。非因客户本身的债务或者法律规定的其他情形，不得查封、冻结、扣划或者强制执行客户的交易结算资金和证券。

6. 融资、融券交易的管理

《证券法》第142条规定，证券公司为客户买卖证券提供融资融券服务的，应当遵守国务院的规定并报证监会批准。由此可见，过去我国禁止的信用交易已有所放松，但仍应注意融资融券行为的高风险性。

7. 报送信息和资料的管理

《证券法》第148条规定，证券公司及其股东、实际控制人应按规定或要求向证监会报送真实、准确、完整的业务、财务等经营管理的信息和材料。

三、证券登记结算机构

(一)证券登记结算机构的概念

证券登记结算机构是指为证券交易提供集中的登记、存管与结算服务，不以营利为目的的法人。在我国，设立证券登记结算机构，须经证券监管机构特许，因此属于特许法人。

(二)证券登记结算机构的设立

根据《证券法》的规定，设立证券登记结算机构须具备下列条件：

(1)自有资金不少于人民币2亿元；

(2)具有符合条件的场所和设施；

(3)主要管理人员和从业人员必须具有证券从业资格；

(4)名称中应当标明证券登记结算字样；

(5)证券监管机构规定的其他条件。

(三)证券登记结算机构的职能

我国《证券法》规定的证券登记结算机构的职能有：

(1)证券账户、结算账户的设立；

(2)证券的存管和过户；

(3)证券持有人名册登记；

(4)证券交易所上市证券交易的清算与交收；

(5)受发行人的委托派发证券权益；

(6)办理与上述业务有关的查询；

(7)证券监管机构批准的其他业务。

(四)证券登记结算机构的权利和义务

1. 权利

(1)有权拒绝他人随意查询证券持有人名册及相关资料；(2)基于结算风险的存在有权要求结算会员按照证券交易业务量缴纳结算风险基金；(3)对于他人责任造成的损失，证券登记结算机构以风险基金赔偿后，得向有关责任人追偿。

2. 义务

(1)基于其法定独占地位，证券登记结算机构应当承担办理登记结算的法定义务，即上市公司或证券公司依法向其提出开立账户或者托管申请的，不得拒绝。(2)法定保管义务。证券登记结算机构不得将客户存管的证券用于质押或出借给他人。(3)资料善管和提供义务。证券登记结算机构应以证券业通行的标准和规则，以善良管理人标准从事有关资料的保管和提供义务。(4)业务保障义务。建立必备的服务设施和完善的数据安全保护措施、通过建立健全财务和安全防范管理制度，保证证券交割清算的安全、快捷，避免因服务设施及制度设置不合理而影响交易安全。(5)设立结算风险基金义务。风险基金用于垫付或弥补证券结算公司因违约交收、技术故障、操纵失误、不可抗力造成的损失，以及防范与证券结算业务有关的重大风险事故。(6)结算资金和证券专项管理义务。证券登记结算机构须将结算和交收的运作严格分开。证券交易所的会员为参加证券交易所而缴存的清算头寸、清算交割准备金，应由证券登记结算机构专项储存、严格管理、不得挪作他用。《证券法》对此也做出规定，证券登记结算机构按照业务规则收取的各类结算资金和证券，必须存放于专门的清算交收账户，只能按业务规则用于已成交的证券交易的清算交收，不得被强制执行。(7)提供净额结算服务。提供该服务时，应要求结算参与人按照货银对付的原则，足额交付证券和资金，并提供交收担保。在交收完成之前，任何人不得动用用于交收的证券、资金和担保物。结算参与人未履行交收义务的，证券登记结算机构有权按照其业务规则处理上述财产。

四、证券服务机构

证券服务机构是指为证券的发行、交易和相关投资活动提供专业服务的中介机构。主要包括证券投资咨询机构、证券资信评估机构、律师事务所、会计师事务所、资产评估机构等。它们在证券市场上发挥着不可或缺的重要作用。

(一)证券投资咨询机构

1. 证券投资咨询机构的概念

证券投资咨询机构是指依法成立的，为证券投资者和发行人之间的投融资活动提供投资分析、预测或建议等咨询服务，并以此营利的经济组织。

2. 证券投资咨询机构的职责和义务

证券投资咨询机构的业务范围主要包括：(1)接受投资人或客户委托，提供证券投资咨询服务；(2)举办有关证券投资咨询的讲座、报告会、分析会等；(3)在报刊上发表证券投资咨询的文章、评论、报告，以及通过电台、电视台等公众传媒提供投资咨询服务；(4)通过电话、传真、电脑网络等电信设备系统，提供证券投资咨询服务。

证券投资咨询机构及其从业人员不得有下列行为：(1)代理委托人从事证券投资；(2)与委托人约定分配证券投资收益或分担投资损失；(3)买卖本咨询机构提供服务的上市公司的股票；(4)利用传播媒介或其他方式提供、传播虚假或误导性信息；(5)法律法规禁止的其他行为。有上述行为之一并给投资者造成损失的，依法承担赔偿责任。

(二)证券资信评估机构

1. 证券资信评估机构的概念

证券资信评估机构是依法设立的对公募发行的证券质量进行评价从而确定其投资价值的以营利为目的的经济组织。

资信评估机构不经营证券的发行与买卖，仅向证券投资者和证券市场提供某一证券的信用等级评定结果。按国际通行做法，证券信用等级的评定一般采取三等九级制，最高为AAA级，最低为C级。评估的指标一般包括行业风险、企业的市场竞争力、经营效率、管理水平、资产质量、信用质量及企业发展前景等。

2. 作用

证券资信评估机构的出现，为证券市场各方提供了一种公信力较强的信息环境。其作用体现在：(1)为投资者的投资活动提供了最简洁直观的判断标准；(2)帮助发行人确定发行的有关条件并不断改善自己的经营活动；(3)有利于主管机关对证券市场的管理，降低证券市场的投机成分。

(三)其他证券服务机构

1. 律师事务所

我国合法登记的律师事务所和有营业执照的律师均可从事证券法律业务，不需要另行取得证券法律业务资格。

律师证券业务主要包括：

(1)为公开发行和上市股票的企业出具法律意见书。律师事务所在审查有关事实和材料的基础上，依据法律规定、本行业公认的业务标准和道德规范，按照规定的格式出具法律意见书。

(2)审查、修改、制作与证券发行、上市和交易有关的法律文件。此类文件包括公司章程草案、改组方案设计等公司创立文件，招股说明书、企业证券发行章程等证券发行文件，证券承销协议等合同性文件，上市申请书、上市公告书等证券上市文件。

2. 会计师事务所

会计师主要是通过其审查结论增强发行人或上市公司的公信力，为投资者提供相应的数据资料、维护正常的市场秩序。会计师事务所是注册会计师执行业务的工作机构。会计师事务所及其会计师从事证券业务须符合财政部和证监会的规定并取得证券业务许可证。

会计师事务所的证券业务主要包括对证券发行人和上市公司进行独立的财务审计、咨询和其他相关的专业服务。表现在：(1)为股票的发行和上市出具验资报告、资产评估报告等各种报告；(2)接受委托，对上市公司董事会准备提交给股东会讨论的各种财会报表和利润分配方案进行审计；(3)接受委托和指定对证券公司向央行提供的资产负债表、损益表等进行审计；

(4)接受委托对股票发行和交易机构的其他业务活动进行监督和咨询。

3. 法律责任

证券服务机构应对其出具的法律意见书、审计报告、资产评估报告、资信评级报告等文件尽到勤勉责任，对所依据的文件资料的真实性、准确性、完整性负责。若有虚假记载、误导性陈述或重大遗漏给他人造成损失的，应对其负责部分承担连带责任，除非能够证明自己没有过错。

微型案例

广东麦科特光电股份有限公司为达到上市发行股票的目的，通过伪造进口设备融资租赁合同，虚构固定资产9 074万港元；采用伪造材料和产品的购销合同、虚开进出口发票、伪造海关印章等手段，虚构收入30 118万港元，虚构成本20 798万港元，虚构利润9 320万港元。

在麦科特发行上市过程中，深圳华鹏会计师事务所为其出具了严重失实的审计报告，广东大正联合资产评估有限责任公司为其出具了严重失实的资产评估报告，广东明大律师事务所为其出具了严重失实的法律意见书，南方证券有限公司参与编制了严重失实的发行申报文件。

2002 年 1 月 16 日，麦科特欺诈上市案在广东省惠州市中级人民法院首次开庭。麦科特光电股份有限公司和原麦科特集团有限公司负责人钟伟贤、南方证券有限公司投资银行深圳部副总经理唐胜成、原麦科特集团有限公司总会计师练国富、麦科特光电股份有限公司副董事长兼总经理高志卿因涉嫌参与欺诈上市罪被提起刑事诉讼。

广东明大律师事务所(为麦科特股份有限公司上市出具法律意见书)及其主任律师郭锦凯、深圳华鹏会计师事务所(提供审计报告)及其所长吕润波、广东大正联合资产评估有限责任公司(提供资产评估报告)及其副总经理郑炳南也以“提供虚假证明文件罪”被指控。

——资料来源：罗培新、卢文道等著，《最新证券法解读》，北京大学出版社 2006 年版，第 305～306 页。

五、证券业协会

(一)概念

证券业协会是依法设立的对证券行业进行自律性管理的具有法人资格的社会团体组织。

我国证券业由国务院证券监管委员会集中统一监管，辅以证券业协会和证券交易所的自律管理。

(二)职责

根据《证券法》第 176 条的规定，证券业协会的职责包括：

(1)教育和组织会员遵守证券法律、行政法规；

(2)依法维护会员的合法权益，向证券监管机构反映会员的建议和要求；

(3)收集整理证券信息，为会员提供服务；

(4)制定会员应遵守的规则，组织会员单位从业人员的业务培训，开展会员间的业务交流；

(5)对会员之间、会员与客户之间发生的证券业务纠纷进行调解；

(6)组织会员就证券业的发展、运作及有关内容进行研究；

(7)监督、检查会员行为，对违反法律、行政法规或者协会章程的，按照规定给予纪律处分；

(8)证券业协会章程规定的其他职责。

微型案例

2003年4月5日，中国证监会对外公布：大连证券公司被内部人控制；公司经营期间，存在挪用客户保证金、为客户融资买入证券、非法融资等严重违法违规行为。由于大连证券有限责任公司违法违规行为严重，并且公司已资不抵债，不再具备继续经营的条件，中国证监会根据原《证券法》第201条(现行《证券法》第221条)“证券公司在证券交易中有严重违法行为，不再具备经营资格的，由证券监督管理机构取消其证券业务许可，并责令关闭”的规定，作出了取消大连证券的证券业务许可并责令其关闭的行政处罚决定。

导致大连证券被关闭的直接原因是其发行大量无法支付的高息债券。据报道，大连证券将一年期国债按国债收益凭证卖给投资者，给他们获得高于正常利率1.5%以上的利息，并承诺将募集资金用于国债回购。但实际上，这些资金在投向国债回购的同时，也投向了股票甚至房地产等实业，以致产生财务黑洞，其数字之大令人惊奇，据保守估计在人民币10亿元以上。由此，大连证券成为第一家被中国证监会作出取消证券业务许可并责令关闭的证券经营机构。

2003年6月3日，中国证券业协会公布了关于解除大连证券有限责任公司会员资格的公告：大连证券有限责任公司因严重违规经营，资不抵债，中国证券监督管理委员会于2003年4月3日发布公告撤销该公司。根据《中国证券业协会章程》及《中国证券业协会会员管理办法》的有关规定，经中国证券业协会第三届常务理事会决定，正式解除大连证券有限责任公司的中国证券业协会会员资格。

——资料来源：吴弘主编，《证券法——论点·法规·案例》，法律出版社2004年版，第120～121页。

(三)组织机构

证券业协会作为社会团体法人，其组织机构一般由会员大会、理事会和监事会组成。

1. 会员大会

会员大会由证券业协会的全体会员组成，是证券业协会的权力机构。

协会会员分为团体会员和个人会员。凡依法设立的证券交易所、专营证券业务的证券公司和兼营证券业务的机构，承认协会章程、遵守协会的各项规则，均可申请加入协会，成为协会的团体会员；协会根据需要吸收证券业管理部门的有关领导及从事证券业研究及业务的专家、学者成为协会的个人会员。

我国《证券法》强制规定证券公司应当加入证券业协会。

会员大会的职责主要包括：(1)制定、修改章程；(2)审议理事会和监事会的工作报告；(3)选举和罢免理事或监事；(4)决定终止事宜；(5)决定协会其他重大事宜。

2. 理事会

理事会是协会的执行机构，其成员依章程的规定选举产生。理事会负责在会员大会闭会期间的日常策划，执行全盘会务及业务工作，对会员大会负责。理事会理事的任期、职权及工作程序均由章程具体规定。

3. 监事会

监事会是协会的监督机构，其成员由会员大会选举产生，负责监督协会的业务和财务，并向会员大会提出报告。

第三节　证券发行与承销法律制度

一、证券发行

(一)证券发行的概念和分类

证券发行是指证券发行人为募集资金或调整股权结构,依法创设证券权利并以同一条件向投资者招募和出售证券的活动。有别于从银行募集资金的间接融资方式,证券发行是一种直接融资方式,由发行人直接向投资者募集资金。

依据不同的标准,可以对证券发行进行不同的分类:

(1)按照发行证券种类的不同,可将证券发行分为股票发行、债券发行和基金券发行。

(2)按照发行对象的不同,可将证券发行分为公募发行和私募发行,也称公开发行和不公开发行。

(3)按照发行目的的不同,可将证券发行分为设立发行和增资发行。这种分类主要适用于股票的发行。前者是指公司在设立过程中,为筹集股本而首次发行股份的发行方式,分为发起设立发行和募集设立发行;后者是指已成立的股份公司为追加资本而发行股份的发行方式,分为有偿增资发行、无偿增资发行和有偿无偿混合增资发行。

(4)按照发行价格与证券票面金额的关系,可将证券发行分为平价发行、溢价发行和折价发行。我国目前不允许折价发行。

(二)证券发行制度和发行条件

1. 发行制度

国际上证券发行主要有注册制和核准制两种。注册制下的证券发行只受信息公开制度的约束,证券管理机构审查信息资料的全面、准确和及时,不对证券自身的价值作任何判断,投资者根据公开的信息做出选择,风险自负;核准制下的证券发行须审核机构在考察发行者的具体情形之后,做出是否符合发行实质条件的判断。我国证券市场的发行审查制度是核准制。

2. 发行条件

公开发行证券,必须符合《公司法》《证券法》和国务院制定的有关行政法规的相关规定。

(1)股票设立发行的条件

以设立股份有限公司为目的的股票发行,应符合的条件主要有:①发起人应在 2 人以上 200 人以下,而且半数以上的发起人须在中国境内有住所;②除法律、行政法规另有规定外,股份有限公司的注册资本不低于人民币 500 万元,而且以募集设立方式设立股份有限公司的,发起人认购的股份不得少于公司股份总数的 35%;③有符合法定要求的公司章程、公司名称、组织机构,有公司住所;④应由依法设立的证券公司承销,签订承销协议;⑤应当与银行签订代收股款协议;⑥依照法律规定聘请保荐人的,并报送保荐人出具的发行保荐书等。

(2)新股发行的条件

公司发行股票并上市后,仍可能需要进一步募集资金支持生产,发行新股是融资的一种主要手段。新股发行的条件有别于首次公开发行,主要包括:①具备健全且运行良好的组织机构;②具有持续盈利能力,财务状况良好;③最近 3 年财务会计文件无虚假记载,无其他重大违法行为;④公司前一次公开发行股票所得资金的使用与其招股说明书所述用途相符,并且资金使用效益良好；⑤公司本次发行距前一次公开发行股票的时间不少于12个月；⑥上市公司最近3年进行过利润分配；⑦承销、保荐等条件。

(3)公司债券的发行条件

公开发行公司债券应符合下列条件：①公开发行公司债券筹集的资金，必须用于核准的用途，不得用于弥补亏损和非生产性支出；②股份有限公司的净资产不低于人民币3 000万元，有限责任公司的净资产不低于人民币6 000万元；③累计债券余额不超过公司净资产的40%；④最近3年平均可分配利润足以支付公司债券一年的利息；⑤筹集的资金投向符合国家产业政策；⑥债券的利率不超过国务院限定的利率水平；⑦国务院规定的其他条件。

公开发行公司债券的限制性条款包括：①前一次公开发行的公司债券尚未募足；②对已公开发行的公司债券或其他债务有违约或延迟支付本息的事实，仍处于继续状态；③违反法律规定，改变所募资金的用途。

上市公司发行可转换为股票的公司债券时，除应符合上述规定外，还应符合《证券法》关于公开发行股票的条件，并报证券监管机构核准。

各类证券的发行程序须符合其相应的法定要求。

(三)证券发行中的相关制度

1. 证券发行信息公开制度

证券发行信息公开制度是指证券发行人按照法律、行政法规的要求，在证券公开发行前，公告公开发行募集文件，并将该文件置备于指定场所供公共查阅的制度。

该制度的意义在于有利于投资者做出正确的投资选择，有利于所有投资者均等地获得信息，有利于规范发行公司的行为并对其进行监督。

2. 证券发行保荐制度

在我国证券市场上曾出现多起证券发行虚假陈述案件，为了尽量减少劣质证券的发行、保护投资者的利益，我国采纳国外创业板市场做法，引入了旨在提升信息公开质量的证券发行保荐制度，并且在实践中取得了效果。

我国保荐制度同时适用于证券上市阶段和证券公开发行阶段，亦同时适用于主板市场和未来的创业板市场。

证券发行的保荐人包括保荐机构和保荐代表人。从事保荐工作的人，必须是经证监会注册登记并列入保荐机构和保荐代表人名单的证券经营机构和个人。保荐人应当遵守业务规则和行业规范，诚实守信，勤勉尽责，对发行人的申请文件和信息披露资料进行审慎核查。

二、证券承销

(一)证券承销概述

证券承销是指证券公司等证券经营机构依照承销协议包销或者代销发行人发行的股票和债券，并收取承销费用的行为。

证券承销具有以下法律特征：(1)证券承销以发行人和承销商(即证券公司)之间的证券承销协议为依据；(2)证券承销主体是具有承销资格的证券公司；(3)证券承销的形式分为代销和包销两种。

(二)证券承销方式

1. 证券代销

证券代销是指证券公司代发行人发售证券，在承销期结束时，将未售出的证券全部退还给发行人的承销方式。在代销方式下，发行人承担证券未售出的全部责任，证券公司免去了承担发行失败的风险。

2. 证券包销

证券包销是指证券公司将发行人的证券按照协议全部购入或者在承销期结束后将剩余证券全部自行购入的承销方式。在包销方式下，证券公司承担证券发行失败的风险，许多发行人乐于采用该方式。

3. 承销团承销

承销团承销是指两个和两个以上的承销商组成承销团代替发行人向投资者出售证券的承销方式。我国《证券法》规定，向不特定对象公开发行的证券票面总值超过人民币5 000万元的，应当由承销团承销。承销团应当由主承销和参与承销的证券公司组成。

(三)证券承销合同

1. 证券承销合同的概念

证券承销合同是指证券发行人与证券承销商就证券承销的有关内容所达成的明确双方权利义务的书面协议。发行人可以选择与一个承销商签订合同，也可以与多个承销商分别签订合同。

2. 证券承销合同的内容

证券主承销合同的内容包括必备性条款和任意性条款。根据《证券法》的规定，必备性条款包括：(1)当事人的名称、住所及法定代表人姓名；(2)代销、包销证券的种类、数量、金额及发行价格；(3)代销、包销的期限及起止日期；(4)代销、包销的付款方式及日期；(5)代销、包销的费用和结算办法；(6)违约责任；(7)证券监管机构规定的其他事项。

(四)证券承销的法定要求

1. 禁止以不正当竞争手段招揽业务

证券发行人有权自主选择承销商，承销商的下列不正当竞争行为是被法律所明确禁止的：(1)迎合或鼓励企业以不合理的高溢价发行证券；(2)贬损同行；(3)向发行人承诺在其证券上市后维持其证券价格；(4)借助行政干预；(5)给有关当事人回扣；(6)不按规定标准收取佣金等。

2. 禁止事先预留所承销的证券

承销商在代销、包销期内，对其所代销、包销的证券应当保证先行出售给认购人，承销商不得为本公司事先预留所代销的证券和预先购入并留存所包销的证券。《证券法》还明确规定承销期限最长不得超过 90 日，以防止承销商无限期将证券留在自己手上待价格上涨时出售。

3. 负责核查并保证公开发行证券募集文件的真实性、准确性和完整性

发现含有虚假记载、误导性陈述或重大遗漏时，不得进行销售活动；已经销售的，必须立即停止并采取纠正措施。

4. 承销期满后 15 日内，应当将承销情况报证监会备案

报告的承销情况主要是指承销合同的履行，其核心内容涉及证券发行的数量、比例和所筹得的资金，以及有无违法或违约。

第四节　证券上市与交易法律制度

一、证券上市

(一)证券上市概述

证券上市是指发行人发行的证券,依法定条件和程序,在证券交易所或其他法定交易市场公开挂牌交易的法律行为。在证券交易所内买卖的证券称为上市证券,发行上市证券的公司称为上市公司。证券上市是连接发行市场和流通市场的中间环节。

(二)证券上市的条件和程序

1. 股票的上市条件和程序

股票上市是指符合条件的上市公司的股票,依据法定条件和程序在证券交易所进行挂牌交易的行为。

股票上市必须具备的条件有:(1)股票经国务院证券监管机构核准已公开发行;(2)公司股本总额不少于人民币3 000万元;(3)公开发行的股份达到公司股份总额的 25%以上;公司股本总额超过人民币 4 亿元的,公开发行股份的比例为 10%以上;(4)公司最近 3 年无重大违法行为,财会报告无虚假记载。同时明确证券交易所可以规定高于上述《证券法》规定的条件,并报国务院证券监管机构批准。

股票上市须由证券发行人向证券交易所提出申请并报送相关文件,证券交易所依法审核同意后,由上市申请人与证券交易所签订上市协议,并由成功申请上市的公司在法定期限内公告有关文件。经过上述程序后,股票就可以在证券交易所挂牌交易了。

2. 公司债券的上市条件和程序

公司债券上市必须具备的条件有:(1)公司债券的期限为 1 年以上;(2)公司债券实际发行额不少于人民币5 000万元;(3)还须符合公司债券发行的法定条件。

公司债券上市的程序与股票的上市程序大致相同。

3. 政府债券的上市

由于政府债券由中央财政担保,具有最高的信用度,其发行方式、时间、对象和还款期限都由中央财政部门规定,从而豁免其证券交易所的发行及上市审查。证券交易所根据相关主管部门的决定安排政府债券上市交易。

(三)证券上市的暂停与终止

证券在证券交易所上市交易后,并不是一劳永逸的,某些法定情形的出现会导致证券上市的暂停或终止。

1. 证券上市的暂停

《证券法》规定的股票暂停上市情形有:(1)公司股本总额、股权分布等发生变化,不再具备上市条件;(2)公司不按照规定公开其财务状况,或者对财务会计报告作虚假记载,可能误导投资者;(3)公司有重大违法行为;(4)公司最近 3 年连续亏损;(5)证券交易所上市规则规定的其他情形。

《证券法》规定的公司债券暂停上市的情形有:(1)公司有重大违法行为;(2)公司情况发生重大变化,不符合公司债券上市条件;(3)发生公司债券所募集的资金不按照核准的用途使用;

(4)未按照公司债券募集办法履行义务;(5)公司最近2年连续亏损。

2. 证券上市的终止

《证券法》规定的股票上市终止的情形有:(1)公司股本总额、股权分布等发生变化,不再具备上市条件,在证券交易所规定的期限内仍不能达到上市条件;(2)公司不按照规定公开其财务状况,或者对财务会计报告作虚假记载,且拒绝纠正;(3)公司最近3年连续亏损,在其后1个年度内未能恢复盈利;(4)公司解散或者被宣告破产;(5)证券交易所上市规则规定的其他情形。

《证券法》对公司债券终止上市情形的规定是在公司债券暂停上市情形的规定的基础上做出的,规定公司有第(1)、(4)项暂停上市的情形之一,经查实后果严重的;或者有第(2)、(3)、(5)项暂停上市的情形之一,在限期内未能消除的,由证券交易所决定终止其公司债券上市交易。此外,公司解散或者被宣告破产的,由证券交易所终止其公司债券上市交易。

二、证券交易

(一)证券交易概述

1. 证券交易的概念和特征

证券交易是指当事人之间在法定交易场所,按照特定交易规则,对依法发行并交付的证券进行买卖的行为。

证券交易具有下列法律特征:

(1)证券交易必须在法定交易场所进行,这就排除了“黑市”交易的合法性;

(2)证券交易是一种特定权利的买卖,该权利具有财产价值;

(3)证券交易有其特定的交易规则;

(4)证券交易是一种标准化合同的买卖,这是由每一种证券的面值均等决定的;

(5)证券交易的对象是依法发行并交付的证券,非依法发行的证券不得买卖,而且证券必须已经到达原始投资者手中。

(二)证券交易方式

在我国,证券交易方式的典型形式是集中竞价交易,但协议转让、裁判转让、报价转让(也称做市商制度)、大宗交易、回购交易等非集中竞价交易也是重要的证券交易方式。

(1)集中竞价,包括集合竞价和连续竞价两种形式。前者是指对一段时间内接受的买卖申报一次性集中撮合的竞价方式,后者是指对买卖申报逐笔连续撮合的竞价方式。

(2)协议转让,是指投资者不借助证券集中竞价交易系统,而是通过私下协商,达成证券交易的方式。

(3)裁判转让,是人民法院行使司法裁判权而引起的证券转让。

(4)报价转让,又称做市商制度,是指在证券市场上,由具备一定实力和信誉的证券经营法人作为特许交易商,不断地向投资者报出特定证券的买卖价格,双向报价并在该价位上接受投资者的买卖要求,以其自有资金和证券与投资者进行证券交易,而投资者之间的买卖请求并不直接配对成交的方式。

(5)大宗交易,是指单笔证券买卖申报达到交易所规定的数额规模时,交易所采用与通常交易方式不同的交易方式,即不采用价格优先、时间优先的集中竞价交易原则,而以协商一致作为达成交易的方式。

(6)回购交易，是指证券买卖双方在成交的同时，约定于未来某一时间以某一价格双方再反向交易的交易方式。

(三)证券交易的强制性规则

证券交易具有高收益和高风险的特征，为确保证券交易的有序进行，我国法定的证券交易规则主要有：

(1)非依法发行并交付的证券不得买卖，即市场上交易的任何证券都必须是合法的证券。合法性的标准在于依法发行、实际交付及形式合法。

(2)限制期内禁止买卖。有转让期限的证券，主要是指公司发起人自公司成立之日起1年内持有的本公司的股票，上市公司的董事、监事、高管人员在公司股票上市交易之日起1年内、离职后半年内所持有的股票等。规定这些股票在一定期限内禁转，主要是防止利用特殊地位谋取利益、影响市场的健康发展。

(3)禁止持有和买卖股票。证券交易所、证券公司和证券登记结算机构的从业人员，证券监管机构的工作人员及法律、行政法规禁止参与股票交易的其他人员，在任职或法定期限内，不得直接或以化名、借他人名义持有、买卖股票，也不得收受他人赠送的股票。任何人在成为前款所列人员时，其原已持有的股票，必须依法转让。

(4)限制证券服务机构和人员买卖股票。为股票发行出具审计报告、资产评估报告或法律意见书等文件的证券服务机构和人员，在该股票承销期内和期满后6个月内，不得买卖该种股票；为上市公司出具审计报告、资产评估报告或法律意见书等文件的证券服务机构和人员，自接受上市公司委托之日起至上述文件公开后5日内，不得买卖该种股票。

(5)依法公开发行的证券应当在证券交易所上市交易或者在国务院批准的其他证券交易所转让。目前在我国交易所之外的合法场外市场有两个：产权交易所和代办股份转让系统。

(6)上市交易的证券应采用公开的集中交易方式或国务院证券监管机构批准的其他方式。

(7)证券交易以现货和国务院规定的其他方式进行交易。这里的“其他方式”主要包括期货交易、期权交易、信用交易等。

(8)保守客户账户秘密。证券交易所、证券公司、证券登记结算机构必须对客户所开立的账户保密，以防止他人非法利用、损害客户利益。

(9)证券交易的收费必须合理。有权在证券交易中收取费用的证券交易所、证券公司等机构须依照法律、行政法规及有关机构依法制定的收费规则，向证券交易参与者收取费用。

(10)对短线交易的规制。上市公司董事、监事、高管人员、持有上市公司股份5%以上的股东，将其持有的该公司的股票在买入后6个月内卖出，或者在卖出6个月内又买入，由此所得收益归该公司所有，公司董事会应当收回其所得权益。但是，证券公司因包销购入售后剩余股票而持有5%以上股份的，卖出该股票不受6个月时间限制。规制短线交易的目的是防止内幕交易，防范和减少以操纵市场为目的的虚假收购行为。

三、上市公司收购

(一)上市公司收购的概念

上市公司收购是指收购人以获得上市公司的股份控制权或合并该公司而进行的批量股份购买行为。它是公司并购的一种重要形式，也是实现公司间兼并控制的重要手段。被收购公司也称为目标公司。

(二)上市公司收购的分类

上市公司收购按照收购方式的不同,可分为要约收购、协议收购及其他合法收购方式。

要约收购是指收购人公开向目标公司的全体股东发出要约,并按要约中的条件、价格和期限,收购一定数量目标公司的股权,以取得或强化对目标公司控制权的行为。《证券法》第88条规定:通过证券交易所的证券交易,投资者持有或者通过协议、其他安排与他人共同持有一个上市公司已发行的股份达到30%时继续进行收购的,应当依法向该上市公司所有股东发出收购上市公司全部或者部分股份的要约。

微型案例

2003年4月12日,南京钢铁联合有限公司(下称南钢联合)发布要约收购报告书的提示性公告,并于6月12日发布正式要约,宣布要约收购上市公司"南钢股份",拉开了中国证券市场公开要约收购的序幕。

收购方南钢联合注册资本27.5亿元,由南钢股份的原控股股东南钢集团、复星集团、复星产业投资及上海广信科技等合资设立,其中南钢集团以其持有的南钢股份全部国有股及其他部分资产出资,占有南钢联合40%股权,后三者分别为30%、20%和10%股权,由于后三者的实际控制人是以复星集团董事长郭广昌为首的四个自然人,即复星占了南钢联合的60%股权。

2003年4月7日,南钢联合股东会通过决议,同意接受南钢集团将持有的南钢股份70.95%股权作为对收购人的增资,鉴于接受南钢集团这样投入的实质构成了上市公司收购行为,且收购的股份超过南钢股份已发行总股本的30%,依法已引发要约收购义务。南钢联合根据有关规定履行要约收购义务,向南钢股份法人股和流通股股东发出全面收购要约。要约收购的标的是:240万法人股,要约价格为每股3.81元;14 400万流通股,要约价格为每股5.84元。

2003年7月12日,要约收购期满,根据预售要约结果,南钢股份股东无人接受南钢联合发出的收购要约。这样,我国证券市场上第一例要约收购以没有投资者接受要约的"零预售""零撤回"情形结尾。

——资料来源:吴弘主编,《证券法——论点·法规·案例》,法律出版社2004年版,第68～69页。

协议收购是指收购人在证券交易所之外,通过和目标公司股东协商一致达成协议,受让其持有的股份而进行的上市公司收购。协议收购具有场外交易的部分属性,相对要约收购而言具有成本低、效率高、对股市冲击小等优点,但是在信息公开、机会均等、交易公正等方面具有局限性。

此外,按照收购人与目标公司是否合作,上市公司收购可分为敌意收购和友好收购;按照收购是否构成法律义务,可分为强制收购和自愿收购;按照收购目标公司股份的数量,可分为部分收购和全面收购。

(三)上市公司收购的规则

1. 权益公开原则

权益公开原则也称"百分之五"规则,是指任何人通过证券交易所的股票交易持有或者通过协议、其他安排与他人共同持有一个上市公司总股份达到5%时,无论其是否有意收购,均须暂停购买,并且依法公开其持股情况。需要注意的是,"通过协议、其他安排与他人共同持有"确认了"一致行动人"的概念,其确立主要是为了防止相关人联合持股从而操纵市场。另外,持股5%以上(含5%)的投资者通常被称为"大股东"。公开大股东及一致行动人的持股情况，并且限制其行为，有利于防止其操纵市场和内幕交易，有利于保护中小股东的利益。

2. 增减股份的“台阶规则”

投资者持有或者通过协议、其他安排与他人共同持有一个上市公司已发行的股份达到5%后，其所持该上市公司已发行的股份比例每增减5%均须暂停买卖，并且依法公开其持股变化情况。该规则的目的在于控制大股东买卖股票的节奏，让投资者有时间接受和消化信息并慎重决策。

3. 强制要约收购规则

强制要约收购规则即前述要约收购的法定情形，其理论依据在于当投资者或一致行动人持股30%时，已基本取得了该上市公司的控制权，对公司的管理能产生重大影响，为避免小股东陷入任人支配的地位，因此通过强制要约的制度设计，使小股东有权将其持有的股票以合理的价格强制卖给大股东，以退出公司。

4. 终止上市规则和强制接受规则

收购期限届满，被收购公司股权分布不符合上市条件的，该上市公司的股票应由证券交易所依法终止上市交易；其余仍持有被收购公司股票的股东，有权向收购人以收购要约的同等条件出售其股票，收购人应当收购。结合《证券法》关于股票上市条件的规定，收购人持有目标公司75%(公司股本总额不高于人民币4亿元)或90%(公司股本总额超过人民币4亿元时)以上的股份时，该公司的股票就不符合上市条件了，这使其余持股股东的利益受到了影响，因此赋予其强行向控股股东出售所持股份的权利。

5. 收购要约的禁止撤销和限制变更规则

在收购要约确定的承诺期限内，收购人不得撤销其收购要约。收购人需要变更收购要约的，必须事先向证券监管机构及证券交易所提出报告，经批准后予以公告。该规则旨在保护广大股东的信赖利益和证券市场的稳定。

6. 收购条件一体适用规则

收购要约中提出的各项收购条件，适用于被收购公司的所有股东，这是证券法公平、公正原则的要求。

7. 限制收购人另行买卖目标公司股票规则

采取要约收购方式的，收购人在收购期限内，不得卖出目标公司的股票，也不得采取要约规则以外的形式和超出要约的条件买入目标公司的股票；此外证券法还规定，在上市公司收购中，收购人持有的目标公司的股票，在收购行为完成后的12个月内不得转让。

第五节　信息披露制度

一、信息披露制度的概念

信息披露制度，又称信息公开制度，是指证券发行人或其他负有信息披露义务的人在证券发行、上市、交易诸环节中，依法将有关信息资料真实、准确、完整、及时地披露，以供证券投资者做出投资判断的法律制度。

二、发行信息披露制度

发行信息披露，又称初始信息披露，是证券公开发行时发行人依法承担的信息披露义务，是为了向社会公众募集或发行证券而进行的信息披露。发行信息披露主要包括首次公开发行股票并上市的信息披露和公司债券发行与上市的信息披露。

（一）首次公开发行股票并上市的信息披露

首次公开发行股票申请上市时，公司披露的文件主要有招股说明书及其附录和备查文件、招股说明书摘要、发行公告和上市公告书。其中最基本的法律文件是招股说明书。

招股说明书又称招股章程，是由发行人制定、经证监会核准，向社会公众公开披露公司主要事项及招股情况的专门文件。其制作和公开必须符合法定格式、程序和内容的要求。

（二）公司债券发行与上市的信息披露

1. 公告公司债券募集办法

公司债券募集办法是公司债券的发行人依据有关规定的要求制作的、记载与公司债券发行相关的实质性重大信息的一种法律文件。依据《公司法》的规定，发行公司债券的申请经国务院授权的部门核准后，应当公告公司债券募集办法。

2. 公告公司债券上市文件

公司债券上市交易申请经证券交易所审核同意后，签订上市协议的公司应当在公司债券上市交易的 5 日前公告公司债券上市报告、核准文件及有关上市申请文件。

三、持续信息披露制度

（一）持续信息披露制度的概念

持续信息披露，又称持续信息公开，是指在证券进入证券交易所上市交易后，证券发行人、公司主要股东等信息披露义务人依法向社会公众投资者披露对投资决策有重大影响的信息。持续信息披露是发行信息披露的继续，但又有其相对独立的地位和完整的体系。

（二）持续信息披露的形式

1. 定期报告

定期报告是指信息披露义务人在法定期限内制作完毕并公告的信息披露文件，分为年度报告和中期报告。

(1)年度报告。年度报告是最重要的定期报告，是指在每个会计年度结束时，由信息披露义务人依法制作并提交的、反映信息披露义务人本会计年度生产经营状况、财务情况等重大信息的法律文件。股票或公司债券上市交易的公司应当在每一会计年度结束之日起 4 个月内向国务院证券监管机构和证券交易所提交年度报告，并公告。其内容与格式应符合年度报告的内容与格式的规定。

(2)中期报告。中期报告是指在每个会计年度的上半年结束时，由信息披露义务人依法制作并提交的、反映信息披露义务人 1 年中前 6 个月的生产经营状况、财务情况等重大信息的法律文件。股票或公司债券上市交易的公司应在每一会计年度的上半年结束之日起 2 个月内向国务院证券监管机构和证券交易所提交中期报告，并公告。其内容与格式应符合中期报告的内容与格式的规定。中期报告对于保证信息披露义务人披露信息的最新性具有重要意义。

2. 临时报告

临时报告是指信息披露义务人依法编制的反映公司重大事件的法律文件。《证券法》规定，发生可能对上市公司股票交易价格产生较大影响的重大事件，投资者尚未得知时，上市公司应当立即将有关该重大事件的情况向国务院证券监管机构和证券交易所报送临时报告，并予公告，说明事件的起因、目前的状态和可能产生的法律后果。

《证券法》还明确列举了下列事项为重大事件：(1)公司的经营方针和经营范围的重大变化；(2)公司的重大投资行为和重大的购置财产的决定；(3)公司订立重要合同，可能对公司的财产、负债、权益和经营成果产生重要影响；(4)公司发生重大债务和未能偿清到期重大债务的违约情况；(5)公司发生重大亏损或者重大损失；(6)公司生产经营的外部条件发生的重大变化；(7)公司的董事、1/3 以上监事或者经理发生变动；(8)持有公司 5%以上股份的股东或者实际控制人，其持有股份或者控制公司的情况发生较大变化；(9)公司减资、合并、分立、解散及申请破产的决定；(10)涉及公司的重大诉讼，股东大会、董事会决议被依法撤销或者宣告失效；(11)公司涉嫌犯罪被司法机关立案调查，公司董事、监事、高管人员涉嫌犯罪被司法机关采取强制措施；(12)国务院证券监管机构规定的其他事项。

第六节　证券违法行为与证券监管制度

一、证券违法行为

证券违法行为是行为人在证券发行与交易过程中违反证券法律、法规的行为。证券违法行为可分为两类：一般的违法行为和严重的违法行为(即犯罪行为)，具体包括内幕交易、操纵市场、欺诈客户和其他证券违法行为。民事责任、行政责任和刑事责任制度成为抵制各种证券违法行为的重要制度设计。

(一)内幕交易

1. 内幕交易的概念

内幕交易，是指内幕信息的知情人和非法获取内幕信息的人，以获取利益和减少损失为目的，买卖或者建议他人买卖与该内幕信息相关的证券，或者向他人泄露该内幕信息的行为。

2. 内幕人

内幕人在我国证券法的表述是“内幕信息的知情人”和“非法获取内幕信息的人”。《证券法》规定的“内幕信息的知情人”包括：(1)发行人的董事、监事、高管人员；(2)持有公司 5%以上股份的股东及其董事、监事、高管人员，公司的实际控制人及其董事、监事、高管人员；(3)发行人控股的公司及其董事、监事、高管人员；(4)由于所在公司职务可以获取公司有关内幕信息的人员；(5)证券监管机构工作人员以及由于法定职责对证券的发行、交易进行管理的其他人员；(6)保荐人、承销的证券公司、证券交易所、证券登记结算机构、证券服务机构的有关人员；(7)国务院证券监管机构规定的其他人。

3. 内幕信息

内幕信息是指在证券交易活动中，涉及公司的经营、财务或者对该公司证券的市场价格有重大影响的尚未公开的信息。我国《证券法》规定的内幕信息包括：(1)《证券法》第 67 条第 2 款所列重大事件；(2)公司分配股利或者增资的计划；(3)公司股权结构的重大变化；(4)公司债务担保的重大变更;(5)公司营业用主要资产的抵押、出售或者报废一次超过该资产的30%;(6)公司的董事、监事、高管人员的行为可能依法承担重大损害赔偿责任;(7)上市公司收购的有关方案;(8)国务院证券监管机构认定的对证券交易价格有显著影响的其他重要信息。

4. 内幕人的法律义务和内幕交易的法律责任

(1)内幕人的法律义务。《证券法》第76条第1款规定,证券内幕信息的知情人和非法获取内幕信息的人,在内幕信息公开前,不得买卖该公司的证券,或者泄露该信息,或者建议他人买卖该证券。

(2)内幕交易的民事责任。《证券法》第76条第3款规定,内幕交易行为给投资者造成损失的,行为人应当依法承担赔偿责任。

(3)内幕交易的行政责任。《证券法》第202条规定,证券交易内幕信息的知情人或者非法获取内幕信息的人,在涉及证券的发行、交易或者其他对证券的价格有重大影响的信息公开前,买卖该证券,或者泄露该信息,或者建议他人买卖该证券的,责令依法处理非法持有的证券,没收违法所得,并处以违法所得1倍以上5倍以下的罚款;没有违法所得或者违法所得不足3万元的,处以3万元以上60万元以下的罚款。单位从事内幕交易的,还应当对直接负责的主管人员和其他直接负责人员给予警告,并处以3万元以上30万元以下的罚款。证券监管机构工作人员进行内幕交易的,从重处罚。

(4)内幕交易的刑事责任。《刑法》第180条规定,构成内幕交易、泄露内幕信息罪的,处5年以下有期徒刑或者拘役,并处或者单处违法所得1倍以上5倍以下罚金;情节特别严重的,处5年以上10年以下有期徒刑,并处违法所得1倍以上5倍以下罚金。单位犯此罪的,对单位判处罚金,并对直接负责的主管人员和其他直接责任人员,处5年以下有期徒刑或者拘役。

(二)操纵市场

1. 操纵市场的概念

操纵市场,又称操纵证券交易价格,是指行为人利用其资金、信息、持股等优势或者滥用职权操纵市场,影响证券市场价格或者证券交易量,制造证券市场假象,诱导或者致使投资者在不了解事实真相的情况下做出证券投资决定,扰乱证券市场秩序,以获取利益或减少损失。

2. 操纵市场的行为方式

《证券法》第77条第1款规定了下列操纵市场的行为予以禁止:

(1)单独或者通过合谋,集中资金优势、持股优势或者利用信息优势联合或者连续买卖,操纵证券交易价格或者证券交易量。该行为发生证券权利转移,属于真实买卖。

(2)与他人串通,以事先约定的时间、价格和方式相互进行证券交易,影响证券交易价格或者证券交易量。该行为在理论上称为相对委托,又称对敲,如果合并计算双方买卖该种证券数量,买卖数量趋于平衡。

(3)在自己实际控制账户之间进行证券交易,影响证券交易价格或者证券交易量。该行为在理论上称为冲洗买卖,又称虚买虚卖,其核心是一个行为人同时充当证券买卖的双方,是"不转移所有权的自买自卖"行为。

(4)以其他手段操纵证券市场。一般是指通过散布不实信息等方法影响证券市场的行为。这是证券法对操纵市场行为类型的兜底性规定。

3. 操纵市场的法律责任

(1)民事责任。《证券法》第77条第2款规定,操纵证券市场行为给投资者造成损失的,行为人应当依法承担赔偿责任。

(2)行政责任。《证券法》第203条规定,违法操纵证券市场的,责令依法处理其非法持有的证券,没收违法所得,并处以违法所得1倍以上5倍以下的罚款;没有违法所得或者违法所得不足30万元的,处以30万元以上300万元以下的罚款。单位操纵证券市场的,还应当对直接负责的主管人员和其他直接责任人员给予警告,并处以10万元以上60万元以下的罚款。

(3)刑事责任。《刑法》第182条规定,操纵证券交易价格,获取不正当利益或者转嫁风险情节严重的,处5年以下有期徒刑或者拘役,并处或者单处违法所得1倍以上5倍以下罚金;对于单位犯此罪的,对单位判处罚金,并对其直接负责的主管人员和其他直接责任人员,处5年以下有期徒刑或者拘役。

微型案例

2003年11月11日,曾在业界赫赫有名的"中经开"(中国经济开发信托投资公司)因涉嫌操纵证券交易价格罪,其法定代表人姜继增被推上北京市一中院受审。"中经开"涉嫌操纵股市从中获利5.5亿余元。

"中经开"成立于1988年4月26日,是财政部的全资子公司,公司注册资本金人民币5亿元、外汇3 000万美元。因为"中经开"是财政部独资的唯一一家信托投资公司,资产庞大、业务量较大、政策性较强,一直被认为是信托投资公司里面的"贵族"。2002年6月7日,中国人民银行突然发布公告:中经开"因严重违规经营",决定"撤销该公司"。北京市检察院一分院的起诉揭开了"中经开"死亡之谜——"中经开"高层姜继增涉嫌操纵股市价格,为"中经开"非法获利5.5亿余元。

起诉书指控:1999年4月至7月,"中经开"老总姜继增为使本公司获取不正当利益,指使公司证券交易部经理桑会庆等人集中人民币7.8亿余元的资金优势,大量连续买卖东方电子股票,致使该股票价格从22元上涨到60元,涨幅为190%。此后,桑会庆等人继续采用连续买卖和自买自卖的手段,不断地推高东方电子股票价格。截至2000年2月17日,东方电子的股票价格上涨至90元/股。"中经开"涉嫌从中非法获利5.5亿余元。

东方电子股票价格异常高涨引起证监会的注意,证监会开始追查。此后,国家审计署对"中经开"进行了为期一年的调查。2002年6月7日,中国人民银行发布公告撤销"中经开"。7月26日,"中经开"老总、法定代表人姜继增被公安机关羁押,同年8月31日被逮捕后被以涉嫌操纵证券交易价格罪起诉至市一中院。

——资料来源:《涉嫌操纵股价非法获利 "中经开"老总称被陷害》,http://www.southcn.com/law/jjfz/jrzq/200311120356.htm。

(三)欺诈客户

1. 欺诈客户的概念

欺诈客户,狭义上是指证券公司及其从业人员在证券交易及相关活动中违反其忠实勤勉义务,采取故意隐瞒或虚假陈述等欺诈手段损害客户利益的行为;广义上还包括发行人、发行人的代理人、证券登记结算机构等实施的欺诈客户行为。下面讨论的欺诈客户多指狭义上的证券公司及其工作人员的行为。

2. 欺诈客户的行为方式

(1)违背客户的委托为其买卖证券;

(2)不在规定时间内向客户提供交易的书面确认文件;

(3)挪用客户所委托买卖的证券或者客户账户上的资金;

(4)未经客户的委托,擅自为客户买卖证券,或者假借客户的名义买卖证券;

(5)为牟取佣金收入,诱使客户进行不必要的证券买卖;

(6)利用传播媒介或者通过其他方式提供、传播虚假或者误导投资者的信息;

(7)其他违背客户真实意思表示、损害客户利益的行为。

3. 欺诈客户的法律责任

(1)民事责任。《证券法》第 79 条第 2 款规定,欺诈客户行为给客户造成损失的,行为人应当依法承担赔偿责任。

(2)行政责任。《证券法》第 210 条、第 211 条规定,证券公司违背客户的委托买卖证券、办理交易事项,或者违背客户真实意思表示,办理交易以外的其他事项的,处以 1 万元以上 10 万元以下的罚款。证券公司、证券登记结算机构挪用客户的资金或者证券,或者未经客户的委托,擅自为客户买卖证券的,责令改正,没收违法所得,并处以违法所得 1 倍以上 5 倍以下的罚款;没有违法所得或者违法所得不足 10 万元的,处以 10 万元以上 60 万元以下的罚款;情节严重的,责令关闭或者撤销相关业务许可。对直接负责的主管人员和其他直接责任人员给予警告,撤销任职资格或者证券从业资格,并处 3 万元以上 30 万元以下的罚款。

(3)刑事责任。《刑法》第 181 条规定对诱骗投资者买卖证券罪处 5 年以下有期徒刑或者拘役,并处或单处 1 万元以上 10 万元以下罚金。证券交易所、证券公司的从业人员、证券业协会或证券监管部门的工作人员犯此罪的,处 5 年以下有期徒刑或拘役,并处或单处 1 万元以上 10 万元以下罚金;情节特别恶劣的,处 5 年以上 10 年以下有期徒刑,并处 2 万元以上 20 万元以下罚金。单位犯此罪的,对单位判处罚金,并对其直接负责的主管人员和其他直接责任人员,处 5 年以下有期徒刑或者拘役。此外,《刑法》第 185 条规定了证券公司挪用客户资金的刑事责任。

(四)其他证券违法行为

其他证券违法行为包括编造、传播虚假信息,非法管理法人账户,违规资金买卖证券,挪用公款买卖证券,国有企业和国有资产控股企业非法买卖上市交易的股票等。

二、证券监管制度

(一)证券监管制度的概念

证券监管制度是证券监督管理的简称,是指证券监督管理机构依法对证券发行、交易和服务等活动实施的监督与管理,是金融监管的重要组成部分。

(二)证券监管机构

1. 证券监管机构的职责

证券监管机构是依法对证券市场实行监督管理的行政性执法机构。依据《证券法》第 179 条第 1 款的规定,证券监管机构的职责包括以下方面:(1)依法制定有关证券市场监督管理的规章、规则,并依法行使审批或者核准权;(2)依法对证券的发行、上市、交易、登记、存管、结算,进行监督管理;(3)依法对证券发行人、上市公司、证券公司、证券投资基金管理公司、证券服务机构、证券交易所、证券登记结算机构的证券业务活动,进行监督管理;(4)依法制定从事证券业务人员的资格标准和行为准则,并监督实施;(5)依法监督检查证券发行、上市和交易的信息公开情况;(6)依法对证券业协会的活动进行指导和监督;(7)依法对违反证券市场监督管理法律、行政法规的行为进行查处;(8)法律、行政法规规定的其他职责。同时第 2 款规定,国务院证券监管机构可以和其他国家或者地区的证券监管机构建立监管合作机制,实施跨境监管。

为保证证券监管机构履行其职责,《证券法》还明确赋予了证券监管机构现场检查权,调查取证权,询问权,查阅、复制、封存权,账户查询、冻结权、限制买卖证券等执法权和采取相应措施的权利。

2. 证券监管机构及其工作人员的行为准则

证券监管机构及其工作人员履行职责时应当依法进行,不得滥用其职权。《证券法》对证券监管机构及其工作人员规定了下列行为准则:

(1)进行监督检查和调查时符合法定要求。监督检查人员不得少于2人,并应出示合法证件和监督检查、调查通知书。否则,被检查、调查的单位有权拒绝。

(2)忠于职守义务。证券监管机构工作人员必须忠于职守,依法办事,公正廉洁,不得利用职务便利牟取不正当利益。

(3)保守秘密的义务。证券监管机构工作人员不得泄露其履行职责时所知悉的有关单位和个人的商业秘密。

(4)公开义务。证券监管机构依法制定的规章、规则和监督管理工作制度应当公开;证券监管机构依据调查结果,对证券违法行为做出的处罚决定,应当公开。

(5)信息共享的义务。证券监管机构应当与国务院其他金融监管机构建立监管信息共享机制。

(6)案件移送义务。证券监管机构依法履行职责,发现证券违法行为涉嫌犯罪的,应当将案件移送司法机关处理。

(7)兼职禁止义务。证券监管机构的人员不得在被监管的机构中任职。

微型案例

王小石,男,1961年出生,原中国证券监督管理委员会(以下简称证监会)发行监管部发审委工作处助理调研员。2002年3~9月间,王小石利用工作上的便利条件,通过他人介绍,接受福建凤竹纺织科技股份有限公司的请托,通过证监会发行监管部其他工作人员职务上的行为,为凤竹公司在申请首次发行股票的过程中牟取不正当利益,为此王小石收受请托人给予的贿赂款人民币72.6万元。2004年11月18日,北京西城区检察院以涉嫌利用职务之便收受他人贿赂的罪名批准逮捕了王小石。2005年12月9日,北京市第一中级人民法院以(2005)一中刑初字第3580号刑事判决书一审判处被告人王小石有期徒刑13年,并处没收个人财产人民币12万元。

——资料来源:《北京市一中院关于王小石受贿案的刑事判决书》,http://finance.sina.com.cn/stock/y/20051209/13242186633.shtml。

课后习题

一、复习思考题

1. 什么是证券?证券法有哪些基本原则?
2. 我国证券市场的主体有哪些?
3. 我国《证券法》规定的证券公司的设立条件有哪些?
4. 以设立股份有限公司为目的的股票发行,应符合的条件有哪些?
5. 公司债券的发行条件有哪些?

6. 什么是证券承销？证券承销方式有哪些？

7. 股票的上市条件和程序有哪些？

8. 证券交易方式有哪几种？

9. 持续信息披露的形式有哪些？

10. 什么是内幕交易？什么是内幕人？什么是内幕信息？

11.《证券法》规定的禁止操纵市场的行为有哪些？

二、案例分析题

中国证监会在对A上市公司进行例行检查中，发现以下事实：

(1)A公司由B企业、C企业等6家企业作为发起人共同以发起设立方式于2005年5月6日成立，成立时的股本总额为8 200万股(每股面值为人民币1元，下同)。2008年8月9日，A公司获准发行5 000万股社会公众股，并于同年10月10日在证券交易所上市。此次发行完毕后，A公司的股本总额达到13 200万股。

(2)2009年9月10日，B企业将所持A公司股份680万股转让给了宏达公司，从而使宏达公司持有A公司的股份达到800万股。直到同年9月15日，宏达公司未向A公司报告。

(3)为A公司出具2008年度审计报告的注册会计师陈某，在2009年3月10日公司年度报告公布后，于同年3月20日购买了A公司2万股股票，并于同年4月8日抛售，获利3万余元；E证券公司的证券从业人员李某认为A公司的股票具有上涨潜力，于2009年3月15日购买了A公司股票1万股。

问题：

(1)A公司上市后，其股本结构中社会公众股所占股本总额比例是否符合法律规定？理由是什么？

(2)B企业转让A公司股份的行为以及宏达公司未向A公司报告所持股份情况的行为是否符合法律规定？理由是什么？

(3)陈某、李某买卖A公司股票的行为是否符合法律规定？理由是什么？

第十一章　保险法

学习目标

掌握保险的概念、保险法的概念及其基本原则；
掌握保险合同的概念、特征、主体和客体；
掌握人身保险合同的特别规定；
掌握财产保险合同的特别规定；
了解保险公司、保险代理人和保险经纪人的法律规定。

引入案例

保险与2008年北京奥运会

(1)2006年10月11日，国务院新闻办公室举行新闻发布会，中国保监会新闻发言人袁力介绍中国保险机构为2008年北京奥运会所做的准备时，讲道：购买保险是奥运会进行风险管理的一个基本手段，也是国际通行的做法。保监会非常重视这项工作，目前已经和奥委会成立了相关机构，负责奥运保险有关事宜的协调。奥运会保险是一个系统工程，既有财产保险，又有责任保险，还有人身保险。目前中外保险公司、再保险公司和保险中介机构正在紧张工作，积极为奥运会保险提供保险方案。我们相信，奥运保险能够为2008年的北京奥运会保驾护航。

(2)北京奥组委从2001年12月成立伊始，就非常重视奥运会的风险管理和风险分散，有专门的总体策划部负责风险管理事项，并将风险管理的职责分解落实到各个具体部门。

奥运保险的工作参照国际惯例，聘请达信保险经纪公司和中体保险经纪公司作为北京奥组委的保险顾问，并由中国人民财产保险股份有限公司提供保险产品，后者成为北京2008年奥运会的保险合作伙伴。

(3)2006年12月27日，中国人保财险向北京奥组委签发了全面保障北京2008年奥运会成功举行的综合责任保险。北京2008年奥运会责任保险单的正式签发，标志着北京奥运会保险安排工作取得重大成果，是北京奥运会风险管理事件的里程碑。

——资料来源：(1)《袁力：奥运保险能够为2008年北京奥运会保驾护航》，http://finance.sina.com.cn，2007年8月27日；(2)张春生：《北京奥运　保险能做什么》，http://www.sinoins.com，2007年8月27日；(3)《北京奥运会责任保险单签发　北京奥运风险管理有保障》，http://sports.sina.com.cn，2007年8月27日。

第一节 保险和保险法概述

一、保险概述

(一)保险的概念

《中华人民共和国保险法》(以下简称《保险法》)第 2 条规定,"本法所称保险,是指投保人根据合同约定,向保险人支付保险费,保险人对于合同约定的可能发生的事故因其发生所造成的财产损失承担赔偿保险金责任,或者当被保险人死亡、伤残、疾病或者达到合同约定的年龄、期限等条件时承担给付保险金责任的商业保险行为。"

(二)保险的种类

根据不同的标准可以对保险进行不同的分类,常见的分类有以下几种:

1. 根据保险标的的不同,将保险分为财产保险和人身保险

财产保险以财产及其相关利益为保险标的,主要包括财产损失险、责任保险、保证保险和信用保险;人身保险以人的身体和寿命为保险标的,主要包括人寿保险、人身意外伤害保险和健康保险三种。我国《保险法》即采用了这种分类方法。

2. 根据承担责任的次序不同,将保险分为原保险和再保险

原保险是指保险人对被保险人因保险事故所造成的损失,承担直接的原始的赔偿责任的保险,也称"第一次保险";再保险是在原保险的基础上建立起来的保险,是原保险人将自己承担的原保险责任,分出一部分转移给其他保险人以分散风险的行为。所以,再保险是保险的保险,也称"第二次保险"。在再保险中,原保险人依然承担直接的赔付责任,而再保险人则承担间接的赔付责任。

3. 根据保险人数量的不同,将保险分为单保险和重复保险

单保险是指投保人就同一保险标的、保险利益、保险事故,与一个保险人订立保险合同;重复保险是指投保人就上述事项与两个以上的保险人订立保险合同。在财产保险中允许重复保险,但有限制,原则是被保险人通过重复保险取得的赔偿不超过保险价值,否则就可能使重复保险变成谋利的工具;而人身保险由于具有给付性,只要投保人有需求和支付保险费的经济能力即可,不限制重复保险的订立。

4. 根据保险价值在缔约时是否确定,将保险分为定值保险和不定值保险

该分类仅适用于财产保险。定值保险是指投保人和保险人在订立保险合同时将保险标的的保险价值予以确定,并载明于保险合同;不定值保险是指投保人和保险人在订立合同时不预先确定保险标的的保险价值,仅载明须至保险事故发生后,再行估计其价值,从而确定损失。前者适用于某些价值不易确定的财产,如古玩、字画等;后者适用于一般的财产保险,尤其是火灾保险。

5. 根据保险金额与保险价值的关系,将保险分为不足额保险、足额保险和超额保险

虽然保险价值决定保险金额,但由于保险价值不断变动等原因,实际中保险金额不总是等于保险价值。确定这一分类对于理赔具有现实意义,例如,在不足额保险中,出险以后按照实付保险费与应付保险费的比例赔偿损失。

二、保险法概述

(一)保险法的概念

保险法是指以保险关系以及国家在监督管理保险经营过程中产生的社会关系为调整对象的法律规范的总称。我国《保险法》中所调整的保险关系仅指商业保险关系,即投保人与保险人在自愿基础上,以保险契约方式建立的保险关系。

(二)保险法的基本原则

保险法的基本原则贯穿于整个保险法律规范体系,是指导各项保险法律制度适用的根本性行为规则。概括各国的保险立法和保险市场的实践,被普遍承认的保险法基本原则包括:最大诚信原则、保险利益原则、损失补偿原则和近因原则。

1. 最大诚信原则

诚实信用原则是一切民商事活动的基本原则。诚信在保险法中是必须履行的法定诚信义务,它包括以下含义:

(1)对于投保人而言,其在标的信息和标的控制上处于相对强势地位,针对这种情况,在最大诚信原则的指导下,保险法主要规定了投保人的诚实告知义务、通知义务和保证义务。

①诚实告知义务。告知又称"披露",是指投保人在签订保险合同时,应该将其知道或推定应该知道的有关保险标的的重要情况如实向保险人进行说明,因为这是保险人决定是否承保以及保险费率高低的重要依据。

②通知义务。它是指当保险标的物的危险增加(即出现缔约时未约定的危险情况,不等于危险发生)、保险标的物被转让以及保险标的物出险以后,投保人负有及时通知保险人的义务;如果没有及时通知,保险人对于因危险增加而造成的损失或者对于因延误抢险、难以勘查现场等而造成的扩大的损失不承担责任。

③保证义务。包括明示保证和默示保证,前者以保证条款的形式在保险合同中载明,后者是投保人按照普遍遵守的行为准则、安全防范规则等应当予以承诺的事项。明示保证和默示保证具有同样的法律效力。

(2)对于保险人而言,其在格式合同以及对保险信息、保险知识的掌握上处于相对强势地位,针对这种情况,同样在最大诚信原则的指导下,保险法主要规定了保险人的说明义务、弃权和禁止反言义务。

①说明义务。保险人在签订保险合同的过程中,应当将保险合同的条款内容和办理保险的有关事项,如实告知投保人、被保险人及其代理人,尤其是对于保险人的免责条款,我国《保险法》要求保险人明确说明,否则该免责条款不具有法律效力。保险人的说明义务是具有中国特色的一项义务,这与保险中介业不发达、国民缺乏保险意识和保险知识的国情有关。

②弃权和禁止反言义务。弃权是指保险合同的一方当事人以明示或默示的意思表示放弃其得以行使权利的行为;禁止反言是指已经放弃权利的合同一方当事人不得再向对方主张该权利。虽然理论上该义务对于投保人和保险人同样适用,但是在保险实践中,更强调保险人的该义务。例如,投保人在投保时填写的"健康告知书"告知患有高血压病,但是保险人由于疏忽而未予以严格审查便按一般条件予以承保并签发了保险单,这意味着保险人放弃了其享有的加费保险或者拒绝承保的权利,保险人不得在出险时主张加费或者解除合同。规定保险人的禁止反言义务是对其抗辩权利的平衡,避免保险人可能利用投保人缔约时的瑕疵,即明知瑕疵

存在而让投保人继续履行缴费义务，出险时再以瑕疵为由解约拒赔的道德风险。

2. 保险利益原则

我国《保险法》第 12 条规定："人身保险的投保人在保险合同订立时，对被保险人应当具有保险利益。财产保险的被保险人在保险事故发生时，对保险标的应当具有保险利益。保险利益是指投保人或者被保险人对保险标的具有的法律上承认的利益。"《保险法》第 31 条规定：投保人对下列人员具有保险利益：(1)本人；(2)配偶、子女、父母；(3)前项以外与投保人有抚养、赡养或者扶养关系的家庭其他成员、近亲属；(4)与投保人有劳动关系的劳动者。除前款规定外，被保险人同意投保人为其订立合同的，视为投保人对被保险人具有保险利益。订立合同时，投保人对被保险人不具有保险利益的，合同无效。

3. 损失补偿原则

损失补偿原则是指保险事故发生后，保险人在其责任范围内，对被保险人遭受的实际损失进行赔偿的原则。保险补偿的目的是使被保险人得到的保修赔偿基本能够弥补其因保险事故遭受的保修金额范围内的实际损失，借此及时恢复正常的生产、生活，恢复被保险人原有的状态。根据损失补偿原则，衍生出了代位求偿和委付制度。

4. 近因原则

近因原则是指保险人对于承保范围内的保险事故作为直接的最接近的原因引起的损失承担保险责任，而对于承保范围以外的原因造成的损失不负赔偿责任。

在实际生活中，损害结果可能由单因或者多因造成。单因比较简单，如果是保险事故，保险人就赔偿或给付；如果不是保险事故，就拒绝赔偿或给付。多因比较复杂，主要有下列几种情况：

(1)多种原因同时发生。如果同时发生的都是保险事故，则保险人承担全部保险责任；如果致损的多种原因均属于责任免除的，则保险人不承担保险责任；如果致损的多种原因中，有的属于保险事故，有的属于责任免除，保险人对于可以区分责任范围的，仅承担保险责任范围内的赔偿责任，而不能区分责任范围的，双方可以协商赔付范围。

(2)多种原因连续发生。两个以上灾害事故连续发生，造成损害的，一般以最近的(后因)、最有效的原因为近因。若其属于保险事故，则保险人承担赔付责任。如果后因是前因的合理延续或者直接的必然结果时，则前因属于近因。

(3)多种原因间接发生。造成损失的灾害事故先后发生，多种原因之间不相关联，即后因与前因之间没有必然因果关系，彼此独立。这种情况的处理与单因处理类似，即保险人视各自独立的危险事故是否属于保险事故，决定赔付与否。

第二节 保险合同总论

一、保险合同的概念和特征

我国《保险法》第 10 条规定："保险合同是投保人与保险人约定保险权利和义务关系的协议。"它具有以下特征：

(一)保险合同是诺成合同

保险合同的诺成性，是指保险合同的成立不以实际缴付保费为要件。我国《保险法》第 13

条确认了保险合同是诺成合同。当然投保人和保险人可以对合同的效力约定附条件或者附期限。

(二)保险合同大多是格式合同

保险合同大多是格式合同,这一特征由保险业的迅速发展所决定。保险人所承保的风险越来越复杂,同时保险人每年签发的保险合同数以千万计,因而不得不简化手续,使保险合同逐渐技术化、定型化和标准化。针对保险合同的格式化特点,为公正起见,各国保险立法一般都规定保险人应将其制作的格式合同条款报经保险管理机关核准,我国立法也持同样的态度。

(三)保险合同是射幸合同

"射幸"的本意是碰运气。保险合同所承保的危险损失是否发生以及在何种程度上发生,在合同订立时具有极大的不确定性。在合同有效期间内,如果发生合同约定的损失,被保险人从保险人处获得的赔偿金额可能远大于其支付的保险费,如果没有发生损失,则其只付出保险费而无任何收益。保险合同作为射幸合同,是由保险事故发生的偶然性决定的。

(四)保险合同是双务有偿合同

保险合同具有双务有偿合同的一般特点,保险人承担危险的前提是投保人支付保险费;投保人支付保险费的原因,是保险人承诺发生危险事故时承担赔付责任。当然,保险合同的双务有偿有其特殊性,处于保险费和保险赔付金之间,并非等价而是对价。

二、保险合同的主体

保险合同的主体,即保险合同的当事人和参与者,包括当事人、关系人和辅助人。主体是保险合同不可或缺的要素。

(一)保险合同的当事人

1. 保险人

保险人是指与投保人订立保险合同,并按照合同约定承担赔偿或者给付保险金责任的保险公司。

2. 投保人

投保人是指与保险人订立保险合同,并按照合同约定负有支付保险费义务的人。投保人在投保时必须对保险标的具有保险利益,可以是自然人或法人。

(二)保险合同的关系人

保险合同的关系人是指虽然不是保险合同的缔约人,但享有合同权利或承担合同义务的人。

1. 被保险人

被保险人是指其财产或者人身受保险合同保障,享有保险金请求权的人。投保人可以为被保险人。

2. 受益人

受益人是指人身保险合同中由被保险人或者投保人指定的享有保险金请求权的人。投保人、被保险人可以为受益人。

微型案例

彭某是康某的丈夫,2003 年彭某擅自为其妻向江西省某县保险公司购买了一份人寿两全保险，被保险人是康某，受益人是彭某。

2006年康某因病死亡，彭某向保险公司索赔未果，遂诉至某县人民法院。一审法院判决保险公司应按保险合同给付1万元死亡保险金。

保险公司不服一审判决，并上诉至某市中级人民法院。二审法院经审理认为，以死亡为给付保险金条件的合同，未经被保险人书面同意并认可保险金额的合同无效。彭某为康某投保时，其妻子并不知情，故该保险合同无效。

日前，二审法院作出终审判决：驳回彭某的诉讼请求，并要求保险公司返还彭某所交的保险费。

——资料来源：《未经妻子同意投保　妻亡保险拒绝给付》，http://www.cnfstar.com/insurance/2007/20070813/20070813472689.shtml，2007年8月25日。

（三）保险合同的辅助人

这是指为订立、履行保险合同充当中介人或提供服务，并收取中介服务费的人。包括保险代理人、保险经纪人和保险公估人。

三、保险合同的客体

保险合同的客体，即保险利益，是保险合同双方当事人权利和义务共同指向的对象。

保险利益作为保险合同的客体区别于保险标的，保险标的是保险利益的载体和物质表现形式。

四、保险合同的内容

保险合同的内容，即合同双方当事人的权利和义务。由于保险合同一般都根据保险人事先制定的合同条款订立，双方当事人的权利和义务一般主要体现在保险合同条款上。保险条款主要包括以下内容。

（一）基本条款

基本条款是保险合同的法定记载事项，主要明示保险人和被保险人的基本权利和义务，以及依据法律规定的保险行为成立所必需的各种事项和要求。我国《保险法》第18条规定，保险合同应当包括下列事项：(1)保险人的名称和住所；(2)投保人、被保险人的姓名或者名称、住所，以及人身保险的受益人的姓名或者名称、住所；(3)保险标的；(4)保险责任和责任免除；(5)保险期间和保险责任开始时间；(6)保险金额；(7)保险费以及支付办法；(8)保险金赔偿或者给付办法；(9)违约责任和争议处理；(10)订立合同的年、月、日。

投保人和保险人可以约定与保险有关的其他事项。

（二）附加条款

附加条款是对基本条款的补充，是对基本责任范围内不予承保而经约定在承保基本责任范围的基础上予以扩展的条款。主要适用于两种情况：(1)补充合同的内容；(2)变更合同的内容。添加方式有两种：(1)在保险单空白处书写；(2)将印制的条款加贴在保险单上。这些同时构成保险合同的一部分。

（三）保证条款

保证条款是保险人要求投保人或被保险人对某一特定事项担保的条款，即保证为某种行为或不为某种行为，或者保证某种状态存在或不存在的条款。

(四)附带条款

附带条款又称行业条款，是海上保险合同特有的条款，它是提供海上保险的保险公司同行业之间根据海上保险业务的实际需要，经协商统一制定的条款。如果这些条款添附于保险单，就发生对保险单原有的条款进行修改、补充或限制的效力。

五、保险合同的订立、内容、变更和解除

(一)保险合同的订立

保险合同的订立，是指投保人和保险人在意思表示一致的情况下，设立保险合同的行为。合同订立是一个过程，通常包括要约邀请、要约、承诺、成立等阶段。

保险合同的成立与生效是两个既有区别又有联系的概念，成立不意味着生效。生效是指有效保险合同开始对缔约双方产生法律上的约束力，除了须具备成立的形式要件外，还需具备一些实质要件，如缔约双方的资格合格等，否则即使成立也是无效合同。

保险合同订立的凭证主要包括投保单、暂保单、保险单、保险凭证、批注或批单等。

(二)保险合同的内容

保险合同的内容是指保险合同成立后，双方当事人各自所享有的权利和应承担的义务。

1. 投保人的义务

(1)按期、足额缴纳保险费。这是投保人的主合同义务，投保人必须按照保险合同约定的缴费期限(含宽限期)、数额和方式履行缴费义务，否则保险人可以拒绝承担责任，或中止直至终止保险合同。

(2)维护保险标的安全。投保人应尽到善良行为人的职责，遵守有关规则，正常使用、管理保险标的，维护其安全。合同有效期内，保险人可以对保险标的的安全状况进行检查，向投保人提出消除安全隐患的建议，投保人应当接受检查，对合理建议采取有效措施。

(3)危险增加的通知义务。投保人或被保险人知道保险标的的危害在程度上有所增加时，有义务通知保险人。

(4)出险通知义务。保险事故发生后，投保人或被保险人应及时通知保险人，以利于后者及时勘查现场、收集证据、采取补救措施。出险通知义务履行延迟的，保险人有权对因延迟而扩大的损失拒赔。

(5)出险施救义务。保险事故发生时，投保人或被保险人有义务尽力采取必要措施，防止或减少损失，否则保险人得就损失扩大部分拒赔。

2. 保险人的义务

(1)条款说明义务。这是指保险人在与投保人订立保险合同时，应当就合同的条款内容向投保人作书面或口头的解释，以使投保人明了其真实含义。

(2)及时签单的义务。

(3)承担赔付保险金的义务。这是保险人的主合同义务。保险事故一经确认，保险人应及时、迅速、准确、合理地履行赔付保险金的责任，不得无故拖延；否则，由此造成投保人或被保险人损失的，保险人要承担赔偿责任。

(4)保密义务。保险人对在办理保险业务中知悉的投保人、被保险人的业务和财务情况，负有保密的义务。

(5)承担施救及其他合理费用的义务。投保人或被保险人在保险事故中发生的施救等合理费用,应由保险人承担。这些费用应当在赔付金之外支付,以不超过保险金额为限。

微型案例

2004年11月,无锡一建材公司车间及办公楼发生火灾,该公司员工顾某停放在公司办公楼旁的一辆别克轿车在火灾中被烧毁。

2004年12月,消防部门出具了"火灾原因不明"的火灾原因认定书。此后,又出具了一份火灾事故调查分析情况并说明了因现场坍塌破坏严重,不排除电气线路发生短路引起火灾的可能性。

2005年3月,保险公司依照车辆保险合同,向顾某支付理赔款15.9万余元。同时,顾某出具了一份权益转让书,将损失追偿权转让给保险公司。2006年2月,保险公司诉至法院,请求判令建材公司承担赔偿责任。

一审法院认为,本案中所认定的火灾原因不明,即没有证据证明建材公司有过错,但可以认定火灾发生在建材公司并将顾某的轿车烧毁,顾某的财产受损与建材公司起火事实存在因果关系。虽然顾某、建材公司对火灾的发生均无过错,但顾某因火灾所遭受的损失,理应得到分散和补偿。从公平原则考虑,顾某所受的损失应由顾某与建材公司各分担50%。因此,顾某要求建材公司赔偿的权利和应得的补偿款依法由保险公司受让并享有。据此,一审法院判决建材公司应补偿保险公司经济损失7.9万余元。建材公司不服,提起上诉。

无锡中院审理后认为,建材公司员工顾某的车辆停放在本公司办公楼旁并无不当,对车辆在公司火灾事故中被烧毁没有过错。

消防部门认定火灾原因不明,也不能确定建材公司存在过错,但顾某所受损失与建材公司火灾事实之间确实存在因果关系。根据公平责任原则,建材公司应当分担顾某部分损失。

保险公司依据与顾某之间的车辆保险合同已支付了理赔款,按保险法规定,保险公司自赔付之日起即取得对保险标的物损失负有民事责任的第三人进行代位求偿的权利,并且保险公司的代位求偿权并不以第三人是否有过错为前提。因此,建材公司应向保险公司支付补偿款7.9万余元。

据此,无锡中院驳回了建材公司的上诉,维持原判。

(三)保险合同的变更和解除

1. 保险合同的变更

保险合同的变更,是指在保险合同有效期限内,由于订立保险合同所依据的主客观情况发生变化,双方当事人按照法定或约定的程序,对原保险合同的某些条款进行修改或补充,从而使合同的内容发生变化。

(1)财产保险中因保险标的的转让而引起的被保险人的变动。保险标的转让的,被保险人或者受让人应当及时通知保险人,但货物运输保险合同和另有约定的合同除外。被保险人、受让人未履行法律规定的通知义务的,因转让导致保险标的危险程度显著增加而发生的保险事故,保险人不承担赔偿保险金的责任。

(2)人身保险合同中因受益人的变动而引起的合同变更。被保险人或者投保人可以变更受益人并书面通知保险人。保险人收到变更受益人的书面通知后,应当在保险单或者其他保险凭证上批注或者附贴批单。投保人变更受益人时须经被保险人同意。

2. 保险合同的解除

(1)投保人享有合同解除权。我国《保险法》第15条规定,"除本法另有规定或者保险合同另有约定外,保险合同成立后,投保人可以解除合同,保险人不得解除合同。"

(2)禁止解除。货物运输保险合同和运输工具航程保险合同,保险责任开始后,合同当事人不得解除合同。

(3)保险人可以解除合同的情况具体有以下几种：

第一，投保人故意或过失违反告知义务时，保险人可以解除合同。

第二，未发生保险事故，被保险人或者受益人谎称发生了保险事故，向保险人提出赔偿或者给付保险金请求的，保险人有权解除合同，并不退还保险费。投保人、被保险人故意制造保险事故的，保险人有权解除合同，不承担赔偿或者给付保险金的责任；除另有规定外，不退还保险费。

第三，投保人、被保险人未按照约定履行其对保险标的的安全应尽责任的，保险人有权要求增加保险费或者解除合同。

第四，在合同有效期内，保险标的的危险程度显著增加的，被保险人应当按照合同约定及时通知保险人，保险人可以按照合同约定增加保险费或者解除合同。保险人解除合同的，应当将已收取的保险费，按照合同约定扣除自保险责任开始之日起至合同解除之日止应收的部分后，退还投保人。

第五，投保人申报的被保险人年龄不真实，并且其真实年龄不符合合同约定的年龄限制的，保险人可以解除合同，并按照合同约定退还保险单的现金价值。

第六，合同效力依照保险法规定中止的，经保险人与投保人协商并达成协议，在投保人补交保险费后，合同效力恢复。但是，自合同效力中止之日起满 2 年双方未达成协议的，保险人有权解除合同。保险人依照前款规定解除合同的，应当按照合同约定退还保险单的现金价值。

第七，保险标的发生部分损失的，自保险人赔偿之日起 30 日内，投保人可以解除合同；除合同另有约定外，保险人也可以解除合同，但应当提前 15 日通知投保人。合同解除的，保险人应当将保险标的未受损失部分的保险费，按照合同约定扣除自保险责任开始之日起至合同解除之日止应收的部分后，退还投保人。

(4)保险合同解除的效力。投保人解除合同的，保险人应当自收到解除合同通知之日起 30 日内，按照合同约定退还保险单的现金价值。

(四)无效保险合同

无效保险合同是指法律不承认或不予保护的保险合同，该合同因法定或约定的原因，自然而确定地不发生效力。无效保险合同分为全部无效和部分无效两种。

保险合同无效的原因主要有以下几种：

(1)投保人对保险标的没有保险利益；

(2)超额投保的，超过保险价值的部分无效；

(3)保险人未明确说明免责条款的，该条款不产生效力；

(4)以死亡为给付保险金条件的人身保险合同，未经被保险人书面同意并认可保险金额的，合同无效；

(5)保险合同内容与法律法规相抵触的，抵触部分无效；

(6)保险人及其代理人采取强迫、欺骗、引诱、误导等手段与投保人订立保险合同的；

(7)缔约主体不合格等。

无效合同从订立时起就不发生法律效力，但这并不意味着无效的保险合同没有法律意义。保险合同一旦被认定为无效，会产生一定的法律后果，主要包括返还财产、赔偿损失以及行政处罚等。

第三节 人身保险合同的特别规定

一、人身保险合同的保险利益

人身保险是以人的寿命和身体为保险标的的保险。人身保险的投保人在保险合同订立时，对被保险人应当具有保险利益。投保人对下列人员具有保险利益：(1)本人；(2)配偶、子女、父母；(3)前项以外与投保人有抚养、赡养或者扶养关系的家庭其他成员、近亲属；(4)与投保人有劳动关系的劳动者。

除前款规定外，被保险人同意投保人为其订立合同的，视为投保人对被保险人具有保险利益。订立合同时，投保人对被保险人不具有保险利益的，合同无效。

二、投保人申报的被保险人年龄不真实的法律后果

投保人申报的被保险人年龄不真实，并且其真实年龄不符合合同约定的年龄限制的，保险人可以解除合同，并按照合同约定退还保险单的现金价值。投保人申报的被保险人年龄不真实，致使投保人支付的保险费少于应付保险费的，保险人有权更正并要求投保人补交保险费，或者在给付保险金时按照实付保险费与应付保险费的比例支付。投保人申报的被保险人年龄不真实，致使投保人支付的保险费多于应付保险费的，保险人应当将多收的保险费退还投保人。

三、以死亡为给付保险金条件的人身保险

投保人不得为无民事行为能力人投保以死亡为给付保险金条件的人身保险，保险人也不得承保。父母为其未成年子女投保的人身保险，不受前款规定限制。但是，因被保险人死亡给付的保险金总和不得超过国务院保险监督管理机构规定的限额。

以死亡为给付保险金条件的合同，未经被保险人同意并认可保险金额的，合同无效。父母为其未成年子女投保的人身保险，不受该项规定限制。

按照以死亡为给付保险金条件的合同所签发的保险单，未经被保险人书面同意，不得转让或者质押。

四、保险费支付

投保人可以按照合同约定向保险人一次支付全部保险费或者分期支付保险费。合同约定分期支付保险费，投保人支付首期保险费后，除合同另有约定外，投保人自保险人催告之日起超过 30 日未支付当期保险费，或者超过约定的期限 60 日未支付当期保险费的，合同效力中止，或者由保险人按照合同约定的条件减少保险金额。但被保险人在该规定期限内发生保险事故的，保险人应当按照合同约定给付保险金，但可以扣减欠交的保险费。

合同效力依法中止的，经保险人与投保人协商并达成协议，在投保人补交保险费后，合同

效力恢复。但是，自合同效力中止之日起满2年双方未达成协议的，保险人有权解除合同。但保险人依照该规定解除合同的，应当按照合同约定退还保险单的现金价值。

保险人对人寿保险的保险费，不得用诉讼方式要求投保人支付。

五、人身保险合同的受益人

人身保险的受益人由被保险人或者投保人指定。投保人指定受益人时须经被保险人同意。投保人为与其有劳动关系的劳动者投保人身保险，不得指定被保险人及其近亲属以外的人为受益人。被保险人为无民事行为能力人或者限制民事行为能力人的，可以由其监护人指定受益人。

被保险人或者投保人可以指定一人或者数人为受益人。受益人为数人的，被保险人或者投保人可以确定受益顺序和受益份额；未确定受益份额的，受益人按照相等份额享有受益权。

被保险人或者投保人可以变更受益人并书面通知保险人。保险人收到变更受益人的书面通知后，应当在保险单或者其他保险凭证上批注或者附贴批单。投保人变更受益人时须经被保险人同意。

六、保险金的继承

被保险人死亡后，有下列情形之一的，保险金作为被保险人的遗产，由保险人依照《中华人民共和国继承法》的规定履行给付保险金的义务：(1)没有指定受益人，或者受益人指定不明、无法确定的；(2)受益人先于被保险人死亡，没有其他受益人的；(3)受益人依法丧失受益权或者放弃受益权，没有其他受益人的。受益人与被保险人在同一事件中死亡，且不能确定死亡先后顺序的，推定受益人死亡在先。

七、保险人不承担保险金给付责任的情形

投保人故意造成被保险人死亡、伤残或者疾病的，保险人不承担给付保险金的责任。投保人已缴足2年以上保险费的，保险人应当按照合同约定向其他权利人退还保险单的现金价值。

受益人故意造成被保险人死亡、伤残、疾病的，或者故意杀害被保险人未遂的，该受益人丧失受益权。

以被保险人死亡为给付保险金条件的合同，自合同成立或者合同效力恢复之日起2年内，被保险人自杀的，保险人不承担给付保险金的责任，但被保险人自杀时为无民事行为能力人的除外。保险人依照该规定不承担给付保险金责任的，应当按照合同约定退还保险单的现金价值。

因被保险人故意犯罪或者抗拒依法采取的刑事强制措施导致其伤残或者死亡的，保险人不承担给付保险金的责任。投保人已缴足2年以上保险费的，保险人应当按照合同约定退还保险单的现金价值。

被保险人因第三者的行为而发生死亡、伤残或者疾病等保险事故的，保险人向被保险人或者受益人给付保险金后，不享有向第三者追偿的权利，但被保险人或者受益人仍有权向第三者

请求赔偿。

投保人解除合同的，保险人应当自收到解除合同通知之日起 30 日内，按照合同约定退还保险单的现金价值。

第四节　财产保险合同的特别规定

一、财产保险合同概述

财产保险是以财产及其有关利益为保险标的的保险。保险事故发生时，被保险人对保险标的不具有保险利益的，不得向保险人请求赔偿保险金。

二、财产保险合同的转让和解除

保险标的转让的，保险标的的受让人承继被保险人的权利和义务。保险标的转让的，被保险人或者受让人应当及时通知保险人，但货物运输保险合同和另有约定的合同除外。被保险人、受让人未履行该项规定的通知义务的，因转让导致保险标的危险程度显著增加而发生的保险事故，保险人不承担赔偿保险金的责任。

因保险标的的转让导致危险程度显著增加的，保险人自收到前款规定的通知之日起 30 日内，可以按照合同约定增加保险费或者解除合同。保险人解除合同的，应当将已收取的保险费，按照合同约定扣除自保险责任开始之日起至合同解除之日止应收的部分后，退还投保人。

货物运输保险合同和运输工具航程保险合同，保险责任开始后，合同当事人不得解除合同。

三、财产保险合同当事人的权利和义务

被保险人应当遵守国家有关消防、安全、生产操作、劳动保护等方面的规定，维护保险标的的安全。

保险人可以按照合同约定对保险标的的安全状况进行检查，及时向投保人、被保险人提出消除不安全因素和隐患的书面建议。

投保人、被保险人未按照约定履行其对保险标的的安全应尽责任的，保险人有权要求增加保险费或者解除合同。

保险人为维护保险标的的安全，经被保险人同意，可以采取安全预防措施。

在合同有效期内，保险标的的危险程度显著增加的，被保险人应当按照合同约定及时通知保险人，保险人可以按照合同约定增加保险费或者解除合同。保险人解除合同的，应当将已收取的保险费，按照合同约定扣除自保险责任开始之日起至合同解除之日止应收的部分后，退还投保人。被保险人未履行该项通知义务的，因保险标的的危险程度显著增加而发生的保险事故，保险人不承担赔偿保险金的责任。

四、保险费的退还

有下列情形之一的，除合同另有约定外，保险人应当降低保险费，并按日计算退还相应的保险费：(1)据以确定保险费率的有关情况发生变化，保险标的的危险程度明显减少的；(2)保险标的的保险价值明显减少的。

保险责任开始前，投保人要求解除合同的，应当按照合同约定向保险人支付手续费，保险人应当退还保险费。保险责任开始后，投保人要求解除合同的，保险人应当将已收取的保险费，按照合同约定扣除自保险责任开始之日起至合同解除之日止应收的部分后，退还投保人。

五、保险价值和保险金额

投保人和保险人约定保险标的的保险价值并在合同中载明的，保险标的发生损失时，以约定的保险价值为赔偿计算标准。

投保人和保险人未约定保险标的的保险价值的，保险标的发生损失时，以保险事故发生时保险标的的实际价值为赔偿计算标准。

保险金额不得超过保险价值。超过保险价值的，超过部分无效，保险人应当退还相应的保险费。

保险金额低于保险价值的，除合同另有约定外，保险人按照保险金额与保险价值的比例承担赔偿保险金的责任。

六、重复保险

重复保险是指投保人对同一保险标的、同一保险利益、同一保险事故分别与两个以上保险人订立保险合同，且保险金额总和超过保险价值的保险。重复保险的投保人应当将重复保险的有关情况通知各保险人。

重复保险的各保险人赔偿保险金的总和不得超过保险价值。除合同另有约定外，各保险人按照其保险金额与保险金额总和的比例承担赔偿保险金的责任。

重复保险的投保人可以就保险金额总和超过保险价值的部分，请求各保险人按比例返还保险费。

七、保险赔偿和保险代位权

保险事故发生时，被保险人应当尽力采取必要的措施，防止或者减少损失。保险事故发生后，被保险人为防止或者减少保险标的的损失所支付的必要的、合理的费用，由保险人承担；保险人所承担的费用数额在保险标的损失赔偿金额以外另行计算，最高不超过保险金额的数额。

保险事故发生后，保险人已支付了全部保险金额，并且保险金额等于保险价值的，受损保险标的的全部权利归于保险人；保险金额低于保险价值的，保险人按照保险金额与保险价值的比例取得受损保险标的的部分权利。

保险代位权是指因第三者对保险标的的损害而造成保险事故的，保险人自向被保险人赔偿保险金之日起，在赔偿金额范围内代位行使被保险人对第三者请求赔偿的权利。保险事故发生后，被保险人已经从第三者取得损害赔偿的，保险人赔偿保险金时，可以相应扣减被保险人从第三者已取得的赔偿金额。保险人依照规定行使代位请求赔偿的权利，不影响被保险人就未取得赔偿的部分向第三者请求赔偿的权利。

保险事故发生后，保险人未赔偿保险金之前，被保险人放弃对第三者请求赔偿的权利的，保险人不承担赔偿保险金的责任。保险人向被保险人赔偿保险金后，被保险人未经保险人同意放弃对第三者请求赔偿的权利的，该行为无效。被保险人故意或者因重大过失致使保险人不能行使代位请求赔偿的权利的，保险人可以扣减或者要求返还相应的保险金。

除被保险人的家庭成员或者其组成人员故意造成的保险事故外，保险人不得对被保险人的家庭成员或者其组成人员行使代位请求赔偿的权利。

保险人向第三者行使代位请求赔偿的权利时，被保险人应当向保险人提供必要的文件和所知道的有关情况。保险人、被保险人为查明和确定保险事故的性质、原因和保险标的的损失程度所支付的必要的、合理的费用，由保险人承担。

八、责任保险

责任保险是指以被保险人对第三者依法应负的赔偿责任为保险标的的保险。保险人对责任保险的被保险人给第三者造成的损害，可以依照法律的规定或者合同的约定，直接向该第三者赔偿保险金。责任保险的被保险人给第三者造成损害，被保险人对第三者应负的赔偿责任确定的，根据被保险人的请求，保险人应当直接向该第三者赔偿保险金。被保险人怠于请求的，第三者有权就其应获赔偿部分直接向保险人请求赔偿保险金。责任保险的被保险人给第三者造成损害，被保险人未向该第三者赔偿的，保险人不得向被保险人赔偿保险金。

责任保险的被保险人因给第三者造成损害的保险事故而被提起仲裁或者诉讼的，被保险人支付的仲裁或者诉讼费用以及其他必要的、合理的费用，除合同另有约定外，由保险人承担。

第五节 保险公司

一、保险公司及其分支机构的设立

(一)保险公司设立的条件

设立保险公司应当经国务院保险监督管理机构批准。根据《保险法》第 68 条的规定，设立保险公司须同时具备以下条件：

(1)主要股东具有持续盈利能力，信誉良好，最近 3 年内无重大违法违规记录，净资产不低于人民币 2 亿元；

(2)有符合本法和《中华人民共和国公司法》规定的章程；

(3)有符合本法规定的注册资本；

(4)有具备任职专业知识和业务工作经验的董事、监事和高级管理人员；

(5)有健全的组织机构和管理制度;

(6)有符合要求的营业场所和与经营业务有关的其他设施;

(7)法律、行政法规和国务院保险监督管理机构规定的其他条件。

设立保险公司,其注册资本的最低限额为人民币2亿元。国务院保险监督管理机构根据保险公司的业务范围、经营规模,可以调整其注册资本的最低限额,但不得低于该2亿元的限额。保险公司的注册资本必须为实缴货币资本。

(二)保险公司设立的程序

1. 初步申请和审查

申请人向保监会提出筹建保险公司的书面申请并附相关的书面材料。保监会收到申请后在6个月内做出批准与否的决定;不批准的,书面通知申请人并说明理由。

2. 筹建

申请人应当自收到批准筹建通知之日起1年内完成筹建工作,筹建期间不得从事保险经营活动。

3. 开业申请

保险公司完成筹建后,向保监会提出开业申请并提交相关的书面文件。

4. 核准许可

保监会收到开业申请后在60日内作出核准与否的决定。决定核准的,颁发"经营保险业务许可证";不予核准的,书面通知申请人并说明理由。

5. 注册登记

经核准的保险公司持许可证在6个月内向工商部门办理注册登记,领取营业执照。

(三)保险公司分支机构的设立

保险公司可以根据业务需要并在符合法定条件的情况下申请设立分支机构,分支机构应采取分公司、中心支公司、支公司、营业部或营销服务部的形式。其设立程序与设立保险公司大致相同。

二、保险公司的业务范围

保险公司的业务范围包括以下业务:

(1)人身保险业务。包括人寿保险、健康保险、意外伤害保险等保险业务。

(2)财产保险业务。包括财产损失保险、责任保险、信用保险、保证保险等保险业务。

(3)国务院保险监督管理机构批准的与保险有关的其他业务。

保险人不得兼营人身保险业务和财产保险业务。但是,经营财产保险业务的保险公司经国务院保险监督管理机构批准,可以经营短期健康保险业务和意外伤害保险业务。保险公司应当在国务院保险监督管理机构依法批准的业务范围内从事保险经营活动。

经国务院保险监督管理机构批准,保险公司可以经营上述规定的保险业务的下列再保险业务:(1)分出保险;(2)分入保险。

三、保险保障基金

保险公司应当缴纳保险保障基金。

保险保障基金应当集中管理，并在下列情形下统筹使用：(1)在保险公司被撤销或者被宣告破产时，向投保人、被保险人或者受益人提供救济；(2)在保险公司被撤销或者被宣告破产时，向依法接受其人寿保险合同的保险公司提供救济；(3)国务院规定的其他情形。

保险保障基金筹集、管理和使用的具体办法，由国务院制定。

第六节　保险代理人和保险经纪人

一、保险代理人和保险经纪人的概念

保险代理人是根据保险人的委托，向保险人收取佣金，并在保险人授权的范围内代为办理保险业务的机构或者个人。保险代理机构包括专门从事保险代理业务的保险专业代理机构和兼营保险代理业务的保险兼业代理机构。

保险经纪人是基于投保人的利益，为投保人与保险人订立保险合同提供中介服务，并依法收取佣金的机构。

二、保险代理机构和保险经纪人的设立

保险代理机构、保险经纪人应当具备国务院保险监督管理机构规定的条件，取得保险监督管理机构颁发的经营保险代理业务许可证、保险经纪业务许可证。

以公司形式设立保险专业代理机构、保险经纪人，其注册资本最低限额适用《中华人民共和国公司法》的规定。国务院保险监督管理机构根据保险专业代理机构、保险经纪人的业务范围和经营规模，可以调整其注册资本的最低限额，但不得低于《中华人民共和国公司法》规定的限额。保险专业代理机构、保险经纪人的注册资本或者出资额必须为实缴货币资本。

三、保险专业代理机构、保险经纪人的从业人员的任职资格

保险专业代理机构、保险经纪人的高级管理人员，应当品行良好，熟悉保险法律、行政法规，具有履行职责所需的经营管理能力，并在任职前取得保险监督管理机构核准的任职资格。

个人保险代理人、保险代理机构的代理从业人员、保险经纪人的经纪从业人员，应当品行良好，具有从事保险代理业务或者保险经纪业务所需的专业能力。

个人保险代理人在代为办理人寿保险业务时，不得同时接受两个以上保险人的委托。

四、保险代理人代为办理保险业务的责任承担和禁止性行为

保险人委托保险代理人代为办理保险业务，应当与保险代理人签订委托代理协议，依法约定双方的权利和义务。保险代理人根据保险人的授权代为办理保险业务的行为，由保险人承担责任。保险代理人没有代理权、超越代理权或者代理权终止后以保险人名义订立合同，使投保人有理由相信其有代理权的，该代理行为有效。保险人可以依法追究越权的保险代理人的责任。保险经纪人因过错给投保人、被保险人造成损失的，依法承担赔偿责任。

保险代理人、保险经纪人及其从业人员在办理保险业务活动中不得有下列行为：

(1)欺骗保险人、投保人、被保险人或者受益人；

(2)隐瞒与保险合同有关的重要情况；

(3)阻碍投保人履行本法规定的如实告知义务，或者诱导其不履行本法规定的如实告知义务；

(4)给予或者承诺给予投保人、被保险人或者受益人保险合同约定以外的利益；

(5)利用行政权力、职务或者职业便利以及其他不正当手段强迫、引诱或者限制投保人订立保险合同；

(6)伪造、擅自变更保险合同，或者为保险合同当事人提供虚假证明材料；

(7)挪用、截留、侵占保险费或者保险金；

(8)利用业务便利为其他机构或者个人牟取不正当利益；

(9)串通投保人、被保险人或者受益人，骗取保险金；

(10)泄露在业务活动中知悉的保险人、投保人、被保险人的商业秘密。

课后习题

一、复习思考题

1. 什么是保险？保险的种类有哪些？
2. 什么是保险合同？它有哪些特征？
3. 保险合同的主体有哪些？
4. 保险合同的内容有哪些？
5. 保险合同无效的原因有哪些？
6. 人身保险合同的特别规定有哪些？
7. 财产保险合同的特别规定有哪些？
8. 保险公司的设立条件有哪些？

二、案例分析题

某药店于2006年2月15日向保险公司投保了企业财产险。在保险期限内，由于该药店门市房施工质量差，药店的顶部预制板突然发生断裂塌落，砸坏货架及30多种药品，保险财产损失达91 500元。就在保险公司准备赔付的时候，收到一封匿名检举信，揭发该药店出售假药。经保险公司核查，该药店出售的螺旋霉素为假冒产品，该部分损失为19 515元。保险公司决定对于该项损失不予赔偿。被保险人认为，药店购进药品时并不知道这是假药，是善意购买，而且保险公司在承保时也并未审查，因此应按原价赔偿。

请问：本案应如何处理？理由是什么？

第十二章　票据法

学习目标

了解票据的概念、特征和种类；
了解票据关系的当事人；
掌握票据权利、票据行为、票据抗辩与补救；
掌握汇票、本票和支票的基本内容。

引入案例

票据大案

2003年1月和4月，广东某公司董事长谢某为解决资金问题，伙同资金掮客梁某、陈某，勾结建设银行广东省珠海市分行丽景支行行长黄学良、工商银行河南省分行营业部经纬支行副行长杨红霞、华信支行工作人员张颖晖，私刻建行丽景支行公章等票据回购所需印鉴，虚构产品交易合同，虚开增值税专用发票，凭空填制多张商业承兑汇票，先后两次以建行丽景支行名义与工行华信支行签订商业承兑汇票回购合同，骗取该行资金共1.3亿元，用于投资、挥霍和行贿。经公安部门全力追缴，尚有6 000余万元赃款未能追回。

——资料来源：http://news.xinhuanet.com/newscenter/2005-03/29/content_2756103.htm。

第一节　票据法概述

一、票据的概念、特征和种类

票据是指由出票人签发的、承诺自己或委托他人于见票时或确定的日期向持票人或收款人无条件支付一定金额的有价证券。票据具有以下特征：

(一)无因性

票据上的权利人享有票据权利只以持有符合票据法规定的有效票据为必要，至于票据赖以发生的原因，在所不问，即使原因关系无效或有瑕疵，均不影响票据的效力。票据权利人在行使票据权利时，无需证明给付原因，票据债务人也不得以原因关系对抗善意第三人。

(二)要式性

票据法律严格规定了票据的制作格式和记载事项，不按票据法及相关法规的规定进行票据事项的记载，就会影响票据的效力甚至会导致票据的无效。此外，在票据上所为的一切行为，如出票、背书、承兑、保证、付款、追索等，也必须严格按照《票据法》规定的程序和方式进行，否则无效。

(三)文义性

票据上所载权利和义务的内容必须严格按照票据上所载文义确定,即使票据的书面记载内容与票据的事实相悖,也必须以该记载事项为准。例如,当票据上记载的出票日与实际出票日不一致时,必须以票据上记载的出票日为准。

(四)设权性

票据权利的产生必须首先做成证券,票据权利是随着票据的做成同时发生的。没有票据,就没有票据权利。

(五)流通性

票据的一个基本功能就是流通。票据上的权利,经背书或单纯交付即可让与他人。一般说来,无记名票据,可依单纯交付而转让;记名票据,须经背书交付才能转让。

根据我国《票据法》第 2 条第 2 款的规定,票据分为汇票、本票和支票三种。

二、票据法的概念

广义的票据法是指涉及票据关系调整的各种法律规范,既包括专门的票据法律、法规,也包括其他法律、法规中有关票据的规范。一般意义上所说的票据法是指狭义的票据法,即专门的票据法规范,它是规定票据的种类、形式和内容,明确票据当事人之间的权利和义务,调整因票据而发生的各种社会关系的法律规范。在我国,狭义的票据法是指在 1995 年 5 月 10 日经第八届全国人民代表大会常务委员会第十三次会议通过,根据 2004 年 8 月 28 日第十届全国人民代表大会常务委员会第十一次会议《关于修改〈中华人民共和国票据法〉的决定》修正的《中华人民共和国票据法》。

三、票据关系的当事人

(一)基本当事人

票据关系的基本当事人是指票据一经成立即已存在的当事人,包括出票人、收款人、付款人。他们是构成票据法律关系的必要主体,基本当事人在票据形式上不存在或不完全,票据法律关系就不能成立,票据也就无效。

(二)非基本当事人

票据关系的非基本当事人是指票据已经成立,通过各种票据行为而加入票据关系中的当事人,如背书人、保证人、参加付款人、预备付款人等。非基本当事人并不是任何票据都存在的。

第二节　票据权利和票据行为

一、票据权利

(一)票据权利的概念和种类

票据权利是指持票人向票据债务人请求支付票据金额的权利,包括付款请求权和追索权。付款请求权是指持票人对主债务人所享有的、依票据而请求支付票据所载金额的权利。付款请求权是第一次请求权，具有主票据权利的性质，持票人必须首先向主债务人行使第一次请求权，而不能越过它直接行使追索权。追索权是指在付款请求权未能实现时发生的、持票人对从债务人所享有的、请求偿还票据所载金额及其他有关金额的权利。相对于付款请求权来说，追索权是第二性权利。票据权利人首先应该向票据主债务人或其他付款义务人行使付款请求权；在付款请求权未能实现时，才可以向付款人以外的其他票据债务人行使追索权。

(二)票据权利的取得

1. 票据权利的原始取得

票据权利的原始取得，是指持票人不经其他任何前手权利人，而最初取得票据。它包括发行取得和善意取得。

发行取得是指权利人依出票人的出票行为，而原始取得票据权利。它是票据权利最主要的原始取得方式，也是其他取得方式的基础。没有票据权利的发行取得，其他取得方式无从谈起。

善意取得是指票据受让人依票据法规定的转让方法，善意地从无处分权人处取得票据，从而取得票据权利。

2. 票据权利的继受取得

票据权利的继受取得，是指受让人从有处分权的前手权利人处取得票据，从而取得票据权利。它分票据法上的继受取得和非票据法上的继受取得。

票据法上的继受取得是指依票据法规定的转让方式，从有票据处分权的前手权利人处取得票据，从而取得票据权利。票据的背书转让，是最主要的票据权利继受取得方式。

非票据法上的继受取得是指非依票据法规定的转让方式而是依民事权利的转让方式取得票据权利，如依赠与而取得。

(三)票据权利的行使与保全

1. 票据权利的行使

票据权利的行使指票据权利人请求票据义务人履行义务，从而实现票据权利的行为。其特别之处在于票据权利人应进行票据提示，即实际地将票据向票据债务人出示，以此请求票据义务人履行义务。票据提示的处所通常为票据上载明的票据权利行使处所，票据上未指明处所的，则应在票据当事人的营业场所进行。

2. 票据权利的保全

票据权利的保全指票据权利人为防止票据权利丧失所进行的行为。票据权利的保全方式包括进行票据提示、做成拒绝证书、中断时效。

3. 票据权利行使与保全的时间和地点

我国《票据法》第16条规定，持票人对票据债务人行使票据权利或者保全票据权利，应当在票据当事人的营业场所和营业时间内进行。无营业场所的，在其住所进行；关于营业时间，如果期限的最后一日为非营业日，则以非营业日之后的第一个营业日为最后一日。持票人应根据票据债务人或票据当事人具体的营业时间，行使或保全票据权利。

(四)票据权利的消灭

1. 票据权利消灭的概念

票据权利的消灭，是指因一定的事由而使票据上的付款请求权和追索权失去其法律意义。

2. 票据权利消灭的事由

(1)付款。根据我国《票据法》第 60 条的规定，付款人依法足额付款后，全体票据债务人的责任解除。

(2)追索义务人清偿票据债务及追索费用。根据我国《票据法》第 72 条的规定，被追索人依持票人行使追索权，而进行相应金额的清偿后，其责任解除。这时，并不是所有的票据债务都归于消灭，依被追索人在票据关系中的地位不同而有所不同。汇票的承兑人或其他票据的出票人履行完追索义务，票据权利完全消灭；被追索人为尚有前手的背书人或保证人的，在履行完追索义务后，还可以行使再追索权，这时的票据权利仍未彻底消灭，而只是“相对消灭”。

(3)票据时效期间届满。根据我国《票据法》第 17 条的规定，票据权利在下列期限内不行使而消灭：①持票人对汇票、本票出票人和承兑人的权利，自票据到期日起 2 年。见票即付的汇票、本票，自出票日起 2 年。②持票人对支票出票人的权利，自出票日起 6 个月。③持票人对前手的追索权，自被拒绝承兑或被拒绝付款之日起 6 个月。④持票人对前手的再追索权，自清偿日或被提起诉讼之日起 3 个月。

(4)票据记载事项欠缺。《票据法》第 18 条规定，票据可以因记载事项的欠缺而使持票人丧失票据权利，这时，持票人只享有利益偿还请求权。

(5)保全手续欠缺。《票据法》第 65 条规定，持票人不能出示拒绝证明、退票理由书或者未按照规定期限提供其他合法证明的，丧失对前手的追索权。

除此之外，票据物质形态的消灭也可以使票据权利消灭，民法上一般债权的消灭事由如抵消、混同、提存、免除等也可以使票据权利消灭。

(五)票据权利的瑕疵

1. 票据的伪造与变造

票据的伪造是指假借他人的名义，在票据上为一定的票据行为。一般说来，票据法意义上的票据的伪造指票据签章的伪造，而不包括其他事项的伪造。票据的变造是指无票据记载事项变更权限的人，对票据上记载事项加以变更，从而使票据法律关系的内容发生改变。

2. 票据伪造、变造的法律责任

《票据法》第 14 条规定，票据上的记载事项应当真实，不得伪造、变造。伪造、变造票据上的签章和其他记载事项的，应当承担法律责任。票据上有伪造、变造的签章的，不影响票据上其他真实签章的效力。票据上其他记载事项被变造的，在变造之前签章的人，对原记载事项负责；在变造之后签章的人，对变造之后的记载事项负责；不能辨别是在票据被变造之前或者之后签章的，视同在变造之前签章。

3. 票据的更改和涂销

票据的更改和涂销是指将票据上的签名或其他记载事项加以更改或涂抹消除的行为。我国《票据法》第 9 条规定，票据金额、日期、收款人名称不得更改，更改的票据无效。对票据上的其他记载事项，原记载人可以更改，更改时应当由原记载人签章证明。

二、票据行为

(一)票据行为的概念

票据行为是以行为人在票据上进行必备事项的记载、完成签名并予以交付为要件，以发生或转移票据上权利、负担票据上债务为目的的要式法律行为。

(二)票据行为的种类

在我国《票据法》中，就票据行为来说，汇票包括出票、背书、承兑、保证，本票包括出票、背书、保证，支票包括出票和背书。

1. 出票

出票是指出票人签发票据并将其交付给收款人的票据行为。它是最基本的票据行为，其他票据行为必须在出票行为的基础上才能进行。

2. 背书

背书是指持票人将票据权利转让给他人或者将一定的票据权利授予他人行使的票据行为。根据我国《票据法》第 31 条的规定，持票人依背书连续证明自己的合法持票人身份。

3. 承兑

承兑是指汇票付款人承诺在汇票到期日支付汇票金额的票据行为。汇票上的付款人一经承兑，就必须承担无条件的绝对的付款责任。

4. 保证

保证是指行为人对特定票据债务人的票据债务承担连带责任的票据行为。

第三节　票据抗辩与补救

一、票据抗辩

(一)票据抗辩的概念和种类

票据抗辩是票据债务人根据票据法的规定对票据债权人拒绝履行义务的行为。

票据抗辩可以根据不同的标准进行分类。通常根据抗辩事由和抗辩效力的不同，将票据抗辩分为对物的抗辩和对人的抗辩。

1. 对物的抗辩

对物的抗辩是指因票据本身所存在的事由而发生的抗辩。对物的抗辩，其抗辩事由来自于票据这一“物”本身，基于票据的无因性、文义性，它对任何持票人都可以主张，并且与票据当事人之间的关系无关，又称绝对的抗辩和客观的抗辩。

2. 对人的抗辩

对人的抗辩是指因票据义务人与特定的票据权利人之间存在的一定关系而发生的抗辩。这种抗辩来源于票据当事人之间存在的一定个人因素的关系，而非票据本身，所以仅能对特定的票据权利人主张，又称主观抗辩和相对抗辩。

(二)票据抗辩的限制

我国《票据法》第 13 条明确规定票据债务人不得以自己与出票人或者与持票人的前手之间的抗辩事由，对抗持票人。但是，持票人明知存在抗辩事由而取得票据的除外。

二、票据的丧失与补救

票据的丧失是指在票据权利人因某种原因丧失对票据的实际占有，使票据权利的行使遭到一定障碍时，为使权利人的票据权利能够实现，而对其提供的特别的法律救济。票据补救包括挂失止付、公示催告和提起诉讼。

（一）挂失止付

挂失止付是指票据权利人在丧失票据占有时，为防止可能发生的损害、保护自己的票据权利，通知票据上的付款人，请求其停止票据支付的行为。

（二）公示催告

公示催告是指在票据等有价证券丧失的场合，由法院依申请人的申请，向未知的利害关系人发出公告，告知其如果未在一定期间申报权利、提出证券，则法院会通过判决的形式宣告其无效，从而催促利害关系人申报权利、提出证券的一种特别诉讼程序。

（三）提起诉讼

失票人在丧失票据后，可以直接向法院提起民事诉讼，请求法院判令票据债务人向其支付票据金额。

我国《票据法》第 15 条规定，“票据丧失，失票人可以及时通知票据的付款人挂失止付，但是，未记载付款人或者无法确定付款人及其代理付款人的票据除外。收到挂失止付通知的付款人，应当暂停支付。失票人应当在通知挂失止付后 3 日内，也可以在票据丧失后，依法向人民法院申请公示催告，或者向人民法院提起诉讼。”

第四节　汇　票

一、汇票概述

（一）汇票的概念

汇票是出票人签发的、委托付款人在见票时或者在指定的日期无条件支付确定的金额给收款人或者持票人的票据。

（二）汇票的特征

其一，汇票关系中有三个基本当事人：出票人、付款人和收款人。其中出票人和付款人为票据义务人，收款人为票据权利人。

其二，汇票是委托他人进行支付的票据。汇票的出票人仅仅是签发票据的人，不是票据的付款人，他必须另行委托付款人支付票据金额。所以说汇票是委托证券，而非自付证券。

其三，汇票通常都需要由付款人进行承兑，以确认其愿意承担绝对的付款义务。在付款人未承兑时，汇票上所载的付款人并无绝对的付款义务。

其四，汇票是在见票时或者指定的到期日无条件支付给持票人一定金额的票据。汇票不以见票即付为限，许多汇票都有一定的到期日，体现了汇票的信用功能。

其五，汇票对于当事人特别是出票人和付款人，没有特别的限制，既可以是银行，也可以是公司、企业或个人。

（三）汇票的种类

1. 根据汇票当事人身份的不同，分为银行汇票和商业汇票

我国《票据法》第 19 条就是这样将汇票分类的。

银行汇票是以银行为出票人，同时以银行为付款人的汇票。通常情况下，银行汇票中的出

票行与付款行为同一银行。特殊情况下，也可能不是同一银行。

商业汇票是以银行以外的其他公司、企业为出票人，以银行或者其他公司、企业等为付款人的汇票。其中，如果付款人为银行并进行了承兑的，称为银行承兑汇票；当付款人为银行以外的公司、企业等并由其进行承兑的，称为商业承兑汇票。

2. 根据汇票付款期限的不同，可以分为即期汇票和远期汇票

即期汇票又称见票即付的汇票，即汇票上没有到期日的记载或者明确记载见票即付，收款人或者持票人一经向付款人提示汇票、请求付款，该汇票即为到期，付款人就应当承担付款责任。

远期汇票即汇票上记载了到期日，付款人在到期时承担付款责任。根据记载到期日方式的不同，又可以分为定日付款的汇票、出票后定期付款的汇票、见票后定期付款的汇票。定日付款的汇票又称定期汇票，是以确定的日期为到期日的汇票；出票后定期付款的汇票又称约期汇票，是约定以出票日后一定期间届满为到期日的汇票；见票后定期付款的汇票又称注期汇票，是收款人或者持票人向汇票上所记载的付款人提示见票并从付款人在汇票上注明见票日之后、一定期间届满时为到期日的汇票。

我国《票据法》规定汇票既可以是即期汇票也可以是远期汇票。在实际的票据使用过程中，银行汇票均为即期汇票，商业汇票多为远期汇票。

3. 根据汇票付款是否需要附随其他单据，汇票可以分为光单汇票和跟单汇票

光单汇票是在进行付款时无须附随其他单据的汇票，也就是票据法规定的通常的汇票。

跟单汇票又称信用汇票、押汇汇票，是需要附随提单、仓单、保险单、装箱单、商业发票等单据，才能进行付款的汇票。

我国《票据法》并未特别区分光单汇票和跟单汇票，并且在国内贸易中，一般均为光单汇票并依《票据法》的规定为无条件支付的汇票。仅在国际贸易中，才依据有关的国际条约或者国际惯例，使用跟单汇票。

（四）汇票的当事人

1. 汇票的出票人

出票人是指签发汇票的人。出票是最基本的票据行为，它要求行为人必须具有一定的行为能力。我国票据法明确规定，出票人必须具有完全民事行为能力，无民事行为能力或限制民事行为能力人的出票行为应由其法定代理人或监护人代理。

2. 付款人

付款人是指履行汇票支付责任的人。银行汇票的付款人是参加全国联行往来的银行，商业汇票的付款人是商品交易活动中接收货物的当事人或与出票人签订承兑委托协议的银行。

3. 收款人

收款人是指汇票上记载的享有票据权利的人。任何人都可以作为银行汇票的收款人。但作为商业汇票的收款人则要求较为严格。支付结算办法规定，商业汇票只能用于各企业单位之间合法的商品交易活动，禁止签发无商品交易的汇票。

二、汇票的出票

（一）出票的概念

出票是指出票人签发票据并将其交付给收款人的票据行为。它包括作成票据和交付两个

行为。《票据法》第21条规定,汇票的出票人必须与付款人具有真实的委托付款关系,并且具有支付汇票金额的可靠资金来源。不得签发无对价的汇票用以骗取银行或者其他票据当事人的资金。

(二)汇票的法定记载事项

根据我国《票据法》第22条的规定,汇票上必须记载下列事项,否则汇票无效:(1)表明"汇票"的字样;(2)无条件支付的委托;(3)确定的金额;(4)付款人名称;(5)收款人名称;(6)出票日期;(7)出票人签章。

(三)汇票未记载事项的认定

一是汇票上未记载付款日期的,视为见票即付,付款人在持票人提示票据时,即应履行付款责任。

二是汇票上未记载付款地的,以付款人的营业场所、住所或者经常居住地为付款地。

三是汇票上未记载出票地的,以出票人的营业场所、住所或者经常居住地为出票地。

(四)汇票出票的效力

出票作为一种票据法律行为,一经完成就产生了票据上的权利和义务关系,即票据债权债务关系,对票据上的当事人均产生一定的影响。

1. 汇票出票对出票人的效力

出票行为一经完成,对出票人来说,就产生了一定的票据债务。首先,他要担保所签发的汇票能够在到期前获得承兑,在汇票上所载付款人拒绝承兑或因汇票上所载付款人下落不明、破产等原因无从承兑时,出票人必须承担汇票付款的责任;其次,汇票的出票人还要承担担保付款的义务,在汇票到期不获付款的情况下,出票人必须承担付款责任,不管付款人对汇票承兑与否。出票人担保承兑和担保付款的责任与出票人是否具有担保的意思无关,出票人也不得通过在票据上进行相关记载来免除自己的担保责任。即使有此类记载,也视为无记载。

2. 汇票出票对付款人的效力

汇票出票时,由出票人在票据上载明委托付款人进行付款的意思。但这一委托并非票据上的委托关系,而仅仅是出票人与付款人之间的票据外原因关系。所以,出票行为的完成,对于付款人来说并未发生票据上的效力。汇票上所载付款人可以依自己独立的意思,决定为该汇票进行承兑或拒绝承兑。

3. 汇票出票对收款人的效力

出票行为一经完成,即产生了收款人的票据权利。收款人从原因关系上的民事债权人变为票据债权人,享有付款请求权、追索权和依法转让票据的权利。但需注意的是,此时与其相对的票据义务人仅为出票人,并非票上所载的付款人。

三、汇票的背书转让

(一)汇票背书转让概述

1. 汇票背书转让的概念

所谓背书是指持票人在票据的背面或者粘单上记载有关事项,完成签章,并将其交付相对人,从而将票据权利转让给他人或者将一定的票据权利授予他人行使的票据行为。根据我国《票据法》第27条的规定,票据法上的汇票转让是通过背书方式进行的。

2. 背书转让的方式

通常在票据的背面，都事先印制好若干背书栏的位置，载明表示将票据权利转让给被背书人的文句，而留出背书人及被背书人的空白，供背书人进行背书时填写。票据法一般并不限制背书的次数，在背书栏或票据背面写满时，可以在票据上粘贴“粘单”，进行背书。

背书应当由背书人签章并记载背书日期。如果未记载背书日期，视为在汇票到期日前背书。背书也必须记载被背书人名称。

(二)背书转让的限制情形

在背书中进行特别内容的记载，对背书转让加以一定的限制，就构成限制背书。限制背书实际上是对背书人担保责任或被背书人权利加以限制的背书。

1. 出票人的限制背书

根据我国《票据法》第 27 条第 2 款的规定，汇票的出票人在票据上记载“不得转让”字样，汇票不得转让。

2. 背书人的限制背书

根据我国《票据法》第 34 条的规定，背书人可以在票据上记载“不得转让”字样，如果其后手再背书转让的，原背书人对后手的被背书人不承担保证责任。

3. 回头背书及其效力

回头背书是指以先前已经在票据上签名的出票人、背书人等票据债务人为被背书人的背书。回头背书具有一般背书的效力，并不因被背书人是先前的票据债务人而使该票据权利归于消灭，只是在权利担保的效力上有所不同。被背书人是出票人的，由于他是最终的追索义务人，事实上是不能行使追索权的，只有在汇票已经承兑的情况下，才可以向承兑人行使追索权；若回头背书的被背书人是先前的背书人，那么他既是票据的债务人，又是票据的权利人，他要对其后手承担担保责任，所以也就不能向他们行使追索权。

4. 附条件背书及其效力

我国《票据法》第 33 条第 1 款规定，背书不得附有条件，背书时附条件的，所附条件不具有汇票上的效力。

5. 分别背书和部分背书及其效力

分别背书是指将票据金额分别转让给不同的被背书人的背书，部分背书是指将票据金额的一部分进行转让的背书。根据我国《票据法》第 33 条第 2 款的规定，将汇票金额的一部分转让的背书或将汇票金额分别转让给 2 人以上的背书无效。所以，分别背书和部分背书，背书无效，票据权利不发生转移。

6. 期后背书及其效力

期后背书是指在票据被拒绝承兑、被拒绝付款或者超过付款提示期限时所为的背书。根据我国《票据法》第 36 条的规定，期后背书应当属于无效背书，不能发生一般背书的效力，而只具有通常的债权转让的效力。但期后背书的背书人仍须承担票据责任。

是否为期后背书的判断标准是票据上记载的背书日期，对该背书日期是否确实为实际的背书日期，持票人不负举证责任。当票据上未记载背书日期时，依据《票据法》的规定，推定是在期限内所为。

7. 委托收款背书及其效力

委托收款背书是指以委托他人代替自己行使票据权利、收取票据金额而进行的背书。委托收款背书不是实质上的票据权利转让，而是以背书形式进行的委托。背书人是委托人，被背书人是受托人。被背书人行使票据权利后，应将所得金额归于背书人。委托收款背书的背书人在进行背书时，必须记载“委托收款”字样。

四、汇票质押

（一）汇票质押的概念

汇票质押是指以设定质权、提供债务担保为目的而进行的背书。它是由背书人通过背书的方式，将票据转移给质权人，以票据金额的给付作为对被背书人债务清偿保证的一种方式。

（二）汇票质押的方式

背书人在设定质押背书时，必须在背书中载明“质押”字样，并签名盖章。如果出质人只记载了“质押”字样而未在票据上签章，或者出质人未在汇票或粘单上记载“质押”字样而是另行签订质押合同、质押条款的，不构成票据质押。

（三）汇票质押的法律效果

质押背书是一种特殊的质权设定方式，与普通质权相比，效力不同。

第一，质押背书的被背书人在实现债权时，不限定在设质的债权范围内，而是可以依票据请求全部票据金额的完全给付。当然，这时可能发生背书人向被背书人请求返还超过金额的问题。

第二，根据《最高人民法院关于审理票据案件纠纷若干问题的规定》，质押背书的被背书人以质押票据再行背书或者背书转让票据的，背书行为无效。

第三，出票人在票据上记载“不得转让”字样，其后手以此票据进行质押的，通过质押取得票据的持票人不享有票据权利。

第四，贷款人恶意或者有重大过失从事票据质押贷款的，质押行为无效。

第五，背书人在票据上记载“不得转让”字样，其后手对此票据进行质押的，原背书人对后手的被背书人不承担票据责任。

五、汇票的贴现

（一）汇票贴现的概念

票据贴现是指在持票人需要资金时，将持有的未到期商业汇票，通过背书的方式转让给银行，银行在票据金额中扣除贴现利息后，将余款支付给贴现申请人的票据行为。贴现既是一种票据转让行为，又是一种银行授信行为。银行通过接受汇票而给持票人短期贷款，汇票到期时，银行就能通过收回汇票金额而冲销贷款。如果银行到期不获票据付款，则可以向汇票的所有债务人行使追索权。

（二）汇票贴现的限制

一是出票人在票据上记载“不得转让”字样，其后手以此票据进行贴现的，通过贴现取得票据的持票人不享有票据权利。

二是背书人在票据上记载“不得转让”字样，其后手以此票据进行贴现的，原背书人对后手的被背书人不承担票据责任。

三是商业汇票的持票人向非其开户银行申请贴现，与向其开户银行申请贴现具有同等的法律效力。但是,持票人有恶意或者与贴现银行恶意串通的除外。

四是再贴现和转贴现。再贴现是指票据到期前,贴现银行向中央银行背书转让票据,中央银行扣除再贴现利息后,将余额支付给贴现银行的一种票据行为。转贴现是贴现银行向其他商业银行背书转让票据的票据行为。两者均为票据尚未到期,贴现银行基于资金的需要,而向中央银行或其他商业银行转让票据权利的行为。

六、汇票的承兑

(一)汇票承兑的概念

承兑是指汇票付款人承诺在汇票到期日支付汇票金额的票据行为。承兑是汇票特有的一种制度。

(二)承兑的一般原则

1. 自由承兑原则

汇票的付款人可以依自己独立的意思,决定是否进行承兑,不受出票人指定其为付款人的限制。即使付款人与出票人存在一定的资金关系或依承兑协议,应为汇票进行承兑而未承兑,也只承担票据外责任。

2. 完全承兑原则

我国《票据法》第54条规定,付款人必须在持票人提示付款的当日足额付款。通过该条的规定,可以认为我国《票据法》在事实上是否认部分承兑的。付款人进行部分承兑的,应视为承兑附有条件,依《票据法》第43条的规定,视为拒绝承兑。这在《票据法》上称为完全承兑原则。

3. 单纯承兑原则

我国《票据法》第43条规定,付款人承兑汇票,不得附有条件;承兑如果附有条件的,视为拒绝承兑,不发生承兑的效力。这在《票据法》上称为单纯承兑原则。

(三)提示承兑

1. 概念

提示承兑是指汇票的持票人,向汇票上所载的付款人出示汇票,请求其承诺付款的行为。由于提示承兑的目的仅在于请求付款人就是否承担到期付款义务加以确定,所以,对于提示人的资格一般无特别要求。

2. 提示承兑的期间

(1)对于定日付款或者出票后定期付款的汇票,持票人应当在汇票到期日前向付款人提示承兑。

(2)见票后定期付款的汇票,持票人应当自出票日起1个月内,提示承兑。

3. 提示承兑的法律后果

尽管是否提示承兑是持票人的自由,但其法律后果却不同。我国《票据法》第40条第2款规定,汇票未按规定期限提示承兑的,持票人丧失对其前手的追索权。可见,提示承兑的效力主要表现在追索权的保全上。

4. 提示承兑的例外

见票即付的汇票无须承兑。因为该种汇票不具备信用功能,只是作为支付和汇兑的工具而存在。持票人请求付款一旦遭到拒绝,即可行使追索权。我国目前使用的银行汇票,均为见票即付的汇票，因而无需承兑。

（四）付款人的承兑程序

付款人对向其提示承兑的汇票，应当自收到提示承兑的汇票之日起3日内承兑或拒绝承兑。付款人在收到提示承兑汇票时，还应当向持票人签发收到汇票的回单。回单上应当记明汇票提示承兑日期并签章。

付款人承兑汇票的，应当在汇票正面记载“承兑”字样和承兑日期并签章；见票后定期付款的汇票，应当在承兑时记载付款日期。汇票上未记载承兑日期的，以付款人收到提示承兑汇票之日起第3日为承兑日期。

付款人承兑汇票不得附条件，如果承兑附条件，视为拒绝承兑。

七、汇票的保证

（一）汇票保证的概念

汇票保证是指汇票债务人以外的第三人，担保特定的票据债务人能够履行票据债务的票据行为。当被担保的票据债务人不能履行票据义务时，保证人承担向票据权利人支付款项的义务。

（二）汇票保证的成立

我国《票据法》第46条规定，保证人必须在汇票或者粘单上记载下列事项：(1)表明“保证”的字样。(2)保证人名称和住所。(3)被保证人名称。该项记载亦为相对必要记载事项。根据我国《票据法》第47条第1款的规定，保证人未记载被保证人名称的，已承兑的汇票，承兑人为被保证人；未承兑的汇票，出票人为被保证人。(4)保证日期。根据我国《票据法》第47条第2款的规定，该项记载为相对必要记载事项。保证人未记载保证日期的，以出票日期为保证日期。(5)保证人签章。

（三）汇票保证的法律效力

1. 保证人的责任

我国《票据法》第49条规定，保证人对合法取得汇票的持票人所享有的汇票权利，承担保证责任。但是被保证人的债务因汇票记载事项欠缺而无效的除外。《票据法》第50条还规定，被保证的汇票，保证人应当与被保证人对持票人承担连带责任。汇票到期后得不到付款的，持票人有权向保证人请求付款，保证人应当足额付款。

2. 保证人的代位权

根据我国《票据法》第52条的规定，保证人清偿汇票债务后，可以行使持票人对被保证人及其前手的追索权。

3. 保证附条件的法律后果

根据我国《票据法》第48条的规定，保证不得附有条件；保证附有条件的，不影响对汇票的保证责任。即汇票保证如果附有条件，保证依然有效，所附条件视为无记载，无论条件成就与否，保证人均须承担保证责任。

八、付款

（一）付款的概念

票据付款是指付款人或承兑人在票据到期时，对持票人所进行的票据金额的支付。

(二)提示付款的期限

我国《票据法》第53条规定,持票人应当按照下列期限提示付款:

(1)见票即付的汇票,自出票日起1个月内向付款人提示付款。

(2)定日付款、出票后定期付款或者见票后定期付款的汇票自到期日起10日内向承兑人提示付款。

(3)持票人未按照票据法规定的期限提示付款的,在作出说明后,承兑人或者付款人仍应当继续对持票人承担付款责任。可以说,对于付款人和承兑人来说,持票人是否在票据法规定的提示付款期限内提示付款,其效力并无实质区别。只是对于背书人,持票人未在法定期限内提示付款,则会丧失对背书人的追索权。

(三)提示付款人

提示付款人应为合法持票人。持票人也可以委托代理人进行提示。我国《票据法》第53条第3款规定,通过委托收款银行或者通过票据交换系统向付款人提示付款的,视同持票人提示付款。

(四)付款程序

(1)持票人在票据法规定的提示期限内提示付款的,付款人必须在当日足额付款。

(2)持票人获得付款的,应当在汇票上签收,并将汇票交给付款人。持票人委托银行收款的,受委托的银行将代收的汇票金额转入持票人账户,视同签收。

(3)持票人委托的收款银行的责任,限于按照汇票上记载事项将汇票金额转入持票人账户。付款人委托的付款银行的责任,限于按照汇票上记载事项从付款人账户支付汇票金额。

(4)付款人及其代理付款人付款时,应当审查汇票背书的连续,并审查提示付款人的合法身份证明或者有效证件。

(5)汇票金额为外币的,按照付款日的市场汇价,以人民币支付。汇票当事人对汇票支付的货币种类另有约定的,从其约定。

(五)付款损失的承担

根据我国《票据法》的规定,付款人在进行付款时,只需对所提示的票据进行形式审查,并无实质审查义务。付款人在履行法定审查义务后进行的付款是有效付款,即使发生错付,亦可善意免责。但在下列情况下,付款人须承担付款的损失:

(1)付款人或代理付款人以恶意或者重大过失付款的,如因恶意或重大过失欠缺对提示付款人的合法身份证明或有效证件的审查,欠缺对票据记载事项的审查包括绝对必要记载事项是否完备、是否有绝对有害的记载事项、背书是否连续等的审查,对在公示催告期间的票据进行付款的,收到止付通知后进行付款的。

(2)对定日付款、出票后定期付款或者见票后定期付款的汇票,付款人在到期日前付款的,如果发生错付,付款人应自行承担所产生的责任。

微型案例

2006年6月2日以来,海内多家新闻媒体报道了河南沈丘中行票据案。河南沈丘民营企业家吴国防勾结中行河南省沈丘县支行人员,以虚假承兑协议、提供虚假资金保证、开具银行承兑汇票的手段,骗取银行资金1.46亿元。中行沈丘支行案属于典型的银企勾结,其具体作案手法是"阴阳票",行话也叫"大头小尾"。据悉,吴国防伙同沈丘支行人士采用"大头小尾"的手法开票,第一联填写小写金额(5万～15万,汇票留存的第一联票面总额为137万元),并交存全额保证金,银行足额承兑,本属低风险业务。但是第二联填写大写金额,在原数额后增加数字,扩大票据金额。然后企业到其他银行进行贴现,骗取资金。倘若企业能够及时归还承兑行资金,这一笔违规交易完成一个循环,即可告结束,到期时以“未用退回”方式处理,银行工作人员消除第一联和电脑系统中的交易记录,令上级行无从查实。

点评:这种票据诈骗能够成功,离不开银行内部人士的“协助”。按照正常的业务流程,银行员工不得在客户未提供足额资金保证的前提下出具汇票;再者,企业拿票据出去贴现,贴现行通常会到出票行查询,如金额不符即可马上拆穿骗局。然而,这一循环维持了近两年都未被发现,可见中行与吴国防之间出现了串谋。

——资料来源:http://bank.zgjrw.com/News/2009623/bankchina/433831463102.shtml。

九、汇票的追索权

(一)追索权的概念

追索权是指持票人在提示承兑或者提示付款,而未获承兑或未获付款时,依法向其前手请求偿还票据金额及其他金额的权利。我国《票据法》第61条规定,汇票到期被拒绝付款时,持票人可以对背书人、出票人以及汇票的其他债务人行使追索权。

(二)追索权行使的原因

1. 期前追索权的原因

根据我国《票据法》第61条第2款的规定,对于定日付款的汇票、出票后定期付款的汇票以及见票后定期付款的汇票,在汇票到期日前,发生下列情形之一时,持票人可以行使追索权:(1)汇票被拒绝承兑的;(2)承兑人或者付款人死亡、逃匿的;(3)承兑人或者付款人被依法宣告破产的或者因违法被责令终止业务活动的。所以,在票据到期前,持票人即可行使追索权,而无需待票据到期。

2. 期后追索权的原因

汇票到期后,如果汇票的付款人、承兑人或者代理付款人拒绝支付;或者付款人提示付款时,汇票上所载的付款场所不存在、付款人不存在或下落不明,无法进行提示,因而无法获得付款时,持票人可以行使追索权。

(三)行使追索权的条件

在已发生汇票到期时被拒绝付款,或者到期日前被拒绝承兑等情况时,并不能确定地发生追索权。追索权的行使,必须具备相应的条件。包括:

第一,根据我国《票据法》第62条的规定,持票人行使追索权时,应当提供被拒绝承兑或被拒绝付款的有关证明。而持票人提示承兑或者提示付款被拒绝的,承兑人或者付款人必须出具拒绝证明,或者退票理由书。承兑人或者付款人出具的拒绝证明,是对拒绝承兑或者拒绝付款一事最直接、最便利的证明方式。

第二,我国《票据法》第63条规定,因承兑人或者付款人死亡、逃匿或者其他原因,持票人不能取得拒绝证明的,其他有关的证明也可以作为拒绝证明。根据《票据管理实施办法》的规定,这种证明主要包括:(1)医院或者有关单位出具的承兑人、付款人死亡的证明;(2)司法机关出具的承兑人、付款人逃匿的证明;(3)公证机关出具的具有拒绝证明效力的文书。

第三,我国《票据法》第64条第1款规定,承兑人或者付款人被人民法院依法宣告破产的,人民法院的有关司法文书具有拒绝证明的效力。

第四，我国《票据法》第 64 条第 2 款规定，承兑人或者付款人因违法被责令终止业务活动的，有关行政主管部门的处罚决定具有拒绝证明的效力。

第五，我国《票据法》第 66 条规定，持票人应当自收到被拒绝承兑或被拒绝付款的有关证明之日起 3 日内，将被拒绝事由书面通知其前手；其前手应当自收到通知之日起 3 日内书面通知其再前手；持票人也可以同时向各票据债务人发出书面通知。这是追索权行使的附带条件。持票人未按规定期限进行通知的，仍可行使追索权，但是因延期通知给其前手或者出票人造成损失的，应负赔偿责任。只是赔偿金额以票据金额为限。而如果持票人将通知按照法定地址或约定地址邮寄的，无论追索义务人是否收到或是否按时收到，均视为已经发出通知，发出时间以邮寄时间为准。

(四)追索与再追索

1. 追索义务人的责任

《票据法》第 68 条第 1 款规定，汇票的出票人、背书人、承兑人和保证人对持票人承担连带责任。他们均为追索义务人，对持票人承担无条件给付汇票全部金额的责任。

2. 追索权利人的权利行使方式

在同时存在若干个追索义务人的情况下，持票人可以选择其中的任何一个人，作为追索对象；也可以不限定一名追索对象，而向一个以上的追索义务人行使追索权；持票人还可以不受已经开始的追索权行使的限制，在未实现其追索权之前，再进行新的追索。

3. 再追索

被追索人清偿债务后，与持票人享有同一追索权利，可以再向其他汇票债务人行使追索权，直至汇票上的债权债务关系因履行或其他法定原因而消灭为止。

4. 追索权行使的例外

持票人为出票人的，对其前手无追索权；当持票人为背书人时，对其后手无追索权。

5. 追索金额的确定

(1)被拒绝付款的汇票金额；(2)汇票金额自到期日或者提示付款日起至清偿日止，按照中国人民银行规定的利率计算的利息；(3)取得有关拒绝证明和发出通知书的费用。

6. 再追索金额的确定

(1)已清偿的全部金额；(2)前项金额自清偿日起至再追索清偿日止，按照中国人民银行规定的利率计算的利息；(3)发出通知书的费用。

微型案例

资金掮客利用非法手段从一家银行申请办理承兑汇票，然后到另一家银行进行贴现。套取银行资金后，进入股市操作或收购上市企业，再到股市上套取资金，轻而易举地完成“圈钱”的过程。其主要做法是：首先与别的企业联手伪造交易合同，然后采取反复使用同一张增值税发票原件，或非法购买，借用别的企业贷款卡、财务专用章等资料，抑或集团内部各公司之间对开增值税发票，骗取银行承兑汇票。

——资料来源：易贤网，http://www.ynpxrz.com/n9681c1116.aspx。

第五节　本票和支票

一、本票

(一)本票概述

1. 本票的概念

本票是出票人签发的,承诺自己在见票时无条件支付确定金额给收款人或者持票人的票据。我国票据法上的本票仅指银行本票,而且均为即期本票。

银行本票是银行签发的,承诺自己在见票时无条件支付确定的金额给收款人或者持票人的票据。银行本票是银行提供的一种银行信用,见票即付,可当场抵用。

2. 本票的特征

(1)本票是票据的一种,具有一切票据所共有的性质,是无因证券、设权证券、文义证券、要式证券、金钱债权证券、流通证券等。

(2)本票是自付证券,它是由出票人自己对收款人支付并承担绝对付款责任的票据。这是本票与汇票和支票最重要的区别。在本票法律关系中,基本当事人只有出票人和收款人,债权和债务关系相对简单。

(3)无须承兑。由于本票是由出票人本人承担付款责任,无须委托他人付款,所以,本票无须承兑就能保证付款。

(二)本票的出票

1. 出票人资格

根据我国《票据法》的规定,本票的出票人必须具有支付本票金额的可靠资金来源,并保证支付。

根据我国关于本票的相关法律规定,在商业银行辖属营业机构开户的单位和个人需要在票据交换区域内支付各种款项时,可以申请使用银行本票。银行本票分为转账和现金两种。申请人或收款人为单位的,不得申请现金银行本票;申请人和收款人均为个人时,才能申请现金银行本票。在银行开立存款账户的持票人向开户银行提示付款时,应在银行本票背面"背书人签章"栏签章,签章应与预留银行签章相同,并将银行本票、进账单送交开户银行,银行审查无误后办理转账。未在银行开立存款账户的个人持票人,凭注明"现金"字样的银行本票向指定代理付款人支取现金的,应在银行本票背面"背书人签章"栏签章,记载本人身份证件名称、号码及发证机关,并交验本人身份证件及复印件,银行审核无误后支付现金。

2. 本票的法定记载事项

根据我国《票据法》第 75 条规定,本票的法定记载事项包括:

(1)表明"本票"的字样。定额本票由中国人民银行统一印制并发行,不定额本票由各银行按中国人民银行规定的同一格式印制和发行,出票人不得擅自印制本票,更不得以其他票据、单据或白纸书写有关事项代替本票。凡不符合格式的本票一律无效。

(2)无条件支付的承诺。

(3)确定的金额。

(4)收款人名称。

(5)出票日期。我国《票据法》规定,本票一律为见票即付,本票的出票日期就成为计算持票人本票权利期限的基准点,是法定绝对必要记载事项。

(6)出票人签章。

以上事项是本票的法定绝对必要记载事项,本票上欠缺任何一项的记载,都会导致本票无效。

(三)本票的付款

本票的出票人在持票人提示见票时,必须承担付款的责任。本票自出票日起,付款期限最长不超过 2 个月。

(四)本票适用汇票规定的情况

本票的背书、保证、付款行为和追索权的行使,除票据法本票一章规定的外,适用该法有关汇票的规定。

二、支票

(一)支票概述

1. 概念

支票是出票人签发的、委托办理支票存款业务的银行或者其他金融机构在见票时无条件支付确定的金额给收款人或者持票人的票据。

2. 特征

(1)支票是票据的一种,与汇票、本票一样具有票据所具有的共同特征。

(2)《票据法》对支票付款人的资格有严格限制,仅限于银行或其他金融机构,不能是其他法人或自然人。

(3)支票是见票即付的票据。

(4)支票的无因性,受到一定限制。我国《票据法》第 87 条规定,支票的出票人签发支票不得超过其付款时在付款人处实有的存款金额。超过其实有存款金额的,为空头支票。禁止签发空头支票。

3. 种类

(1)以支票上权利人的记载方式为标准,可以分为记名支票、无记名支票和指示支票。我国《票据法》第 84 条未将支票的收款人名称作为法定绝对必要记载事项。而第 86 条规定,支票上未记载收款人名称的,经出票人授权,可以补记。这说明我国是承认无记名支票的。

(2)以支票的付款方式为标准,可以分为现金支票和转账支票。现金支票只能用来支取现金,转账支票只能用来转账,不能支取现金。

(3)以支票当事人是否兼任为标准,可以分为一般支票和变式支票。变式支票又分为对己支票(出票人自己为付款人)、指己支票(出票人自己为收款人)、付受支票(付款人也是收款人)。我国《票据法》第 86 条第 4 款规定,出票人可以在支票上记载自己为收款人。

(二)支票的出票

1. 出票人资格的限制

我国《票据法》规定,支票的出票人只有符合下列条件,才能签发支票:(1)建立账户。《票据法》第 82 条第 1 款规定,开立支票存款账户,申请人必须使用其本名,并提交证明其身份的合法证件。所以,作为支票的出票人首先要求在银行或其他金融机构开立一个存款账户,以建立和银行或其他金融机构的资金关系。(2)存入足够支付的款项。《票据法》第82条第2款规定,开立支票存款账户和领用支票,应当有可靠的资信,并存入一定的资金。(3)预留印鉴。为便于付款银行在付款时进行审查,同时免除付款银行善意付款的责任,票据法律法规均规定开立支票存款账户的申请人应该在银行留下其本名的签名样式和印鉴样式。

2. 支票的法定记载事项

(1)表明"支票"的字样。

(2)无条件支付的委托。

(3)确定的金额。票据法要求出票人就支票的金额填写清楚、准确。但实际生活中出票人在出票时出于某种需要,往往将金额空白,待交易后再填写。《票据法》第85条也允许此种做法,但在提示付款时,金额的填写必须符合法律规定,否则无效。

(4)付款人名称。

(5)出票日期。

(6)出票人签章。支票上未记载上述事项的,支票无效。

3. 未记载事项的补救

(1)《票据法》第86条规定,支票上的金额可以由出票人授权补记,未补记前的支票,不得使用;(2)支票上未记载收款人名称的,经出票人授权,可以补记;(3)支票上未记载付款地的,付款人的营业场所为付款地;(4)支票上未记载出票地的,出票人的营业场所、住所或经常居住地为出票地。

4. 出票的效力

(1)出票人必须按照签发的支票金额承担向持票人付款的保证责任。包括保证自己在付款银行有足够的存款,未签发空头支票等。(2)出票人在付款银行的存款足以支付支票金额时,付款人应当在持票人提示付款的当日足额付款,使持票人能够及时得到票款的支付。

(三)支票的付款

1. 提示付款

支票的持票人应当在出票日起10日内提示付款;异地使用的支票,付款提示期限由中国人民银行另行规定。超过付款提示期限的,付款人可以拒绝付款。

2. 逾期提示的法律后果

因超过提示付款期限付款人不予付款的,持票人仍享有票据权利,出票人仍应对持票人承担票据责任,支付票据所载金额。

3. 付款的意义

付款人依法支付支票金额的,对出票人不再承担受委托付款的责任,对持票人不再承担付款责任。但是,付款人以恶意或重大过失付款的除外。

此外,因出票人签发空头支票或者签发与其签名样式或预留印鉴不符的支票,给他人造成损失的,支票的出票人和背书人应当依法承担民事责任。

(四)支票适用汇票规定的情况

《票据法》第93条规定,支票的背书、付款和追索,除关于支票另有规定的,适用汇票的规定。支票的出票行为也可适用汇票的有关规定。

课后习题

一、复习思考题

1. 什么是票据？它有哪些特征？
2. 票据的当事人有哪些？
3. 什么是票据行为？什么是票据权利？
4. 什么是汇票？什么是本票？什么是支票？
5. 汇票的绝对记载事项有哪些？
6. 什么是背书？背书的要求有哪些？
7. 违反票据法的法律责任有哪些？

二、案例分析题

A伪造一张100万元的银行承兑汇票，该汇票以B公司为收款人，以乙银行为付款人，汇票的“交易合同号码”栏未填。A将这张伪造的银行承兑汇票向B换取了78万元，B持这张伪造的汇票到甲银行申请贴现，甲银行未审查出汇票的真假，予以贴现？95万元，B公司由此获得收入17万元。甲银行通过联行往来向乙银行提示承兑。乙银行从未办理过银行承兑业务，在收到汇票后，立即向公安局报案。后查明该汇票系伪造的汇票。因此乙银行将汇票退给甲银行，拒绝承兑。

请问：本案中，A、B公司、甲银行、乙银行各自应承担哪些法律责任？为什么？

第十三章 金融法律制度

学习目标

掌握中国人民银行的地位和职责、中国人民银行办理业务的限制性规定；
了解货币政策委员会的职责、监管目的与范围；
掌握商业银行的经营原则、商业银行客户的权利和义务；
掌握我国的外汇管理的主要内容；
了解证券投资基金法的基本内容。

引入案例

防范化解金融风险和维护金融稳定

中国人民银行会同有关部门采取有力措施，加强宏观调控，搞好总量控制，既防止通货膨胀苗头滋长，又预防通货紧缩趋势重现，通过调整结构和控制规模，遏制因投资膨胀而导致的投资品价格过度上涨和一些行业“过热”造成的产能过剩，推动金融改革，防止经济出现大的波动，防范和化解金融风险，有效维护金融稳定。银监会利用包括贷款偏离度检查、贷款迁徙分析、同质同类比较等科学的监管手段，加强对不良贷款的科学监测，促进商业银行降低不良贷款以及防止新的不良贷款。截至 2005 年末，全部商业银行(包括国有商业银行、股份制商业银行、城市商业银行、农村商业银行和外资银行)不良贷款余额13 133.6亿元，不良贷款率下降到 8.6%；国有商业银行不良贷款余额10 724.8亿元，不良贷款率下降到 10.11%。据统计，截至 2005 年末，四家国有资产管理公司已经累计处置不良资产8 397.5亿元，处置任务已经完成 66.74%。其中，华融和长城两家公司的处置任务已经完成 60%以上。同时，继续推进高风险中小金融机构风险分类处置工作。2005 年，银监会会同各地政府通过资产置换、不良资产剥离等多种方式对高风险城市商业银行实施改造重组。

——资料来源:《中国金融业改革进程和发展前景》，http://finance.memail.net。

第一节 中国人民银行法

一、中央银行与中央银行法

(一)中央银行的概念和职能

中央银行是一个国家或区域内，行使管理和调控货币流通及信用活动职能的机构。

中央银行一般都具有发行银行、国家银行、银行的银行三个主要职能。发行银行是指中央银行统一控制管理全国的货币发行，并享有货币发行垄断权，以作为唯一的法定货币。国家银行是指代理国库收支、代理政府发行公债、代表政府参加国际金融活动、对政府融通资金、为国家管理黄金和外汇、管理各类金融机构、协助政府制定经济政策、负责执行金融货币政策等。银行的银行是指中央银行主要以商业银行为贷款对象，不对企业和个人办理具体信贷和结算业务。中央银行对其他金融机构融通资金，是以票据再贴现或在商业银行提供担保后直接发放贷款的方式进行，中央银行充当最终贷款人。

（二）中央银行法

我国的中央银行是中国人民银行，中央银行法是《中华人民共和国人民银行法》。中国人民银行是我国金融体系的核心，国家为其专门立法，是为了确立其地位，明确其职责，保证国家货币政策的正确制定和实施，建立和完善中央银行宏观调控体系，维护金融稳定。

二、中国人民银行的性质和地位

（一）中国人民银行的性质

《中华人民共和国人民银行法》（以下简称《中国人民银行法》）规定："中国人民银行是中华人民共和国的中央银行。中国人民银行在国务院领导下，制定和执行货币政策，防范和化解金融风险，维护金融稳定。"该法还规定："中国人民银行的全部资本由国家出资，属于国家所有。"

（二）中国人民银行的地位

根据《中国人民银行法》的规定，"中国人民银行是在国务院领导下的相对独立的国家金融行政监督管理机关，中国人民银行依法独立执行货币政策，履行职责，开展业务，不受地方政府、各级政府部门、社会团体和个人的干涉。"

三、中国人民银行的职责

根据《中国人民银行法》的规定，中国人民银行的职责表现在以下方面：

（1）发布与履行其职责有关的命令和规章；

（2）依法制定和执行货币政策；

（3）发行人民币，管理人民币流通；

（4）监督管理银行间同业拆借市场和银行间债券市场；

（5）实施外汇管理，监督管理银行间外汇市场；

（6）监督管理黄金市场；

（7）持有、管理、经营国家外汇储备、黄金储备；

（8）经理国库，代理政府的财政收入和支出；

（9）维护支付、清算系统的正常运行；

（10）指导、部署金融业反洗钱工作，负责反洗钱的资金监测；

（11）负责金融业的统计、调查、分析和预测；

（12）作为国家的中央银行，从事有关的国际金融活动。

微型案例

2007年5月，李某到某商场购买家具，经反复考察看中一套价值3 500元的餐桌后，即向付款台交款。收款员接过李某交来的3 500元现钞，经点钞、验钞后，称李某有两张假钞并予以没收，以商场名义开出没收收据。李某认为，商场无权没收假钞，要求收款员返还没收的两张钞票，收款员不给，双方发生争执。收款员称，没收假钞人人有责，随即将没收的假钞当众撕毁，李某不服，诉至法院，要求商场赔偿。

点评：本案涉及的主要是鉴定和没收假币的机关和程序的法律问题。根据《中国人民银行法》的相关规定，我国禁止使用假币，但只有中国人民银行及其授权的金融机构、公安机关、海关及工商行政机关对假币可以予以没收。中国人民银行拥有对假币的统一管理权、最终鉴定权和销毁权。商场没有没收假币的权力，它应扣留假币，并填写代没收假币的凭据，注明该钞票的面值、号码及拟上交银行的名称等内容，并加盖收款人签章和单位公章。

四、中国人民银行的组织机构

（一）行长负责制

《中国人民银行法》规定了中国人民银行设行长一人，副行长若干人。中国人民银行行长的人选，根据国务院总理的提名，由全国人民代表大会决定；全国人民代表大会闭会期间，由全国人民代表大会常务委员会决定，由中华人民共和国主席任免。中国人民银行副行长由国务院总理任免。中国人民银行实行行长负责制。行长领导中国人民银行的工作，副行长协助行长工作。

（二）货币政策委员会

根据《中国人民银行法》的规定，中国人民银行设立货币政策委员会。货币政策委员会的职责、组成和工作程序，由国务院规定，报全国人民代表大会常务委员会备案。中国人民银行货币政策委员会应当在国家宏观调控、货币政策制定和调整中，发挥重要作用。

（三）中国人民银行总行与分支机构的关系

《中国人民银行法》规定："中国人民银行根据履行职责的需要设立分支机构，作为中国人民银行的派出机构。中国人民银行对分支机构实行统一领导和管理。"

五、中国人民银行的业务

（一）中国人民银行的主要业务

根据《中国人民银行法》的规定，中国人民银行的主要业务有：

（1）人民币业务。发行人民币是中国人民银行最重要的职责，中国人民银行依法享有货币发行的垄断发行权，通过再贴现、贷款、购买证券、金银、外汇等方式将人民币投入流通的市场中。

（2）执行货币政策。

（3）经理国库。

（4）代理发行、兑付国债和政府债券。

（5）为银行业金融机构提供清算服务。

（二）对中国人民银行业务活动的限制

同时，《中国人民银行法》对中国人民银行不同的业务活动进行了严格的限制。

（1）禁止向金融机构的账户透支；

(2)禁止对政府财政透支,不得直接认购、包销国债和其他政府债券;

(3)禁止向地方政府、各级政府部门、非银行金融机构及其他单位和个人提供贷款,但国务院决定中国人民银行可以向特定的非银行金融机构提供贷款的除外;

(4)禁止向任何单位和个人提供担保。

六、中国人民银行的金融监督管理

中国人民银行依法监测金融市场的运行情况,对金融市场实施宏观调控,促进其协调发展。中国人民银行有权对金融机构以及其他单位和个人的下列行为进行检查监督:(1)执行有关存款准备金管理规定的行为;(2)与中国人民银行特种贷款有关的行为;(3)执行有关人民币管理规定的行为;(4)执行有关银行间同业拆借市场、银行间债券市场管理规定的行为;(5)执行有关外汇管理规定的行为;(6)执行有关黄金管理规定的行为;(7)代理中国人民银行经理国库的行为;(8)执行有关清算管理规定的行为;(9)执行有关反洗钱规定的行为。

中国人民银行根据执行货币政策和维护金融稳定的需要,可以建议国务院银行业监督管理机构对银行业金融机构进行检查监督。国务院银行业监督管理机构应当自收到建议之日起30日内予以回复。当银行业金融机构出现支付困难,可能引发金融风险时,为了维护金融稳定,中国人民银行经国务院批准,有权对银行业金融机构进行检查监督。

中国人民银行根据履行职责的需要,有权要求银行业金融机构报送必要的资产负债表、利润表以及其他财务会计、统计报表和资料。中国人民银行应当和国务院银行业监督管理机构、国务院其他金融监督管理机构建立监督管理信息共享机制。中国人民银行负责统一编制全国金融统计数据、报表,并按照国家有关规定予以公布。中国人民银行应当建立、健全本系统的稽核、检查制度,加强内部的监督管理。

七、中国人民银行的盈余处理

根据《中国人民银行法》的规定,中国人民银行每一个会计年度的收入减去该年度的支出,并按照国务院财政部门核定的比例提取总准备金后的净利润,全部上缴中央财政。如果中国人民银行出现亏损,则由中央财政拨款弥补。

第二节　商业银行法

一、商业银行和商业银行法

(一)商业银行概述

1. 商业银行的概念

商业银行是以营利为目的,以收受存款、提供资金信贷为主要业务的金融机构。我国的商业银行是依照《中华人民共和国商业银行法》(以下简称《商业银行法》)和《公司法》设立的吸收公众存款、发放贷款、办理结算等业务的企业法人。

2. 商业银行的分类

我国的商业银行主要有四类：

(1)国有商业银行。我国现有中国工商银行、中国银行、中国建设银行和中国农业银行四家国有商业银行。随着金融改革的深入，我国的国有商业银行纷纷进行股份制改革，并已陆续上市。

(2)股份制商业银行。在国有商业银行进行股份制改革之前，我国原有全国性的股份制商业银行11家，分别是交通银行、招商银行、中信实业银行、深圳发展银行、福建兴业银行、广东发展银行、中国光大银行、华夏银行、浦东发展银行、中国民生银行、恒丰银行股份有限公司。

(3)合作制银行。合作制银行是我国商业银行中的新生力量，主要指的是在原来城市的城市信用合作社和信用联社的基础上发展而来的城市商业银行和农村商业银行。

(4)外资性的银行。我国的外资性银行包括中外合资银行与外国银行分行，其中外国银行的分行不具备法人资格。

(二)商业银行法的概念与适用范围

1. 商业银行法的概念

商业银行法是调整商业银行在设立、组织、运营、变更、终止的过程中发生的内外部关系的法律规范的总和。我国的《中华人民共和国商业银行法》是在1995年5月10日第八届全国人民代表大会常务委员会第十三次会议上通过的。随着金融改革的推进和金融业的开放，2003年12月27日第十届全国人民代表大会常务委员会第六次会议通过了新修订的《商业银行法》，并于2004年2月1日起实施。

2.《商业银行法》的适用范围

我国的《商业银行法》适用如下金融机构的活动：(1)商业银行的一切经济活动和管理都适用本法；(2)在华外国商业银行、中外合资商业银行、外国商业银行在华分支机构，适用本法；(3)城乡信用社办理存款、贷款、结算等中间业务适用本法，但城乡信用社在设立、解散、组织机构等方面不受本法的约束；(4)邮政企业办理的邮政储蓄、小额抵押贷款、汇款业务，适用本法。

二、商业银行的设立与组织机构

(一)商业银行的设立

在我国《商业银行法》明确规定了国务院银行业监督管理委员会对商业银行及其分支机构的设立实施许可管理制度。设立商业银行必须符合法定条件，履行法定程序。设立条件有：

(1)有符合《商业银行法》和《公司法》规定的章程。

(2)有符合《商业银行法》规定的注册资本最低限额。全国性商业银行为10亿元人民币，城市商业银行为1亿元人民币，农村商业银行为5 000万元人民币。注册资本应当是实缴资本。

(3)有具备任职专业知识和业务工作经验的董事、高级管理人员。

(4)有健全的组织机构和管理制度。

(5)有符合要求的营业场所、安全防范措施和与业务有关的其他设施。

(二)商业银行设立的程序

1. 提出申请

设立商业银行应向银监会提出申请。

2. 初审

银监会或其派出机构接到商业银行的申请后，对其提供的文件和资料进行初步审查，期限为 3 个月。

3. 设立申请

通过初审后，申请人进入筹建期。筹建期最长为 1 年。筹建后，应填写正式申请表，并提交要求的供开业审查的文件和资料。

4. 审批

银监会或其派出机构对申请人提交的所有文件进行严格审查，认为符合设立条件的，批准其设立，并颁发经营许可证；如不符合条件的，则不予批准，并给予书面说明。是否批准的决定，应在收到申请书之日起 6 个月内做出。

5. 注册登记

商业银行获得银监会颁发的经营许可证后，仍需到当地工商部门办理注册登记手续，领取工商营业执照。

6. 公告

银监会应对商业银行的设立进行统一公告。工商行政机关在给商业银行办理工商注册登记后，亦须依法发布企业登记公告。

(三)商业银行分支机构的设立

《商业银行法》规定："商业银行根据业务需要可以在中华人民共和国境内外设立分支机构。"商业银行设立分支机构必须经银监会审查批准。经批准设立的商业银行分支机构，由国务院银行业监督管理机构颁发经营许可证。其设立须经申请、审批、登记和公告程序。商业银行必须对分支机构实行集中管理，统一领导。

商业银行的分支机构是商业银行的组成部分，分支机构不具备法人资格，不具有独立的名称和资产。分支机构在总行授权的范围内依法开展业务，其民事责任最终由商业银行总行承担。

(四)商业银行的组织机构

商业银行的组织机构是指商业银行为保证其正常经营，并执行出资人决策而设立的有关机构。商业银行的组织机构包括股东大会、董事会、监事会及行长。

三、商业银行的业务范围与经营原则

(一)商业银行的业务范围

根据《商业银行法》的规定，我国的商业银行主要经营以下业务：(1)吸收公众存款；(2)发放短期、中期和长期贷款；(3)办理国内外结算；(4)办理票据承兑与贴现；(5)发行金融债券；(6)代理发行、代理兑付、承销政府债券；(7)买卖政府债券、金融债券；(8)从事同业拆借；(9)买卖、代理买卖外汇；(10)从事银行卡业务；(11)提供信用证服务及担保；(12)代理收付款项及代理保险业务；(13)提供保险箱服务；(14)经国务院银行业监督管理机构批准的其他业务。商业银行可根据自身情况，在上述业务范围内以章程的形式明确其具体业务，报经银监会审核批准或登记备案。

《商业银行法》还就商业银行的禁止性业务做了规定：在中华人民共和国境内，商业银行不得从事信托投资和证券经营业务，不得投资非自用不动产，不得向非银行金融机构和企业投资。

(二)商业银行的经营原则

商业银行在业务经营和交易的过程中应遵循以下原则：

1. 安全性、流动性和效益性的原则

《商业银行法》明确规定，商业银行以安全性、流动性、效益性为经营原则，实行自主经营、自担风险、自负盈亏。安全性、流动性与效益性是商业银行业务经营的基本原则。

2. 平等、自愿、公平和诚实信用的原则

平等、自愿、公平和诚实信用是民商法的基本原则。《商业银行法》规定，商业银行与客户的业务往来，应当遵循平等、自愿、公平和诚实信用的原则。

3. 保障存款人合法权益不受侵犯的原则

存款是商业银行接受客户存入资金，并在存款人支取存款时支付本息的一种信用业务。只有存款人认为其存入银行后是安全的，能在需要的时候随时取出，其他人也不会非法获得自己的存款，商业银行才能获得其资金来源。对存款人合法权益的保护体现在：(1)“存款自愿、取款自由、存款有息、为存款人保密”。这是《商业银行法》规定的商业银行办理个人储蓄存款业务时需遵循的基本原则。(2)对个人储蓄存款，商业银行有权拒绝任何单位或者个人查询、冻结、扣划，但法律另有规定的除外；对单位存款，商业银行有权拒绝任何单位和个人查询，但法律、行政法规另有规定的除外；有权拒绝任何单位或者个人冻结、扣划，但法律另有规定的除外。(3)存款人对存款利率的知情权。(4)存款本金和利息的取得权。需要特别说明的是，法律对个人存款人和单位存款人保护的力度是不同的。对个人存款人账户的查询须以全国人大及其常委会制定的法律为依据，而查询单位存款人账户，也可以依据国务院颁布的行政法规。可见对个人存款人的保护力度大于对单位存款人的。

微型案例

王某在担任某商业银行代办员期间，利用为储户存款的机会，采用虚报的手法，挪用5位储户的存款现金50 000元。该行为被发现后，王某先于2005年1月潜逃到外地，后又返回工作地向检察机关投案自首，并退还银行20 000元，尚有30 000元无力归还。2006年1月，王某所在地人民法院以挪用资金罪依法判处王某有期徒刑1年，并判令对其尚未归还的现金30 000元予以追缴，返还银行。被挪用的储户之一赵某多次找该银行要求兑付其存款5 000元，银行以存款被王某挪用、王某尚未全部归还为由拒绝兑付存款。2006年5月，赵某将该银行诉至法院。

点评：该案是由银行工作人员违法挪用银行存款资金引发的储户与银行之间的存单纠纷。当储户将钱款交付银行，银行给储户出具存单后，双方即形成存款合同关系，银行即负有到期还本付息的义务。本案中，除非银行有充分的证据证明赵某手中的存单不是真实有效的，否则银行将承担不能按期支付本息的违约责任。代办员王某挪用银行存款，系犯罪行为，而银行并不能因其工作人员犯罪而免除其承兑存单的义务，无论王某是否已将挪用款归还，均不影响银行履行对储户负有的兑付存款的义务。

4. 依法经营，不得损害国家利益和社会公共利益的原则

《商业银行法》规定，商业银行开展业务，应当遵守法律、行政法规的有关规定，不得损害国家利益、社会公共利益。

5. 公平竞争原则

公平竞争是所有市场经济主体必须遵循的基本原则。

四、商业银行贷款管理的法律制度

(一)商业银行的贷款业务管理制度

吸收存款、发放贷款从而获取存贷差价是商业银行最主要的收益途径。根据《商业银行法》的规定，商业银行贷款业务必须遵循以下规则和制度：

1. 国家产业政策

商业银行根据国民经济和社会发展的需要，在国家产业政策指导下开展贷款业务。国家的产业政策和发展政策通过人民银行的货币政策实现，故商业银行应采取与货币政策相一致的措施。

2. 严格贷款审查制

商业银行贷款，应当对借款人的借款用途、偿还能力、还款方式等情况进行严格审查。商业银行贷款，应当实行审贷分离、分级审批的制度。严格审查的目的是为了保障贷款的安全回收。为加强贷款管理，商业银行应建立贷款管理岗位责任制度，实行审贷分离、相互约束的机制。

3. 贷款担保制度

商业银行贷款，借款人应当提供担保。商业银行应当对保证人的偿还能力，抵押物、质物的权属和价值以及实行抵押权、质权的可行性进行严格审查。经商业银行审查、评估，确认借款人资信良好，确能偿还贷款的，可以不提供担保。

4. 借款合同规则

商业银行贷款应与借款人订立书面合同。合同应当约定贷款种类、借款用途、金额、利率、还款期限、还款方式、违约责任和双方认为需要约定的其他事项。

5. 利率政策

商业银行应当按照中国人民银行规定的贷款利率的上下限，确定贷款利率。商业银行的利率分为四种：法定利率，如人民币储蓄利率；差别利率，对不同行业或不同地区适用不同的利率；优惠利率，对国家政策扶持对象采取低于正常利率的优惠利率；浮动汇率，对流动资产利率，上浮在20%，下浮在10%以内。中国人民银行根据宏观调控需要确定基准利率(即再贴现率和中国人民银行对商业银行的贷款利率)以及浮动的幅度，各商业银行据此，同时综合考虑其他市场因素来确定本行的贷款利率。

6. 资产负债比例管理制度

商业银行贷款，应当遵守下列资产负债比例管理的规定：资本充足率不得低于8%；贷款余额与存款余额的比例不得超过75%；流动资产余额与流动性负债余额的比例不得低于25%；对同一借款人的贷款余额与商业银行资本余额的比例不得超过10%；国务院银行业监督管理机构对资产负债比例管理的其他规定。

7. 关系人贷款制度

商业银行不得向关系人发放信用贷款；向关系人发放贷款的条件不得优于其他贷款人同类贷款条件。这里的关系人是指商业银行的董事、监事、管理人员、信贷人员及其近亲属，以及它们投资或者担任高级管理职务的公司、企业和其他经济组织。

8. 自主决定贷款和担保

任何单位和个人不得强令商业银行发放贷款或者提供担保。商业银行有权拒绝任何单位和个人强令要求其发放贷款或提供担保。商业银行依据法律规定和银行内部的业务规则和制度决定是否发放贷款或者提供担保。

9. 依法还贷规则

借款人应当按时归还贷款本金和利息。借款人到期不归还担保贷款的，商业银行依法享有要求保证人归还贷款本金和利息或者就该担保物优先受偿的权利。商业银行因行使抵押权、质权而取得的不动产或者股权，应当自取得之日起两年内予以处分。借款人到期不归还信用贷款的，应当按照合同约定承担责任。

(二)贴现业务管理制度

贴现是商业银行的资产业务之一，是指商业银行通过购买未到期的票据获得票据持有人的权利，在票据到期日向付款人要求支付票据所载金额。银行与银行之间还可以转贴现。贴现与转贴现都必须遵守相关法律规定，收取法定费率。

(三)同业拆借业务管理制度

同业拆借的资金限于交足存款准备金、留足备付金和归还中国人民银行到期贷款之后的闲置资金。严禁占用联行资金和中央银行贷款进行拆放。同业拆借利息及服务费收入必须通过转账结算，且拆借双方必须签订拆借合同。

(四)银行经营的分业限制

商业银行可以在法律法规允许的范围之内进行投资。为控制投资风险，《商业银行法》规定了银行经营的分业限制："商业银行在中华人民共和国境内不得从事信托投资和证券经营业务，不得投资于非自用不动产。商业银行在中华人民共和国境内不得向非银行金融机构和企业投资。"这种限制会随着中国金融业对外开放力度的加大、国际金融混业经营趋势的影响以及中国金融市场的完善而逐渐缩小。

(五)商业银行其他业务管理制度

1. 正当竞争规则

商业银行不得违反规定提高或者降低利率以及采用其他不正当手段，吸收存款，发放贷款。

2. 基本账户规则

企事业单位可以自主选择一家商业银行的营业场所开立一个办理日常转账结算和现金收付的基本账户，不得开立两个以上基本账户。任何单位和个人不得将单位的资金以个人名义开立账户存储。

3. 营业时间公告规则

商业银行应当在公告的营业时间内营业，不得擅自停止营业或者缩短营业时间。

4. 服务收费规则

商业银行办理业务，提供服务，按照规定收取手续费。

5. 资料保存规则

商业银行应当按照国家有关规定保存财务会计报表、业务合同以及其他资料。

6. 工作人员守则

商业银行的工作人员应当遵守法律、行政法规和其他各项业务管理的规定，并应遵守以下工作纪律：(1)不得利用职务上的便利，索取、收受贿赂或违规收受回扣、手续费；(2)不得利用职务之便贪污、挪用、侵占本行或者客户的资金；(3)不得违规向亲属朋友发放贷款或者提供担保；(4)不得在其他经济组织兼职；(5)不得泄露其任职期间知悉的国家秘密、商业秘密；其他不得有违反法律、行政法规和业务管理规定的行为。

五、商业银行的接管与终止

(一)商业银行的接管

1. 接管的概念

商业银行的接管是指商业银行已经或可能发生信用危机，严重影响存款人或其他债权人利益时，银监会对该银行采取的整顿和改组等挽救性措施。接管的目的是对被接管的商业银行采取必要的措施，以保护存款人的利益，恢复商业银行的正常经营能力，稳定市场秩序。

2. 接管的条件与程序

根据《商业银行法》的规定，国务院银行业监督管理机构对已经发生信用危机或可能发生信用危机、严重影响存款人利益的商业银行，可以予以接管。信用危机是指商业银行不能清偿到期债务，陷入经营困境。通过接管，依法控制其业务，并进行业务整改，有可能使商业银行恢复正常经营，从而保护存款人的利益。

接管的具体程序如下：

(1)接管决定。接管决定由中国银监会以书面形式作出，并予以公告。接管决定应载明被接管的商业银行名称、接管理由、接管组织及接管期限。

(2)接管实施。接管由中国银监会组织实施；具体实施工作可由银监会自己进行或者授权其分支机构。接管自接管实施之日起开始。自接管开始之日起，由接管组织行使商业银行的经营管理权力。

(3)接管期限。接管期限由中国银监会决定。接管期限届满，银监会可以决定延期，但接管期限最长不得超过 2 年。

(4)接管终止。发生《商业银行法》规定的下列法定情形之一的，接管终止：接管决定规定的期限届满或者国务院银行业监督管理机构决定的接管期限届满；接管期限届满前，该商业银行已恢复正常经营能力；接管期限届满前，该商业银行被合并或者被依法宣告破产。接管终止的结果可能是商业银行经整顿后恢复正常经营，也可能是商业银行被兼并重组或者被宣告破产，进行债务清理。

(二)商业银行的终止

商业银行的终止，是指由于出现法定的情形而导致的商业银行法律主体资格的消灭，即权利能力和行为能力的丧失。根据《商业银行法》的规定，商业银行因解散、被撤销和被宣告破产而终止。

第三节　外汇管理法

一、外汇管理概述

(一)外汇的含义

外汇是国际贸易和国际交往的产物，是国际清偿的支付手段。外汇有动态和静态两种含义：动态上的外汇是指将一个国家的货币转换成另一个国家的货币，以便清偿国际债权债务的活动；静态上的外汇是指以外国货币表示的用于国际清偿的支付手段和资产。我国《外汇管理条例》第3条从静态的角度给外汇下了定义："本条例所称外汇，是指下列以外币表示的可以用作国际清偿的支付手段和资产：

1. 外币现钞，包括纸币、铸币；
2. 外币支付凭证或者支付工具，包括票据、银行存款凭证、银行卡等；
3. 外币有价证券，包括债券、股票等；
4. 特别提款权；
5. 其他外汇资产。"

外汇作为一种国际债权，具有法定性和可兑换性的特点。从外汇来说，外汇的作用主要是国际贸易中的支付手段和储备手段。

(二)外汇管理法

外汇管理法，是指调整在外汇管理活动中发生的社会关系的法律规范的总称。这些法律规范主要体现在国务院制定的行政法规和中国人民银行、外汇管理局制定的政府规章中。1996年1月，国务院发布了《中华人民共和国外汇管理条例》，于同年4月1日实施。在1997年1月和2008年8月，国务院又先后修订发布了《外汇管理条例》。与此同时，中国人民银行、国家外汇管理局还先后发布了一系列外汇管理方面的法规、规章。如《境内外汇划转管理暂行规定》(1997，汇管函字第250号)、《个人外汇管理办法》(中国人民银行令，2006年第3号)、《个人外汇管理办法实施细则》(汇发[2007]1号)、《国家外汇管理局关于印发〈海关特殊监管区域外汇管理办法〉的通知》(汇发[2013]15号)，《国家外汇管理局关于印发〈跨国公司外汇资金集中运营管理规定〉的通知》(汇发[2015]36号)等。为严厉打击走私和制裁外汇违法犯罪行为，1998年12月，第九届全国人民代表大会常务委员会通过了《关于惩治骗购外汇、逃汇和非法买卖外汇犯罪的决定》，从而形成了较为全面的外汇管理制度。

(三)外汇管理的机构

外汇管理的机构是指由政府指定或授权履行外汇管理职能的机构。我国的外汇管理机关最早是在1979年3月由国务院批准设立的国家外汇管理总局，后更名为国家外汇管理局，隶属于国务院。它在各省、自治区、直辖市、计划单列市、经济特区以及各地、市、县设立的分支局是所辖区域的外汇管理机关，共有分局、中心支局、支局三级。

二、我国外汇管理的主要内容

(一)经常项目的管理

经常项目，是指国际收支中涉及货物、服务、收益及经常转移的交易项目等。根据《外汇管理条例》的规定，我国对经常项目的管理主要有以下几个方面：

(1)经常项目外汇收支应当具有真实、合法的交易基础。经营结汇、售汇业务的金融机构应当按照国务院外汇管理部门的规定，对交易单证的真实性及其与外汇收支的一致性进行合理审查。外汇管理机关有权对这些规定事项进行监督检查。

(2)经常项目外汇收入，可以按照国家有关规定保留或者卖给经营结汇、售汇业务的金融机构。

(3)经常项目外汇支出，应当按照国务院外汇管理部门关于付汇与购汇的管理规定，凭有效单证以自有外汇支付或者向经营结汇、售汇业务的金融机构购汇支付。

(4)携带、申报外币现钞出入境的限额,由国务院外汇管理部门规定。

(二)资本项目的管理

资本项目,是指国际收支中引起对外资产和负债水平发生变化的交易项目,包括资本转移、直接投资、证券投资、衍生产品及贷款等。《外汇管理条例》中规定的对资本项目的管理主要有以下几个方面:

(1)境外机构、境外个人在境内直接投资,经有关主管部门批准后,应当到外汇管理机关办理登记。境外机构、境外个人在境内从事有价证券或者衍生产品发行、交易,应当遵守国家关于市场准入的规定,并按照国务院外汇管理部门的规定办理登记。

(2)境内机构、境内个人向境外直接投资或者从事境外有价证券、衍生产品发行、交易,应当按照国务院外汇管理部门的规定办理登记。国家规定需要事先经有关主管部门批准或者备案的,应当在外汇登记前办理批准或者备案手续。

(3)国家对外债实行规模管理。借用外债应当按照国家有关规定办理,并到外汇管理机关办理外债登记。国务院外汇管理部门负责全国的外债统计与监测,并定期公布外债情况。

(4)提供对外担保,应当向外汇管理机关提出申请,由外汇管理机关根据申请人的资产负债等情况作出批准或者不批准的决定;国家规定其经营范围需经有关主管部门批准的,应当在向外汇管理机关提出申请前办理批准手续。申请人签订对外担保合同后,应当到外汇管理机关办理对外担保登记。经国务院批准为使用外国政府或者国际金融组织贷款进行转贷提供对外担保的,不适用这些规定。

(5)银行业金融机构在经批准的经营范围内可以直接向境外提供商业贷款。其他境内机构向境外提供商业贷款,应当向外汇管理机关提出申请,外汇管理机关根据申请人的资产负债等情况作出批准或者不批准的决定;国家规定其经营范围需经有关主管部门批准的,应当在向外汇管理机关提出申请前办理批准手续。向境外提供商业贷款,应当按照国务院外汇管理部门的规定办理登记。

(6)资本项目外汇收入保留或者卖给经营结汇、售汇业务的金融机构,应当经外汇管理机关批准,但国家规定无须批准的除外。

(7)资本项目外汇支出,应当按照国务院外汇管理部门关于付汇与购汇的管理规定,凭有效单证以自有外汇支付或者向经营结汇、售汇业务的金融机构购汇支付。国家规定应当经外汇管理机关批准的,应当在外汇支付前办理批准手续。依法终止的外商投资企业,按照国家有关规定进行清算、纳税后,属于外方投资者所有的人民币,可以向经营结汇、售汇业务的金融机构购汇汇出。

(8)资本项目外汇及结汇资金,应当按照有关主管部门及外汇管理机关批准的用途使用。外汇管理机关有权对资本项目外汇及结汇资金使用和账户变动情况进行监督检查。

(三)金融机构外汇业务的管理

(1)金融机构经营或者终止经营结汇、售汇业务,应当经外汇管理机关批准;经营或者终止经营其他外汇业务,应当按照职责分工经外汇管理机关或者金融业监督管理机构批准。

(2)外汇管理机关对金融机构外汇业务实行综合头寸管理,具体办法由国务院外汇管理部门制定。

(3)金融机构的资本金、利润以及因本外币资产不匹配需要进行人民币与外币间转换的,应当经外汇管理机关批准。

(四)人民币汇率和外汇市场的管理

汇率是指用一国货币折算成为另一国货币的比率和比价，即是以一国货币表示的另一国货币的价格。汇率对于一个国家的对外经济、货币供应量、社会稳定和国际收支平衡，均有重要影响。根据我国《外汇管理条例》规定，我国人民币汇率实行以市场供求为基础的、有管理的浮动汇率制度。所谓浮动汇率，主要体现在外汇指定银行对外挂牌买卖外汇的汇率可在中国人民银行公布的汇率及规定的浮动范围内浮动。

外汇市场是买卖双方进行外汇交易的场所。外汇市场交易的币种和形式由国务院外汇管理部门即国家外汇管理局规定和调整。经营结汇、售汇业务的金融机构和符合国务院外汇管理部门规定条件的其他机构，可以按照国务院外汇管理部门的规定在银行间外汇市场进行外汇交易。外汇市场交易应当遵循公开、公平、公正和诚实信用的原则。外汇市场交易的币种和形式由国务院外汇管理部门规定。国务院外汇管理部门依法监督管理全国的外汇市场。国务院外汇管理部门可以根据外汇市场的变化和货币政策的要求，依法对外汇市场进行调节。

(五)外汇管理机构的监督管理

根据《外汇管理条例》规定，我国外汇管理机关依法履行职责，有权采取下列措施：

(1)对经营外汇业务的金融机构进行现场检查；

(2)进入涉嫌外汇违法行为发生场所调查取证；

(3)询问有外汇收支或者外汇经营活动的机构和个人，要求其对与被调查外汇违法事件直接有关的事项作出说明；

(4)查阅、复制与被调查外汇违法事件直接有关的交易单证等资料；

(5)查阅、复制被调查外汇违法事件的当事人和直接有关的单位、个人的财务会计资料及相关文件，对可能被转移、隐匿或者毁损的文件和资料，可以予以封存；

(6)经国务院外汇管理部门或者省级外汇管理机关负责人批准，查询被调查外汇违法事件的当事人和直接有关的单位、个人的账户，但个人储蓄存款账户除外；

(7)对有证据证明已经或者可能转移、隐匿违法资金等涉案财产或者隐匿、伪造、毁损重要证据的，可以申请人民法院冻结或者查封。

有关单位和个人应当配合外汇管理机关的监督检查，如实说明有关情况并提供有关文件、资料，不得拒绝、阻碍和隐瞒。

《外汇管理条例》规定，外汇管理机关依法进行监督检查或者调查，监督检查或者调查的人员不得少于2人，并应当出示证件。监督检查、调查的人员少于2人或者未出示证件的，被监督检查、调查的单位和个人有权拒绝。

有外汇经营活动的境内机构，应当按照国务院外汇管理部门的规定报送财务会计报告、统计报表等资料。经营外汇业务的金融机构发现客户有外汇违法行为的，应当及时向外汇管理机关报告。

国务院外汇管理部门为履行外汇管理职责，可以从国务院有关部门、机构获取所必需的信息，国务院有关部门、机构应当提供。国务院外汇管理部门应当向国务院有关部门、机构通报外汇管理工作情况。

任何单位和个人都有权举报外汇违法行为。外汇管理机关应当为举报人保密，并按照规定对举报人或者协助查处外汇违法行为有功的单位和个人给予奖励。

三、违反外汇管理法的法律责任

(一)逃汇行为及其法律责任

有违反规定将境内外汇转移境外,或者以欺骗手段将境内资本转移境外等逃汇行为的,由外汇管理机关责令限期调回外汇,处逃汇金额30%以下的罚款;情节严重的,处逃汇金额30%以上等值以下的罚款;构成犯罪的,依法追究刑事责任。

(二)非法套取外汇的行为及其法律责任

有违反规定以外汇收付应当以人民币收付的款项,或者以虚假、无效的交易单证等向经营结汇、售汇业务的金融机构骗购外汇等非法套汇行为的,由外汇管理机关责令对非法套汇资金予以回兑,处非法套汇金额30%以下的罚款;情节严重的,处非法套汇金额30%以上等值以下的罚款;构成犯罪的,依法追究刑事责任。

(三)违法将外汇汇入境内和非法结汇的法律责任

违反规定将外汇汇入境内的,由外汇管理机关责令改正,处违法金额30%以下的罚款;情节严重的,处违法金额30%以上等值以下的罚款。

非法结汇的,由外汇管理机关责令对非法结汇资金予以回兑,处违法金额30%以下的罚款。

(四)违法携带外汇出入境的法律责任

违反规定携带外汇出入境的,由外汇管理机关给予警告,可以处违法金额20%以下的罚款。法律、行政法规规定由海关予以处罚的,从其规定。

(五)违反外债管理的法律责任

有擅自对外借款、在境外发行债券或者提供对外担保等违反外债管理行为的,由外汇管理机关给予警告,处违法金额30%以下的罚款。

(六)擅自改变外汇用途和非法使用外汇的法律责任

违反规定,擅自改变外汇或者结汇资金用途的,由外汇管理机关责令改正,没收违法所得,处违法金额30%以下的罚款;情节严重的,处违法金额30%以上等值以下的罚款。

有违反规定以外币在境内计价结算或者划转外汇等非法使用外汇行为的,由外汇管理机关责令改正,给予警告,可以处违法金额30%以下的罚款。

(七)非法买卖外汇行为的法律责任

私自买卖外汇、变相买卖外汇、倒买倒卖外汇或者非法介绍买卖外汇数额较大的,由外汇管理机关给予警告,没收违法所得,处违法金额30%以下的罚款;情节严重的,处违法金额30%以上等值以下的罚款;构成犯罪的,依法追究刑事责任。

(八)非法经营结汇、售汇业务的法律责任

未经批准擅自经营结汇、售汇业务的,由外汇管理机关责令改正,有违法所得的,没收违法所得,违法所得50万元以上的,并处违法所得1倍以上5倍以下的罚款;没有违法所得或者违法所得不足50万元的,处50万元以上200万元以下的罚款;情节严重的,由有关主管部门责令停业整顿或者吊销业务许可证;构成犯罪的,依法追究刑事责任。

未经批准经营结汇、售汇业务以外的其他外汇业务的,由外汇管理机关或者金融业监督管理机构依照前款规定予以处罚。

(九)金融机构违规行为的法律责任

1. 金融机构有下列情形之一的,由外汇管理机关责令限期改正,没收违法所得,并处20万元以上100万元以下的罚款;情节严重或者逾期不改正的,由外汇管理机关责令停止经营相关业务:

(1)办理经常项目资金收付,未对交易单证的真实性及其与外汇收支的一致性进行合理审查的;

(2)违反规定办理资本项目资金收付的;

(3)违反规定办理结汇、售汇业务的;

(4)违反外汇业务综合头寸管理的;

(5)违反外汇市场交易管理的。

2. 有下列情形之一的,由外汇管理机关责令改正,给予警告,对机构可以处30万元以下的罚款,对个人可以处5万元以下的罚款:

(1)未按照规定进行国际收支统计申报的;

(2)未按照规定报送财务会计报告、统计报表等资料的;

(3)未按照规定提交有效单证或者提交的单证不真实的;

(4)违反外汇账户管理规定的;

(5)违反外汇登记管理规定的;

(6)拒绝、阻碍外汇管理机关依法进行监督检查或者调查的。

(十)机构违反外汇管理直接责任人员的法律责任

境内机构违反外汇管理规定的,除依照《外汇管理》给予处罚外,对直接负责的主管人员和其他直接责任人员,应当给予处分;对金融机构负有直接责任的董事、监事、高级管理人员和其他直接责任人员给予警告,处5万元以上50万元以下的罚款;构成犯罪的,依法追究刑事责任。

(十一)外汇管理机关工作人员的法律责任

外汇管理机关工作人员徇私舞弊、滥用职权、玩忽职守,构成犯罪的,依法追究刑事责任;尚不构成犯罪的,依法给予处分。

当事人对外汇管理机关作出的具体行政行为不服的,可以依法申请行政复议;对行政复议决定仍不服的,可以依法向人民法院提起行政诉讼。

第四节　证券投资基金法

一、证券投资基金概述

(一)证券投资基金的定义

证券投资基金是指一种利益共享、风险共担的集合证券投资方式,即在中华人民共和国境内,公开或者非公开募集资金设立证券投资基金(以下简称基金),由基金管理人管理,基金托管人托管,为基金份额持有人的利益,进行证券投资活动。

基金管理人、基金托管人和基金份额持有人的权利、义务,依照法律在基金合同中约定。基金管理人、基金托管人依照法律规定和基金合同的约定,履行受托职责。通过公开募集方式设立的基金(以下简称公开募集基金)的基金份额持有人按其所持基金份额享受收益和承担风险,通过非公开募集方式设立的基金(以下简称非公开募集基金)的收益分配和风险承担由基金合同约定。

(二)证券投资基金的分类

1. 按基金的组织形式,可分为契约型基金与公司型基金

(1)契约型基金。契约型基金是基于基金契约原理而组织起来的代理投资行为,基金管理人、托管人与受益人(投资者)三方作为基金的当事人,是通过签订信托契约的形式给受益人发行受益凭证而设立的一种基金。基金管理人负责基金的管理操作;基金托管人作为基金资产的名义持有人,负责基金资产的保管和处置,对基金管理人的运作实行监督。

(2)公司型基金。公司型基金是按照公司法以公司形态组成的,该基金公司以发行股票或收益证券的方式募集资金,从事各种证券投资活动,并将从资金运用中所获收益以股利形式按投资者的出资比例进行分配,投资者按持有的基金份额分得收益。

2. 按基金的运作方式,可分为封闭式基金和开放式基金

(1)封闭式基金。封闭式基金是指基金的发起人在设立基金时,基金发行份额的总量是固定不变的,相应的收益凭证的总份数也是固定不变的,基金份额的持有人不得申请退回资金,但可以在依法设立的证券交易场所交易;它按投资者所投资的资金占整个信托基金的比例,确定每个投资者的实际收益。

(2)开放式基金。开放式基金是指基金份额总额不固定,投资者可再申购和赎回基金单位的证券投资基金。开放式基金特别适合中小投资者进行投资,申购和赎回主要通过基金管理公司直销网点或代销网点(银行的营业网点)进行。

3. 按基金的募集方式,可分为公募基金和私募基金

(1)公募基金是指可以面向社会公众公开发售的一类基金。公募基金可以面向社会公众公开发售基金份额和宣传推广,但基金募集对象不固定;投资金额要求低,适宜中小投资者参与;公募基金必须遵守基金法律和法规的约束,并接受监管部门的严格监管。

(2)私募基金则是只能采取非公开方式,面向特定投资者募集发售的基金。私募基金不能进行公开的发售和宣传推广,投资金额要求高,投资者的资格和人数常常受到严格的限制。与公募基金必须遵守基金法律和法规的约束并接受监管部门的严格监管相比,私募基金在运作上具有较大的灵活性,所受到的限制和约束也较少。它既可以投资于衍生金融产品进行买空卖空交易,也可以进行汇率、商品期货投机交易等。私募基金的投资风险较高,主要以具有较强风险承受能力的富裕阶层为目标客户。

4. 按基金的投资标的,可分为债券基金、股票基金、货币基金、黄金基金和衍生证券投资基金

债券基金是指将基金资产投资于收益较稳定的各类债券上的一种收益性基金。股票基金是指将基金资产投资于普通股股票的基金,它是最基本的基金品种之一。货币基金是指以全球的货币市场为投资对象的一种基金,其投资工具包括银行短期存款、国库券、政府公债、公司债券、银行承兑票据及商业票据等。黄金基金是指以投资于黄金或其他金属生产及其相关产业的证券为主要目的的基金。衍生证券投资基金是指以衍生证券为投资对象的基金。

5. 按基金的投资目标,可分为成长型基金、收入型基金和平衡型基金

成长型基金是基金中最常见的一种,它追求的是基金资产的长期增值。收入型基金主要是以投资于可带来收入的有价证券为主,以获得当期的最大收入为目的。平衡型基金的投资

目标是既要获得当期收入，又要追求基金资产的长期增值。

二、证券投资基金法

证券投资基金法是调整证券投资基金关系的法律规范的总称。2004年6月1日，《中华人民共和国证券投资基金法》(以下简称《证券投资基金法》)正式实施，2012年12月28日和2015年4月24日，全国人民代表大会常务委员会又分别对该法进行了修订。该法共15章154条，内容包括总则、基金管理人、基金托管人、基金的运作方式和组织、基金的公开募集和非公开募集、基金服务机构、基金行业协会、监督管理、法律责任、附则。

《证券投资基金法》的颁布和实施，确立了中国证券投资基金业的法律地位，有利于加强对证券投资者的保护，增强基金投资者的信心，更为我国基金业的发展创造出广阔的空间。

三、基金管理人

(一)设立基金管理人的条件和程序

1.设立基金管理人的条件

基金管理人是指经营管理基金并委托他人保管信托财产的人。基金管理人由依法设立的公司或者合伙企业担任。公开募集基金的基金管理人，由基金管理公司或者经国务院证券监督管理机构按照规定核准的其他机构担任。

在我国，设立管理公开募集基金的基金管理公司，应当具备下列条件，并经国务院证券监督管理机构批准：

(1)有符合《证券投资基金法》和《公司法》规定的章程；

(2)注册资本不低于1亿元人民币，且必须为实缴货币资本；

(3)主要股东应当具有经营金融业务或者管理金融机构的良好业绩、良好的财务状况和社会信誉，资产规模达到国务院规定的标准，最近3年没有违法记录；

(4)取得基金从业资格的人员达到法定人数；

(5)董事、监事、高级管理人员具备相应的任职条件；

(6)有符合要求的营业场所、安全防范设施和与基金管理业务有关的其他设施；

(7)有良好的内部治理结构、完善的内部稽核监控制度、风险控制制度；

(8)法律、行政法规规定的和经国务院批准的国务院证券监督管理机构规定的其他条件。

2. 设立基金管理人的程序

国务院证券监督管理机构应当自受理基金管理公司设立申请之日起6个月内依照上述条件和审慎监管原则进行审查，作出批准或者不予批准的决定，并通知申请人；不予批准的，应当说明理由。

基金管理公司变更持有5%以上股权的股东，变更公司的实际控制人，或者变更其他重大事项，应当报经国务院证券监督管理机构批准。国务院证券监督管理机构应当自受理申请之日起60日内作出批准或者不予批准的决定，并通知申请人；不予批准的，应当说明理由。

(二)公募基金管理人的高级管理人员和其他从业人员的任职条件

根据《证券投资基金法》第15条规定，有下列情形之一的，不得担任公开募集基金的基金管理人的董事、监事、高级管理人员和其他从业人员：

(1)因犯有贪污贿赂、渎职、侵犯财产罪或者破坏社会主义市场经济秩序罪，被判处刑罚的；

(2)对所任职的公司、企业因经营不善破产清算或者因违法被吊销营业执照负有个人责任的董事、监事、厂长、高级管理人员，自该公司、企业破产清算终结或者被吊销营业执照之日起未逾五年的；

(3)个人所负债务数额较大，到期未清偿的；

(4)因违法行为被开除的基金管理人、基金托管人、证券交易所、证券公司、证券登记结算机构、期货交易所、期货公司及其他机构的从业人员和国家机关工作人员；

(5)因违法行为被吊销执业证书或者被取消资格的律师、注册会计师和资产评估机构、验证机构的从业人员、投资咨询从业人员；

(6)法律、行政法规规定不得从事基金业务的其他人员。

同时，公开募集基金的基金管理人的董事、监事和高级管理人员，应当熟悉证券投资方面的法律、行政法规，具有 3 年以上与其所任职务相关的工作经历；高级管理人员还应当具备基金从业资格。

公开募集基金的基金管理人的董事、监事、高级管理人员和其他从业人员，其本人、配偶、利害关系人进行证券投资，应当事先向基金管理人申报，并不得与基金份额持有人发生利益冲突。公开募集基金的基金管理人应当建立这些人员进行证券投资的申报、登记、审查、处置等管理制度，并报国务院证券监督管理机构备案。

公开募集基金的基金管理人的董事、监事、高级管理人员和其他从业人员，不得担任基金托管人或者其他基金管理人的任何职务，不得从事损害基金财产和基金份额持有人利益的证券交易及其他活动。

(三)基金管理人的职责

1. 基金管理人应当履行的职责

根据《证券投资基金法》第 19 条规定，公开募集基金的基金管理人应当履行下列职责：

(1)依法募集资金，办理基金份额的发售和登记事宜；

(2)办理基金备案手续；

(3)对所管理的不同基金财产分别管理、分别记账，进行证券投资；

(4)按照基金合同的约定确定基金收益分配方案，及时向基金份额持有人分配收益；

(5)进行基金会计核算并编制基金财务会计报告；

(6)编制中期和年度基金报告；

(7)计算并公告基金资产净值，确定基金份额申购、赎回价格；

(8)办理与基金财产管理业务活动有关的信息披露事项；

(9)按照规定召集基金份额持有人大会；

(10)保存基金财产管理业务活动的记录、账册、报表和其他相关资料；

(11)以基金管理人名义，代表基金份额持有人利益行使诉讼权利或者实施其他法律行为；

(12)国务院证券监督管理机构规定的其他职责。

2. 基金管理人从业人员、股东和实际控制人的禁止行为

《证券投资基金法》第 20 条规定，公开募集基金的基金管理人及其董事、监事、高级管理人员和其他从业人员不得有下列行为：

(1)将其固有财产或者他人财产混同于基金财产从事证券投资；

(2)不公平地对待其管理的不同基金财产；

(3)利用基金财产或者职务之便为基金份额持有人以外的人牟取利益；

(4)向基金份额持有人违规承诺收益或者承担损失；

(5)侵占、挪用基金财产；

(6)泄露因职务便利获取的未公开信息、利用该信息从事或者明示、暗示他人从事相关的交易活动；

(7)玩忽职守，不按照规定履行职责；

(8)法律、行政法规和国务院证券监督管理机构规定禁止的其他行为。

公开募集基金的基金管理人的董事、监事、高级管理人员未能勤勉尽责，致使基金管理人存在重大违法违规行为或者重大风险的，国务院证券监督管理机构可以责令更换。

《证券投资基金法》第 23 条规定，公开募集基金的基金管理人的股东、实际控制人应当按照国务院证券监督管理机构的规定及时履行重大事项报告义务，并不得有下列行为：

(1)虚假出资或者抽逃出资；

(2)未依法经股东会或者董事会决议擅自干预基金管理人的基金经营活动；

(3)要求基金管理人利用基金财产为自己或者他人牟取利益，损害基金份额持有人利益；

(4)国务院证券监督管理机构规定禁止的其他行为。

公开募集基金的基金管理人的股东、实际控制人有上述行为或者股东不再符合法定条件的，国务院证券监督管理机构应当责令其限期改正，并可视情节责令其转让所持有或者控制的基金管理人的股权。

在上述规定的股东、实际控制人按照要求改正违法行为、转让所持有或者控制的基金管理人的股权前，国务院证券监督管理机构可以限制有关股东行使股东权利。

3. 基金管理人的职责终止

根据《证券投资基金法》的规定，有下列情形之一的，公开募集基金的基金管理人职责终止：

(1)被依法取消基金管理资格；

(2)被基金份额持有人大会解任；

(3)依法解散、被依法撤销或者被依法宣告破产；

(4)基金合同约定的其他情形。

公开募集基金的基金管理人职责终止的，基金份额持有人大会应当在 6 个月内选任新基金管理人；新基金管理人产生前，由国务院证券监督管理机构指定临时基金管理人。公开募集基金的基金管理人职责终止的，应当妥善保管基金管理业务资料，及时办理基金管理业务的移交手续，新基金管理人或者临时基金管理人应当及时接收。公开募集基金的基金管理人职责终止的，应当按照规定聘请会计师事务所对基金财产进行审计，并将审计结果予以公告，同时报国务院证券监督管理机构备案。

(四)对非公开募集基金的基金管理人进行规范

《证券投资基金法》第 32 条规定，"对非公开募集基金的基金管理人进行规范的具体办法，由国务院金融监督管理机构依照本章[①]的原则制定。"这是关于非公开募集基金的基金管理人进行规范的具体办法的授权性规定。基金按照其募集方式，可以分为公开募集基金和非公开

---

① 本章即指《证券投资基金法》第二章"基金管理人"。

募集基金。在2003年制定证券投资基金法时，非公开募集基金规模较小，因此仅对公开募集基金作了规定。近年来，随着国内居民、机构财富的积累，投资者委托他人进行财富管理的需求日益旺盛，非公开募集基金业务发展迅速。因此2012年《证券投资基金法》修改时，将非公开募集基金即私募基金纳入了调整范围。同时，考虑到实践中通过非公开募集资金进行证券投资活动的形式较多，监管部门及所依据的部门规章也各不相同的实际情况，国务院金融监督管理机构在制定对非公开募集基金的基金管理人的规范办法时，在遵守本章规定的基本原则的基础上，可以适当放宽要求，有所变通。这是因为，非公开募集资金主要用于满足少数高端客户获取更高回报率的投资需求，这种资金募集方式一方面涉及投资者数量较少，社会影响面较小；另一方面投资者拥有较为雄厚的资金实力，也能够较为清楚地认识资本市场的投资风险，也有能力监督基金管理人的行为。因此，法律、国务院金融监督管理机构可以适度放宽对其的限制。

四、基金托管人

(一)担任基金托管人的条件

基金托管人是指与基金管理人订立托管协议，负责保管各项基金财产，并对基金管理人运用信托财产进行证券投资予以监督的金融机构。基金托管人与基金管理人不得为同一人，并不得相互出资或者持有股份。

在我国，基金托管人由依法设立的商业银行或者其他金融机构担任。商业银行担任基金托管人的，由国务院证券监督管理机构会同国务院银行业监督管理机构核准；其他金融机构担任基金托管人的，由国务院证券监督管理机构核准。申请取得基金托管资格，担任基金托管人，应当具备下列条件：

(1)净资产和风险控制指标符合有关规定；

(2)设有专门的基金托管部门；

(3)取得基金从业资格的专职人员达到法定人数；

(4)有安全保管基金财产的条件；

(5)有安全高效的清算、交割系统；

(6)有符合要求的营业场所、安全防范设施和与基金托管业务有关的其他设施；

(7)有完善的内部稽核监控制度和风险控制制度；

(8)法律、行政法规规定的和经国务院批准的国务院证券监督管理机构、国务院银行业监督管理机构规定的其他条件。

(二)基金托管人的职责

基金托管人应当履行下列职责：

(1)安全保管基金财产；

(2)按照规定开设基金财产的资金账户和证券账户；

(3)对所托管的不同基金财产分别设置账户，确保基金财产的完整与独立；

(4)保存基金托管业务活动的记录、账册、报表和其他相关资料；

(5)按照基金合同的约定，根据基金管理人的投资指令，及时办理清算、交割事宜；

(6)办理与基金托管业务活动有关的信息披露事项；

(7)对基金财务会计报告、中期和年度基金报告出具意见；

(8)复核、审查基金管理人计算的基金资产净值和基金份额申购、赎回价格;

(9)按照规定召集基金份额持有人大会;

(10)按照规定监督基金管理人的投资运作;

(11)国务院证券监督管理机构规定的其他职责。

基金托管人发现基金管理人的投资指令违反法律、行政法规和其他有关规定,或者违反基金合同约定的,应当拒绝执行,立即通知基金管理人,并及时向国务院证券监督管理机构报告。基金托管人发现基金管理人依据交易程序已经生效的投资指令违反法律、行政法规和其他有关规定,或者违反基金合同约定的,应当立即通知基金管理人,并及时向国务院证券监督管理机构报告。

(三)基金托管人职责终止

有下列情形之一的,基金托管人职责终止:

(1)被依法取消基金托管资格;

(2)被基金份额持有人大会解任;

(3)依法解散、被依法撤销或者被依法宣告破产;

(4)基金合同约定的其他情形。

基金托管人职责终止的,基金份额持有人大会应当在6个月内选任新基金托管人;新基金托管人产生前,由国务院证券监督管理机构指定临时基金托管人。基金托管人职责终止的,应当妥善保管基金财产和基金托管业务资料,及时办理基金财产和基金托管业务的移交手续,新基金托管人或者临时基金托管人应当及时接收。

基金托管人职责终止的,应当按照规定聘请会计师事务所对基金财产进行审计,并将审计结果予以公告,同时报国务院证券监督管理机构备案。

五、基金份额持有人

(一)基金份额持有人的权利

基金份额持有人是指通过向基金投资而持有受益凭证,并有权领取基金信托财产所得收益的人。基金份额持有人可以是自然人,也可以是法人。

基金份额持有人享有下列权利:

(1)分享基金财产收益;

(2)参与分配清算后的剩余基金财产;

(3)依法转让或者申请赎回其持有的基金份额;

(4)按照规定要求召开基金份额持有人大会或者召集基金份额持有人大会;

(5)对基金份额持有人大会审议事项行使表决权;

(6)对基金管理人、基金托管人、基金服务机构损害其合法权益的行为依法提起诉讼;

(7)基金合同约定的其他权利。

公开募集基金的基金份额持有人有权查阅或者复制公开披露的基金信息资料;非公开募集基金的基金份额持有人对涉及自身利益的情况,有权查阅基金的财务会计账簿等财务资料。

(二)基金份额持有人大会

1.基金份额持有人大会的概念和职权

基金份额持有人大会是基金份额持有人行使其权利的决策机构,也是对基金管理人和托管人实行内部监管的监督机构，由全体基金份额的持有人或委托代表组成。

依照我国《证券投资基金法》的规定，基金份额持有人大会由全体基金份额持有人组成，行使下列职权：

(1)决定基金扩募或者延长基金合同期限；

(2)决定修改基金合同的重要内容或者提前终止基金合同；

(3)决定更换基金管理人、基金托管人；

(4)决定调整基金管理人、基金托管人的报酬标准；

(5)基金合同约定的其他职权。

按照基金合同约定，基金份额持有人大会可以设立日常机构，行使下列职权：

(1)召集基金份额持有人大会；

(2)提请更换基金管理人、基金托管人；

(3)监督基金管理人的投资运作、基金托管人的托管活动；

(4)提请调整基金管理人、基金托管人的报酬标准；

(5)基金合同约定的其他职权。

基金份额持有人大会的日常机构，由基金份额持有人大会选举产生的人员组成；其议事规则，由基金合同约定。基金份额持有人大会及其日常机构不得直接参与或者干涉基金的投资管理活动。

2. 基金份额持有人大会的会议规则

基金份额持有人大会由基金管理人召集。基金份额持有人大会设立日常机构的，由该日常机构召集；该日常机构未召集的，由基金管理人召集。基金管理人未按规定召集或者不能召集的，由基金托管人召集。

代表基金份额 10%以上的基金份额持有人就同一事项要求召开基金份额持有人大会，而基金份额持有人大会的日常机构、基金管理人、基金托管人都不召集的，代表基金份额 10%以上的基金份额持有人有权自行召集，并报国务院证券监督管理机构备案。

召开基金份额持有人大会，召集人应当至少提前 30 日公告基金份额持有人大会的召开时间、会议形式、审议事项、议事程序和表决方式等事项。基金份额持有人大会不得就未经公告的事项进行表决。

基金份额持有人大会可以采取现场方式召开，也可以采取通信等方式召开。

每一基金份额具有一票表决权，基金份额持有人可以委托代理人出席基金份额持有人大会并行使表决权。

基金份额持有人大会应当有代表 1/2 以上基金份额的持有人参加，方可召开。参加基金份额持有人大会的持有人的基金份额低于代表 1/2 以上基金份额的持有人比例的，召集人可以在原公告的基金份额持有人大会召开时间的 3 个月以后、6 个月以内，就原定审议事项重新召集基金份额持有人大会。重新召集的基金份额持有人大会应当有代表 1/3 以上基金份额的持有人参加，方可召开。

基金份额持有人大会就审议事项作出决定，应当经参加大会的基金份额持有人所持表决权的 1/2 以上通过；但是，转换基金的运作方式、更换基金管理人或者基金托管人、提前终止基金合同、与其他基金合并，应当经参加大会的基金份额持有人所持表决权的 2/3 以上通过。

基金份额持有人大会决定的事项，应当依法报国务院证券监督管理机构备案，并予以公告。

六、证券投资基金的募集、交易和终止

(一)基金的公开募集

公开募集基金,应当经国务院证券监督管理机构注册。未经注册,不得公开或者变相公开募集基金。公开募集基金应当由基金管理人管理,基金托管人托管。

注册公开募集基金,由拟任基金管理人向国务院证券监督管理机构提交下列文件:(1)申请报告;(2)基金合同草案;(3)基金托管协议草案;(4)招募说明书草案;(5)律师事务所出具的法律意见书;(6)国务院证券监督管理机构规定提交的其他文件。

国务院证券监督管理机构应当自受理公开募集基金的募集注册申请之日起6个月内依照法律、行政法规及国务院证券监督管理机构的规定进行审查,作出注册或者不予注册的决定,并通知申请人;不予注册的,应当说明理由。

基金募集申请经注册后,方可发售基金份额。基金份额的发售,由基金管理人或者其委托的基金销售机构办理。基金管理人应当在基金份额发售的3日前公布招募说明书、基金合同及其他有关文件。文件应当真实、准确、完整。对基金募集所进行的宣传推介活动,应当符合有关法律、行政法规的规定,不得有违法行为。

基金管理人应当自收到准予注册文件之日起6个月内进行基金募集。超过6个月开始募集,原注册的事项未发生实质性变化的,应当报国务院证券监督管理机构备案;发生实质性变化的,应当向国务院证券监督管理机构重新提交注册申请。

基金募集不得超过国务院证券监督管理机构准予注册的基金募集期限。基金募集期限自基金份额发售之日起计算。基金募集期间募集的资金应当存入专门账户,在基金募集行为结束前,任何人不得动用。

基金募集期限届满,封闭式基金募集的基金份额总额达到准予注册规模的80%以上,开放式基金募集的基金份额总额超过准予注册的最低募集份额总额,并且基金份额持有人人数符合国务院证券监督管理机构规定的,基金管理人应当自募集期限届满之日起10日内聘请法定验资机构验资,自收到验资报告之日起10日内,向国务院证券监督管理机构提交验资报告,办理基金备案手续,并予以公告。基金募集期限届满,不能满足这些条件的,基金管理人应当承担下列责任:(1)以其固有财产承担因募集行为而产生的债务和费用;(2)在基金募集期限届满后30日内返还投资人已交纳的款项,并加计银行同期存款利息。投资人交纳认购的基金份额的款项时,基金合同成立;基金管理人依法向国务院证券监督管理机构办理基金备案手续,基金合同生效。

(二)公开募集基金的基金份额的交易、申购与赎回

申请基金份额上市交易,基金管理人应当向证券交易所提出申请,证券交易所依法审核同意的,双方应当签订上市协议。基金份额上市交易,应当符合下列条件:(1)基金的募集符合《证券投资基金法》规定;(2)基金合同期限为5年以上;(3)基金募集金额不低于2亿元人民币;(4)基金份额持有人不少于1 000人;(5)基金份额上市交易规则规定的其他条件。

基金份额上市交易规则由证券交易所制定,报国务院证券监督管理机构批准。基金份额上市交易后,有下列情形之一的,由证券交易所终止其上市交易,并报国务院证券监督管理机构备案:(1)不再具备《证券投资基金法》规定的上市交易条件;(2)基金合同期限届满;(3)基金份额持有人大会决定提前终止上市交易;(4)基金合同约定的或者基金份额上市交易规则规定

的终止上市交易的其他情形。

开放式基金的基金份额的申购、赎回、登记，由基金管理人或者其委托的基金服务机构办理。基金管理人应当在每个工作日办理基金份额的申购、赎回业务；基金合同另有约定的，从其约定。投资人交付申购款项，申购成立；基金份额登记机构确认基金份额时，申购生效。基金份额持有人递交赎回申请，赎回成立；基金份额登记机构确认赎回时，赎回生效。

基金管理人应当按时支付赎回款项，但是下列情形除外：(1)因不可抗力导致基金管理人不能支付赎回款项；(2)证券交易场所依法决定临时停市，导致基金管理人无法计算当日基金资产净值；(3)基金合同约定的其他特殊情形。发生上述情形之一的，基金管理人应当在当日报国务院证券监督管理机构备案。这些情形消失后，基金管理人应当及时支付赎回款项。

基金份额的申购、赎回价格，依据申购、赎回日基金份额净值加、减有关费用计算。基金份额净值计价出现错误时，基金管理人应当立即纠正，并采取合理的措施防止损失进一步扩大。计价错误达到基金份额净值0.5%时，基金管理人应当公告，并报国务院证券监督管理机构备案。因基金份额净值计价错误造成基金份额持有人损失的，基金份额持有人有权要求基金管理人、基金托管人予以赔偿。

(三)公开募集基金的投资与信息披露

1. 公开募集基金的投资

基金管理人运用基金财产进行证券投资，除国务院证券监督管理机构另有规定外，应当采用资产组合的方式。资产组合的具体方式和投资比例，依照本法和国务院证券监督管理机构的规定在基金合同中约定。

基金财产应当用于下列投资：(1)上市交易的股票、债券；(2)国务院证券监督管理机构规定的其他证券及其衍生品种。但基金财产不得用于下列投资或者活动：(1)承销证券；(2)违反规定向他人贷款或者提供担保；(3)从事承担无限责任的投资；(4)买卖其他基金份额，但是国务院证券监督管理机构另有规定的除外；(5)向基金管理人、基金托管人出资；(6)从事内幕交易、操纵证券交易价格及其他不正当的证券交易活动；(7)法律、行政法规和国务院证券监督管理机构规定禁止的其他活动。

2. 公开募集基金的信息披露

运用基金财产买卖基金管理人、基金托管人及其控股股东、实际控制人或者与其有其他重大利害关系的公司发行的证券或承销期内承销的证券，或者从事其他重大关联交易的，应当遵循基金份额持有人利益优先的原则，防范利益冲突，符合国务院证券监督管理机构的规定，并履行信息披露义务。基金管理人、基金托管人和其他基金信息披露义务人应当依法披露基金信息，并保证所披露信息的真实性、准确性和完整性。基金信息披露义务人应当确保应予披露的基金信息在国务院证券监督管理机构规定时间内披露，并保证投资人能够按照基金合同约定的时间和方式查阅或者复制公开披露的信息资料。

公开披露的基金信息包括：(1)基金招募说明书、基金合同、基金托管协议；(2)基金募集情况；(3)基金份额上市交易公告书；(4)基金资产净值、基金份额净值；(5)基金份额申购、赎回价格；(6)基金财产的资产组合季度报告、财务会计报告及中期和年度基金报告；(7)临时报告；(8)基金份额持有人大会决议；(9)基金管理人、基金托管人的专门基金托管部门的重大人事变动；(10)涉及基金财产、基金管理业务、基金托管业务的诉讼或者仲裁；(11)国务院证券监督管理机构规定应予披露的其他信息。

公开披露基金信息，不得有下列行为：(1)虚假记载、误导性陈述或者重大遗漏；(2)对证券投资业绩进行预测；(3)违规承诺收益或者承担损失；(4)诋毁其他基金管理人、基金托管人或者基金销售机构；(5)法律、行政法规和国务院证券监督管理机构规定禁止的其他行为。

(四)公开募集基金的基金合同的变更、终止与基金财产清算

按照基金合同的约定或者基金份额持有人大会的决议，基金可以转换运作方式或者与其他基金合并。

封闭式基金扩募或者延长基金合同期限，应当符合下列条件，并报国务院证券监督管理机构备案：(1)基金运营业绩良好；(2)基金管理人最近2年内没有因违法违规行为受到行政处罚或者刑事处罚；(3)基金份额持有人大会决议通过；(4)本法规定的其他条件。

有下列情形之一的，基金合同终止：(1)基金合同期限届满而未延期；(2)基金份额持有人大会决定终止；(3)基金管理人、基金托管人职责终止，在6个月内没有新基金管理人、新基金托管人承接；(4)基金合同约定的其他情形。基金合同终止时，基金管理人应当组织清算组对基金财产进行清算。清算组由基金管理人、基金托管人以及相关的中介服务机构组成。清算组作出的清算报告经会计师事务所审计，律师事务所出具法律意见书后，报国务院证券监督管理机构备案并公告。清算后的剩余基金财产，应当按照基金份额持有人所持份额比例进行分配。

(五)非公开募集基金的特殊规定

1. 非公开募集基金的合格投资者和基金托管人

非公开募集基金应当向合格投资者募集，合格投资者累计不得超过200人。合格投资者，是指达到规定资产规模或者收入水平，并且具备相应的风险识别能力和风险承担能力，其基金份额认购金额不低于规定限额的单位和个人。合格投资者的具体标准由国务院证券监督管理机构规定。

除基金合同另有约定外，非公开募集基金应当由基金托管人托管。担任非公开募集基金的基金管理人，应当按照规定向基金行业协会履行登记手续，报送基本情况。未经登记，任何单位或者个人不得使用“基金”或者“基金管理”字样或者近似名称进行证券投资活动；但是，法律、行政法规另有规定的除外。

非公开募集基金，不得向合格投资者之外的单位和个人募集资金，不得通过报刊、电台、电视台、互联网等公众传播媒体或者讲座、报告会、分析会等方式向不特定对象宣传推介。基金份额持有人转让基金份额的，应当符合法律规定。

2. 非公开募集基金合同

非公开募集基金，应当制定并签订基金合同。基金合同应当包括下列内容：(1)基金份额持有人、基金管理人、基金托管人的权利、义务；(2)基金的运作方式；(3)基金的出资方式、数额和认缴期限；(4)基金的投资范围、投资策略和投资限制；(5)基金收益分配原则、执行方式；(6)基金承担的有关费用；(7)基金信息提供的内容、方式；(8)基金份额的认购、赎回或者转让的程序和方式；(9)基金合同变更、解除和终止的事由、程序；(10)基金财产清算方式；(11)当事人约定的其他事项。

3. 非公开募集基金份额持有人作为基金管理人的特别约定

按照基金合同约定，非公开募集基金可以由部分基金份额持有人作为基金管理人负责基金的投资管理活动，并在基金财产不足以清偿其债务时对基金财产的债务承担无限连带责任。这种非公开募集基金，其基金合同还应载明：(1)承担无限连带责任的基金份额持有人和其他基金份额持有人的姓名或者名称、住所；(2)承担无限连带责任的基金份额持有人的除名条件和更换程序；(3)基金份额持有人增加、退出的条件、程序以及相关责任；(4)承担无限连带责任的基金份额持有人和其他基金份额持有人的转换程序。

4. 非公开募集基金的备案和投资要求

非公开募集基金募集完毕，基金管理人应当向基金行业协会备案。对募集的资金总额或者基金份额持有人的人数达到规定标准的基金，基金行业协会应当向国务院证券监督管理机构报告。

非公开募集基金财产的证券投资，包括买卖公开发行的股份有限公司股票、债券、基金份额，以及国务院证券监督管理机构规定的其他证券及其衍生品种。基金管理人、基金托管人应当按照基金合同的约定，向基金份额持有人提供基金信息。

专门从事非公开募集基金管理业务的基金管理人，其股东、高级管理人员、经营期限、管理的基金资产规模等符合规定条件的，经国务院证券监督管理机构核准，可以从事公开募集基金管理业务。

七、基金服务机构和基金行业协会

(一)基金服务机构

基金服务机构是指从事公开募集基金的销售、销售支付、份额登记、估值、投资顾问、评价、信息技术系统服务等基金服务业务的机构，基金服务机构应当按照国务院证券监督管理机构的规定进行注册或者备案。基金管理人可以委托基金服务机构代为办理基金的份额登记、核算、估值、投资顾问等事项，基金托管人可以委托基金服务机构代为办理基金的核算、估值、复核等事项，但基金管理人、基金托管人依法应当承担的责任不因委托而免除。基金服务机构应当勤勉尽责、恪尽职守，建立应急等风险管理制度和灾难备份系统，不得泄露与基金份额持有人、基金投资运作相关的非公开信息。

基金销售机构应当向投资人充分揭示投资风险，并根据投资人的风险承担能力销售不同风险等级的基金产品。基金销售支付机构应当按照规定办理基金销售结算资金的划付，确保基金销售结算资金安全、及时划付。

基金销售结算资金、基金份额独立于基金销售机构、基金销售支付机构或者基金份额登记机构的自有财产。基金销售机构、基金销售支付机构或者基金份额登记机构破产或者清算时，基金销售结算资金、基金份额不属于其破产财产或者清算财产。非因投资人本身的债务或者法律规定的其他情形，不得查封、冻结、扣划或者强制执行基金销售结算资金、基金份额。基金销售机构、基金销售支付机构、基金份额登记机构应当确保基金销售结算资金、基金份额的安全、独立，禁止任何单位或者个人以任何形式挪用基金销售结算资金、基金份额。

基金份额登记机构以电子介质登记的数据，是基金份额持有人权利归属的根据。基金份额持有人以基金份额出质的，质权自基金份额登记机构办理出质登记时设立。基金份额登记机构应当妥善保存登记数据，并将基金份额持有人名称、身份信息及基金份额明细等数据备份至国务院证券监督管理机构认定的机构。其保存期限自基金账户销户之日起不得少于 20 年。基金份额登记机构应当保证登记数据的真实、准确、完整，不得隐匿、伪造、篡改或者毁损。

基金投资顾问机构及其从业人员提供基金投资顾问服务，应当具有合理的依据，对其服务能力和经营业绩进行如实陈述，不得以任何方式承诺或者保证投资收益，不得损害服务对象的合法权益。

基金评价机构及其从业人员应当客观公正，按照依法制定的业务规则开展基金评价业务，禁止误导投资人，防范可能发生的利益冲突。

律师事务所、会计师事务所接受基金管理人、基金托管人的委托，为有关基金业务活动出具法律意见书、审计报告、内部控制评价报告等文件，应当勤勉尽责，对所依据的文件资料内容的真实性、准确性、完整性进行核查和验证。其制作、出具的文件有虚假记载、误导性陈述或者重大遗漏，给他人财产造成损失的，应当与委托人承担连带赔偿责任。

（二）基金行业协会

基金行业协会是证券投资基金行业的自律性组织，是社会团体法人。基金管理人、基金托管人应当加入基金行业协会，基金服务机构可以加入基金行业协会。基金行业协会的权力机构为全体会员组成的会员大会。基金行业协会设理事会。理事会成员依章程的规定由选举产生。基金行业协会章程由会员大会制定，并报国务院证券监督管理机构备案。

基金行业协会履行下列职责：

（1）教育和组织会员遵守有关证券投资的法律、行政法规，维护投资人合法权益；

（2）依法维护会员的合法权益，反映会员的建议和要求；

（3）制定和实施行业自律规则，监督、检查会员及其从业人员的执业行为，对违反自律规则和协会章程的，按照规定给予纪律处分；

（4）制定行业执业标准和业务规范，组织基金从业人员的从业考试、资质管理和业务培训；

（5）提供会员服务，组织行业交流，推动行业创新，开展行业宣传和投资人教育活动；

（6）对会员之间、会员与客户之间发生的基金业务纠纷进行调解；

（7）依法办理非公开募集基金的登记、备案；

（8）协会章程规定的其他职责。

八、监督管理

根据法律规定，我国对证券投资基金进行管理的机构是国务院证券监督管理机构。国务院证券监督管理机构依法履行下列职责：（1）制定有关证券投资基金活动监督管理的规章、规则，并行使审批、核准或者注册权；（2）办理基金备案；（3）对基金管理人、基金托管人及其他机构从事证券投资基金活动进行监督管理，对违法行为进行查处，并予以公告；（4）制定基金从业人员的资格标准和行为准则，并监督实施；（5）监督检查基金信息的披露情况；（6）指导和监督基金行业协会的活动；（7）法律、行政法规规定的其他职责。

国务院证券监督管理机构依法履行职责，有权采取下列措施：（1）对基金管理人、基金托管人、基金服务机构进行现场检查，并要求其报送有关的业务资料。（2）进入涉嫌违法行为发生场所调查取证。（3）询问当事人和与被调查事件有关的单位和个人，要求其对与被调查事件有关的事项作出说明。（4）查阅、复制与被调查事件有关的财产权登记、通信记录等资料。（5）查阅、复制当事人和与被调查事件有关的单位和个人的证券交易记录、登记过户记录、财务会计资料及其他相关文件和资料；对可能被转移、隐匿或者毁损的文件和资料，可以予以封存。（6）查询当事人和与被调查事件有关的单位和个人的资金账户、证券账户和银行账户；对有证据证明已经或者可能转移或者隐匿违法资金、证券等涉案财产或者隐匿、伪造、毁损重要证据的，经国务院证券监督管理机构主要负责人批准，可以冻结或者查封。（7）在调查操纵证券市场、内幕交易等重大证券违法行为时，经国务院证券监督管理机构主要负责人批准，可以限制被调查事件当事人的证券买卖，但限制的期限不得超过15个交易日；案情复杂的，可以延长15个交易日。

国务院证券监督管理机构工作人员依法履行职责，进行调查或者检查时，不得少于2人，并应当出示合法证件；对调查或者检查中知悉的商业秘密负有保密的义务。国务院证券监督管理机构工作人员应当忠于职守、依法办事、公正廉洁、接受监督，不得利用职务牟取私利。国务院证券监督管理机构依法履行职责时，被调查、检查的单位和个人应当配合，如实提供有关文件和资料，不得拒绝、阻碍和隐瞒。国务院证券监督管理机构依法履行职责，发现违法行为涉嫌犯罪的，应当将案件移送司法机关处理。国务院证券监督管理机构工作人员在任职期间，或者离职后在《中华人民共和国公务员法》规定的期限内，不得在被监管的机构中担任职务。

九、违反《证券投资基金法》的法律责任

(1)违反《证券投资基金法》规定，未经批准擅自设立基金管理公司或者未经核准从事公开募集基金管理业务的，由证券监督管理机构予以取缔或者责令改正，没收违法所得，并处违法所得1倍以上5倍以下罚款；没有违法所得或者违法所得不足100万元的，并处10万元以上100万元以下罚款。对直接负责的主管人员和其他直接责任人员给予警告，并处3万元以上30万元以下罚款。

基金管理公司违反《证券投资基金法》规定，擅自变更持有5%以上股权的股东、实际控制人或者其他重大事项的，责令改正，没收违法所得，并处违法所得1倍以上5倍以下罚款；没有违法所得或者违法所得不足50万元的，并处5万元以上50万元以下罚款。对直接负责的主管人员给予警告，并处3万元以上10万元以下罚款。

(2)基金管理人的董事、监事、高级管理人员和其他从业人员，基金托管人的专门基金托管部门的高级管理人员和其他从业人员，未按照《证券投资基金法》申报的，责令改正，处3万元以上10万元以下罚款。

基金管理人、基金托管人违反董事、监事、高级管理人员和其他从业人员第17条第2款①规定的，责令改正，处10万元以上100万元以下罚款；对直接负责的主管人员和其他直接责任人员给予警告，暂停或者撤销基金从业资格，并处3万元以上30万元以下罚款。

(3)基金管理人的董事、监事、高级管理人员和其他从业人员，基金托管人的专门基金托管部门的高级管理人员和其他从业人员违反本法第18条②规定的，责令改正，没收违法所得，并处违法所得1倍以上5倍以下罚款；没有违法所得或者违法所得不足100万元的，并处10万元以上100万元以下罚款；情节严重的，撤销基金从业资格。

(4)基金管理人、基金托管人违反《证券投资基金法》规定，未对基金财产实行分别管理或者分账保管，责令改正，处5万元以上50万元以下罚款；对直接负责的主管人员和其他直接责任人员给予警告，暂停或者撤销基金从业资格，并处3万元以上30万元以下罚款。

(5)基金管理人、基金托管人及其董事、监事、高级管理人员和其他从业人员有《证券投资

---

① 第十七条第二款，公开募集基金的基金管理人应当建立前款规定人员进行证券投资的申报、登记、审查、处置等管理制度，并报国务院证券监督管理机构备案。

② 第十八条　公开募集基金的基金管理人的董事、监事、高级管理人员和其他从业人员，不得担任基金托管人或者其他基金管理人的任何职务，不得从事损害基金财产和基金份额持有人利益的证券交易及其他活动。

基金法》第20条[①]所列行为之一的，责令改正，没收违法所得，并处违法所得1倍以上5倍以下罚款；没有违法所得或者违法所得不足100万元的，并处10万元以上100万元以下罚款；基金管理人、基金托管人有上述行为的，还应当对其直接负责的主管人员和其他直接责任人员给予警告，暂停或者撤销基金从业资格，并处3万元以上30万元以下罚款。

基金管理人、基金托管人及其董事、监事、高级管理人员和其他从业人员侵占、挪用基金财产而取得的财产和收益，归入基金财产。但是，法律、行政法规另有规定的，依照其规定。

(6)基金管理人的股东、实际控制人违反《证券投资基金法》第23条[②]规定的，责令改正，没收违法所得，并处违法所得1倍以上5倍以下罚款；没有违法所得或者违法所得不足100万元的，并处10万元以上100万元以下罚款；对直接负责的主管人员和其他直接责任人员给予警告，暂停或者撤销基金或证券从业资格，并处3万元以上30万元以下罚款。

(7)未经核准，擅自从事基金托管业务的，责令停止，没收违法所得，并处违法所得1倍以上5倍以下罚款；没有违法所得或者违法所得不足100万元的，并处10万元以上100万元以下罚款；对直接负责的主管人员和其他直接责任人员给予警告，并处3万元以上30万元以下罚款。

(8)基金管理人、基金托管人违反《证券投资基金法》规定，相互出资或者持有股份的，责令改正，可以处10万元以下罚款。

(9)违反《证券投资基金法》规定，擅自公开或者变相公开募集基金的，责令停止，返还所募资金和加计的银行同期存款利息，没收违法所得，并处所募资金金额1%以上5%以下罚款。对直接负责的主管人员和其他直接责任人员给予警告，并处5万元以上50万元以下罚款。

(10)违反《证券投资基金法》第59条[③]规定，动用募集的资金的，责令返还，没收违法所得，并处违法所得1倍以上5倍以下罚款；没有违法所得或者违法所得不足50万元的，并处5万元以上50万元以下罚款；对直接负责的主管人员和其他直接责任人员给予警告，并处3万元以上30万元以下罚款。

---

① 第二十条 公开募集基金的基金管理人及其董事、监事、高级管理人员和其他从业人员不得有下列行为：

(一)将其固有财产或者他人财产混同于基金财产从事证券投资；

(二)不公平地对待其管理的不同基金财产；

(三)利用基金财产或者职务之便为基金份额持有人以外的人牟取利益；

(四)向基金份额持有人违规承诺收益或者承担损失；

(五)侵占、挪用基金财产；

(六)泄露因职务便利获取的未公开信息，利用该信息从事或者明示、暗示他人从事相关的交易活动；

(七)玩忽职守，不按照规定履行职责；

(八)法律、行政法规和国务院证券监督管理机构规定禁止的其他行为。

② 第二十三条 公开募集基金的基金管理人的股东、实际控制人应当按照国务院证券监督管理机构的规定及时履行重大事项报告义务，并不得有下列行为：

(一)虚假出资或者抽逃出资；

(二)未依法经股东会或者董事会决议擅自干预基金管理人的基金经营活动；

(三)要求基金管理人利用基金财产为自己或者他人牟取利益，损害基金份额持有人利益；

(四)国务院证券监督管理机构规定禁止的其他行为。

公开募集基金的基金管理人的股东、实际控制人有前款行为或者股东不再符合法定条件的，国务院证券监督管理机构应当责令其限期改正，并可视情节责令其转让所持有或者控制的基金管理人的股权。

在前款规定的股东、实际控制人按照要求改正违法行为、转让所持有或者控制的基金管理人的股权前，国务院证券监督管理机构可以限制有关股东行使股东权利。

③ 第五十九条 基金募集期间募集的资金应当存入专门账户，在基金募集行为结束前，任何人不得动用。

(11)基金管理人、基金托管人有《证券投资基金法》第73条①第1款第1项至第5项和第7项所列行为之一，或者违反《证券投资基金法》第73条第2款规定的，责令改正，处10万元以上100万元以下罚款；对直接负责的主管人员和其他直接责任人员给予警告，暂停或者撤销基金从业资格，并处3万元以上30万元以下罚款。

基金管理人、基金托管人有前款行为，运用基金财产而取得的财产和收益，归入基金财产。但是，法律、行政法规另有规定的，依照其规定。

(12)基金管理人、基金托管人有本法第73条第1款第6项规定行为，即“从事内幕交易、操纵证券交易价格及其他不正当的证券交易活动”的，除依照《中华人民共和国证券法》的有关规定处罚外，对直接负责的主管人员和其他直接责任人员暂停或者撤销基金从业资格。

(13)基金信息披露义务人不依法披露基金信息或者披露的信息有虚假记载、误导性陈述或者重大遗漏的，责令改正，没收违法所得，并处10万元以上100万元以下罚款；对直接负责的主管人员和其他直接责任人员给予警告，暂停或者撤销基金从业资格，并处3万元以上30万元以下罚款。

(14)基金管理人或者基金托管人不按照规定召集基金份额持有人大会的，责令改正，可以处5万元以下罚款；对直接负责的主管人员和其他直接责任人员给予警告，暂停或者撤销基金从业资格。

(15)违反《证券投资基金法》规定，未经登记，使用“基金”或者“基金管理”字样或者近似名称进行证券投资活动的，没收违法所得，并处违法所得1倍以上5倍以下罚款；没有违法所得或者违法所得不足100万元的，并处10万元以上100万元以下罚款。对直接负责的主管人员和其他直接责任人员给予警告，并处3万元以上30万元以下罚款。

(16)违反《证券投资基金法》规定，非公开募集基金募集完毕，基金管理人未备案的，处10万元以上30万元以下罚款。对直接负责的主管人员和其他直接责任人员给予警告，并处3万元以上10万元以下罚款。

(17)违反《证券投资基金法》规定，向合格投资者之外的单位或者个人非公开募集资金或者转让基金份额的，没收违法所得，并处违法所得1倍以上5倍以下罚款；没有违法所得或者违法所得不足100万元的，并处10万元以上100万元以下罚款。对直接负责的主管人员和其他直接责任人员给予警告，并处3万元以上30万元以下罚款。

(18)违反《证券投资基金法》规定，擅自从事公开募集基金的基金服务业务的，责令改正，没收违法所得，并处违法所得1倍以上5倍以下罚款；没有违法所得或者违法所得不足30万元的，并处10万元以上30万元以下罚款。对直接负责的主管人员和其他直接责任人员给予

---

① 第七十三条　基金财产不得用于下列投资或者活动：

(一)承销证券；

(二)违反规定向他人贷款或者提供担保；

(三)从事承担无限责任的投资；

(四)买卖其他基金份额，但是国务院证券监督管理机构另有规定的除外；

(五)向基金管理人、基金托管人出资；

(六)从事内幕交易、操纵证券交易价格及其他不正当的证券交易活动；

(七)法律、行政法规和国务院证券监督管理机构规定禁止的其他活动。

运用基金财产买卖基金管理人、基金托管人及其控股股东、实际控制人或者与其有其他重大利害关系的公司发行的证券或承销期内承销的证券，或者从事其他重大关联交易的，应当遵循基金份额持有人利益优先的原则，防范利益冲突，符合国务院证券监督管理机构的规定，并履行信息披露义务。

警告，并处3万元以上10万元以下罚款。

(19)基金销售机构未向投资人充分揭示投资风险并误导其购买与其风险承担能力不相当的基金产品的，处10万元以上30万元以下罚款；情节严重的，责令其停止基金服务业务。对直接负责的主管人员和其他直接责任人员给予警告，撤销基金从业资格，并处3万元以上10万元以下罚款。

(20)基金销售支付机构未按照规定划付基金销售结算资金的，处10万元以上30万元以下罚款；情节严重的，责令其停止基金服务业务。对直接负责的主管人员和其他直接责任人员给予警告，撤销基金从业资格，并处3万元以上10万元以下罚款。

(21)挪用基金销售结算资金或者基金份额的，责令改正，没收违法所得，并处违法所得1倍以上5倍以下罚款；没有违法所得或者违法所得不足100万元的，并处10万元以上100万元以下罚款。对直接负责的主管人员和其他直接责任人员给予警告，并处3万元以上30万元以下罚款。

(22)基金份额登记机构未妥善保存或者备份基金份额登记数据的，责令改正，给予警告，并处10万元以上30万元以下罚款；情节严重的，责令其停止基金服务业务。对直接负责的主管人员和其他直接责任人员给予警告，撤销基金从业资格，并处3万元以上10万元以下罚款。

基金份额登记机构隐匿、伪造、篡改、毁损基金份额登记数据的，责令改正，处10万元以上100万元以下罚款，并责令其停止基金服务业务。对直接负责的主管人员和其他直接责任人员给予警告，撤销基金从业资格，并处3万元以上30万元以下罚款。

(23)基金投资顾问机构、基金评价机构及其从业人员违反《证券投资基金法》规定开展投资顾问、基金评价服务的，处10万元以上30万元以下罚款；情节严重的，责令其停止基金服务业务。对直接负责的主管人员和其他直接责任人员给予警告，撤销基金从业资格，并处3万元以上10万元以下罚款。

(24)信息技术系统服务机构未按照规定向国务院证券监督管理机构提供相关信息技术系统资料，或者提供的信息技术系统资料虚假、有重大遗漏的，责令改正，处3万元以上10万元以下罚款。对直接负责的主管人员和其他直接责任人员给予警告，并处1万元以上3万元以下罚款。

(25)会计师事务所、律师事务所未勤勉尽责，所出具的文件有虚假记载、误导性陈述或者重大遗漏的，责令改正，没收业务收入，暂停或者撤销相关业务许可，并处业务收入1倍以上5倍以下罚款。对直接负责的主管人员和其他直接责任人员给予警告，并处3万元以上10万元以下罚款。

(26)基金服务机构未建立应急等风险管理制度和灾难备份系统，或者泄露与基金份额持有人、基金投资运作相关的非公开信息的，处10万元以上30万元以下罚款；情节严重的，责令其停止基金服务业务。对直接负责的主管人员和其他直接责任人员给予警告，撤销基金从业资格，并处3万元以上10万元以下罚款。

(27)违反《证券投资基金法》规定，给基金财产、基金份额持有人或者投资人造成损害的，依法承担赔偿责任。

基金管理人、基金托管人在履行各自职责的过程中，违反《证券投资基金法》规定或者基金合同约定，给基金财产或者基金份额持有人造成损害的，应当分别对各自的行为依法承担赔偿责任；因共同行为给基金财产或者基金份额持有人造成损害的，应当承担连带赔偿责任。

证券监督管理机构工作人员玩忽职守、滥用职权、徇私舞弊或者利用职务上的便利索取或者收受他人财物的，依法给予行政处分。拒绝、阻碍证券监督管理机构及其工作人员依法行使监督检查、调查职权未使用暴力、威胁方法的，依法给予治安管理处罚。违反法律、行政法规或者国务院证券监督管理机构的有关规定，情节严重的，国务院证券监督管理机构可以对有关责任人员采取证券市场禁入的措施。违反《证券投资基金法》规定，构成犯罪的，依法追究刑事责任。违反《证券投资基金法》规定，应当承担民事赔偿责任和缴纳罚款、罚金，其财产不足以同时支付时，先承担民事赔偿责任。依照《证券投资基金法》规定，基金管理人、基金托管人、基金服务机构应当承担的民事赔偿责任和缴纳的罚款、罚金，由基金管理人、基金托管人、基金服务机构以其固有财产承担。依法收缴的罚款、罚金和没收的违法所得，应当全部上缴国库。

课后习题

一、复习思考题

1. 中国人民银行的地位和职责有哪些？
2. 中国人民银行办理业务的限制性规定有哪些？
3. 货币政策委员会职责有哪些？其监管目的与范围是什么？
4. 商业银行的经营原则有哪些？
5. 商业银行客户的权利和义务有哪些？
6. 我国外汇管理的主要内容有哪些？
7. 基金份额上市交易的条件是什么？

二、案例分析题

A 证券公司、B 基金管理公司和 C 信托投资公司拟作为发起人共同设立一只封闭式证券投资基金（以下简称“D 基金”）。上述发起人拟订的设立 D 基金的有关计划要点如下：

(1)D 基金的基金单位拟定为 8 亿份，每份面值为人民币 1 元，每份发行价格拟订为人民币 1.02 元。基金的募集期限为 6 个月，自该基金批准之日，在 6 个月内募集的资金达到人民币 6 亿元，该基金即为成立。

(2)D 基金的存续时间为 4 年。其封闭期限届满时，基金持有人大会同意续期的，即可续期；基金持有人大会不同意续期的，即不得续期。

(3)D 基金以其资产总值的 75%用于股票、债券的投资。为了保证基金资产的安全，其投资于一家上市公司的股票将不超过自身资产净值的 15%。

(4)D 基金的托管人拟由 A 证券公司担任，基金管理人拟由 B 基金管理公司担任。如果 D 基金不能在批准的规模内募集到法定的资金，将不能成立。基金的发起人必须将已募集的资金在扣除募集费用之后的余款还给基金认购人。

请按上述各点的顺序，结合我国相关的法律规定，分别指出其中不符合规定之处，并说明理由。

第十四章　市场规制法律制度

学习目标

了解产品质量法的基本内容；
掌握经营者的产品质量义务；
掌握不正当竞争行为的表现形式；
掌握消费者的权利和经营者的义务。

引入案例

湖北汉川红头文件规定喝酒指标

2006年3月16日，湖北省汉川市政府办公室发出了一份《关于倡导公务接待使用“小糊涂仙(神)”系列酒》的红头文件，报载，这份《关于倡导公务接待使用“小糊涂仙(神)系列酒的通知》对各单位喝酒指标规定得清清楚楚：市政府接待处10万元，市公安局2.5万元，仙女山镇7万元，马口镇5.5万元，等等。该市包括各局、各乡镇在内的105个单位，2006年需完成“任务”200万元喝酒任务。对于完成年度用酒计划的单位将按10%予以奖励，对未完成计划的单位将通报批评。

4月6日，也就是红头文件出台20多天后，汉川市政府办公室又出台了新的红头文件。经研究决定，关于倡导公务接待使用小糊涂仙(神)系列酒的通知，从即日起废止执行。

无独有偶，2006年4月，哈尔滨市为贯彻“创建节约型机关”的要求，针对公务用车配备发出通知。通知要求，哈市各地区、各部门、各单位更新或新增轿车时，一律购买哈飞赛豹轿车。哈市各地区、各部门、各单位购买除赛豹轿车以外的哈飞汽车不受车辆编制限制，实行购车一次性定编，车辆报废或变卖后，车编收回。对购置哈飞赛豹轿车以外车型的小轿车和超编制、超标准、超范围配备的旅行车、吉普车，各级财政部门一律不予安排资金，不予办理定编控购手续，公安车管部门不予办理车辆落户手续。

第一节　产品质量法

一、产品质量与产品质量立法

产品通常意义是指人们运用劳动手段对劳动对象进行加工而成，用于满足人们生产和生活需要的物品。法律上所称的产品则又因各国法律制度的不同而有差异。《中华人民共和国产品质量法》(以下简称《产品质量法》)规定：“本法所称产品是指经过加工、制作，用于销售的产品。”“建设工程不适用本法规定。”“军工产品质量监督管理办法，由国务院、中央军事委员会另行制定。”因此，我国产品质量法律上所指的“产品”，排除了初级农产品，未经加工的天然形成的物品，由建设工程形成的房屋、桥梁、其他建筑等不动产，以及军工产品。

质量是指产品和服务满足规定或潜在需要的特征和特性的总和。产品质量主要包括适用性和安全性两个方面，具体包括：(1)性能；(2)适用性；(3)安全性；(4)耐用性；(5)可靠性；(6)经济性；(7)卫生性；(8)其他。产品质量问题大体上也可分为两类：(1)产品不适用；(2)产品不安全。

产品质量法是调整产品生产与销售，以及对产品质量进行监督管理过程中所形成的社会关系，而由国家制定的法律规范的总称。产品质量法作为市场规制法的一部分，主要是因为它从产品质量这一特定角度可对经营者的市场行为起到正面规范的作用。我国 1993 年制定出台《产品质量法》(2000 年修订)，除此以外，有关产品质量的规范性文件还包括《标准化法》《计量法》《食品卫生法》《药品管理法》《工业产品质量责任条例》《认证认可条例》《工业产品生产许可证试行条例》等。

二、产品质量监督管理机构

产品质量监督管理机构包括行政专职机构和行政有关机构。专职机构指国家技术监督局和地方技术监督部门(主要限于省级，有些市县政府并没有专设此机构)。有关机构涉及行业主管部门、综合管理部门(如工商部门)等，它们在其职责范围内负责产品质量监督管理工作。

三、产品质量监督管理制度

国家为保证产品质量而采取的宏观管理和具体措施，构成产品质量监管的制度内容。

(一)产品质量检验制度

产品质量应当经检验机构检验合格，检验机构必须具备相应的检测条件和能力，并经有关部门考核合格后，方可承担检验工作。未经检验的产品视为不合格产品。

(二)产品质量标准(化)制度

我国现行的标准形式分国家用标准、行业标准、地方标准和企业标准，其中前两者又分为强制性标准和推荐性标准。凡有关保障人体健康和人身财产安全的标准和法律、法规规定强制执行的标准为强制性标准，其他标准为推荐性标准。强制性标准必须执行，不符合强制性标准的产品，禁止生产、销售和进口；推荐性标准，国家鼓励企业自愿采用。《产品质量法》第 8 条规定：可能危及人体健康和人身、财产安全的工业产品，必须符合保障人体健康，人身、财产安全的国家标准、行业标准；未制定国家标准、行业标准的，必须符合保障人体健康，人身、财产安全的要求。

(三)商品质量认证认可制度

《认证认可条例》规定，国家根据经济和社会发展的需要，推行产品、服务、管理体系认证。为搞好认证工作，必须进行认可。认证是指由认证机构证明产品、服务、管理体系符合相关技术规范、相关技术规范的强制性要求或者标准的评定活动。认可，是指由认可机构对认证机构、检查机构、实验室以及从事评审、审核等认证活动人员的能力和执业资格，予以承认的评定活动。

认证包括多种形式：

1. 企业质量体系认证

这是指认证机构根据企业申请，对企业的产品质量保证能力和质量管理水平进行综合性评审，并对合格者颁发认证证书的活动。依规定，我国企业质量体系认证的依据是国际通用的质量管理标准，即国际标准化组织(ISO)推荐各国采用的ISO9000质量管理和质量保证系列标准。

2.(单一)产品质量认证

这是指依据产品标准和相应的技术要求，经认证机构确认并通过颁发认证证书和认证标志，来证明某一产品符合相应标准和技术要求的活动。我国目前批准发布的产品质量认证标志主要有方圆标志(分合格认证标志和安全认证标志)、长城标志(电工产品专用)、PRC标志(电子元器件专用)等。

3. GMP认证

GMP是英文Good Manufacturing Practice的缩写，它是一套适用于制药、食品等行业的强制性标准，要求企业从原料、人员、设施设备、生产过程、包装运输、质量控制等方面按国家有关法规达到卫生质量要求，形成一套可操作的作业规范帮助企业改善企业卫生环境，及时发现生产过程中存在的问题，并加以改善。食品GMP认证由美国在20世纪60年代发起，当前除美国已立法强制实施食品GMP外，其他如日本、加拿大、新加坡、德国、澳大利亚、中国等国家均尚采取劝导方式辅导业者自动自发实施。

4. QS认证

QS认证是食品质量安全(Quality Safety)的英文缩写，带有QS标志的产品就代表着经过国家的批准，所有的食品生产企业必须经过强制性的检验，合格且在最小销售单元的食品包装上标注食品生产许可证编号并加印食品质量安全市场准入标志(QS标志)后才能出厂销售。没有食品质量安全市场准入标志的，不得出厂销售。

(四)产品质量监督检查制度

国家对产品质量实行以抽查为主要方式的监督检查制度，对可能危及人体健康和人身、财产安全的产品，影响国计民生的重要工业产品以及用户、消费者、有关组织反映有质量问题的产品进行抽查。

监督抽查工作由国务院产品质量监督管理部门规划和组织。县级以上地方人民政府管理产品质量监督工作的部门在本行政区域内也可以组织监督抽查，但是要防止重复抽查。产品质量抽查的结果应当公布。

(五)产品质量社会监督制度

依规定，用户、消费者有权就产品质量问题，向产品的生产者、销售者查询；向产品质量监督管理部门、工商行政管理部门及有关部门申诉，有关部门应当负责处理。保护消费者权益的社会组织可以就消费者反映的产品质量问题建议有关部门负责处理，支持消费者对因产品质量造成的损害向人民法院起诉。社会舆论单位也对产品质量具有监督作用。

(六)其他

除上述以外，其他法律、法规也规定了有关产品质量监督管理的内容，如计量制度、生产许可证制度、进出口商品质量许可证制度、商品检疫制度等。

四、产品质量义务

产品质量法规定了经营者(包括生产者、销售者)的产品质量义务。产品质量义务是指产品生产者、销售者应为一定行为，以保证产品质量，包括作为的义务和不作为的义务。立法对生产者、销售者分别作出规定。

(一)生产者的产品质量义务

1. 质量保证义务

生产者应当保证所生产的产品内在质量符合法定要求。包括:(1)保证不存在产品缺陷。即不存在危及人身、财产安全的不合理的危险;有保障人体健康,人身、财产安全的国家标准、行业标准的,应当符合该标准。(2)默示担保。具备产品应当具备的使用性能(但对产品存在使用性能的瑕疵作出说明的除外)。(3)明示担保。符合在产品或其包装上注明采用的产品标准,符合以产品说明、实物样品等方式表明的质量状况。

2. 标识义务

生产者应当附加产品标识,并要符合法定要求。依规定,除裸装的食品和其他根据产品的特点难以附加标识的裸装产品可以不附加产品标识外,其他任何产品均要在产品或其包装上附加标识,并且标识应当符合下列要求:有产品质量检验合格证明;有中文标明的产品名称、生产厂厂名和厂址;根据产品的特点和使用要求,需要标明产品规格、等级、所含主要成分的名称和含量的,应予以标明;限期使用的产品,标明生产日期和安全使用期或失效日期;使用不当,容易造成产品本身损坏或可能危及人身、财产安全的产品,要有警示标志或中文警示说明。

3. 包装义务

产品包装应当符合要求。依规定,剧毒、危险、易碎、储运中不能倒置以及有其他特殊要求的产品,其包装必须符合相应要求,要有警示标志或中文警示说明标明储运注意事项。

4. 不作为义务

不得生产国家明令淘汰的产品;不得伪造产地,不得伪造或冒用他人的厂名、厂址;不得伪造或冒用认证标志、名优标志等质量标志;生产产品,不得掺杂、掺假,不得以假充真、以次充好,不得以不合格产品冒充合格产品。

(二)销售者的产品质量义务

1. 进货检查验收义务

销售者应当执行进货检查验收制度,验明产品合格证明和其他标识。

2. 质量保证义务

销售者应当采取措施,保持销售产品的质量。

3. 标识义务

销售的产品应当附有标识,并符合法定要求。这与生产者的该项产品质量义务相同。

4. 不作为义务

不得销售失效、变质的产品;不得伪造产地,不得伪造或冒用他人的厂名、厂址;不得伪造或冒用认证标志、名优标志等质量标志;销售产品,不得掺杂、掺假,不得以假充真、以次充好,不得以不合格产品冒充合格产品。

五、产品质量法律责任

产品质量法律责任是指生产者、销售者以及对产品质量负有直接责任的人违反产品质量义务所应承担的法律后果,包括民事责任、行政责任和刑事责任,体现了综合责任的特点。

(一)产品质量民事责任

1. 产品合同责任

也称产品瑕疵担保责任,是指销售者提供的产品违反合同约定,给用户、消费者造成财产损害所应承担的民事责任。

(1)责任条件。依规定,销售者售出的产品有以下情形,承担产品合同责任:①不具备应当具备的使用性能,而事先未作说明;②不符合在产品或其包装上注明采用的产品标准;③不符合以产品说明、实物样品等方式表明的质量状况。

产品“瑕疵”有广义狭义之分。广义上说,产品不符合其应当具备的质量要求,即质量不合格,就构成瑕疵。这包括一般性的质量问题和严重的质量问题。但在《产品质量法》和《中华人民共和国消费者权益保护法》中,“瑕疵”一词是从狭义上使用的,是与“缺陷”相区分而言的,指的是产品存在不合理危险以外的一般质量问题(如外观、使用性能等不合要求)。缺陷则是指产品存在不合理危险之严重质量问题。

(2)责任主体。产品合同责任的主体是销售者,因为销售者是合同的当事人。即使属于生产者的责任或属于向销售者提供产品的供货者的责任,销售者也应先向用户、消费者承担责任,然后再向生产者、供货者追偿。但是,如果销售者与生产者、供货者订立合同时,就产品瑕疵责任承担另有约定的,应按合同约定执行。

(3)责任形式。①销售者负责修理、更换、退货;②给购买产品的用户、消费者造成损失的,销售者应当赔偿损失。

2. 产品侵权责任

也称产品责任,是指生产者、销售者因产品存在缺陷而造成他人人身、缺陷产品以外的其他财产(即他人财产)损害时所应承担的赔偿责任。

(1)责任构成要件。①产品存在缺陷。缺陷是指产品存在危及人身、他人财产安全的不合理的危险;产品有保障人体健康,人身、财产安全的国家标准、行业标准的,却不符合该标准。产品缺陷包括设计上的缺陷、制造上的缺陷、指示上的缺陷。②产品缺陷在销售时已经存在。③损害事实存在,即因产品缺陷已经给他人(包括用户或消费者和相关第三方)人身、财产造成损害。④产品缺陷与损害事实之间有因果关系。

(2)责任主体。涉及产品的生产者和销售者。依规定,因产品存在缺陷造成他人人身、财产损害的,受害人可以向生产者要求赔偿,也可以向销售者要求赔偿。生产者和销售者应当承担连带责任,无论谁接到受害人的请求,都有义务先行赔偿,然后再依责任由其中一方向另一方追偿(即属于生产者的责任,销售者赔偿的,销售者有权向生产者追偿;属于销售者的责任,生产者赔偿的,生产者有权向销售者追偿)。

(3)归责原则。《产品质量法》对生产者和销售者分别实行不同的归责原则。

生产者实行无过错责任,即只要因产品缺陷给他人造成人身、财产损害,不管生产者有无过错都应承担赔偿责任。但是,生产者能够证明有下列情形之一的,不承担赔偿责任:①未将产品投入流通的;②产品投入流通时,引起损害的缺陷尚不存在的;③将产品投入流通时的科学技术水平尚不能发现缺陷的存在的。

销售者实行过错责任,即由于销售者的过错使产品存在缺陷,造成他人人身、财产损害的,销售者才承担赔偿责任。但是,销售者不能指明缺陷产品的生产者,也不能指明缺陷产品的供货者的,销售者应当承担赔偿责任。

(4)损害赔偿范围。因产品缺陷造成受害人人身伤害的,侵害人应当赔偿医疗费、因误工减少的收入、残废者生活补助费等费用;造成受害人死亡的,并应当支付丧葬费、抚恤费、死者生前抚养的人必要的生活费等费用。因产品缺陷造成受害人财产损失的,侵害人应当恢复原状或折价赔偿;受害人因此遭受其他重大损失的,侵害人应当赔偿损失。

(5)关于产品侵权责任的诉讼时效。因产品存在缺陷造成损害要求赔偿的诉讼时效期间为2年,自当事人知道或应当知道其权益受到损害时起计算。因产品存在缺陷造成损害要求赔偿的请求权,在造成损害的缺陷产品交付最初用户、消费者满10年丧失;但是,尚未超过明示的安全使用期的除外。

因产品质量发生民事纠纷时,当事人可以通过协商或调解解决。当事人不愿通过协商、调解解决或协商、调解不成的,可以根据当事人各方的协议向仲裁机构申请仲裁;当事人各方没有达成仲裁协议的,可以向人民法院起诉。

(二)产品质量行政责任

生产者、销售者违反产品质量义务,不仅可能承担民事责任,还要承担行政责任。行政责任主要有责令改正、责令停止生产(或销售)、没收违法生产(销售)的产品、没收违法所得、罚款、吊销营业执照等形式。依规定,生产者、销售者承担行政责任,主要发生在以下情形:(1)生产(销售)不符合保障人体健康,人身、财产安全的国家标准、行业标准的产品;(2)在产品中掺杂、掺假,以假充真,以次充好,或以不合格产品冒充合格产品;(3)生产国家明令淘汰的产品;(4)销售失效、变质产品;(5)伪造产品的产地,伪造或冒用质量标志和他人厂名、厂址;(6)产品标识不符合规定;(7)伪造检验数据或检验结论;(8)销售者未按照规定承担产品合同责任,给予修理、更换、退货或赔偿损失。

吊销营业执照的行政处罚由工商行政管理部门决定,其他行政处罚由管理产品质量监督工作的部门或工商行政管理部门按照国务院规定的职权范围决定。当事人对行政处罚决定不服的,可以在接到处罚通知之日起15日内向作出处罚决定的机关的上一级机关申请复议,也可以在上述期间内直接向人民法院起诉。当事人逾期不申请复议也不向法院起诉、又不履行处罚决定的,作出处罚决定的机关可以申请法院强制执行。

(三)产品质量刑事责任

生产者、销售者违反产品质量义务,情节严重,构成犯罪的,要承担刑事责任。对此,《产品质量法》和新《刑法》都作出规定,尤其是新《刑法》在第140~150条专门对生产、销售伪劣商品罪及其刑事责任做了规定。主要涉及以下几个方面:(1)在产品中掺杂、掺假,以假充真,以次充好,或以不合格产品冒充合格产品,销售金额在5万元以上;(2)生产、销售假药、劣药,已经或足以严重危害人体健康;(3)生产、销售不符合卫生标准的食品,足以造成严重食物中毒事故或其他严重食源性疾患;(4)生产、销售掺入有毒、有害物质的食品;(5)生产、销售不符合保障人体健康和保障人身、财产安全的国家标准、行业标准的医疗器械、医用卫生材料、电器、压力容器、易燃易爆产品等,造成严重危害后果;(6)生产、销售假农药、假兽药、假化肥、假种子,使农业生产遭受较大损失;(7)生产、销售不符合卫生标准的化妆品,造成严重后果。

第二节　反不正当竞争法

一、不正当竞争的概念和特征

(一)不正当竞争的概念

我国《反不正当竞争法》第2条第2款规定:“本法所称的不正当竞争,是指经营者违反本法规定,损害其他经营者的合法权益,扰乱社会经济秩序的行为。”

(二)不正当竞争的特征

第一,不正当竞争的行为主体,只能是从事竞争活动的经营者。

第二,经营者必须实施了违反自愿、平等、公平、诚实信用原则和公认的商业道德的行为,并且在行为中有过错(包括故意和过失)。

第三,经营者所实施的违反自愿、平等、公平、诚实信用原则和公认的商业道德的行为,必须是发生在市场交易中,即发生在商品买卖、提供劳务和服务之中。

第四,经营者所实施的违反自愿、平等、公平、诚实信用原则和公认的商业道德的行为,必须损害了其他经营者的合法权益,或扰乱了社会经济秩序。

二、反不正当竞争法

1993 年 9 月 2 日,第八届全国人民代表大会常务委员会第三次会议通过了《中华人民共和国反不正当竞争法》,并于 1993 年 12 月 1 日起施行。反不正当竞争法是一部保护知识产权、维护公平竞争和规范市场秩序的重要法律。2007 年 1 月 17 日,最高人民法院公布了《关于审理不正当竞争民事案件应用法律若干问题的解释》,对于人民法院正确审理不正当竞争案件,统一司法尺度,依法保护有关知识产权,制止不正当竞争行为,具有重要意义。

三、不正当竞争行为的表现形式

(一)假冒、仿冒行为

《反不正当竞争法》第 5 条规定,经营者不得采用不正当手段从事市场交易,损害竞争对手,具体包括:

(1)假冒他人的注册商标;

(2)擅自使用知名商品特有的名称、包装、装潢,或者使用与知名商品近似的名称、包装、装潢,造成和他人的知名商品相混淆,使购买者误认为是该知名商品;

(3)擅自使用他人的企业名称或者姓名,引人误认为是他人的商品;

(4)在商品上伪造或者冒用认证标志、名优标志等质量标志,伪造产地,对商品质量作引人误解的虚假表示。

最高人民法院《关于审理不正当竞争民事案件应用法律若干问题的解释》第 1～7 条对以上“知名商品”“ 企业名称”等做了进一步的解释。

第一,在中国境内具有一定的市场知名度,为相关公众所知悉的商品,应当认定为《反不正当竞争法》第 5 条第(2)项规定的“知名商品”。人民法院认定知名商品,应当考虑该商品的销售时间、销售区域、销售额和销售对象,进行任何宣传的持续时间、程度和地域范围,作为知名商品受保护的情况等因素,进行综合判断。原告应当对其商品的市场知名度负举证责任。

在不同地域范围内使用相同或者近似的知名商品特有的名称、包装、装潢,在后使用者能够证明其善意使用的,不构成《反不正当竞争法》第 5 条第 2 项规定的不正当竞争行为。因后来的经营活动进入相同地域范围而使其商品来源足以产生混淆,在先使用者请求责令在后使用者附加足以区别商品来源的其他标识的,人民法院应当予以支持。

第二,具有区别商品来源的显著特征的商品的名称、包装、装潢,应当认定为《反不正当竞争法》第 5 条第 2 项规定的“特有的名称、包装、装潢”。有下列情形之一的,人民法院不认定为知名商品特有的名称、包装、装潢：(1)商品的通用名称、图形、型号；(2)仅仅直接表示商品的质量、主要原料、功能、用途、重量、数量及其他特点的商品名称；(3)仅由商品自身的性质产生的形状，为获得技术效果而需有的商品形状以及使商品具有实质性价值的形状；(4)其他缺乏显著特征的商品名称、包装、装潢。

第(1)(2)(4)项规定的情形经过使用取得显著特征的，可以认定为特有的名称、包装、装潢。

知名商品特有的名称、包装、装潢中含有本商品的通用名称、图形、型号，或者直接表示商品的质量、主要原料、功能、用途、重量、数量以及其他特点，或者含有地名，他人因客观叙述商品而正当使用的，不构成不正当竞争行为。

第三，由经营者营业场所的装饰、营业用具的式样、营业人员的服饰等构成的具有独特风格的整体营业形象，可以认定为《反不正当竞争法》第 5 条第 2 项规定的“装潢”。

第四，足以使相关公众对商品的来源产生误认，包括误认为与知名商品的经营者具有许可使用、关联企业关系等特定联系的，应当认定为《反不正当竞争法》第 5 条第 2 项规定的“造成和他人的知名商品相混淆，使购买者误认为是该知名商品”。

在相同商品上使用相同或者视觉上基本无差别的商品名称、包装、装潢，应当视为足以造成和他人知名商品相混淆。

认定与知名商品特有名称、包装、装潢相同或者近似，可以参照商标相同或者近似的判断原则和方法。

第五，商品的名称、包装、装潢属于《商标法》第 10 条第 1 款规定的不得作为商标使用的标志，当事人请求依照《反不正当竞争法》第 5 条第 2 项规定予以保护的，人民法院不予支持。

第六，企业登记主管机关依法登记注册的企业名称，以及在中国境内进行商业使用的外国(地区)企业名称，应当认定为《反不正当竞争法》第 5 条第 3 项规定的“企业名称”。具有一定的市场知名度、为相关公众所知悉的企业名称中的字号，可以认定为《反不正当竞争法》第 5 条第 3 项规定的“企业名称”。

在商品经营中使用的自然人的姓名，应当认定为《反不正当竞争法》第 5 条第 3 项规定的“姓名”。具有一定的市场知名度、为相关公众所知悉的自然人的笔名、艺名等，可以认定为《反不正当竞争法》第 5 条第 3 项规定的“姓名”。

第七，在中国境内进行商业使用，包括将知名商品特有的名称、包装、装潢或者企业名称、姓名用于商品、商品包装以及商品交易文书上，或者用于广告宣传、展览以及其他商业活动中，应当认定为《反不正当竞争法》第 5 条第 2 项、第 3 项规定的“使用”。

微型案例

1995 年，北京卢沟桥酒厂生产的“古德牌”“卢沟桥牌”北京醇酒的商品名称与北京市牛栏山酒厂所生产的“华灯牌”北京醇酒的商品名称相同，包装、装潢相近似，足以造成消费者的误认。1996 年春，北京市房山区工商局根据北京市牛栏山酒厂的投诉，依法对北京卢沟桥酒厂仿冒北京市牛栏山酒厂知名商品“华灯牌”北京醇酒特有的名称、包装、装潢行为进行了调查，认定北京卢沟桥酒厂的上述行为违反了《反不正当竞争法》。

——资料来源：谢登科，《〈反不正当竞争法〉实施以来我国查处的十大典型案件》，http://business.sohu.com/2003/11/28/07/article216200719.shtml。

(二)限购排挤行为

根据《反不正当竞争法》第 6 条规定，限购排挤行为是指公用企业或依法具有独占地位的经营者限定他人购买其指定的经营者的商品，以排挤其他经营者的公平竞争的行为。

(三)滥用行政权力限制竞争的行为

《反不正当竞争法》第7条规定，“政府及其所属部门不得滥用行政权力，限定他人购买其指定的经营者的商品，限制其他经营者正当的经营活动。政府及其所属部门不得滥用行政权力，限制外地商品进入本地市场，或者本地商品流向外地市场。”

(四)商业贿赂行为

《反不正当竞争法》第8条规定，“经营者不得采用财物或者其他手段进行贿赂以销售或者购买商品。在账外暗中给予对方单位或者个人回扣的，以行贿论处；对方单位或者个人在账外暗中收受回扣的，以受贿论处。经营者销售或者购买商品，可以以明示方式给对方折扣，可以给中间人佣金。经营者给对方折扣、给中间人佣金的，必须如实入账。接受折扣、佣金的经营者必须如实入账。”

(五)虚假广告、宣传行为

《反不正当竞争法》第9条规定，“经营者不得利用广告或者其他方法，对商品的质量、制作成分、性能、用途、生产者、有效期限、产地等作引人误解的虚假宣传。广告的经营者不得在明知或者应知的情况下，代理、设计、制作、发布虚假广告。”

微型案例

2001年，天王电子有限公司在产品简介中对其天王牌手表所获“金桥奖”的评比、颁奖单位及“全国销售量第一”的统计单位作了不真实的宣传。河北省保定市工商局根据查证的事实认定天王电子有限公司的行为违反了《反不正当竞争法》，对该公司作出行政处罚。天王电子有限公司不服，向法院提起诉讼。2002年7月，保定市中级人民法院作出终审判决，驳回天王电子有限公司上诉，维持原判。

——资料来源：谢登科，《〈反不正当竞争法〉实施以来我国查处的十大典型案件》，http://business.sohu.com/2003/11/28/07/article216200719.shtml。

(六)侵犯商业秘密的行为

《反不正当竞争法》第10条规定，经营者不得采用下列手段侵犯商业秘密：(1)以盗窃、利诱、胁迫或者其他不正当手段获取权利人的商业秘密；(2)披露、使用或者允许他人使用以前项手段获取权利人的商业秘密；(3)违反约定或者违反权利人有关保守商业秘密的要求，披露、使用或者允许他人使用其所掌握的商业秘密。第三人明知或者应知前款所列违法行为，获取、使用或者披露他人的商业秘密，视为商业秘密。

商业秘密是指不为公众所知悉、能为权利人带来经济利益、具有实用性并经权利人采取保密措施的技术信息和经营信息。

(七)不正当倾销行为

《反不正当竞争法》第11条规定，经营者不得以排挤对手为目的，以低于成本的价格销售商品。但有下列情形之一的，不属于不正当竞争行为：(1)销售鲜活商品；(2)处理有效期限即将到期的商品或者其他积压的商品；(3)季节性降价；(4)因清偿债务、转产、歇业而降价销售商品。

(八)搭售行为

《反不正当竞争法》第12条规定，经营者销售商品，不得违背购买者的意愿搭售商品或者附加其他不合理的条件。

(九)不正当有奖销售行为

《反不正当竞争法》第 13 条规定，经营者不得从事下列有奖销售：(1)采用谎称有奖或者故意让内定人员中奖的欺骗方式进行有奖销售；(2)利用有奖销售的手段推销质次价高的商品；(3)抽奖式的有奖销售，最高奖的金额不超过5 000元。

微型案例

某省于 1998 年元旦开通有线电视公共频道，为了提高收视率，以吸引更多的广告客户，推出了集娱乐、休闲、广告、抽奖为一体的“缤纷时刻”栏目，开展“日日送奖，月月送礼”活动。每天向观众出一道简单的问题，猜对的观众通过抽奖即可获得每日送出的一台 VCD 或者一部摩托罗拉手机，每月还送出一个超过 10 万元的大奖即一套公寓。此举引起了强烈的社会反响。另外，该省还拥有多家电视台，电视台之间的竞争非常激烈，而该有线电视台开展有奖竞猜活动的目的主要是为了招揽广告客户。为了吸引更多的广告客户(以赚取更多的广告利润)，电视台需提高节目收视率。为此，该电视台就运用了答题抽大奖的活动来吸引观众的注意和参与行为，“推销”自己的节目。

点评：该电视台的行为实质上是有奖销售的一种特殊形式。根据《反不正当竞争法》第 13 条第 3 款规定：“经营者不得从事下列有奖销售：抽奖式的有奖销售，最高额超过5 000元。”该电视台设立的月奖项奖额高达 10 多万元，违反了反不正当竞争法。

(十)损害商誉行为

《反不正当竞争法》第 14 条规定，经营者不得捏造、散布虚伪事实，损害竞争对手的商业信誉、商品声誉。

(十一)串通投标行为

《反不正当竞争法》第 15 条规定，投标者不得串通投标，抬高标价或者压低标价。投标者和招标者不得相互勾结，以排挤竞争对手的公平竞争。

四、不正当竞争的监督检查

(一)监督检查部门

《反不正当竞争法》第 3 条规定：“各级人民政府应当采取措施，制止不正当竞争行为，为公平竞争创造良好的环境和条件。县级以上人民政府工商行政管理部门对不正当竞争行为进行监督检查；法律、行政法规规定由其他部门监督检查的，依照其规定。”

(二)监督检查部门的职权和义务

《反不正当竞争法》第 17 条规定，“监督检查部门在监督检查不正当竞争行为时，有权行使下列职权：(1)按照规定程序询问被检查的经营者、利害关系人、证明人，并要求提供证明材料或者与不正当竞争行为有关的其他资料；(2)查询、复制与不正当竞争行为有关的协议、账册、单据、文件、记录、业务函电和其他资料；(3)检查与本法第 5 条规定的不正当竞争行为有关的财物，必要时可以责令被检查的经营者说明该商品的来源和数量，暂停销售，听候检查，不得转移、隐匿、销毁财物。”

监督检查部门工作人员监督检查不正当竞争行为时，应当出示检查证件。监督检查部门在监督检查不正当竞争行为时，被检查的经营者、利害关系人和证明人应当如实提供有关资料或者情况。

五、不正当竞争行为的法律责任

由于不正当竞争行为不仅损害其他经营者的合法权益，还扰乱社会经济秩序、破坏市场竞争机制，具有多重危害性，因此，我国《反不正当竞争法》对不正当竞争行为规定了三种法律责任形式，即民事责任、行政责任和刑事责任。民事责任包括停止侵害、排除妨碍、消除影响和赔偿损失。行政责任包括停止违法行为、罚款、没收非法所得、吊销营业执照等。对侵犯商标权、侵犯商业秘密、销售伪劣商品、商业贿赂等行为，情节严重，构成犯罪的，要依法追究刑事责任。

根据《反不正当竞争法》第 4 章的规定，不正当竞争行为的法律责任主要有以下几种情况：

第一，经营者违反《反不正当竞争法》的规定，给被侵害的经营者造成损害的，应当承担损害赔偿责任。被侵害的经营者的损失难以计算的，赔偿额为侵权期间因侵权所获得的利润，并应当承担被侵害的经营者因调查该经营者侵害其合法权益的不正当竞争行为所支付的合理费用。被侵害的经营者的合法权益受到不正当竞争行为损害的，可以向人民法院提起诉讼。

第二，经营者假冒他人的注册商标，擅自使用他人的企业名称或者姓名，伪造或者冒用认证标志、名优标志等质量标志，伪造产地，对商品质量作引人误解的虚假表示的，依照《中华人民共和国商标法》《中华人民共和国产品质量法》的规定处罚。经营者擅自使用知名商品特有的名称、包装、装潢，或者使用与知名商品近似的名称、包装、装潢，造成和他人的知名商品相混淆，使购买者误认为是该知名商品的，监督检查部门应当责令停止违法行为，没收违法所得，可以根据情节处以违法所得 1 倍以上 3 倍以下罚款；情节严重的，可以吊销营业执照；销售伪劣商品，构成犯罪的，依法追究刑事责任。

第三，经营者采用财物或者其他手段进行贿赂以销售或者购买商品，构成犯罪的，依法追究刑事责任；不构成犯罪的，监督检查部门可以根据情节处以 1 万元以上 20 万元以下的罚款，有违法所得的，予以没收。

第四，公用企业或者其他贪污具有独占地位的经营者，限定他人购买其指定的经营者的商品，以排挤其他经营者的公平竞争的，省级或者设区的市的监督检查部门应当责令停止违法行为，可以根据情节处以 5 万元以上 20 万元以下的罚款。被指定的经营者借此销售质次价高商品或者滥收费用的，监督检查部应当没收违法所得，可以根据情节处以违法所得 1 倍以上 3 倍以下的罚款。

第五，经营者利用广告或者其他方法，对商品作引人误解的虚假宣传的，监督检查部门应当责令停止违法行为，消除影响，可以根据情节处以 1 万元以上 20 万元以下的罚款。广告的经营者，在明知或者应知的情况下，代理、设计、制作、发布虚假广告的，监督检查部门应当责令停止违法行为，没收违法所得，并依法处以罚款。

第六，违反《反不正当竞争法》第 10 条规定侵犯商业秘密的，监督检查部门应当责令停止违法行为，可以根据情节处以 1 万元以上 20 万元以下的罚款。

第七，经营者违反《反不正当竞争法》第 13 条规定进行有奖销售的，监督检查部门应当责令停止违法行为，可以根据情节处以 1 万元以上 10 万元以下的罚款。

第八，投标者串通投标，抬高标价或者压低标价；投标者和招标者相互勾结，以排挤竞争对手的公平竞争的，其中标无效。监督检查部门可以根据情节处以 1 万元以上 20 万元以下的罚款。

第九，经营者有违反被责令暂停销售，不得转移、隐匿、销毁与不正当竞争行为有关的财物的行为的，监督检查部门可以根据情节处以被销售、转移、隐匿、销毁财物的价款的1倍以上3倍以下的罚款。

当事人对监督检查部门作出的处罚决定不服的，可以自收到处罚决定之日起15日内向上一级主管机关申请复议；对复议决定不服的，可以自收到复议决定书之日起15日内向人民法院提起诉讼，也可以直接向人民法院提起诉讼。

政府及其所属部门违反《反不正当竞争法》第7条规定，限定他人购买其指定的经营者的商品、限制其他经营者正当的经营活动，或者限制商品在地区之间正常流通的，由上级机关责令其改正；情节严重的，由同级或者上级机关对直接责任人员给予行政处分。被指定的经营者借此销售质次价高商品或者滥收费用的，监督检查部门应当没收违法所得，可以根据情节处以违法所得1倍以上3倍以下的罚款。

监督检查不正当竞争行为的国家机关工作人员滥用职权、玩忽职守，构成犯罪的，依法追究刑事责任；不构成犯罪的，给予行政处分。

监督检查不正当竞争行为的国家机关工作人员徇私舞弊，对明知有违反《反不正当竞争法》规定构成犯罪的经营者故意包庇，不使其受追诉的，依法追究刑事责任。

六、不正当竞争案件的管辖

《关于审理不正当竞争民事案件应用法律若干问题的解释》第18条规定，《反不正当竞争法》第5条、第9条、第10条、第14条规定的不正当竞争民事第一审案件，一般由中级人民法院管辖。各高级人民法院根据本辖区的实际情况，经最高人民法院批准，可以确定若干基层人民法院受理不正当竞争民事第一审案件，已经批准可以审理知识产权民事案件的基层人民法院，可以继续受理。

第三节　消费者权益保护法

一、消费者与消费者权益保护法概述

(一)消费者和经营者概念

消费者是指为了满足个人生活消费的需要而购买、使用商品或者接受服务的单位和个人。经营者是指为消费者提供其生产、销售的商品或者提供服务的单位和个人。

(二)消费者权益保护法

消费者权益保护法是指调整在保护消费者权益的过程中发生的经济关系的法律规范的总称。1993年10月31日，第八届全国人民代表大会常务委员会第四次会议通过了《中华人民共和国消费者权益保护法》，并于1994年1月1日起施行。2013年10月25日，第十二届全国人民代表大会常务委员会第五次会议对《消费者权益保护法》进行了修改，自2014年3月15日起施行。

二、消费者的权利

消费者权利是消费者权益保护法的核心。我国《消费者权益保护法》第7～15条规定，消

费者享有下列权利：

（一）安全保障权

消费者在购买、使用商品和接受服务时享有人身、财产安全不受损害的权利。消费者有权要求经营者提供的商品和服务，符合保障人身、财产安全的要求。

（二）知悉真情权

消费者享有知悉其购买、使用的商品或者接受的服务的真实情况的权利。消费者有权根据商品或者服务的不同情况，要求经营者提供商品的价格、产地、生产者、用途、性能、规格、等级、主要成分、生产日期、有效期限、检验合格证明、使用方法说明书、售后服务，或者服务的内容、规格、费用等有关情况。

（三）自主选择权

消费者享有自主选择商品或者服务的权利。消费者有权自主选择提供商品或者服务的经营者，自主选择商品品种或者服务方式，自主决定购买或者不购买任何一种商品、接受或者不接受任何一项服务。消费者在自主选择商品或者服务时，有权进行比较、鉴别和挑选。

（四）公平交易权

消费者享有公平交易的权利。消费者在购买商品或者接受服务时，有权获得质量保障、价格合理、计量正确等公平交易条件，有权拒绝经营者的强制交易行为。

（五）要求赔偿权

消费者因购买、使用商品或者接受服务受到人身、财产损害的，享有依法获得赔偿的权利。

（六）结社权

消费者享有依法成立维护自身合法权益的社会团体的权利。

（七）获得有关商品知识权

消费者享有获得有关消费和消费者权益保护方面的知识的权利。消费者应当努力掌握所需商品或者服务的知识和使用技能，正确使用商品，提高自我保护意识。

（八）受尊重权

消费者在购买、使用商品和接受服务时，享有其人格尊严、民族风俗习惯得到尊重的权利，享有个人信息依法得到保护的权利。

（九）监督权

消费者享有对商品和服务以及保护消费者权益工作进行监督的权利。消费者有权检举、控告侵害消费者权益的行为和国家机关及其工作人员在保护消费者权益工作中的违法失职行为，有权对保护消费者权益工作提出批评、建议。

三、经营者的义务

我国《消费者权益保护法》第16～29条规定，经营者承担以下义务：

（一）履行法定和约定的义务

经营者向消费者提供商品或者服务，应当依照本法和其他有关法律、法规的规定履行义务。经营者和消费者有约定的，应当按照约定履行义务，但双方的约定不得违背法律、法规的规定。经营者向消费者提供商品或者服务，应当恪守社会公德，诚信经营，保障消费者的合法权益；不得设定不公平、不合理的交易条件，不得强制交易。

(二)接受监督的义务

经营者应当听取消费者对其提供的商品或者服务的意见,接受消费者的监督。

(三)保证商品和服务安全的义务

经营者应当保证其提供的商品或者服务符合保障人身、财产安全的要求。对可能危及人身、财产安全的商品和服务,应当向消费者作出真实的说明和明确的警示,并说明和标明正确使用商品或者接受服务的方法以及防止危害发生的方法。

宾馆、商场、餐馆、银行、机场、车站、港口、影剧院等经营场所的经营者,应当对消费者尽到安全保障义务。

(四)经营者发现商品或者服务存在缺陷应当采取措施的义务

经营者发现其提供的商品或者服务存在缺陷,有危及人身、财产安全危险的,应当立即向有关行政部门报告和告知消费者,并采取停止销售、警示、召回、无害化处理、销毁、停止生产或者服务等措施。采取召回措施的,经营者应当承担消费者因商品被召回支出的必要费用。

(五)提供商品和服务真实信息的义务

经营者向消费者提供有关商品或者服务的质量、性能、用途、有效期限等信息,应当真实、全面,不得作虚假或者引人误解的宣传。经营者对消费者就其提供的商品或者服务的质量和使用方法等问题提出的询问,应当作出真实、明确的答复。经营者提供商品或者服务应当明码标价。

(六)标明商品的真实名称和标记的义务

经营者应当标明其真实名称和标记。租赁他人柜台或者场地的经营者,应当标明其真实名称和标记。

(七)出具购货凭证或者服务单据的义务

经营者提供商品或者服务,应当按照国家有关规定或者商业惯例向消费者出具发票等购货凭证或者服务单据;消费者索要发票等购货凭证或者服务单据的,经营者必须出具。

(八)保证商品或服务质量、承担瑕疵举证责任的义务

经营者应当保证在正常使用商品或者接受服务的情况下其提供的商品或者服务应当具有的质量、性能、用途和有效期限;但消费者在购买该商品或者接受该服务前已经知道其存在瑕疵,且存在该瑕疵不违反法律强制性规定的除外。经营者以广告、产品说明、实物样品或者其他方式表明商品或者服务的质量状况的,应当保证其提供的商品或者服务的实际质量与表明的质量状况相符。

经营者提供的机动车、计算机、电视机、电冰箱、空调器、洗衣机等耐用商品或者装饰装修等服务,消费者自接受商品或者服务之日起 6 个月内发现瑕疵、发生争议的,由经营者承担有关瑕疵的举证责任。

(九)履行"三包"的义务

经营者提供的商品或者服务不符合质量要求的,消费者可以依照国家规定、当事人约定退货,或者要求经营者履行更换、修理等义务。没有国家规定和当事人约定的,消费者可以自收到商品之日起 7 日内退货;7 日后符合法定解除合同条件的,消费者可以及时退货,不符合法定解除合同条件的,可以要求经营者履行更换、修理等义务。

依照上述规定进行退货、更换、修理的,经营者应当承担运输等必要费用。

(十)网购、电视电话购物和邮购等领域经营者接受消费者无理由退货的义务

经营者采用网络、电视、电话、邮购等方式销售商品,消费者有权自收到商品之日起 7 日内退货，且无须说明理由，但下列商品除外：(1)消费者定做的；(2)鲜活易腐的；(3)在线下载或者消费者拆封的音像制品、计算机软件等数字化商品；(4)交付的报纸、期刊。

除上述所列商品外，其他根据商品性质并经消费者在购买时确认不宜退货的商品，不适用无理由退货。

消费者退货的商品应当完好。经营者应当自收到退回商品之日起 7 日内返还消费者支付的商品价款。退回商品的运费由消费者承担；经营者和消费者另有约定的，按照约定。

(十一)经营者使用格式条款的义务

经营者在经营活动中使用格式条款的，应当以显著方式提请消费者注意商品或者服务的数量和质量、价款或者费用、履行期限和方式、安全注意事项和风险警示、售后服务、民事责任等与消费者有重大利害关系的内容，并按照消费者的要求予以说明。

经营者不得以格式条款、通知、声明、店堂告示等方式，作出排除或者限制消费者权利、减轻或者免除经营者责任、加重消费者责任等对消费者不公平、不合理的规定，不得利用格式条款并借助技术手段强制交易。格式条款、通知、声明、店堂告示等含有这些内容的，其内容无效。

(十二)经营者不得侵害消费者人格尊严、侵犯消费者人身自由的义务

经营者不得对消费者进行侮辱、诽谤，不得搜查消费者的身体及其携带的物品，不得侵犯消费者的人身自由。

(十三)网购、电视电话购物、邮购及金融消费等特定领域经营者的信息披露义务

采用网络、电视、电话、邮购等方式提供商品或者服务的经营者，以及提供证券、保险、银行等金融服务的经营者，应当向消费者提供经营地址、联系方式、商品或者服务的数量和质量、价款或者费用、履行期限和方式、安全注意事项和风险警示、售后服务、民事责任等信息。

(十四)经营者收集、使用消费者个人信息时应履行的安全保障义务

经营者收集、使用消费者个人信息，应当遵循合法、正当、必要的原则，明示收集、使用信息的目的、方式和范围，并经消费者同意。经营者收集、使用消费者个人信息，应当公开其收集、使用规则，不得违反法律、法规的规定和双方的约定收集、使用信息。

经营者及其工作人员对收集的消费者个人信息必须严格保密，不得泄露、出售或者非法向他人提供。经营者应当采取技术措施和其他必要措施，确保信息安全，防止消费者个人信息泄露、丢失。在发生或者可能发生信息泄露、丢失的情况时，应当立即采取补救措施。

经营者未经消费者同意或者请求，或者消费者明确表示拒绝的，不得向其发送商业性信息。

微型案例

2004 年 3 月 10 日，消费者刁先生投诉，称其于 2003 年 10 月 29 日在香宁花园文化广场一楼某公司专营厅购买了价格为1 830元的中桥 D6 手机一部，不久手机就出现自动挂机、死机、电池充不进电、电池工作量短等问题。2003 年 12 月 3 日送保修单位检测，2004 年 1 月 4 日检测完毕通知换机，2004 年 1 月 16 日手机又出现类似问题再次送检，1 月 21 日取回手机，1 月 27 日手机出现问题再次送检，2 月 7 日通知换机，2 月 24 日手机又出现问题再次送检，到投诉时仍无检测结果。所购手机经常出现问题，三番五次的检测和两次更换，给其生活、工作带来了诸多不便，刁先生要求更换其他品牌的手机。经调解，该营业厅为刁先生更换了另一部手机。《移动电话机商品修理更换退货责任规定》第 13 条规定“在三包有效期内，移动电话机主机出现附录 3‘移动电话机商品性能故障表'所列性能故障，经两次修理，仍不能正常使用的，凭三包凭证中修理者提供的修理记录，由销售者负责为消费者免费更换同型号同规格的移动电话机主机"。

——资料来源：《珠海消委公布2004年十大消费投诉案例》，http://www.southcn.com/NEWS/dishi/zhuhai/ttxw/200503120140.htm。

四、国家对消费者合法权益的保护

国家制定有关消费者权益的法律、法规、规章和强制性标准，应当听取消费者和消费者协会等组织的意见。各级人民政府应当加强领导，组织、协调、督促有关行政部门做好保护消费者合法权益的工作，落实保护消费者合法权益的职责。各级人民政府应当加强监督，预防危害消费者人身、财产安全行为的发生，及时制止危害消费者人身、财产安全的行为。

各级人民政府工商行政管理部门和其他有关行政部门应当依照法律、法规的规定，在各自的职责范围内，采取措施，保护消费者的合法权益。有关行政部门应当听取消费者和消费者协会等组织对经营者交易行为、商品和服务质量问题的意见，及时调查处理。

有关行政部门在各自的职责范围内，应当定期或者不定期对经营者提供的商品和服务进行抽查检验，并及时向社会公布抽查检验结果。有关行政部门发现并认定经营者提供的商品或者服务存在缺陷，有危及人身、财产安全危险的，应当立即责令经营者采取停止销售、警示、召回、无害化处理、销毁、停止生产或者服务等措施。

有关国家机关应当依照法律、法规的规定，惩处经营者在提供商品和服务中侵害消费者合法权益的违法犯罪行为。人民法院应当采取措施，方便消费者提起诉讼。对符合《中华人民共和国民事诉讼法》起诉条件的消费者权益争议，必须受理并及时审理。

五、消费者组织

消费者协会和其他消费者组织是依法成立的对商品和服务进行社会监督的保护消费者合法权益的社会组织。消费者协会履行下列公益性职责：

(1)向消费者提供消费信息和咨询服务，提高消费者维护自身合法权益的能力，引导文明、健康、节约资源和保护环境的消费方式；

(2)参与制定有关消费者权益的法律、法规、规章和强制性标准；

(3)参与有关行政部门对商品和服务的监督、检查；

(4)就有关消费者合法权益的问题，向有关部门反映、查询，提出建议；

(5)受理消费者的投诉，并对投诉事项进行调查、调解；

(6)投诉事项涉及商品和服务质量的，可委托具备资格的鉴定人鉴定，鉴定人应告知鉴定意见；

(7)就损害消费者合法权益的行为，支持受损害的消费者提起诉讼或者依照本法提起诉讼；

(8)对损害消费者合法权益的行为，通过大众传播媒介予以揭露、批评。

各级人民政府对消费者协会履行职责应当予以必要的经费等支持。消费者协会应当认真履行保护消费者合法权益的职责，听取消费者的意见和建议，接受社会监督。依法成立的其他消费者组织依照法律、法规及其章程的规定，开展保护消费者合法权益的活动。

消费者组织不得从事商品经营和营利性服务，不得以收取费用或者其他牟取利益的方式向消费者推荐商品和服务。

小资料

2008年3月15日，中国消费者协会组织的“最应该摒弃的10种不良消费行为”评选活动揭晓。这10种不良消费行为是：明知驾车劝饮酒；景区公物不爱惜；观看表演比赛喝倒彩；野生动物上酒席；处理垃圾不分类；红白喜事过奢靡；餐后离席满桌菜；上网成瘾害健康；住宿宾馆长流水、长明灯；权益受损不行动，依法维权不积极。

六、争议的解决

消费者和经营者发生消费者权益争议的，可以通过下列途径解决：(1)与经营者协商和解；(2)请求消费者协会或者依法成立的其他调解组织调解；(3)向有关行政部门投诉；(4)根据与经营者达成的仲裁协议提请仲裁机构仲裁；(5)向人民法院提起诉讼。

消费者在购买、使用商品时，其合法权益受到损害的，可以向销售者要求赔偿。销售者赔偿后，属于生产者的责任或者属于向销售者提供商品的其他销售者的责任的，销售者有权向生产者或者其他销售者追偿。

消费者或者其他受害人因商品缺陷造成人身、财产损害的，可以向销售者要求赔偿，也可以向生产者要求赔偿。属于生产者责任的，销售者赔偿后，有权向生产者追偿。属于销售者责任的，生产者赔偿后，有权向销售者追偿。

消费者在接受服务时，其合法权益受到损害的，可以向服务者要求赔偿。

消费者在购买、使用商品或者接受服务时，其合法权益受到损害，因原企业分立、合并的，可以向变更后承受其权利和义务的企业要求赔偿。

使用他人营业执照的违法经营者提供商品或者服务，损害消费者合法权益的，消费者可以向其要求赔偿，也可以向营业执照的持有人要求赔偿。

消费者在展销会、租赁柜台购买商品或者接受服务，其合法权益受到损害的，可以向销售者或者服务者要求赔偿。展销会结束或者柜台租赁期满后，也可以向展销会的举办者、柜台的出租者要求赔偿。展销会的举办者、柜台的出租者赔偿后，有权向销售者或者服务者追偿。

消费者通过网络交易平台购买商品或者接受服务，其合法权益受到损害的，可以向销售者或者服务者要求赔偿。网络交易平台提供者不能提供销售者或者服务者的真实名称、地址和有效联系方式的，消费者也可以向网络交易平台提供者要求赔偿；网络交易平台提供者作出更有利于消费者的承诺的，应当履行承诺。网络交易平台提供者赔偿后，有权向销售者或者服务者追偿。

网络交易平台提供者明知或者应知销售者或者服务者利用其平台侵害消费者合法权益，未采取必要措施的，依法与该销售者或者服务者承担连带责任。

消费者因经营者利用虚假广告或者其他虚假宣传方式提供商品或者服务，其合法权益受到损害的，可以向经营者要求赔偿。广告经营者、发布者发布虚假广告的，消费者可以请求行政主管部门予以惩处。广告经营者、发布者不能提供经营者的真实名称、地址和有效联系方式的，应当承担赔偿责任。广告经营者、发布者设计、制作、发布关系消费者生命健康商品或者服务的虚假广告，造成消费者损害的，应当与提供该商品或者服务的经营者承担连带责任。社会团体或者其他组织、个人在关系消费者生命健康商品或者服务的虚假广告或者其他虚假宣传中向消费者推荐商品或者服务，造成消费者损害的，应当与提供该商品或者服务的经营者承担连带责任。

消费者向有关行政部门投诉的，该部门应当自收到投诉之日起 7 个工作日内，予以处理并告知消费者。对侵害众多消费者合法权益的行为，中国消费者协会以及在省、自治区、直辖市设立的消费者协会，可以向人民法院提起诉讼。

七、法律责任

经营者提供商品或者服务有下列情形之一的，除《中华人民共和国消费者权益保护法》另有规定外，应当依照其他有关法律、法规的规定，承担民事责任：(1)商品存在缺陷的；(2)不具备商品应当具备的使用性能而出售时未作说明的；(3)不符合在商品或者其包装上注明采用的商品标准的；(4)不符合商品说明、实物样品等方式表明的质量状况的；(5)生产国家明令淘汰的商品或者销售失效、变质的商品的；(6)销售的商品数量不足的；(7)服务的内容和费用违反约定的；(8)对消费者提出的修理、重做、更换、退货、补足商品数量、退还货款和服务费用或者赔偿损失的要求，故意拖延或者无理拒绝的；(9)法律、法规规定的其他损害消费者权益的情形。

经营者对消费者未尽到安全保障义务，造成消费者损害的，应当承担侵权责任。

经营者提供商品或者服务，造成消费者或者其他受害人人身伤害的，应当赔偿医疗费、护理费、交通费等为治疗和康复支出的合理费用，以及因误工减少的收入。造成残疾的，还应当赔偿残疾生活辅助具费和残疾赔偿金。造成死亡的，还应当赔偿丧葬费和死亡赔偿金。经营者侵害消费者的人格尊严、侵犯消费者人身自由或者侵害消费者个人信息依法得到保护的权利的，应当停止侵害、恢复名誉、消除影响、赔礼道歉，并赔偿损失。经营者有侮辱诽谤、搜查身体、侵犯人身自由等侵害消费者或者其他受害人人身权益的行为，造成严重精神损害的，受害人可以要求精神损害赔偿。

经营者提供商品或者服务，造成消费者财产损害的，应当依照法律规定或者当事人约定承担修理、重做、更换、退货、补足商品数量、退还货款和服务费用或者赔偿损失等民事责任。

经营者以预收款方式提供商品或者服务的，应当按照约定提供。未按照约定提供的，应当按照消费者的要求履行约定或者退回预付款；并应当承担预付款的利息、消费者必须支付的合理费用。

依法经有关行政部门认定为不合格的商品，消费者要求退货的，经营者应当负责退货。经营者提供商品或者服务有欺诈行为的，应当按照消费者的要求增加赔偿其受到的损失，增加赔偿的金额为消费者购买商品的价款或者接受服务的费用的 3 倍；增加赔偿的金额不足 500 元的，为 500 元。法律另有规定的，依照其规定。经营者明知商品或者服务存在缺陷，仍然向消费者提供，造成消费者或者其他受害人死亡或者健康严重损害的，受害人有权要求经营者依照《消费者权益保护法》等法律规定赔偿损失，并有权要求所受损失 2 倍以下的惩罚性赔偿。

微型案例

2006 年，相继有人被福寿螺毒倒，感染广州管圆线虫病。饮食健康安全警钟再次敲响！根据世界卫生组织的统计，由于不良的饮食习惯和饮食方式所带来的各类食源性疾病已成为危害人类健康的又一大杀手，并且有不断恶化的趋势。

一中院近日透露，“福寿螺”事件受害者刘女士一审获赔4.9万元后上诉，终审和黄寺蜀国演义达成调解协议，获赔6.2万元。

此前法院一审判决认定，黄寺蜀国演义因对其提供的菜品“香香嘴螺肉”中的原料福寿螺加工不当，未彻底加热，没有杀灭螺肉中存在的广州管圆线虫，致使刘女士等多名顾客食用后身体不适，并感染广州管圆线虫病。黄寺蜀国演义公司于2006年8月24日在一些媒体上对患者公开致歉。

刘女士共索赔23万余元，并要求书面道歉。法院一审判决刘女士获赔医疗费、住院伙食补助费、精神损失费等4.9万余元，刘女士上诉至一中院。

一中院庭审时，刘女士和黄寺蜀国演义公司均愿意以调解的方式解决纠纷。最终，黄寺蜀国演义一次性支付刘女士赔偿款6.2万元，并向刘女士做了书面道歉。

——资料来源：《新京报》，2008年2月15日。

经营者有下列情形之一，除承担相应的民事责任外，其他有关法律、法规对处罚机关和处罚方式有规定的，依照法律、法规的规定执行；法律、法规未作规定的，由工商行政管理部门或者其他有关行政部门责令改正，可以根据情节单处或者并处警告、没收违法所得、处以违法所得1倍以上10倍以下的罚款，没有违法所得的，处以50万元以下的罚款；情节严重的，责令停业整顿、吊销营业执照：(1)提供的商品或者服务不符合保障人身、财产安全要求的；(2)在商品中掺杂、掺假，以假充真，以次充好，或者以不合格商品冒充合格商品的；(3)生产国家明令淘汰的商品或者销售失效、变质的商品的；(4)伪造商品的产地，伪造或者冒用他人的厂名、厂址，篡改生产日期，伪造或者冒用认证标志等质量标志的；(5)销售的商品应当检验、检疫而未检验、检疫或者伪造检验、检疫结果的；(6)对商品或者服务作虚假或者引人误解的宣传的；(7)拒绝或者拖延有关行政部门责令对缺陷商品或者服务采取停止销售、警示、召回、无害化处理、销毁、停止生产或者服务等措施的；(8)对消费者提出的修理、重做、更换、退货、补足商品数量、退还货款和服务费用或者赔偿损失的要求，故意拖延或者无理拒绝的；(9)侵害消费者人格尊严、侵犯消费者人身自由或者侵害消费者个人信息依法得到保护的权利的；(10)法律、法规规定的对损害消费者权益应当予以处罚的其他情形。经营者有这些规定情形的，除依照法律、法规规定予以处罚外，处罚机关应当记入信用档案，向社会公布。

经营者违反《消费者权益保护法》规定提供商品或者服务，侵害消费者合法权益，构成犯罪的，依法追究刑事责任。

经营者违反《消费者权益保护法》规定，应当承担民事赔偿责任和缴纳罚款、罚金，其财产不足以同时支付的，先承担民事赔偿责任。经营者对行政处罚决定不服的，可以依法申请行政复议或者提起行政诉讼。

以暴力、威胁等方法阻碍有关行政部门工作人员依法执行职务的，依法追究刑事责任；拒绝、阻碍有关行政部门工作人员依法执行职务，未使用暴力、威胁方法的，由公安机关依照《中华人民共和国治安管理处罚法》的规定处罚。国家机关工作人员玩忽职守或者包庇经营者侵害消费者合法权益的行为的，由其所在单位或者上级机关给予行政处分；情节严重，构成犯罪的，依法追究刑事责任。

微型案例

2007年1月28日，广元市工商局在接到有人非法加工和出售病死猪肉举报后，立即与卫生、畜牧、公安等相关部门组成联合调查组，在广元市市中区东坝街道金柜社区一组一出租房内现场查获腐烂变质死猪头43个、死猪内脏30余斤、未加工的死猪5头，以及加工、销售工具等。经查，自今年1月9日至案发，刘德清以牟利为目的，组织亲属，采取从江边、水沟收集43头死猪并加工、销售。其中，为一不明身份的绵阳人加工死猪肉26头，每头收取加工费5元，共收取加工费130元。另有17头死猪去皮和内脏后加工成腌腊制品，销往市中区及元坝区。因当事人行为涉嫌犯罪，广元市工商局已将此案移送司法机关进行处理。四川省广元市利州区人民法院以(2007)广中刑初字115号，依照《中华人民共和国刑法》第143条"生产、销售不符合卫生标准的食品罪"，判处刘德清有期徒刑2年零6个月，并处罚金人民币2 000元。

——资料来源：《2007年四川省工商机关查处侵害消费者权益十大典型案例》，http://www.scol.com.cn/NSICHUAN/bsxw/20080311/2008311142954.htm。

课后习题

一、复习思考题

1. 产品质量认证认可制度有哪些？
2. 经营者的产品质量义务有哪些？
3. 不正当竞争行为的表现形式有哪些？
4. 什么是消费者？消费者的权利有哪些？
5. 经营者的义务有哪些？

二、案例分析题

赵某2005年4月在市百货商店购买了南极企鹅牌冰箱一台，使用3个月后，冰箱起火，赵某损失8 000多元。事发后，赵某找到商店，商店同意赔偿4 000元，而赵某认为商店最少应赔偿6 000元，双方不欢而散，赵某遂诉至法院。法院认为，认定产品质量问题应由质量监督部门出具体鉴定书。但技术监督部门提出，该冰箱已经烧毁，又无库存，无法鉴定。法院开庭，认为不能排除消费者使用不当的可能性，虽冰箱没有合格证，但产品质量问题证据不足，驳回起诉。

问题：

(1)法院判案是否正确？理由是什么？

(2)本案应如何处理？

第十五章　知识产权法

学习目标

掌握知识产权的概念、特征、种类；
掌握著作权的定义、内容、保护期限；
掌握专利的种类、专利条件、专利侵权行为的认定；
掌握商标、商标权的概念、商标权法律关系三要素；
掌握商标注册的原则和条件，侵犯商标专用权的法律责任。

引入案例

路易威登马利蒂公司诉家乐福超市商标侵权案

2005年12月12日，原告路易威登马利蒂公司(Louis Vuitton Malletier)的工作人员发现被告上海联家超市有限公司所属家乐福武宁店销售的女式包使用了“Louis Vuitton”文字标识，即购买了1只，付款人民币49.90元。随后，原告在公证人员的见证下，又在该店购买了标有“润泉/003休闲女包”及“深圳市润泉贸易有限公司”字样的女式包2只。其中一只使用了“Louis Vuitton”文字标识，另一只使用了“LB”文字及与其他图形组合的标识。次日，上海市工商行政管理局普陀分局对该店进行检查，当场查获并扣押与前述货号相同的女式包37只，共有3种款式，2种款式与原告自行购买的2种款式女式包相同，另外一种款式女式包使用了4片呈十字排列的梭状花瓣图形标识。

原告认为被告的行为已严重侵犯了原告的注册商标专用权，遂起诉请求判令被告停止侵权并赔偿人民币50万元。被告提出，其销售的涉嫌侵权的女包有合法来源；被告下属工作人员对原告注册商标并不了解，无法辨别所售女式包上的文字或图案标识与原告注册商标是否相同或近似，不知道销售的是侵权商品。因此，被告已尽合理注意义务且主观上没有过错，不应承担赔偿责任。另外，原告主张的人民币50万元赔偿数额过高，缺乏事实与法律依据。

上海第二中级人民法院经审理认为：被告销售的一款女式包使用的“Louis Vuitton”文字标识与原告“Louis Vuitton”注册商标相同。其他两款女式包使用的相关标识与原告的注册商标相近似，易使相关公众对商品的来源产生误认。因此，被告销售的三款女式包均为侵犯原告注册商标专用权的商品。被告应当知道来源于法国的具有较高知名度的原告注册商标，且不能证明已经尽到合理注意义务，因此应对其销售侵权女包行为承担停止侵害、赔偿损失的民事责任。综合考虑侵权行为的性质、期间、后果，商标的声誉及原告为制止侵权行为的合理开支等因素，判令被告赔偿原告经济损失人民币30万元。判决后，双方当事人均未提出上诉，一审判决已发生法律效力。

——资料来源：上海市二中院网，http://www.shezfy.com/1jfy/ezxw_view.aspx? id=4636。

第一节 知识产权法概述

知识产权是法律赋予知识产品所有人对其智力创造成果所享有的某种专有权利。按照1967年7月14日颁布的《世界知识产权公约》规定，知识产权包括各项智力创造成果的权利，如著作权、专利权、商标权，后两种统称为工业产权。随着科学技术的迅速发展，知识产权保护对象的范围不断扩大，不断涌现新型的智力成果，如计算机软件、生物工程技术、遗传基因技术、植物新品种等，也是当今世界各国所公认的知识产权的保护对象。

知识产权作为一种无形财产权，与一般的有形财产权相比，具有自己的法律特征。

一、独占性

独占性又称排他性、垄断性、专有性，即在一定的区域和期限内，知识产权专属于创造人或其所属单位，排除他人享有同样权利。例如，著作权人排除他人非法使用自己的作品，商标权人排除他人在同一商品或服务上使用与自己的注册商标相同或近似的商标，专利权人排除他人未经许可使用自己的专利产品、专利方法以及使用依照该专利方法直接获得的产品。独占性原则其实是对权利人的一种法律保护，也是权利人之所以申请专利权、商标权的原因所在。这一点区别于有形财产权，同样型号的车辆、手机等，其主人的财产所有权都互不相干，独立行使。

二、地域性

地域性是指本国的知识产权越过国境，则不能理所当然地要求得到他国的法律保护。在中国境内核准的专利和注册商标，如果到了其他国家，仍需重新申请注册，否则其他国家不会加以保护。我国一些知名品牌在国内已经注册，但产品销往海外市场由于未及时注册，而被国外当地企业抢先注册，不得不改头换面，就是对工业产权地域性特征了解不够。著作权虽然自动产生，但它也受地域限制，我国法律对外国人的作品并不是都给予保护，而是按照中国加入的《保护文学艺术作品伯尔尼公约》和《世界版权公约》等国际公约，履行这两个国际公约规定的义务，保护这些公约成员国的国民作品；公约的其他成员国也按照公约规定，对我国公民和法人的作品给予保护。还有按照两国的双边协定，相互给予对方国民的作品保护。有形财产权不具有该特征，只要是财产所有权人合法的有形财产，如汽车、游艇等，越过国境之后仍可获得他国法律的保护，并不需要重新提出申请。

三、期限性

期限性又称时间性，是指知识产权的保护是有一定期限的，法定期限届满，知识产权自行终止，但著作权的人身权具有永久性。规定一个合理的保护期限是很有必要的，过长或过短均会导致权利人和社会公众利益的失衡。保护期限过长，虽然有利于知识产权人安心地搞发明创造或开拓品牌，但妨碍了整个社会的技术进步，不利于发明创造的信息交流，客观上阻碍了社会经济、文化、科技的发展与繁荣。保护期限过短，虽然能将发明创造早日公之于世，成为社会公共财富，人人皆可自由使用，但也打击了权利人的积极性，使其不能很好地收回投资成本及取得合理利润。

第二节 著作权法

一、著作权的概念和著作权法

著作权又称版权，是指作者或其他主体（法人或非法人单位）对其文学、艺术和自然科学、社会科学、工程技术等作品依法所享有的专有权。为保护文学、艺术和科学作品作者的著作权，以及与著作权有关的权益，鼓励有益于社会主义精神文明、物质文明建设的作品的创作和传播，促进社会主义文化和科学事业的发展与繁荣，1990 年 9 月 7 日，第七届全国人民代表大会常务委员会第十五次会议通过《中华人民共和国著作权法》，于 1991 年 6 月 1 日施行，并于 2001 年 10 月 27 日经第九届全国人民代表大会常务委员会第二十四次会议作出修正。我国还于 1992 年 7 月 10 日加入了《保护文学艺术的伯尔尼公约》，该公约自 1992 年 10 月 15 日起在中国生效。1992 年 7 月 30 日，中国又加入了《世界版权公约》，1992 年 10 月 30 日起，该公约在中国生效，这标志着中国的著作权立法已进一步健全和完善。

二、著作权的构成要素

（一）著作权主体

著作权主体即著作权人，是指享受著作权权利和承担著作权义务的人。具体包括以下三种人：

（1）作者，即创作作品的自然人。所谓创作，是指直接产生文学、艺术和科学作品的智力活动。为他人创作进行组织工作，提供咨询意见、物质条件，或者进行其他辅助工作，均不视为创作。由法人或者其他组织主持，代表法人或者其他组织意志创作，并由法人或者其他组织承担责任的作品，法人或者其他组织视为作者。如无相反证明，在作品上署名的公民、法人或者其他组织为作者。

（2）作者以外的其他享有著作权的自然人。例如，通过继承或转让获得著作权的自然人。

（3）依照法律，通过委托合同或劳务合同获得著作权的法人或非法人单位。少数情况下国家也可以成为著作权主体。

（二）著作权客体

著作权客体是指受著作权法保护的文学、艺术和科学作品，即文学、艺术和科学领域内，具有独创性并能以某种有形形式复制的智力成果。由此可见，成为著作权客体必须具备两个条件，即独创性和可复制性。

作为著作权客体的作品，包括：

（1）文字作品，是指小说、诗词、散文、论文等以文字形式表现的作品；

（2）口述作品，是指即兴的演说、授课、法庭辩论等以口头语言形式表现的作品；

（3）音乐、戏剧、曲艺、舞蹈、杂技艺术作品；

（4）美术、建筑作品，其中美术作品是指绘画、书法、雕塑等以线条、色彩或者其他方式构成的有审美意义的平面或者立体的造型艺术作品，而建筑作品是指以建筑物或者构筑物形式表现的有审美意义的作品；

(5)摄影作品，是指借助器械在感光材料或者其他介质上记录客观物体形象的艺术作品；

(6)电影作品和以类似摄制电影的方法创作的作品，是指摄制在一定介质上，由一系列有伴音或者无伴音的画面组成，并且借助适当装置放映或者以其他方式传播的作品；

(7)工程设计图、产品设计图、地图、示意图等图形作品和模型作品；

(8)计算机软件；

(9)法律、行政法规规定的其他作品。

以下内容不能成为著作权法保护的客体：(1)法律、法规，国家机关的决议、决定、命令和其他具有立法、行政、司法性质的文件，及其官方正式译文；(2)时事新闻，是指通过报纸、期刊、广播电台、电视台等媒体报道的单纯事实消息；(3)历法、通用数表、通用表格和公式；(4)依法禁止出版、传播的作品。

(三)著作权内容

著作权的内容包括下列人身权和财产权：

(1)发表权，即决定作品是否公之于众的权利；

(2)署名权，即表明作者身份，在作品上署名的权利；

(3)修改权，即修改或者授权他人修改作品的权利；

(4)保护作品完整权，即保护作品不受歪曲、篡改的权利；

(5)复制权，即以印刷、复印、拓印、录音、录像、翻录、翻拍等方式将作品制作一份或者多份的权利；

(6)发行权，即以出售或者赠与方式向公众提供作品的原件或者复制件的权利；

(7)出租权，即有偿许可他人临时使用电影作品和以类似摄制电影的方法创作的作品、计算机软件的权利，计算机软件不是出租的主要标的的除外；

(8)展览权，即公开陈列美术作品、摄影作品的原件或者复制件的权利；

(9)表演权，即公开表演作品，以及用各种手段公开播送作品的表演的权利；

(10)放映权，即通过放映机、幻灯机等技术设备公开再现美术、摄影、电影和以类似摄制电影的方法创作的作品等的权利；

(11)广播权，即以无线方式公开广播或者传播作品，以有线传播或者转播的方式向公众传播广播的作品，以及通过扩音器或者其他传送符号、声音、图像的类似工具向公众传播广播的作品的权利；

(12)信息网络传播权，即以有线或者无线方式向公众提供作品，使公众可以在其个人选定的时间和地点获得作品的权利；

(13)摄制权，即以摄制电影或者以类似摄制电影的方法将作品固定在载体上的权利；

(14)改编权，即改变作品，创作出具有独创性的新作品的权利；

(15)翻译权，即将作品从一种语言文字转换成另一种语言文字的权利；

(16)汇编权，即将作品或者作品的片段通过选择或者编排，汇集成新作品的权利；

(17)应当由著作权人享有的其他权利。

著作权人可以许可他人行使上述5～17项规定的权利，并依照约定或者《著作权法》有关规定获得报酬。著作权人可以全部或者部分转让上述5～17项规定的权利，并依照约定或者《著作权法》有关规定获得报酬。

(四)著作权法有关权利限制的规定

虽然我国《著作权法》规定的著作权范围非常广泛,但著作权人的获得报酬权在法定情况下仍受到一些限制。在下列情况下使用作品,可以不经著作权人许可,不向其支付报酬,但应当指明作者姓名、作品名称,并且不得侵犯著作权人依照《著作权法》享有的其他权利:

(1)为个人学习、研究或者欣赏,使用他人已经发表的作品;

(2)为介绍、评论某一作品或者说明某一问题,在作品中适当引用他人已经发表的作品;

(3)为报道时事新闻,在报纸、期刊、广播电台、电视台等媒体中不可避免地再现或者引用已经发表的作品;

(4)报纸、期刊、广播电台、电视台等媒体刊登或者播放其他报纸、期刊、广播电台、电视台等媒体已经发表的关于政治、经济、宗教问题的时事性文章,但作者声明不许刊登、播放的除外;

(5)报纸、期刊、广播电台、电视台等媒体刊登或者播放在公众集会上发表的讲话,但作者声明不许刊登、播放的除外;

(6)为学校课堂教学或者科学研究,翻译或者少量复制已经发表的作品,供教学或者科研人员使用,但不得出版发行;

(7)国家机关为执行公务在合理范围内使用已经发表的作品;

(8)图书馆、档案馆、纪念馆、博物馆、美术馆等为陈列或者保存版本的需要,复制本馆收藏的作品;

(9)免费表演已经发表的作品,该表演未向公众收取费用,也未向表演者支付报酬;

(10)对设置或者陈列在室外公共场所的艺术作品进行临摹、绘画、摄影、录像;

(11)将中国公民、法人或者其他组织已经发表的以汉语言文字创作的作品翻译成少数民族语言文字作品在国内出版发行;

(12)将已经发表的作品改成盲文出版。

上述规定适用于对出版者、表演者、录音录像制作者、广播电台、电视台的权利的限制。

三、合作作品、汇编作品、职务作品、法人作品和委托作品

(一)合作作品

合作作品是指两人以上合作创作的作品,合作作品应该具备"合意"和"合创"两个要素,即合作人有合作创作的意思表示一致和合作人为完成共同的作品各自付出了创造性的劳动,做出了直接的、实质性的贡献。合意是合创的前提,合创则是合作作品产生的基础,没有合意与合创,也就没有合作作品。合作作品的著作权由合作作者共同享有。没有参加创作的人,不能成为合作作者。为他人创作进行组织工作,提供咨询意见、物质条件,或者进行其他辅助活动,也不能成为合作作者。合作作品可以分割使用的,作者对各自创作的部分可以单独享有著作权,但行使著作权时不得侵犯合作作品整体的著作权。合作作者应事先约定署名顺序,如未约定,可以按照创作作品付出的劳动、作品排列、作者姓氏笔画等确定署名顺序。

(二)汇编作品

汇编作品是指将若干作品、作品的片段或者不构成作品的数据或者其他材料,对其内容的选择或者编排体现独创性的作品,其著作权由汇编人享有,但行使著作权时,不得侵犯原作品的著作权。理论界和各国立法体例均已对构成独创性的数据库著作权保护达成共识,将其归

入汇编作品之一，并加以法律保护。

(三)职务作品

公民为完成法人或者其他组织工作任务所创作的作品是职务作品，著作权通常由作者享有，但法人或者其他组织有权在其业务范围内优先使用。职务作品完成两年内，未经单位同意，作者不得许可第三人以与单位使用的相同方式使用该作品。职务作品完成两年内，经单位同意，作者许可第三人以与单位使用的相同方式使用作品所获报酬，由作者与单位按约定的比例分配。作品完成两年的期限，自作者向单位交付作品之日起计算。

有下列情形之一的职务作品，作者享有署名权，著作权的其他权利由法人或者其他组织享有，法人或者其他组织可以给予作者奖励：

(1)主要是利用法人或者其他组织的物质技术条件创作，并由法人或者其他组织承担责任的工程设计图、产品设计图、地图、计算机软件等职务作品。

“物质技术条件”，是指该法人或者该组织为公民完成创作专门提供的资金、设备或者资料。

(2)法律、行政法规规定或者合同约定著作权由法人或者其他组织享有的职务作品。

职务作品有两个基本特征：(1)该作品是法人或非法人单位所下达的工作任务；(2)该作品是公民个人创作的，体现了公民个人的意志。

在我国，有相当数量的作者本身是法人或非法人单位的工作人员，他们的本职工作就是从事文学、艺术和科学作品的创作，或者某项创作是单位下达给他们的工作任务，例如，电影制片厂的编剧的工作就是写剧本。这些作品就属于职务作品。我国《著作权法》一方面考虑到职务作品是自然人通过创造性劳动创作出来的，一方面又考虑到职务作品是自然人的本职工作或者是单位下达的任务，单位还往往为此提供了物质条件。所以规定，一般情况下，职务作品的著作权由作者享有，但单位有权在其业务范围内优先使用。

(四)法人作品

法人作品是指由法人或者非法人单位主持，代表法人或者非法人单位的意志创作，并由法人或者非法人单位承担责任的作品。如百科全书、辞书、教材、大型摄影画册等编辑作品，由法人或者非法人单位组织人员进行创作，提供资金或者资料等创作条件，并承担责任，其著作权归法人或者非法人单位所有。法人作品与职务作品最本质的不同在于法人作品体现了单位的意志而职务作品体现的是个人的意志。作为法人作品，单位享有完全的著作权，而从事具体劳动的个人不享有著作权意义上的任何权利。

(五)委托作品

委托作品是委托人向作者支付约定的报酬，由作者按照其意志和具体要求而创造的特定作品。受委托创作的作品，著作权的归属由委托人和受托人通过合同约定。合同未作明确约定或者没有订立合同的，著作权属于受托人即作者。

四、著作权的邻接权

邻接权，又称著作邻接权或作品传播者权，是指作品传播者在传播作品的过程中，对其付出的创造性劳动成果依法享有特定的专有权利的统称。作品创作出来后，需在公众中传播，传播者在传播作品中有创造性劳动，这种劳动也应受到法律保护。在我国，邻接权主要是指出版者的权利、表演者的权利、录像制品制作者的权利、录音制作者的权利、电视台对其制作的非作品的电视节目的权利、广播电台的权利。邻接权与著作权密切相关，又独立于著作权之外。由于邻接权基于作品的传播而产生，故邻接权人行使邻接权时，不得侵犯作品著作权人的著作权。例如，表演者授权他人复制其表演的录音、录像时，复制者还要征得表演者表演的作品的著作权人的许可。

(一)出版者的权利

1. 专有出版权

图书出版者对著作权人交付出版的作品，按照合同约定享有的专有出版权受法律保护，他人不得出版该作品。

2. 版式设计专有权

出版者有权许可或者禁止他人使用其出版的图书、期刊的版式设计。版本形式包括版式形式和装帧形式。版式形式包括印刷字体、横排竖排、开本大小等内容；装帧形式系指出版物的外观形式。封面设计者对自己设计的书籍封面享有著作权，可以采取“一次卖断”的办法，将权利转让于出版者，使出版者对出版物的封面设计享有邻接权。

图书出版者应当和著作权人订立出版合同，按照合同约定享有专有出版权，并支付报酬给著作权人。图书出版者重印、再版作品的，应当通知著作权人，并支付报酬。图书脱销后，图书出版者拒绝重印、再版的，著作权人有权终止合同。

(二)表演者的权利

表演者是指演员、演出单位或者其他表演文学、艺术作品的人。表演者对其表演享有下列权利：(1)表明表演者身份；(2)保护表演形象不受歪曲；(3)许可他人从现场直播和公开传送其现场表演，并获得报酬；(4)许可他人录音录像，并获得报酬；(5)许可他人复制、发行录有其表演的录音录像制品，并获得报酬；(6)许可他人通过信息网络向公众传播其表演，并获得报酬。

表演者在享有上述权利的同时，还应履行以下义务：(1)使用他人作品演出，表演者应当取得著作权人许可，并支付报酬。演出组织者组织演出，由该组织者取得著作权人许可，并支付报酬。(2)使用改编、翻译、注释、整理已有作品而产生的作品进行演出，应当取得改编、翻译、注释、整理作品的著作权人和原作品的著作权人许可，并支付报酬。

(三)录音录像制作者的权利

录音录像制作者对其制作的录音录像制品，享有许可他人复制、发行、出租、通过信息网络向公众传播并获得报酬的权利。该权利的保护期为50年，截止于该制品首次制作完成后第50年的12月31日。录音录像制作者包括音像出版社、广播电台和其他录制录音录像制品的人。录音录像制作者使用他人作品制作录音录像制品，应当取得著作权人许可，并支付报酬。录音录像制作者使用改编、翻译、注释、整理已有作品而产生的作品，应当取得改编、翻译、注释、整理作品的著作权人和原作品著作权人许可，并支付报酬。录音制作者使用他人已经合法录制为录音制品的音乐作品制作录音制品，可以不经著作权人许可，但应当按照规定支付报酬；著作权人声明不许使用的不得使用。

(四)广播电视播放权

广播电视播放权，是指广播电视部门对其编制的广播电视节目，依法享有的许可或禁止他人进行营利性转播、录制、复制的权利。广播电台、电视台有权禁止未经其许可的下列行为：(1)将其播放的广播、电视转播；(2)将其播放的广播、电视录制在音像载体上以及复制音像载体。

在行使播放权时，广播电台、电视台如播放他人未发表的作品，应当取得著作权人许可，并支付报酬。广播电台、电视台播放他人已发表的作品，可以不经著作权人许可，但应当支付报酬。广播电台、电视台播放已经出版的录音制品，可以不经著作权人许可，但应当支付报酬。当事人另有约定的除外。

五、著作权的保护期限

著作权具有双重属性，既是财产权，又是人身权。著作权的保护期，是指依法律的规定著作权人对作品依法享有的人身权、财产权的保护期限。我国《著作权法》规定，作者的署名权、修改权、保护作品完整权的保护期不受限制，发表权、使用权和获得报酬权有下列时间限制：

(1)公民的作品，其发表权、使用权和获得报酬权的保护期为作者终生及其死亡后 50 年，截止于作者死亡后第 50 年的 12 月 31 日；如果是合作作品，截止于最后死亡的作者死亡后第 50 年的 12 月 31 日。

(2)法人或者其他组织的作品、著作权(署名权除外)由法人或者其他组织享有的职务作品，其发表权、使用和获得报酬权的保护期为 50 年，截止于作品首次发表后第 50 年的 12 月 31 日，但作品自创作完成后 50 年内未发表的，不再享有保护期。

(3)电影作品和以类似摄制电影的方法创作的作品、摄影作品，其发表权、使用和获得报酬权的保护期为 50 年，截止于作品首次发表后第 50 年的 12 月 31 日，但作品自创作完成后 50 年内未发表的，不再享有保护期。

六、著作权的法律保护

(一)著作权侵权行为

著作权侵权行为是指凡未经作者或其他著作权人许可，又不符合法律规定的条件，擅自利用受著作权法保护的作品的行为。有下列侵权行为的，应当根据情况，承担停止侵害、消除影响、赔礼道歉、赔偿损失等民事责任：

(1)未经著作权人许可，发表其作品的；

(2)未经合作作者许可，将与他人合作创作的作品当作自己单独创作的作品发表的；

(3)没有参加创作，为谋取个人名利，在他人作品上署名的；

(4)歪曲、篡改他人作品的；

(5)剽窃他人作品的；

(6)未经著作权人许可，以展览、摄制电影和以类似摄制电影的方法使用作品，或者以改编、翻译、注释等方式使用作品的，本法另有规定的除外；

(7)使用他人作品，应当支付报酬而未支付的；

(8)未经电影作品和以类似摄制电影的方法创作的作品、计算机软件、录音录像制品的著作权人或者与著作权有关的权利人许可，出租其作品或者录音录像制品的，本法另有规定的除外；

(9)未经出版者许可，使用其出版的图书、期刊的版式设计的；

(10)未经表演者许可，从现场直播或者公开传送其现场表演，或者录制其表演的；

(11)其他侵犯著作权以及与著作权有关的权益的行为。

(二)法律责任

1. 民事责任

对于著作权侵权行为,著作权人和著作邻接权人可以向法院起诉,还可以在起诉前向法院申请采取责令停止侵害的行为和财产保全措施。如果侵权行为成立,法院将根据不同情况追究侵权人的民事责任,具体责任形式有责令停止侵害、赔偿损失、消除影响、赔礼道歉等。给著作权人或者著作邻接权人造成损失的,侵权人应当按照权利人的实际损失给予赔偿;实际损失难以计算的,可以按照侵权人的违法所得给予赔偿。赔偿数额还应当包括权利人为制止侵权行为所支付的合理开支,如调查取证费用。权利人的实际损失或者侵权人的违法所得不能确定的,由人民法院根据侵权行为的情节,判决给予 50 万元以下的赔偿。

2. 行政责任

著作权侵权行为如同时损害公共利益的,可以由著作权行政管理部门责令停止侵权行为,没收违法所得,没收、销毁侵权复制品,并可处以罚款;情节严重的,著作权行政管理部门还可以没收主要用于制作侵权复制品的材料、工具、设备等。当事人对行政处罚不服的,可以自收到行政处罚决定书之日起 3 个月内向人民法院起诉;期满不起诉又不履行的,著作权行政管理部门可以申请人民法院执行。

3. 刑事责任

依我国《刑法》规定,侵犯著作权行为构成犯罪的应承担下列刑事责任:违法所得数额较大或者有其他严重情节的,处 3 年以下有期徒刑或者拘役,并处或者单处罚金;违法所得数额巨大或者具有其他特别严重情节的,处 3 年以上 7 年以下有期徒刑,并处罚金。

在我国,当发生著作权纠纷时,当事人可以选择和解、调解方式解决纠纷,还可以根据当事人达成的书面仲裁协议或者著作权合同中的仲裁条款,向仲裁机构申请仲裁。当事人没有书面仲裁协议,也没有在著作权合同中订立仲裁条款的,可以直接向人民法院起诉。

第三节　专利法

一、专利制度的产生与发展

专利制度是随着商品经济的发展和科技的进步而产生发展起来的。在 1236 年,英国国王亨利三世授予波尔多市一市民制作各式色布技术以 15 年的垄断权,通常认为这种钦赐特权制度是专利制度的萌芽。世界上最早建立专利制度的国家是威尼斯共和国,1474 年 3 月 19 日,威尼斯共和国颁布了世界上第一部专利法,该法虽然简单,但一般被认为是专利法的鼻祖。

我国的专利制度可追溯到清朝光绪年间。1882 年 8 月,光绪批准上海机器织布局的机器织布工艺以 10 年的专利。我国第一个有关专利的法规是 1898 年 7 月清朝光绪皇帝颁布的《振兴工艺给奖章程》。国民党统治期间,于 1944 年 5 月颁布了《专利法》,这部法律历经三次修改,目前仍适用于我国台湾地区。新中国成立之后,1950 年 8 月,政务院发布了《保障发明权与发现权暂行条例》并制定了实施细则。1984 年 3 月 12 日,新中国第一部专利法即《中华人民共和国专利法》(以下简称《专利法》)经第六届全国人大常委会第四次会议审议通过,并于 1985 年 4 月 1 日起正式施行,这标志着我国专利法律制度的正式建立并趋于完善。

为了全面适应社会发展和科技进步的需要,1992 年 9 月 4 日,《专利法》根据第七届全国人大常委会第二十七次会议作了第一次修正;2000 年 8 月 25 日,根据第九届全国人大常委会第十七次会议作出第二次修正;2008 年 12 月 27 日,根据第十一届全国人民代表大会常务委员会第六次会议作出了第三次修正。新修订的《专利法》既符合我国国情,又遵循国际公约和国际惯例,全面适应了社会发展和科技进步的需要。

二、专利的概念

专利即专利权,是指国务院专利行政部门根据发明创造人或其权利受让人的申请,经严格审查,依法授予其对某一发明创造成果在一定期限内享有的独占权。作为知识产权的一种,它也具有独占性、地域性和期限性。专利所保护的对象是发明创造,而对发明创造历来有两种保护方法:一种是申请专利,获得专利法的保护;另一种是不申请专利,而采用商业秘密(又称专有技术、非专利技术)的方法加以保护。前者是公开的,而后者是秘密的。究竟是采用何种手段保护自己的发明创造,由权利人自己决定。如"可口可乐"饮料的配方,权利人就没有申请专利,而是采用保密手段加以保护。因为如果申请专利就要公开具体的技术方案,而公开就意味着假冒仿造,对权利人是不利的;且专利技术都有固定的保护期限,过期的专利技术就进入公有领域,大家均可无偿使用。考虑到上述原因,有些权利人对自己的发明创造并没有申请专利。

三、专利权主体

专利权法律关系由专利权主体、客体、内容三要素构成。专利权主体即专利权人,是指能够申请并取得专利,享有专利权并同时承担相应义务的自然人、法人和其他组织。我国《专利法》规定,专利权人包括单位和自然人,自然人又可分为中国人和外国人。在中国没有经常居所或者营业所的外国人、外国企业或者外国其他组织在中国申请专利和办理其他专利事务的,应当委托依法设立的专利代理机构办理。中国单位或者个人在国内申请专利和办理其他专利事务的,可以委托依法设立的专利代理机构办理。

(一)专利申请人

专利申请人即专利申请权人,是指对某项发明创造根据法定或约定有权以自己的名义提出专利申请的人。在我国,职务发明创造申请专利的权利属于该单位;申请被批准后,该单位为专利权人。非职务发明创造,申请专利的权利属于发明人或者设计人;申请被批准后,该发明人或者设计人为专利权人。但是,利用本单位的物质技术条件所完成的发明创造,单位与发明人或者设计人订有合同,对申请专利的权利和专利权的归属作出约定的,从其约定。

1. 职务发明创造

所谓职务发明创造,是指发明人、设计人执行本单位的任务或者主要利用本单位的物质技术条件所完成的发明创造,具体包括以下四种情况:

(1)发明人、设计人属于本职工作中的发明创造;

(2)发明人、设计人履行本单位交付的本职工作之外的任务所完成的发明创造;

(3)发明人、设计人退休、调离原单位后或者劳动、人事关系终止后 1 年内做出的,与其在原单位承担的本职工作或者原单位分配的任务有关的发明创造;

(4)发明人、设计人主要利用本单位物质条件完成的发明创造。

以上四种情况中，发明人、设计人是指对发明创造的实质性特点作出创造性贡献的人，发明人、设计人只可能是自然人。在完成发明创造过程中，只负责组织工作的人、为物质技术条件的利用提供方便的人或者从事其他辅助工作的人，不是发明人或者设计人。本单位包括临时工作单位。物质技术条件是指本单位的资金、设备、零部件、原材料或者不对外公开的技术资料等。在职务发明创造中，发明人、设计人虽不是专利申请权人和专利权人，但所在单位如果是国有企事业单位，应依法给予物质奖励和精神奖励。

2. 共同发明创造

所谓共同发明创造，是指两个或两个以上单位、个人合作完成的发明创造。共同发明创造人要求对同一发明创造成果各自都作出了独特贡献，他们的作用都是不可或缺的。该发明创造成果除当事人另有协议以外，专利申请权和专利权都归共同发明创造人共有，共有人不得擅自处分专利申请权和专利权。

3. 委托发明创造

所谓委托发明创造，是指一个单位或者个人接受其他单位或者个人委托所完成的发明创造。根据我国《专利法》规定，委托发明创造除另有协议的以外，申请专利的权利属于完成的单位或者个人；申请被批准后，申请的单位或者个人为专利权人。

(二)专利权人

专利权人包括单位专利权人和自然人专利权人。它和专利申请权人的不同之处在于：专利权人是专利权的主体，而专利申请权人并不是。不一定所有的专利申请权人都能最终成为专利权人，从申请到审查有一个过程，只有最终被国务院专利行政部门授予专利权才能成为专利权人。

四、专利权客体

专利权客体即专利法所保护的对象，它是主体的权利和义务所指向的对象，即专利权人权利和义务所指向的发明创造成果。我国《专利法》第 2 条规定，本法所称的发明创造是指发明、实用新型和外观设计。由此可见，我国专利权客体包括以下三类：

(一)发明

发明是专利法的主要保护对象，专利法的发明与我们日常生活中所讲的发明有所不同，它有其特定的含义，是指对产品、方法或者其改进所提出的新的技术方案。发明专利包括两种：产品发明专利和方法发明专利。专利申请权人在递交申请文件之前，应首先决定自己所申请的属于哪一类专利。就发明专利而言，不同发明专利申请文件内容是不同的，在获得专利之后，法律所保护的范围也不相同。产品发明专利仅保护其产品本身，而方法发明专利不仅保护其方法，而且涉及用该方法直接获得的产品本身。

(二)实用新型

实用新型又称“小发明”，因为与发明专利相比，它的创造性要求有所降低。实用新型是指对产品的形状、构造或者其结合所提出的实用的新的技术方案。实用新型应当具备以下条件：

第一，实用新型是一种产品专利而非方法专利；

第二，作为实用新型对象的产品应具有一定的形状和构造。实用新型是具有一定立体形状和构造或者是两者结合的产品，因此无确定形状的产品如气态、液态、粉末状、颗粒状的物质或材料不能申请实用新型专利。

与发明专利相比，实用新型专利创造性要求有所降低。比如，最初电话的发明创造性程度较高，但最早它的内部构造和外观形状并不理想，听筒和话筒是相分离的，后来有人将听筒和话筒合二为一，成为今天的电话机的外观。该设计创造性程度虽不高，但大大方便了使用者，因此这种对电话机外观形状和内部构造的改进可申请实用新型专利。对小发明的保护可以调动人们从事发明创造活动的积极性，因为它不需要高深的专业知识和大量的资金，也不一定要拥有现代化的仪器，只要肯付出脑力劳动，即使小学生也能做出小发明，成为小小发明家。

（三）外观设计

如上所述，电话的发明可申请发明专利，对电话听筒的改进可申请实用新型专利，那么不涉及电话的内部构造，仅对其外观形态做一些富有美感并带有独创性的设计，能否申请专利呢？答案是肯定的。根据我国《专利法》规定，外观设计是指对产品的形状、图案或者其结合以及色彩与形状、图案的结合所做的富有美感的并适用于工业应用的新设计。外观设计应当具备下列条件：

（1）外观设计是对产品的外表所做的设计，而不涉及产品的内部构造；

（2）外观设计可以是立体或平面设计。外观设计是对产品的形状、图案、色彩或其组合所做的新设计，其中色彩不能单独构成外观设计。立体设计如电话机独特的外观形态，平面设计如墙纸独特的图案设计，均可申请外观设计专利。我国《商标法》规定保护立体商标，因此有些产品独特的外观形状既可申请外观设计专利，也可申请注册商标，从而获得法律的双重保护。

（3）外观设计必须富有美感。是否富有美感往往带有主观性，专利审查并非采用美学标准，一般而言，只要某种新设计不违反公序良俗，不带有恐怖、迷信、暴力、淫秽、种族歧视、民族歧视的内容即认为具有美感。

（4）外观设计应具有工业上的重复再现性。所谓重复再现性即实用性，指外观设计能通过工业生产过程重复生产和制造。与实用新型相比，外观设计只涉及产品的外部形状，而不涉及产品的内部构造。虽然实用新型也涉及产品的外部形状，但两者侧重点不同。外观设计往往侧重产品外观的装饰功能，而实用新型侧重产品外观的实用功能。

五、专利权内容

专利权内容是指专利权人依法所享有的权利和承担的义务。按照我国《专利法》规定，专利权人享有以下权利：

（一）专利实施权

专利实施权又称独占权。我国《专利法》第 11 条规定：独占权是指专利权人对自己的专利享有独占的、排他的实施权。发明和实用新型专利权被授予后，除法律另有规定的以外，任何单位或者个人未经专利权人许可，不得为生产经营目的制造、使用、许诺销售、销售、进口其专利产品，或者使用其专利方法以及使用、许诺销售、销售、进口依照该专利方法直接获得的产品。外观设计专利被授予后，任何单位或者个人未经专利权人许可，不得为生产经营目的制造、许诺销售、销售、进口其外观设计专利产品。

（二）许可实施权

许可实施权是指专利权人（即专利许可人）通过签订书面专利实施许可合同的方式，允许他人（即专利被许可人）在一定条件下使用其专利实施权的权利。专利的实施许可在国际惯例中被称为许可证贸易。专利权人在实施许可时，应当按照专利法的有关规定办理，即专利许可人与被许可人应当签订书面专利实施许可合同，由被许可人向专利权人支付专利使用费，被许可人不得将专利再许可给其他单位或个人使用。专利权人与被许可人订立的专利实施许可合同应当自合同生效之日起3个月内向国务院专利行政部门备案。

（三）专利转让权

专利转让权是指专利权人可依法将专利实施权让与他人的权利，即发生了专利权主体的变更。究其原因，不外乎买卖、赠予、继承、企业分立、合并等原因。专利权的转让应当符合法定条件，即专利权人应当与他人（即受让人）签订书面专利转让合同，并经国务院专利行政部门登记和公告之后方能生效。中国单位或者个人向外国人、外国企业或者外国其他组织转让专利申请权或者专利权的，应当依照有关法律、行政法规的规定办理手续。转让专利申请权或者专利权的，当事人应当订立书面合同，并向国务院专利行政部门登记，由国务院专利行政部门予以公告。专利申请权或者专利权的转让自登记之日起生效。由于有些专利牵涉国家安全或者重大利益需要保密，专利权人不能直接转让给外国人。

（四）追偿权

当专利权人的上述三项权利受到不法侵犯时，专利权人既可以请求专利管理机关处理，也可以直接向人民法院起诉，从而依法追究专利侵权人的民事、行政、刑事责任。

（五）专利权人的义务

专利权人在享受专利权的同时也应履行法律所规定的各项义务，因为权利和义务是对等的。我国《专利法》规定专利权人同时应履行下列义务：(1)缴纳年费；(2)依法在中国境内实施专利。

（六）专利实施的强制许可

专利权人既有独占实施权，同时也有在中国境内实施专利的义务。专利实施强制许可，是指国务院专利行政部门依照专利法规定，不经专利权人同意，直接允许其他单位或个人实施其发明创造的一种许可方式，又称非自愿许可。但强制许可的专利只限于发明、实用新型专利，不包括外观设计专利。这样可防止某些专利权人在被授予专利权后不加以实际应用，也不允许符合条件的单位、个人使用，实际上造成了技术垄断，阻碍了科技的进步和发展，也违背了立法者保护专利的初衷。《专利法》规定的强制许可有以下情形：

(1)《专利法》第48条规定，如有下列情形之一的，国务院专利行政部门根据具备实施条件的单位或者个人的申请，可以给予实施发明专利或者实用新型专利的强制许可：①专利权人自专利权被授予之日起满3年，且自提出专利申请之日起满4年，无正当理由未实施或者未充分实施其专利的；②专利权人行使专利权的行为被依法认定为垄断行为，为消除或者减少该行为对竞争产生的不利影响的。

(2)在国家出现紧急状态或者非常情况时，或者为了公共利益的目的，国务院专利行政部门可以给予实施发明专利或者实用新型专利的强制许可。

(3)为了公共健康目的，对取得专利权的药品，国务院专利行政部门可以给予制造并将其出口到符合中华人民共和国参加的有关国际条约规定的国家或者地区的强制许可。

(4)一项取得专利权的发明或者实用新型比前已取得专利权的发明或者实用新型具有显著经济意义的重大技术进步，其实施又有赖于前一发明或者实用新型的实施的，国务院专利行政部门根据后一专利权人的申请，可以给予实施前一发明或者实用新型的强制许可。这种给予实施强制许可的情形下，国务院专利行政部门根据前一专利权人的申请，也可以给予实施后一发明或者实用新型的强制许可。

国务院专利行政部门作出的给予实施强制许可的决定，应当及时通知专利权人，并予以登记和公告。给予实施强制许可的决定，应当根据强制许可的理由规定实施的范围和时间。强制许可的理由消除并不再发生时，国务院专利行政部门应当根据专利权人的请求，经审查后作出终止实施强制许可的决定。

取得实施强制许可的单位或者个人不享有独占的实施权，并且无权允许他人实施。取得实施强制许可的单位或者个人应当付给专利权人合理的使用费，或者依照中华人民共和国参加的有关国际条约的规定处理使用费问题。付给使用费的，其数额由双方协商；双方不能达成协议的，由国务院专利行政部门裁决。专利权人对国务院专利行政部门关于实施强制许可的决定不服的，专利权人和取得实施强制许可的单位或者个人对国务院专利行政部门关于实施强制许可的使用费的裁决不服的，可以自收到通知之日起3个月内向人民法院起诉。

六、专利条件

专利条件即授予专利权的实质条件，也是国务院专利行政部门在实质审查专利时的判断标准。授予发明实用新型专利的发明创造应当具有新颖性、创造性和实用性，授予外观设计专利的设计方案应当具有新颖性和实用性，而无创造性要求。

（一）发明和实用新型

授予专利权的发明和实用新型，应当具备新颖性、创造性和实用性。

（1）新颖性，是指该发明或者实用新型不属于现有技术；也没有任何单位或者个人就同样的发明或者实用新型在申请日以前向国务院专利行政部门提出过申请，并记载在申请日以后公布的专利申请文件或者公告的专利文件中。但申请专利的发明创造在申请日以前6个月内，有下列情形之一的，不丧失新颖性：

①在中国政府主办或者承认的国际展览会上首次展出的；

②在规定的学术会议或者技术会议上首次发表的；

③他人未经申请人同意而泄露其内容的。

（2）创造性，是指与现有技术相比，该发明具有突出的实质性特点和显著的进步，该实用新型具有实质性特点和进步。

（3）实用性，是指该发明或者实用新型能够制造或者使用，并且能够产生积极效果。

现有技术，是指申请日以前在国内外为公众所知的技术。

（二）外观设计

授予专利权的外观设计，应当不属于现有设计；也没有任何单位或者个人就同样的外观设计在申请日以前向国务院专利行政部门提出过申请，并记载在申请日以后公告的专利文件中。授予专利权的外观设计与现有设计或者现有设计特征的组合相比，应当具有明显区别。授予专利权的外观设计不得与他人在申请日以前已经取得的合法权利相冲突。

现有设计，是指申请日以前在国内外为公众所知的设计。

（三）不授予专利权的情形

在申请专利时，申请人应该注意不是所有的发明创造都会授予专利权。根据《专利法》第5条规定，对违反法律、社会公德或者妨害公共利益的发明创造，不授予专利权。对违反法律、行政法规的规定获取或者利用遗传资源，并依赖该遗传资源完成的发明创造，不授予专利权。根据《专利法》第25条规定，下列各项不授予专利权：（1）科学发现；（2）智力活动的规则和方法;(3)疾病的诊断和治疗方法;(4)动物和植物品种;(5)原子核变换方法获得的物质。(6)对平面印刷品的图案、色彩或者二者的结合作出的主要起标识作用的设计。但对动物和植物产品的生产方法,可以依照法律规定授予专利权。

七、专利的申请和审查

(一)专利的申请

专利申请权人可以是发明人、设计人,也可以是发明创造的合法受让人。申请发明或者实用新型专利的,专利申请权人应当提交请求书、说明书及其摘要、权利要求书等文件。申请外观设计专利的,申请外观设计专利的,应当提交请求书、该外观设计的图片或者照片以及对该外观设计的简要说明等文件。申请人提交的有关图片或者照片应当清楚地显示要求专利保护的产品的外观设计。

在专利申请过程中应遵循以下原则:

1. 先申请原则

先申请原则是指两个以上申请人分别就同一项发明创造提出专利权申请的,专利权授予最先申请的人;如果是同一天申请的,申请人应当在一定期限内自行协商,协商不成的,则由国务院专利行政部门裁决。与先申请原则相对应的是先发明原则,即谁先作出该发明创造,专利权就授予谁,美国、加拿大、菲律宾等国采用该原则。与先申请原则相比,先发明原则可以让发明人、设计人较为安心地搞发明创造,但专利权人的权利得不到稳定的保护,在一定期限内随时面临被撤销的风险,而且由发明创造人举证发明在先客观上有一定难度,也增加了专利管理机关的工作量。先申请原则的主要优点就在于无须发明创造人举证发明日,减少了大量法律纠纷,减轻了专利管理机关的工作量,并督促发明人、设计人尽早申请专利,减少技术垄断,故世界上大多数国家均采用该原则。

2. 一发明一申请原则

一发明一申请原则是指一件申请案只能就一项发明创造提出专利申请。一件发明或者实用新型专利申请应当限于一项发明或者实用新型。属于一个总的发明构思的两项以上的发明或者实用新型,可以作为一件申请提出。一件外观设计专利申请应当限于一项外观设计。同一产品两项以上的相似外观设计,或者用于同一类别并且成套出售或者使用的产品的两项以上外观设计,可以作为一件申请提出。

3. 优先权原则

我国作为《保护工业产权巴黎公约》的成员国,对于成员国的国民符合优先权条件的专利申请,依法给予优先权。申请人自发明或者实用新型在外国第一次提出专利申请之日起12个月内,或者自外观设计在外国第一次提出专利申请之日起6个月内,又在中国就相同主题提出专利申请的,依照该外国同中国签订的协议或者共同参加的国际条约,或者依照相互承认优先权的原则,可以享有优先权。申请人自发明或者实用新型在中国第一次提出专利申请之日起12个月内,又向国务院专利行政部门就相同主题提出专利申请的,可以享有优先权。

申请人要求优先权的,应当在申请的时候提出书面声明,并且在3个月内提交第一次提出的专利申请文件的副本;未提出书面声明或者逾期未提交专利申请文件副本的,视为未要求优先权。

（二）专利审查与批准

国务院专利行政部门在受理专利申请后，即启动法律程序对专利申请文件进行审查，从而决定是否授予专利权。一般而言，分为以下三个阶段：

1. 初步审查

初步审查又称形式审查，主要指国务院专利行政部门对发明创造在程序上的审查，它的内容包括：申请文件是否齐全，格式是否正确，申请费是否足额缴纳，是否属于《专利法》禁止授予专利的范围等。一般来讲，实用新型和外观设计专利只要通过形式审查没有发现驳回理由，专利申请权人就可以获得相应的专利证书，而发明专利还要经过后两个阶段。

2. 公布发明申请文件

对于初审通过的发明申请文件，国务院专利行政部门自申请日起满 18 个月即予以公布，国务院专利行政部门可以根据申请人的请求早日公布其申请。任何人均可以对该项发明申请提出异议。

3. 实质审查

发明专利申请自申请日起 3 年内，国务院专利行政部门可以根据申请人随时提出的请求对其申请进行实质审查，申请人无正当理由逾期不请求实质审查的，该申请视为撤回。国务院专利行政部门认为必要时，可以自行对发明专利申请进行实质审查。实质审查主要审查该发明专利申请是否具备新颖性、创造性和实用性。经实质审查未发现驳回理由的，由国务院专利行政部门作出授予专利权的决定，发给发明专利证书。

综上所述，我国对于发明专利申请实行早期公开和迟延审查制，而对于实用新型、外观设计专利则实行形式审查制，这样既尊重了申请人的选择权，也简化了专利审查程序，进一步与国际标准接轨。

八、专利权的保护

（一）专利权的保护期限

世界各国对专利权的保护期限一般在 5～20 年之间，我国《专利法》规定，发明专利权的期限为 20 年，实用新型和外观设计专利权的期限为 10 年，均自申请日起算。这一规定既符合我国国情以及经济、科技发展水平，也适应专利制度国际化发展的趋势。专利权期限届满，则专利权必然终止，因为我国《专利法》无续展的规定。有些专利权人没有按照规定缴纳专利年费或者以书面声明放弃其专利权的，也会导致专利技术提前进入公有领域。

（二）专利权的保护范围

发明或者实用新型专利权的保护范围以其权利要求的内容为准，说明书及附图可以用于解释权利要求的内容。外观设计专利权的保护范围以表示在图片或者照片中的该产品的外观设计为准，简要说明可以用于解释图片或者照片所表示的该产品的外观设计。

（三）专利侵权行为

根据《专利法》第 11 条规定，专利侵权行为就是非法实施他人专利的行为。发明和实用新型专利权被授予之后，任何单位或者个人未经专利权人许可，以生产经营为目的制造、使用、许诺销售、销售、进口其专利产品，或者使用其专利方法以及使用、许诺销售、销售、进口依照该专利方法直接获得的产品的行为是专利侵权行为；外观设计专利权被授予之后，任何单位或者个人未经专利权人许可，以生产经营为目的制造、许诺销售、销售、进口其外观设计专利产品的行为也是专利侵权行为。但有下列情形之一的，不视为侵犯专利权：

(1)专利产品或者依照专利方法直接获得的产品，由专利权人或者经其许可的单位、个人售出后，使用、许诺销售、销售、进口该产品的；

(2)在专利申请日前已经制造相同产品、使用相同方法或者已经做好制造、使用的必要准备，并且仅在原有范围内继续制造、使用的；

(3)临时通过中国领陆、领水、领空的外国运输工具，依照其所属国同中国签订的协议或者共同参加的国际条约，或者依照互惠原则，为运输工具自身需要而在其装置和设备中使用有关专利的；

(4)专为科学研究和实验而使用有关专利的；

(5)为提供行政审批所需要的信息，制造、使用、进口专利药品或者专利医疗器械的，以及专门为其制造、进口专利药品或者专利医疗器械的。

未经专利权人许可，实施其专利，即侵犯其专利权，引起纠纷的，由当事人协商解决；不愿协商或者协商不成的，专利权人或者利害关系人可以向人民法院起诉，也可以请求管理专利工作的部门处理。管理专利工作的部门处理时，认定侵权行为成立的，可以责令侵权人立即停止侵权行为，当事人不服的，可以自收到处理通知之日起 15 日内依照《中华人民共和国行政诉讼法》向人民法院起诉；侵权人期满不起诉又不停止侵权行为的，管理专利工作的部门可以申请人民法院强制执行。进行处理的管理专利工作的部门应当事人的请求，可以就侵犯专利权的赔偿数额进行调解；调解不成的，当事人可以依照《中华人民共和国民事诉讼法》向人民法院起诉。

(三)侵犯专利权的法律责任

1. 民事责任

对于专利侵权行为，专利权人和利害关系人可以向法院起诉，还可以在起诉前向法院申请采取责令停止侵害的行为和财产保全措施。如果侵权行为成立，法院将根据不同情况追究侵权人的民事责任，具体责任形式有责令停止侵权、赔偿损失、消除影响等。

2. 行政责任

处理专利侵权纠纷的行政机构是管理专利工作的部门，即国务院专利行政部门或者地方人民政府设立的专利管理机关。如果假冒专利的，除依法承担民事责任外，由管理专利工作的部门责令改正并予公告，没收违法所得，可以并处违法所得 4 倍以下的罚款；没有违法所得的，可以处二十万元以下的罚款。

3. 刑事责任

我国《刑法》第 216 条规定，假冒他人专利，情节严重的，处 3 年以下有期徒刑或者拘役，并处或者单处罚金。由此可见，专利侵权行为中一些假冒他人专利非法经营数额或者非法所得数额巨大，或多次假冒他人专利仍屡教不改，或给专利权人带来重大经济损失的不法行为，将受到刑事制裁。被害人由于假冒专利的犯罪行为而遭受物质损失的，在刑事诉讼过程中有权提起附带民事诉讼。

九、专利保护的国际公约

随着科学技术的不断进步和国际贸易的日益发展，世界经济全球化趋势日益明显。但专利权的地域性特点造成各国专利法的不一致，给跨国专利申请和保护带来不便。世界各国逐渐认识到这一问题，相继签订了一些重要的专利保护国际公约，以逐步实现专利制度的国际化。

(一)《保护工业产权巴黎公约》

1883 年 3 月 20 日，11 个国家在法国巴黎成立了"保护工业产权国际联盟"，签订了《保护工业产权巴黎公约》(以下简称《巴黎公约》)。我国于 1985 年 3 月 19 日正式参加了《巴黎公约》。《巴黎公约》所确立的基本原则有以下三项：

1. 国民待遇原则

在工业产权保护方面，每一缔约国必须把它给予本国国民的待遇同等地给予其他缔约国国民；非缔约国国民在某一缔约国国内有住所或营业场所的，也应当享有本国国民的待遇。

2. 优先权原则

优先权原则是指申请人从首次向缔约国之一提出申请之日起，可以在一定期限内(发明和实用新型为 12 个月，外观设计为 6 个月)以同一发明创造向其他缔约国提出申请，应将其后申请日视同首次申请日。享受优先权就可以避免在优先权期限内同样的发明被其他人申请并核准专利的风险。我国《专利法》也有优先权的明确规定。

3. 专利独立原则

专利独立原则是指同一发明在不同国家所获得的专利是彼此独立、互不影响的。专利的独立性是由专利的地域性特征所决定的，正是由于各缔约国专利法的不一致，才带来专利保护范围、期限、审查方式等客观差异。公约对这种差异予以承认。例如，某一发明专利在其本国的保护期限届满，但在其他缔约国仍可依各自立法继续得到保护。

《巴黎公约》是世界上第一个保护工业产权的国际公约，也是迄今为止影响最为深远的专利保护国际公约。它之所以能取得这样的法律地位，与它所确立的上述基本原则是密不可分的。

(二)《专利合作条约》

《巴黎公约》确定了工业产权国际保护的基本原则和最低标准，但它的规定侧重于实体内容，具体进行专利国际申请的程序并未涉及。为了解决这一问题，1970 年 6 月 19 日，由 35 个缔约国在美国华盛顿签订了《专利合作条约》，并于 1978 年 6 月 1 日正式生效。我国从 1994 年 1 月 1 日起正式成为该条约的成员国。

《专利合作条约》使专利的国际申请人能够通过一次申请，就可同时在申请人选定的几个或全部成员国获得专利权，避免了分次申请的麻烦。但该条约仅仅是对专利申请进行统一审查，从而简化审查程序，但是否给予该国际申请以专利权，仍由各成员国依据本国专利法自行决定。

第四节　商标法

一、商标法及其历史沿革

商标是商品经济的产物，随着商品经济的发展而被广泛使用。我国早在北宋时期就有商铺在其商品上刻制既有文字又有图形的商标。欧洲 13 世纪行会盛行时，许多行会成员为证明自己的身份，也在商品上刻上自己的姓名及行会标记。人类历史上第一部通行的商标法是法国1857年颁布的《关于以使用原则和不审查原则为内容的制造标记和商标的法律》，随后英国在1862年颁布《商品标记法》，美国、德国、日本等国也相继制定了商标法。到目前为止，世界上绝大多数国家都制定了自己的商标法。我国近代商标制度产生于清朝末年，1904年清政府为了履行与外国列强签订的一系列不平等条约中保护外国商标权的条款，而颁布了《商标注册试办章程》，这是中国历史上第一部商标法。国民党统治时期，1930年国民党政府制定了《中华民国商标法》，历经数次修订，仍适用于我国台湾地区。

新中国成立以后，1950年7月，政务院颁布了《商标注册暂行条例》。1963年4月，全国人大常委会和国务院正式批准颁布了《商标管理条例》。“文化大革命”期间，我国商标制度遭到严重破坏。1982年8月23日，我国颁布了《中华人民共和国商标法》，并于1983年3月1日起正式实施。为了适应经济发展需要，1993年2月22日，第七届全国人大常委会第三十次会议对《商标法》进行了第一次修正；2001年10月27日，第九届全国人大常委会第二十四次会议对《商标法》进行了第二次修正；2013年8月30日，第十二届全国人民代表大会常务委员会第四次会议对《商标法》进行了第三次修正。新《商标法》实现了与国际知识产权制度的全面接轨。

二、商标的概念和种类

商标是指由文字、图形、字母、数字、三维标志、颜色组合和声音等，以及上述要素组合构成的用以区别自然人、法人或其他组织所提供商品或服务的标记。简言之，商标是区别同一商品或服务的标记，又称品牌、牌子。

我国《商标法》第8条规定，任何能够将自然人、法人或者其他组织的商品与他人的商品区别开的标志，包括文字、图形、字母、数字、三维标志、颜色组合和声音等，以及上述要素的组合，均可以作为商标申请注册。

按照不同标准，我们可以将商标分为不同种类。

(一)按照商标的构成分类

1. 平面商标

平面商标是由文字、图形、字母、数字、颜色组合和声音，以及上述要素组合而成的商标。

2. 立体商标

立体商标是由三维标志构成的商标，如麦当劳的金色拱门标志、咸亨酒店门前的孔乙己雕像等都属于立体商标。

(二)按商标的功能分类

1. 联合商标

联合商标是指商标权人在同种或类似商品上注册若干个相近似的商标。如乐口福生产厂家可以在产品上注册“乐口福”“福乐口”“口福乐”“乐福口”等若干个近似商标，上海大伟力鞋业有限公司可以在运动鞋上注册“倍福来”“BEIFULAI”“BEVERLY”等近似商标，其作用就是商标权人构建起立体的商标保护体系，以保护自己的知名品牌。

2. 防御商标

防御商标是指商标权人在不同商品或服务上注册相同商标。例如，可口可乐公司可以将“可口可乐”商标注册在除饮料以外的其他商品或服务上；上海大伟力鞋业有限公司可以在服装、鞋帽、健身器材等不同产品上注册“倍福来”中文商标，这均能起到防止其他不法侵权者侵犯知名商标的作用。

(三)按商标的使用对象分类

1. 商品商标

商品商标是指用在商品或其外包装上的商标。

2. 服务商标

服务商标是指用在服务行业的商标。服务商标的使用和法律保护均晚于商品商标,美国于1946年《商标法》开始保护服务商标,我国从1993年7月1日起开始受理服务商标注册申请。在我国也有一些久负盛名的服务商标,如“王开”照相、“全聚德”烤鸭等。

3. 集体商标

集体商标是指以团体、协会或者其他组织名义注册,供该组织成员在商事活动中使用,以表明使用者在该组织中的成员资格的标志。如行业协会可以申请注册集体商标,核准之后由协会会员共同使用。

4. 证明商标

证明商标是指由对某种商品或服务具有监督能力的组织所控制,而由该组织以外的单位或个人使用于其商品或服务,用以证明商品或服务的原产地、原料、制造方法、质量或者其他特定品质的标志。如国际羊毛局的“纯羊毛”标志、农业部管理下的“绿色食品”标志等。

(四)按商标的信誉分类

1. 驰名商标

驰名商标是指在市场上享有较高声誉并为公众所熟知的注册商标。1996年8月14日,中国国家工商行政管理局发布了《驰名商标认定和管理暂行规定》,从此对驰名商标的保护纳入了法制化轨道。由于驰名商标是企业重要的无形资产,它的含金量远远高于普通商标,因此对驰名商标的保护不受地域性的限制。有些外国的驰名商标虽暂时未在我国注册,但我国《商标法》仍禁止下列恶意抢注行为:申请注册人就相同或者类似商品申请注册的商标是复制、模仿或者翻译他人未在中国注册的驰名商标,容易导致混淆的,不予注册并禁止使用;或就不相同或者不相类似商品申请注册的商标是复制、模仿或者翻译他人已经在中国注册的驰名商标,误导公众,致使该驰名商标注册人的利益可能受到损害的,不予注册并禁止使用,如上海协昌缝纫机厂生产的“蝴蝶”缝纫机品质优良,畅销海内外。但在1971年“蝴蝶”缝纫机品牌在印度尼西亚被当地企业抢先注册,后来上海协昌缝纫机厂向我国行政主管机关申请驰名商标认定,获得成功,才于1993年胜诉。这个案例给我国企业敲响了警钟,面对日益开放的国际市场,我国企业积极开展驰名商标的认定工作是大有裨益的。

2. 优质产品商标

优质产品商标是指在某一地域范围内为相关公众熟知的注册商标。例如,美国的著名商标是指州一级的知名度较高的商标,上海市著名商标是指在上海地区知名度较高的商标,由上海市工商局每三年认定一次。优质产品商标的认定标准比驰名商标容易,但它的保护方式和范围均不如驰名商标。

3. 普通商标

普通商标是指驰名商标、优质产品商标以外的商标。

三、商标权主体

商标权法律关系是由商标权主体、客体、内容三要素构成,其中商标权主体即商标权人,是指依法享有注册商标专用权并同时承担相应义务的自然人、法人或者其他组织。申请商标注册或者办理其他商标事宜,可以自行办理,也可以委托依法设立的商标代理机构办理。外国人或者外国企业在中国申请商标注册和办理其他商标事宜的,应当委托依法设立的商标代理机构办理。

商标权可以共有。我国《商标法》第 5 条规定,两个以上的自然人、法人或者其他组织可以共同向商标局申请注册同一商标,共同享有和行使该商标专用权。商标权共有人不能擅自处分他们共有的注册商标专用权,否则无效。

四、商标权客体

商标权客体即商标权人权利和义务指向的对象,也是我国《商标法》的保护对象,即中国商标主管机关核准的注册商标。在我国,未注册商标得不到法律的保护,其使用人也不享有商标专用权,但驰名商标不管是否在我国注册,均可依法获得一定的保护。

如何区分注册商标和未注册商标呢?使用注册商标的,有权标以"注册商标"字样或注册标记"注"或"R",而未注册商标不能使用上述文字或标记。冒充注册商标行为一旦被发现,由地方工商行政管理机关予以制止,禁止其进行广告宣传,封存或者收缴其商标标识,责令限期改正,并可根据情节予以通报,处以非法经营额 20%以下的罚款。

五、商标权内容

商标权内容是指商标权人依法享有的权利和承担的义务。权利包括以下三项:

(一)商标专用权

商标专用权是指商标权人在核准商品或服务项目上有使用注册商标的排他权,它是商标权人最重要、最基本的权利。例如,索尼公司对"索尼"电器商标有排他的使用权,其他任何人、单位在一定地域范围内未经索尼公司许可都不得在电器上使用"索尼"商标。除驰名商标外,普通注册商标的排他使用均限定于核准商品或服务上。例如,"雪铁龙"商标已被注册在汽车上,并不排除"雪龙"商标注册在饮料、服装上。

(二)转让权

转让权是指商标权人依法将注册商标让予他人的权利。该转让导致商标权主体的变更。原来的商标权人(即转让人)不再享有商标权,而受让人获得了商标权。导致转让的原因多种多样,可以是有偿转让,如继承、企业分立、合并、法院判决等。转让注册商标的,转让人和受让人应当签订转让协议,并共同向商标局提出申请。受让人应当保证使用该注册商标的商品质量。转让注册商标的,商标注册人对其在同一种商品上注册的近似的商标,或者在类似商品上注册的相同或者近似的商标,应当一并转让。对容易导致混淆或者有其他不良影响的转让,商标局不予核准,书面通知申请人并说明理由。转让注册商标经核准后,予以公告。受让人自公告之日起享有商标专用权。

(三)许可使用权

许可使用权又称许可权,是指商标权人依法按照书面商标权使用许可合同,许可他人使用其注册商标的权利。我国《商标法》第 43 条规定,商标注册人可以通过签订商标使用许可合同,许可他人使用其注册商标。许可人应当监督被许可人使用其注册商标的商品质量。被许可人应当保证使用该注册商标的商品质量。经许可使用他人注册商标的,必须在使用该注册商标的商品上标明被许可人的名称和商品产地。许可他人使用其注册商标的,许可人应当将其商标使用许可报商标局备案,由商标局公告。商标使用许可未经备案不得对抗善意第三人。

商标权人在享有上述三项权利时,还依法承担下列三项义务:(1)商标权人有依法缴费的义务;(2)商标权人不得连续3年停止使用注册商标;(3)商标权人必须保证使用注册商标的商品或服务质量。

六、商标注册原则

我国是实行注册制度的国家,商标注册是产生商标专用权的唯一途径,未注册商标虽然可以使用,但得不到法律保护。在商标注册过程中应遵循以下两大原则:

(一)自愿注册原则

自愿注册原则是指商标使用人对其使用的商标是否注册,完全听其自愿,国家不加干预。与之相对应的是强制注册原则,又称“全面注册”原则,即所有的商标都必须依法申请注册。但事实上很多企业还未来得及注册商标,就由于市场原因而转产或倒闭了,因此“全面注册”原则客观上难以实现。我国实行的是自愿注册原则为主,强制注册原则为辅,对于一些关系到老百姓生命健康的特殊商品规定必须要注册,目前主要有人用药品和烟草制品两类。

(二)注册在先原则

注册在先原则又称申请在先原则,是指两个或两个以上的商标注册申请人在同一种商品或者类似商品上,以相同或者近似的商标申请注册的,初步审定并公告申请在先的商标;同一天申请的,初步审定并公告使用在先的商标。与注册在先原则相对应的是使用在先原则,世界上也有少数国家如英国、美国、列支敦士登使用该原则。注册在先原则的优点是简便易行、便于管理,缺点是容易出现“商标抢注”现象。

七、商标注册条件

根据《保护工业产权巴黎公约》第6条,商标的注册条件应由各成员国的国内法来规定。商标注册条件各国都有差异,在我国应具备下列条件:

(一)商标应具备法定构成要素

我国《商标法》规定,商标的法定构成要素是文字、图形、字母、数字、三维标志、颜色组合和声音,以及上述要素的组合,而气味不是我国商标法定构成要素。

(二)商标应具有显著性

显著性是指商标的独特性和可识别性。商标本身是区别同种商品或服务的标记,它应该便于识别,一目了然。一些行业通用的标志和一些商品通用的名称或外形都不能作为商标注册。

(三)申请注册的商标不得与他人在先权利相冲突

一件商标尽管符合其他法定条件,但如果与他人已经注册的商标相混同,同他人在先权利相冲突,也不能获得商标注册或作为商标使用。混同是指商标与他人在同一商品或类似商品上的注册商标相同或近似。在先权利是指申请注册商标与他人在先的姓名权、肖像权、著作权、工业品外观设计专利权、企业名称权、商号权等其他民事权利发生冲突的,经在先权利人请求并提交相应证据，可以不予注册。

(四)商标不得含有的标志

《商标法》第10条 规定，下列标志不得作为商标使用：

(1)同中华人民共和国的国家名称、国旗、国徽、国歌、军旗、军徽、军歌、勋章等相同或者近似的，以及同中央国家机关的名称、标志、所在地特定地点的名称或者标志性建筑物的名称、图形相同的；如“中华”洗衣机、“中南海”酱菜、“长城”打火机等均属此类。

(2)同外国的国家名称、国旗、国徽、军旗相同或者近似的，但该国政府同意的除外，如“法兰西”羊绒大衣、“英格兰”香烟、“美利坚”洋酒等均属此类。

(3)同政府间国际组织的旗帜、徽记、名称相同或者近似的，但经该组织同意或者不易误导公众的除外，如“APEC”“WTO”“UN”等均不得作为商标使用。

(4)与表明实施控制、予以保证的官方标志、检验印记相同或者近似的，但经授权的除外。

(5)同“红十字”“红新月”的名称、标志相同或者近似的；红十字组织和红新月组织均是国际卫生组织，后者是伊斯兰国家间国际卫生组织。例如，“红十字”药房、“红新月”创可贴均不得作为商标使用。

(6)带有民族歧视性的，如“黑鬼”牙膏、“支那”电脑均属此类。

(7) 带有欺骗性，容易使公众对商品的质量等特点或者产地产生误认的；如“绿色”卷烟，“金牌”火腿肠等均属此类。

(8)有害于社会主义道德风尚或者有其他不良影响的，如以“纳粹”“希特勒”“9·11”等作为商标的，依法不予注册并禁止使用。

县级以上行政区划的地名或者公众知晓的外国地名，不得作为商标。但是地名具有其他含义或者作为集体商标、证明商标组成部分的除外，已经注册的使用地名的商标继续有效。

根据《商标法》第11条规定，下列标志也不得作为商标注册：

(1)仅有本商品的通用名称、图形、型号的，如“雪花”润肤膏、“太空”纯净水等均属此类。

(2)仅直接表示商品的质量、主要原料、功能、用途、重量、数量及其他特点的，如“钢铁”保险柜、“坚固”挂锁、“美味”肉松等均属此类。

(3)缺乏显著特征的。

上述三种标志经过使用取得显著特征，并便于识别的，可以作为商标注册。以三维标志申请注册商标的，仅由商品自身的性质产生的形状，为获得技术效果而需有的商品形状或者使商品具有实质性价值的形状，不得注册。如以地名作为商标注册或使用，该商品应来源于该地理名称的地区，否则不予注册并禁止使用；但是已经善意取得注册的继续有效。如“金华”火腿、“嘉兴”肉粽均已作为集体商标注册，其他地区的同类商品不得再使用上述地理标志。但地理标志具有其他含义的除外，如四川“长寿”市、湖南“凤凰”县等地名也可作为商标注册。

八、商标注册程序

自然人、法人或者其他组织对其生产、制造、加工、拣选或者经销的商品和提供的服务项目，需要取得商标专用权的应当向商标局申请商标注册。

(一)商标注册申请

申请商标注册或者办理其他商标事宜，可以自行办理，也可以委托依法设立的商标代理机构办理。外国人或者外国企业在中国申请商标注册和办理其他商标事宜的，应当委托依法设立的商标代理机构办理。

商标注册申请人应当按规定的商品分类表填报使用商标的商品类别和商品名称，提出注册申请。商标注册申请人可以通过一份申请就多个类别的商品申请注册同一商标。商标注册申请等有关文件，可以书面方式或者数据电文方式提出。为申请商标注册所申报的事项和所提供的材料应当真实、准确、完整。注册商标需要在核定使用范围之外的商品上取得商标专用权的，应当另行提出注册申请。注册商标需要改变其标志的，应当重新提出注册申请。

(二)商标注册审查和核准

在我国，商标局作为商标主管机关依法对商标申请进行审查核定。符合《商标法》规定的，商标局作出初步审定并予以公告。对初步审定的商标，自公告之日起 3 个月内，任何人均可以提出异议。公告期满无异议或异议被驳回的，予以核准注册，发给商标注册证，并予以公告。

我国对商标注册申请既有形式审查，又有实质审查，这和世界上大多数国家的做法是一致的。

1. 形式审查

形式审查主要审查商标申请人的申请资格，是否符合一类商品一件申请原则，商标申请文件是否齐全、规范，是否缴纳商标注册申请费；审查商标的申请日，编写申请号。商标局在形式审查中发现申请文件基本符合上述条件，予以受理，不足部分允许申请人限期补正；完全不符合条件的，则予以退回，申请日不予保留。

2. 实质审查

实质审查是由商标局对申请注册商标是否符合法定注册条件进行审查，即审查以下内容：商标是否由法定构成要素组成，是否具有显著性，是否与他人在先权利相冲突，是否使用了禁用的文字、图形，等等。通过实质审查的商标予以初步审定并公告，反之则驳回申请。

通过形式审查和实质审查的商标申请，商标局将核准其商标注册，申请人自其商标核准注册之日起，取得商标权。

九、商标权的期限、续展和终止

我国《商标法》第 39 条规定，注册商标的有效期为 10 年，自核准注册之日起算。10 年保护期届满之后，当事人仍想继续保护该商标，可向商标局申请续展。所谓续展，是指为了延长注册商标的有效期限而继续注册。注册商标有效期满，需要继续使用的，商标注册人应当在期满前 12 个月内按照规定办理续展手续；在此期间未能办理的，可以给予 6 个月的宽展期。每次续展注册的有效期为 10 年，自该商标上一届有效期满次日起计算。期满未办理续展手续的，注销其注册商标。商标局应当对续展注册的商标予以公告。每次续展注册的有效期为 10 年，且续展次数无限制。由此可见，对于商标权的保护可以一直延续下去。

商标权的终止即商标专用权的消灭，原因如下：

(1)商标权有效期限届满，而当事人未在法定期限内申请续展；

(2)商标权人自行改变注册商标的；

(3)商标权人自行改变注册商标的注册人名义、地址或者其他注册事项的；

(4)商标权人自行转让注册商标的；

(5)商标权人连续 3 年停止使用其注册商标的；

(6)商标评审委员会做出撤销有争议的注册商标的；

(7)其他可能导致商标权消灭的原因。

十、商标侵权行为及制裁

商标侵权行为是指以营利为目的，非法侵犯他人注册商标专用权的行为。根据《商标法》第57条规定，侵犯商标权的表现形式有以下几种：

(1)未经商标注册人的许可，在同一种商品上使用与其注册商标相同的商标的；

(2)未经商标注册人的许可，在同一种商品上使用与其注册商标近似的商标，或者在类似商品上使用与其注册商标相同或者近似的商标，容易导致混淆的；

(3)销售侵犯注册商标专用权的商品的；

(4)伪造、擅自制造他人注册商标标识或者销售伪造、擅自制造的注册商标标识的；

(5)未经商标注册人同意，更换其注册商标并将该更换商标的商品又投入市场的；

(6)故意为侵犯他人商标专用权行为提供便利条件，帮助他人实施侵犯商标专用权行为的；

(7)给他人的注册商标专用权造成其他损害的。

将他人注册商标、未注册的驰名商标作为企业名称中的字号使用，误导公众，构成不正当竞争行为的，依照《中华人民共和国反不正当竞争法》处理。

由于侵犯注册商标专用权行为引起纠纷的，由当事人协商解决；不愿协商或者协商不成的，商标注册人或者利害关系人可以向人民法院起诉，也可以请求工商行政管理部门处理。工商行政管理部门处理时，认定侵权行为成立的，责令立即停止侵权行为，没收、销毁侵权商品和主要用于制造侵权商品、伪造注册商标标识的工具，违法经营额5万元以上的，可以处违法经营额5倍以下的罚款，没有违法经营额或者违法经营额不足5万元的，可以处25万元以下的罚款。对5年内实施两次以上商标侵权行为或者有其他严重情节的，应当从重处罚。销售不知道是侵犯注册商标专用权的商品，能证明该商品是自己合法取得并说明提供者的，由工商行政管理部门责令停止销售。对侵犯商标专用权的赔偿数额的争议，当事人可以请求进行处理的工商行政管理部门调解，也可以依照《民事诉讼法》向人民法院起诉。经工商行政管理部门调解，当事人未达成协议或者调解书生效后不履行的，当事人可以依照《民事诉讼法》向人民法院起诉。

对侵犯注册商标专用权的行为，工商行政管理部门有权依法查处；涉嫌犯罪的，应当及时移送司法机关依法处理。我国《刑法》规定了与商标侵权有关的四类犯罪罪名：假冒注册商标罪、销售假冒注册商标罪、非法制造注册商标标识罪、销售非法制造的注册商标标识罪。若上述罪名成立，犯罪人将会处以3年以下有期徒刑、拘役或者管制，并处或者单处罚金；情节特别严重的，处3年以上7年以下有期徒刑，并处罚金。

十一、商标权保护的国际公约

对商标权进行保护是由各国国内立法决定的，但随着国际贸易的发展，如何简化商标申请和审查程序，加大对驰名商标的保护力度，成为世界各国所共同关心的问题。从19世纪末开始，世界各国通过签订一些国际公约来进行商标权的国际保护。

(一)《保护工业产权巴黎公约》

《保护工业产权巴黎公约》所确立的基本原则不仅适用于专利权,也同样适用于商标权。

1. 国民待遇原则

在商标权保护方面,每一缔约国必须把它给予本国国民的待遇同等地给予其他缔约国国民,非缔约国国民在某一缔约国国内有住所或营业场所,也应当享有本国国民的待遇。这是《巴黎公约》成员国的基本义务。

2. 优先权原则

优先权原则是指申请人从首次向缔约国之一提出申请之日起,可以在6个月内向其他缔约国提出同样的申请,其后来申请的日期可视同首次申请的日期。行使优先权可以避免在优先权期限内同样的商标被其他人申请并抢先注册的风险。

3. 独立性原则

独立性原则是指各缔约国依国内法对商标权进行独立保护,不受其他国家影响。如果一项商标没有在本国注册,或在本国被驳回申请,或被注销,并不影响它在其他国家继续得到法律保护。

(二)《商标国际注册协定》

1891年4月14日,法国、西班牙、比利时等国在西班牙马德里签订了《商标国际注册协定》,并于1892年7月生效。我国于1989年10月4日正式加入了该协定。

《商标国际注册协定》是对《巴黎公约》的重要补充。协定第一次提出了解决商标国际注册的规定:缔约国国民在本国注册商标后,可以向世界知识产权国际事务局申请国际注册;国际事务局审查同意后,即公布该商标,并通知申请人选定若干个缔约国;一年之内未被选定国驳回即获得商标权。这样大大简化了商标国际申请的程序,省时省力,节约费用,但是否授予商标权仍由各缔约国国内法决定。

课后习题

一、复习思考题

1. 什么是知识产权?它的特点有哪些?
2. 什么是职务作品?什么是法人作品?二者的区别有哪些?
3. 什么是著作邻接权?它有哪些种类?
4. 什么是职务发明创造?它有哪些表现形式?
5. 什么是商标侵权行为?它的表现形式及制裁方式有哪些?

二、案例分析题

甲于2000年始在第20类家具上使用“富和”商标,但一直未申请注册。2005年10月15日,乙将其尚未使用的“富和”商标向商标局提出注册申请,使用的商品也是第20类家具上。

问题:

(1)乙的商标能否被核准注册?为什么?

(2)若乙的商标被核准注册后,甲能否在家具上继续使用“富和”商标?为什么?

第十六章　劳动法律制度

学习目标

了解劳动法的使用范围；
掌握劳动合同法律制度的基本内容；
了解集体合同的订立、变更、解除和终止；
掌握工作时间、休息休假和工资的基本内容；
掌握劳动调解仲裁法的基本内容。

引入案例

周岱兰现象

安徽保姆周岱兰于2002年通过劳务中介来到上海市的丁先生家做保姆。2003年12月24日，她在为丁家擦窗时不慎从4楼坠落，造成腹腔大出血，脾脏破裂，腰椎粉碎性骨折。丁家在支付了近3万元医疗费用后，表示无力再支付更多的费用。周岱兰陷入绝境，幸好有热心读者发起募捐，帮她筹集到基本的医疗费。

周岱兰通过法律援助要求普陀区保姆中介所承担赔偿责任。由于周岱兰只是经过保姆中介所介绍就业，不是保姆中介所委派去工作的，劳动争议仲裁委员会认为其与保姆中介所没有隶属关系，不属于劳动争议范畴。因此，周岱兰无法进入劳动争议法律处理程序。

后周岱兰把东家告上法院，索赔12万多元。2007年6月，周岱兰领取了判决书。法院认为雇主应对周的劳务负安全注意义务，而周过于自信的擦窗行为也有明显过错，雇主赔偿周6.5万元。

该案件引起全国媒体广泛关注和热烈讨论，以致上升为“周岱兰现象”。专家分析认为，外来劳动者一般参加外来从业人员综合保险，但保姆与雇主之间是劳务关系，不是劳动关系，没有社会保险，一旦发生重大意外伤害，也难以让雇主承担责任。

在这起事件推动下，上海市从2004年7月1日起推行家政服务综合保险，雇主只需30元就可为保姆办理一年的家政服务综合保险，最高赔付额为10万元。

第一节　劳动法概述

一、劳动法的概念和调整对象

劳动法是调整劳动关系以及与劳动关系密切联系的其他社会关系的法律规范的总和。制定劳动法的目的是保护劳动者的合法权益，维护、发展和谐稳定的劳动关系，维护社会安定，促进经济发展和社会进步。

劳动法的主要调整对象是劳动关系，但并非所有社会劳动关系均由劳动法调整，劳动法调整的劳动关系是狭义的，一般是指劳动者与用人单位之间在实现劳动过程中发生的社会关系。

二、我国劳动法对人的适用范围

《劳动法》第 2 条明确规定："在中华人民共和国境内的企业、个体经济组织（以下统称用人单位）和与之形成劳动关系的劳动者，适用本法。国家机关、事业组织、社会团体和与之建立劳动合同关系的劳动者，依照本法执行。"

劳动者是具有劳动能力，以从事劳动获取合法劳动报酬的自然人。用人单位是指依法使用和管理劳动者并付给其劳动报酬的单位。在我国用人单位可以是依法成立的企事业单位、国家机关和社会团体，也可以是个体经济组织。

第二节　劳动合同

一、劳动合同的概念和特征

劳动合同，是劳动者与用人单位之间确立劳动关系，明确双方权利和义务的书面协议。我国劳动法明确规定，建立劳动关系应当订立劳动合同。这表明劳动合同是确立劳动关系的普遍性法律形式。劳动合同除具有一般合同的特征外，有与民事、行政合同相区别的独有的特征：(1)劳动合同主体具有特定性，即劳动合同的主体一方是劳动者，另一方是用人单位。(2)劳动合同具有从属性，即劳动者在身份、组织、经济上从属于用人单位。(3)劳动合同具有法定性，即劳动合同主体双方在建立、变更、解除、终止劳动合同时，须遵守劳动法律、法规的强制性和禁止性规定。合同本是私法范畴，但劳动关系由劳动法调整后，劳动合同就成为国家干预劳动关系的手段。劳动合同主体双方须遵守劳动法关于劳动合同的形式、条款，包括其解除、终止的条件和程序等强制性、禁止性规定，在国家意志允许范围内实现当事人双方的自由意志。(4)劳动合同是诺成、双务、有偿合同，其诺成性在于劳动合同经双方意思表示一致即可成立，法律上并不将双方先履行相应义务作为合同成立的前提。其双务性在于劳动合同主体双方均具有相应的权利和义务。其有偿性在于劳动者向用人单位提供劳动，用人单位须支付相应的劳动报酬。

微型案例

1995 年 2 月，罗某到某医院打扫卫生，双方签订了卫生保洁合同，协议期限约定为 1 年，协议中要求罗某每日早晚各打扫卫生 1 次，每月由医院支付罗某报酬 300 元。以后卫生保洁协议一年一签。罗某与医院均按保洁合同履行了相应的义务。在协议履行期间，罗某从未参加过医院组织的任何活动。2002 年 2 月，医院通知罗某不再使用他了。后罗某即向当地劳动争议仲裁委员会申请仲裁，要求医院支付解除劳动合同的经济补偿金。劳动争议仲裁委员会以不属于受理范围而驳回了罗某的申请。罗某不服，又于 2002 年 12 月初以某医院为被告诉至法院，要求被告支付经济补偿金2 100元及额外经济补偿金1 050元。

法院审理后认为，罗某与医院签订的卫生保洁协议书仅规定罗某为医院提供一定的劳务活动，其性质为劳务合同；医院从未将被告录用为职工，也未组织管理过被告，因此双方之间是劳务关系，而不是劳动关系，应按民法有关规定处理。原告要求解除劳动合同的经济补偿金于法无据。法院最终判决驳回原告罗某的诉讼请求。

二、劳动合同的种类和形式

(一)劳动合同的种类

按照合同期限的不同，劳动合同可分为有固定期限、无固定期限和以完成一定的工作为期限的劳动合同。

1. 固定期限的劳动合同

它是指用人单位与劳动者约定合同终止时间的劳动合同。期限届满，合同即告终止。双方当事人可根据生产、工作的需要确定劳动合同的期限。为保护劳动者的身体健康，劳动法规定从事矿山井下以及其他有害身体健康的工种、岗位工作的农民工，实行定期轮换制度，合同期限最长不得超过8年。有固定期限的劳动合同适用范围比较广泛，灵活性较强。

2. 无固定期限的劳动合同

它是指用人单位与劳动者约定无确定终止时间的劳动合同。用人单位与劳动者协商一致，可以订立无固定期限的劳动合同。有下列情形之一的，劳动者提出或者同意续订、订立劳动合同的，除劳动者提出订立固定期限劳动合同外，应当订立无固定期限劳动合同：

(1)劳动者在该用人单位连续工作满10年的；

(2)用人单位初次实行劳动合同制度或者国有企业改制重新订立劳动合同时，劳动者在该用人单位连续工作满10年且距法定退休年龄不足10年的；

(3)连续订立两次固定期限劳动合同，且劳动者没有用人单位可以解除劳动合同的情形，续订劳动合同的。

用人单位自用工之日起满1年不与劳动者订立书面劳动合同的，视为用人单位与劳动者已订立无固定期限劳动合同。

3. 以完成一定工作为期限的劳动合同

它是指用人单位与劳动者约定以某项工作的完成为合同期限的劳动合同。用人单位与劳动者协商一致，可以订立以完成一定工作任务为期限的劳动合同。合同中不明确约定合同的起止日期，以某项工作或工程完工之日为合同终止之时。它一般适用于建筑业、临时性、季节性的工作或由于其工作性质可以采取此种合同期限的工作岗位。

(二)劳动合同的形式

我国《劳动法》规定劳动合同应当以书面形式订立，即应采用书面协议。其书面形式有主件、附件之分，劳动合同的主件即劳动合同书；附件一般指作为劳动合同书补充内容的书面文件，如岗位协议书、专项劳动协议、用人单位依法制定的劳动规章制度等。主件与附件一同对双方当事人的权利和义务作出明确约定，并具有同等的法律效力。

用人单位根据《劳动法》的规定，通过民主程序制定的规章制度，不违反国家法律、行政法规及政策规定，并已向劳动者公示的，可以作为人民法院审理劳动争议案件的依据。

三、劳动合同的订立

用人单位自用工之日起即与劳动者建立劳动关系。用人单位应当建立职工名册备查。

用人单位招用劳动者时，应当如实告知劳动者工作内容、工作条件、工作地点、职业危害、安全生产状况、劳动报酬，以及劳动者要求了解的其他情况；用人单位有权了解劳动者与劳动合同直接相关的基本情况，劳动者应当如实说明。

用人单位招用劳动者，不得扣押劳动者的居民身份证和其他证件，不得要求劳动者提供担保或者以其他名义向劳动者收取财物。

建立劳动关系的，应当订立书面劳动合同。已建立劳动关系，未同时订立书面劳动合同的，应当自用工之日起一个月内订立书面劳动合同。用人单位与劳动者在用工前订立劳动合同的，劳动关系自用工之日起建立。

用人单位未在用工的同时订立书面劳动合同，与劳动者约定的劳动报酬不明确的，新招用的劳动者的劳动报酬按照集体合同规定的标准执行；没有集体合同或者集体合同未规定的，实行同工同酬。

四、劳动合同的内容

劳动合同的内容是劳动者与用人单位在平等协商的基础上就双方的权利和义务达成的具体条款，即为劳动合同的条款。一般分为必备条款和可备条款。

(一)必备条款

必备条款是法律规定的生效劳动合同必须具备的条款。劳动合同应当具备以下条款：(1)用人单位的名称、住所和法定代表人或者主要负责人；(2)劳动者的姓名、住址和居民身份证或者其他有效身份证件号码；(3)劳动合同期限；(4)工作内容和工作地点；(5)工作时间和休息休假；(6)劳动报酬；(7)社会保险；(8)劳动保护、劳动条件和职业危害防护；(9)法律、法规规定应当纳入劳动合同的其他事项。

(二)可备条款

可备条款是法律规定的生效劳动合同可以具备的条款。劳动合同除规定的必备条款外，用人单位与劳动者可以约定试用期、培训、保守秘密、补充保险和福利待遇等其他事项。

1. 试用期条款

劳动合同的试用期是劳动者和用人单位为相互了解、选择而约定的考察期。对劳动合同的试用期，我国劳动合同法做了限制性规定：劳动合同期限3个月以上不满1年的，试用期不得超过1个月；劳动合同期限1年以上不满3年的，试用期不得超过2个月；3年以上固定期限和无固定期限的劳动合同，试用期不得超过6个月。同一用人单位与同一劳动者只能约定一次试用期。以完成一定工作任务为期限的劳动合同或者劳动合同期限不满3个月的，不得约定试用期。试用期包含在劳动合同期限内。劳动合同仅约定试用期的，试用期不成立，该期限为劳动合同期限。劳动者在试用期的工资不得低于本单位相同岗位最低档工资或者劳动合同约定工资的80%，并不得低于用人单位所在地的最低工资标准。在试用期中，除劳动者有《劳动法》规定的情形外，用人单位不得解除劳动合同。用人单位在试用期解除劳动合同的，应当向劳动者说明理由。

2. 服务期条款

用人单位为劳动者提供专项培训费用，对其进行专业技术培训的，可以与该劳动者订立协议，约定服务期。劳动者违反服务期约定的，应当按照约定向用人单位支付违约金。违约金的数额不得超过用人单位提供的培训费用。用人单位要求劳动者支付的违约金不得超过服务期尚未履行部分所应分摊的培训费用。用人单位与劳动者约定服务期的，不影响按照正常的工资调整机制提高劳动者在服务期期间的劳动报酬。

3. 保守商业秘密条款

商业秘密是指不为公众所知悉，能为权利人带来经济利益，具有实用性并经权利人采取保密措施的技术信息和经营信息。我国《劳动法》规定，在劳动合同中可以约定劳动者保守用人单位商业秘密的有关事项，并可约定在劳动合同终止前或该劳动者提出解除劳动合同后一定时间内（不超过6个月），调整其工作岗位，变更劳动合同的相关内容。约定保守商业秘密条款的目的在于保护用人单位的知识产权。双方当事人可以就商业秘密的范围、保密期限、保密措施、保密义务及违约责任和赔偿责任等进行约定。劳动者因违反约定保密事项给用人单位造成损失的，应承担赔偿责任。

4. 禁止同业竞争条款

该条款又称"竞业限制"，是指承担保密义务的劳动者在劳动关系存续期间或在解除、终止劳动关系后的一定期限内不得自营或者为他人经营与原用人单位有竞争关系的业务。约定禁止同业竞争条款的目的在于防止不正当竞争。对负有保密义务的劳动者，用人单位可以在劳动合同或者保密协议中与劳动者约定竞业限制条款，并约定在解除或者终止劳动合同后，在竞业限制期限内按月给予劳动者经济补偿。劳动者违反竞业限制约定的，应当按照约定向用人单位支付违约金。竞业限制的人员限于用人单位的高级管理人员、高级技术人员和其他负有保密义务的人员。竞业限制的范围、地域、期限由用人单位与劳动者约定，竞业限制的约定不得违反法律、法规的规定。在解除或者终止劳动合同后，竞业限制的人员到与本单位生产或者经营同类产品、从事同类业务的有竞争关系的其他用人单位，或者自己开业生产或者经营同类产品、从事同类业务的竞业限制期限，不得超过2年。

五、劳动合同的效力

劳动合同由用人单位与劳动者协商一致，并经用人单位与劳动者在劳动合同文本上签字或者盖章生效。劳动合同依法成立，即具有法律效力，对双方当事人都有约束力。双方必须履行劳动合同中规定的义务。

劳动合同的无效是指当事人违反法律、法规，订立的不具有法律效力的劳动合同。下列劳动合同无效或者部分无效：(1)以欺诈、胁迫的手段或者乘人之危，使对方在违背真实意思的情况下订立或者变更劳动合同的；(2)用人单位免除自己的法定责任、排除劳动者权利的；(3)违反法律、行政法规强制性规定的。

对劳动合同的无效或者部分无效有争议的，由劳动争议仲裁机构或者人民法院确认。劳动合同部分无效，不影响其他部分效力的，其他部分仍然有效。

无效劳动合同的法律后果有：(1)撤销劳动合同，适用于被确认为全部无效的劳动合同。被确认为无效的劳动合同，尚未履行的不得履行，正在履行的停止履行。对已经履行部分，应按事实劳动关系对待，劳动者付出劳动的，应得到相应的报酬和有关待遇。用人单位对劳动者付出的劳动，一般可参照本单位同期、同工种、同岗位的工资标准支付劳动报酬。(2)修正劳动合同，适用于被确认部分无效的劳动合同及程序不合法而无效的劳动合同。(3)赔偿损失。由于用人单位原因订立的无效劳动合同，对劳动者造成损害的，应承担赔偿责任。

微型案例

徐女士凭假冒的复旦大学双学士学位，竟谋到一家公司要职，并领取高薪，离职后又获得高额补偿金。东窗事发后，公司将她告上了法庭。昨日，上海市一中院作出终审判决，徐女士须返还经济补偿金等近 7 万元。

2003 年 8 月，年近 30 的徐女士持复旦大学信息和国际金融专业双学士学位证书，到张江高科技园区内的一家电子公司，谋到了一份人事经理兼总裁助理的工作，月薪9 000元。此后在公司工作的 4 年内，徐女士的月薪又逐步增加到13 000元。2007 年 2 月，公司与徐女士提前解除劳动关系，为此支付给她65 000元作为补偿。

同年 9 月 4 日，公司向复旦大学核实才知道，该校的本科、专科甚至成人教育学院学生名单中均没有徐女士的名字，遂向法院起诉。

法院终审认为，徐女士向公司提供了虚假的学历证明，在此基础上双方订立的劳动合同应属无效，解除劳动合同协议也为无效合同，理应返还据此收取的补偿金。

——资料来源:《新闻晨报》，2008 年 5 月 14 日。

六、劳动合同的履行和变更

用人单位与劳动者应当按照劳动合同的约定，全面履行各自的义务。

用人单位应当按照劳动合同约定和国家规定，向劳动者及时足额支付劳动报酬。用人单位拖欠或者未足额支付劳动报酬的，劳动者可以依法向当地人民法院申请支付令，人民法院应当依法发出支付令。用人单位应当严格执行劳动定额标准，不得强迫或者变相强迫劳动者加班。用人单位安排加班的，应当按照国家有关规定向劳动者支付加班费。

劳动者拒绝用人单位管理人员违章指挥、强令冒险作业的，不视为违反劳动合同。劳动者对危害生命安全和身体健康的劳动条件，有权对用人单位提出批评、检举和控告。

用人单位变更名称、法定代表人、主要负责人或者投资人等事项，不影响劳动合同的履行。用人单位发生合并或者分立等情况，原劳动合同继续有效，劳动合同由承继其权利和义务的用人单位继续履行。

用人单位与劳动者协商一致，可以变更劳动合同约定的内容。变更劳动合同，应当采用书面形式。变更后的劳动合同文本由用人单位和劳动者各执一份。

七、劳动合同的解除和终止

(一)劳动合同解除和终止的程序和条件

劳动合同的解除是指劳动合同当事人在劳动合同期限届满之前依法提前终止劳动合同关系的法律行为。劳动合同的解除可分为双方协商解除、用人单位单方解除、劳动者单方解除等。

1. 双方协商解除劳动合同

根据《劳动法》规定，经劳动合同当事人协商一致，劳动合同可以解除。我国《劳动法》对双方协商解除劳动合同没有规定实体、程序上的限定条件，只要双方达成一致，内容、形式、程序合法，即成立。但如果是由用人单位提出解除的，用人单位应向劳动者支付解除劳动合同的经济补偿金。

2. 用人单位单方解除劳动合同

即具备法律规定的条件时，用人单位享有单方解除权，无须双方协商达成一致意见。用人单位单方解除劳动合同有以下三种情况：

(1)随时解除，即用人单位无须以任何形式提前告之劳动者，可随时通知劳动者解除合同，且用人单位无须支付劳动者解除劳动合同的经济补偿金。《劳动合同法》第 39 条规定，劳动者有下列情形之一的，用人单位可以解除劳动合同：①在试用期间被证明不符合录用条件的；②严重违反用人单位规章制度的；③严重失职，营私舞弊，给用人单位造成重大损害的；④劳动者同时与其他用人单位建立劳动关系，对完成本单位的工作任务造成严重影响，或者经用人单位提出，拒不改正的；⑤以欺诈、胁迫的手段或者乘人之危，使对方在违背真实意思的情况下订立或者变更劳动合同致使劳动合同无效的；⑥被依法追究刑事责任的。

(2)须预告的解除，即用人单位应当提前 30 日以书面形式通知劳动者本人或者额外支付劳动者 1 个月工资后方可解除合同。根据《劳动合同法》第 40 条的规定，有下列情形之一的，用人单位提前 30 日以书面形式通知劳动者本人或者额外支付劳动者 1 个月工资后，可以解除劳动合同：①劳动者患病或者非因工负伤，在规定的医疗期满后不能从事原工作，也不能从事由用人单位另行安排的工作的；②劳动者不能胜任工作，经过培训或者调整工作岗位，仍不能胜任工作的；③劳动合同订立时所依据的客观情况发生重大变化，致使劳动合同无法履行，经用人单位与劳动者协商，未能就变更劳动合同内容达成协议的。

(3)经济性裁员，是指用人单位濒临破产进行法定整顿期间或者生产经营状况发生严重困难，用人单位为改善生产经营状况而辞退部分劳动者。《劳动合同法》第 41 条规定，有下列情形之一，需要裁减人员 20 人以上或者裁减不足 20 人但占企业职工总数 10%以上的，用人单位提前 30 日向工会或者全体职工说明情况，听取工会或者职工的意见后，裁减人员方案经向劳动行政部门报告，可以裁减人员：①依照企业破产法规定进行重整的；②生产经营发生严重困难的；③企业转产、重大技术革新或者经营方式调整，经变更劳动合同后，仍需裁减人员的；④其他因劳动合同订立时所依据的客观经济情况发生重大变化，致使劳动合同无法履行的。

裁减人员时，应当优先留用下列人员：①与本单位订立较长期限的固定期限劳动合同的；②与本单位订立无固定期限劳动合同的；③家庭无其他就业人员，有需要扶养的老人或者未成年人的。用人单位依照本条第 1 款规定裁减人员，在 6 个月内重新招用人员的，应当通知被裁减的人员，并在同等条件下优先招用被裁减的人员。

为保护劳动者的合法权益，防止用人单位滥用解除权，《劳动法》除规定上述劳动合同的解除条件和程序外，还规定了工会的权利：用人单位单方解除劳动合同，应当事先将理由通知工会。用人单位违反法律、行政法规规定或者劳动合同约定的，工会有权要求用人单位纠正。用人单位应当研究工会的意见，并将处理结果书面通知工会。同时，法律还规定了禁止解除劳动合同的条件，规定劳动者有下列情形之一的，用人单位不得依据《劳动合同法》第 40 条、第 41 条的规定解除劳动合同：①从事接触职业病危害作业的劳动者未进行离岗前职业健康检查，或者疑似职业病病人在诊断或者医学观察期间的；②在本单位患职业病或者因工负伤并被确认丧失或者部分丧失劳动能力的；③患病或者非因工负伤，在规定的医疗期内的；④女职工在孕期、产期、哺乳期的；⑤在本单位连续工作满 15 年，且距法定退休年龄不足 5 年的；⑥法律、行政法规规定的其他情形。

3. 劳动者单方解除劳动合同

即具备法律规定的条件时，劳动者享有单方解除权，无须双方协商达成一致意见，也无须征得用人单位的同意。劳动者单方解除劳动合同有两种情况：

(1)预告解除。劳动者提前 30 日以书面形式通知用人单位，可以解除劳动合同。劳动者在试用期内提前 3 日通知用人单位，可以解除劳动合同。劳动者无须说明任何法定事由，只需履行预先书面告知用人单位的义务即可解除劳动合同，超过 30 日，劳动者可以向用人单位提出办理解除劳动合同的手续，用人单位应予办理。同时为防止劳动者滥用这一权利而损害用人单位的利益，《劳动法》规定劳动者违反劳动法规定的条件或者违反劳动合同的约定解除劳动合同，或违反劳动合同中应当遵守的保密义务，给用人单位造成经济损失的，劳动者应当依法承担赔偿责任。

(2)无须预告的解除。即劳动者无须提前预先告知用人单位，只要具备法律规定的情形，可随时通知用人单位解除劳动合同。《劳动合同法》第 38 条规定，用人单位有下列情形之一的，劳动者可以解除劳动合同：①未按照劳动合同约定提供劳动保护或者劳动条件的；②未及时足额支付劳动报酬的；③未依法为劳动者缴纳社会保险费的；④用人单位的规章制度违反法律、法规的规定，损害劳动者权益的；⑤以欺诈、胁迫的手段或者乘人之危，使对方在违背真实意思的情况下订立或者变更劳动合同的；⑥法律、行政法规规定劳动者可以解除劳动合同的其他情形。

用人单位以暴力、威胁或者非法限制人身自由的手段强迫劳动者劳动的，或者用人单位违章指挥、强令冒险作业危及劳动者人身安全的，劳动者可以立即解除劳动合同，无须事先告知用人单位。

(二)合同解除和终止后的义务

用人单位应当在解除或者终止劳动合同时出具解除或者终止劳动合同的证明，并在 15 日内为劳动者办理档案和社会保险关系转移手续。

劳动者应当按照双方约定，办理工作交接。用人单位依照《劳动法》有关规定应当向劳动者支付经济补偿的，在办结工作交接时支付。

用人单位对已经解除或者终止的劳动合同的文本，至少应保存 2 年备查。

八、解除劳动合同的经济补偿

解除劳动合同的经济补偿，是指因解除劳动合同而由用人单位给予劳动者的一次性经济补偿。经济补偿金的目的在于从经济方面制约用人单位的解除行为，并对失去工作的劳动者给予经济上的补偿。

(一)用人单位应当向劳动者支付经济补偿的情形

(1)由用人单位提出解除劳动合同并与劳动者协商一致而解除劳动合同的；

(2)超过 1 个月不满 1 年，劳动者不与用人单位订立书面劳动合同的，用人单位应当书面通知劳动者终止劳动关系，并支付经济补偿；

(3)劳动者符合随时通知解除和无须事先通知即可解除劳动合同的规定情形而解除劳动合同的；

(4)用人单位符合提前30日以书面形式通知劳动者本人或者额外支付劳动者1个月工资后可以解除劳动合同的规定情形而解除劳动合同的;

(5)用人单位符合可裁减人员规定而解除与劳动者的劳动合同的;

(6)除用人单位维持或者提高劳动合同约定条件续订劳动合同,劳动者不同意续订的情形外,劳动合同期满终止固定期限劳动合同的;

(7)以完成一定工作任务为期限的劳动合同因任务完成而终止的;

(8)用人单位被依法宣告破产终止劳动合同的;

(9)用人单位被吊销营业执照、责令关闭、撤销或者用人单位决定提前解散而终止劳动合同的;

(10)用人单位依法终止工伤职工的劳动合同的,除依据规定向劳动者支付经济补偿外,还应按国家规定支付一次性工伤医疗补助金和伤残就业补助金;

(11)对医疗期满尚未痊愈,或者医疗期满后,不能从事原工作,也不能从事另行安排的工作,被解除劳动合同,用人单位须按经济补偿规定给予经济补偿。

(二)用人单位无需向劳动者支付经济补偿的情形

(1)自用工之日起1个月内,劳动者不与用人单位订立书面劳动合同的,用人单位应当书面通知劳动者终止劳动关系,无需向劳动者支付经济补偿,但是应当依法向劳动者支付其实际工作时间的劳动报酬;

(2)劳动者主动辞职的,用人单位无须支付经济补偿;

(3)劳动者提前通知解除劳动合同的,劳动者不能获得经济补偿;

(4)用人单位可随时通知劳动者解除合同的无需向劳动者支付经济补偿;

(5)用人单位维持或者提高劳动合同约定条件续订劳动合同,劳动者不同意续订的,用人单位无须支付经济补偿。

(三)经济补偿金的计算

经济补偿按劳动者在本单位工作的年限,每满1年支付1个月工资的标准向劳动者支付。6个月以上不满1年的,按1年计算;不满6个月的,向劳动者支付半个月工资的经济补偿。

劳动者月工资高于用人单位所在直辖市、设区的市级人民政府公布的本地区上年度职工月平均工资3倍的,向其支付经济补偿的标准按职工月平均工资3倍的数额支付,向其支付经济补偿的年限最高不超过12年。该月工资是指劳动者在劳动合同解除或者终止前12个月的平均工资。

第三节　工作时间、休息休假和工资

一、工作时间和休息休假

(一)工作时间的概念和种类

工作时间又称劳动时间,是指法律规定的劳动者在一昼夜和一周内从事劳动的时间。它包括每日工作的小时数、每周工作的天数和小时数。工作时间主要有以下几类:

1. 标准工作时间

标准工作时间又称标准工时,是指法律规定的在一般情况下普遍适用的,按照正常作息办法安排的工作日和工作周的工时制度。我国的标准工时为劳动者每日工作 8 小时，每周工作 40 小时，在 1 周(7 日)内工作 5 天。实行计件工作的劳动者，用人单位应当根据每日工作 8 小时、每周工作 40 小时的工时制度，合理确定其劳动定额和计件报酬标准。

2. 缩短工作时间

缩短工作时间是指法律规定的在特殊情况下劳动者的工作时间长度少于标准工作时间的工时制度，即每日工作少于 8 小时。缩短工作日适用于：(1)从事矿山井下、高山、有毒有害、特别繁重或过度紧张等作业的劳动者；(2)从事夜班工作的劳动者；(3)哺乳期内的女职工。

3. 延长工作时间

延长工作时间是指超过标准工作日的工作时间，即日工作时间超过 8 小时，每周工作时间超过 40 小时。延长工作时间必须符合法律、法规的规定。

4. 不定时工作时间和综合计算工作时间

不定时工作时间又称不定时工作制，是指无固定工作时数限制的工时制度。适用于工作性质和职责范围不受固定工作时间限制的劳动者，如企业中的高级管理人员、外勤人员、推销人员、部分值班人员，从事交通运输的工作人员以及其他因生产特点、工作特殊需要或职责范围的关系，适合实行不定时工作制的职工等。综合计算工作时间又称综合计算工时工作制，是指以一定时间为周期，集中安排并综合计算工作时间和休息时间的工时制度。即分别以周、月、季、年为周期综合计算工作时间，但其平均日工作时间和平均周工作时间应与法定标准工作时间基本相同。对符合下列条件之一的职工，可以实行综合计算工作日：(1)交通、铁路、邮电、水运、航空、渔业等行业中因工作性质特殊，需连续作业的职工；(2)地质及资源勘探、建筑、制盐、制糖、旅游等受季节和自然条件限制的行业的部分职工；(3)其他适合实行综合计算工时工作制的职工。

实行不定时工作制和综合计算工时工作制的企业，应根据《劳动法》的有关规定，与工会和劳动者协商，履行审批手续，在保障职工身体健康并充分听取职工意见的基础上，采用集中工作、集中休息、轮流调休、弹性工作时间等适当方式，确保职工的休息休假权利和生产、工作任务的完成。对于实行不定时工作制的劳动者，企业应根据标准工时制度合理确定劳动者的劳动定额或其他考核标准，以便安排劳动者休息。其工资由企业按照本单位的工资制度和工资分配办法，根据劳动者的实际工作时间和完成劳动定额情况计发。对于符合带薪年休假条件的劳动者，企业可安排其享受带薪年休假。实行综合计算工时工作制的企业，在综合计算周期内，某一具体日(或周)的实际工作时间可以超过 8 小时(或 40 小时)，但综合计算周期内的总实际工作时间不应超过总法定标准工作时间，超过部分应视为延长工作时间，并按《劳动法》第 44 条第 1 项的规定支付工资报酬，其中法定休假日安排劳动者工作的，按《劳动法》第 44 条第 3 项的规定支付工资报酬。而且，延长工作时间的小时数平均每月不得超过 36 小时。

(二)休息休假的概念和种类

休息休假是指劳动者为行使休息权在国家规定的法定工作时间以外，不从事生产或工作而自行支配的时间。

1. 休息时间的种类

(1)工作日内的间歇时间，是指在工作日内给予劳动者休息和用膳的时间。一般为 1～2 小时，最少不得少于半小时。(2)工作日间的休息时间，即两个邻近工作日之间的休息时间。一般不少于 16 小时。(3)公休假日，又称周休息日，是劳动者在 1 周(7 日)内享有的休息日，公休假日一般为每周 2 日，一般安排在周六和周日休息。不能实行国家标准工时制度的企业和事业组织，可根据实际情况灵活安排周休息日，应当保证劳动者每周至少休息 1 日。

2. 休假的种类

(1)法定节假日，是指法律规定用于开展纪念、庆祝活动的休息时间。我国《劳动法》规定的法定节假日有：元旦、春节、国际劳动节、国庆节，以及法律、法规规定的其他休假节日。(2)探亲假，是指劳动者享有保留工资、工作岗位而同分居两地的父母或配偶团聚的假期。探亲假适用于在国家机关、人民团体、全民所有制企业、事业单位工作满 1 年的固定职工。(3)年休假，是指职工工作满一定年限，每年可享有的带薪连续休息的时间。《劳动法》第 45 条规定："国家实行带薪年休假制度。劳动者连续工作 1 年以上的，享受带薪年休假。具体办法由国务院规定。"

(三)加班加点的主要法律规定

加班是指劳动者在法定节日或公休假日从事生产或工作。加点是指劳动者在标准工作日以外延长工作的时间。加班加点又统称为延长工作时间。为保证劳动者休息权的实现，劳动法规定任何单位和个人不得擅自延长职工工作时间。

1. 一般情况下加班加点的规定

《劳动法》第 41 条规定："用人单位由于生产经营需要，经与工会和劳动者协商后可以延长工作时间，一般每日不得超过 1 小时；因特殊原因需要延长工作时间的，在保障劳动者身体健康的条件下延长工作时间每日不得超过 3 小时，但是每月不得超过 36 小时。"

2. 特殊情况下的规定

在下述特殊情况下，延长工作时间不受《劳动法》第 41 条的限制：(1)发生自然灾害、事故或者因其他原因，威胁劳动者生命健康和财产安全，或使人民的安全健康和国家资产遭到严重威胁，需要紧急处理的；(2)生产设备、交通运输线路、公共设施发生故障，影响生产和公共利益，必须及时抢修的；(3)在法定节日和公休假日内工作不能间断，必须连续生产、运输或营业的；(4)必须利用法定节日或公休假日的停产期间进行设备检修、保养的；(5)为了完成国防紧急生产任务，或者完成上级在国家计划外安排的其他紧急生产任务，以及商业、供销企业在旺季完成收购、运输、加工农副产品紧急任务的；(6)法律、行政法规规定的其他情形；等等。

3. 加班加点的工资标准

《劳动法》规定：(1)安排劳动者延长工作时间的，支付不低于工资的 150%的工资报酬；(2)休息日安排劳动者工作又不能安排补休的，支付不低于工资的 200%的工资报酬；(3)法定休假日安排劳动者工作的，支付不低于工资的 300%的工资报酬。

4. 监督检查措施

县级以上各级人民政府劳动保障行政部门对本行政区域内的用人单位组织劳动者加班加点的情况依法监督检查，分不同情况予以行政处罚：(1)用人单位未与工会或劳动者协商，强迫劳动者延长工作时间的，给予警告，责令改正，并可按每名劳动者延长工作时间每小时罚款 100 元以下的标准处罚；(2)用人单位每日延长劳动者工作时间超过 3 小时或每月延长工作时间超过 36 小时的，给予警告，责令改正，并可按每名劳动者每超过工作时间 1 小时罚款 100 元以下的标准处罚。

二、工资法律制度

(一)工资的概念和特征

工资是指用人单位依据国家有关规定和集体合同、劳动合同约定的标准，根据劳动者提供劳动的数量和质量，以货币形式支付给劳动者的劳动报酬。

工资具有如下特征：(1)工资是基于劳动关系而对劳动者付出劳动的物质补偿；(2)工资标准必须是事先规定的，事先规定的形式可以是工资法规、工资政策以及集体合同、劳动合同的约定；(3)工资须以法定货币形式定期支付给劳动者本人；(4)工资的支付是以劳动者提供的劳动数量和质量为依据的。

(二)工资形式

工资形式是指计量劳动和支付劳动报酬的方式。企业可根据本单位的生产经营特点和经济效益，依法自主确定本单位的工资分配形式。我国的工资形式主要有以下几种：

1. 计时工资

它是按单位时间工资标准和劳动者实际工作时间计付劳动报酬的工资形式。我国常见的有小时工资、日工资、月工资。

2. 计件工资

它是按照劳动者生产合格产品的数量或作业量以及预先规定的计件单价支付劳动报酬的一种工资形式。计件工资是计时工资的转化形式。

3. 奖金

它是给予劳动者的超额劳动报酬和增收节支的物质奖励，可分为月奖、季度奖和年度奖，经常性奖金和一次性奖金，综合奖和单项奖等。

4. 津贴

它是对劳动者在特殊条件下的额外劳动消耗或额外费用支出给予物质补偿的一种工资形式，主要有岗位津贴、保健性津贴、技术性津贴等。

5. 补贴

它是为了保障劳动者的生活水平不受特殊因素的影响而支付给劳动者的工资形式。它与劳动者的劳动没有直接联系，其发放根据主要是国家有关政策规定，如物价补贴、边远地区生活补贴等。

6. 特殊情况下的工资

它是对非正常工作情况下的劳动者依法支付工资的一种工资形式，主要有加班加点工资，事假、病假、婚假、探亲假等工资以及履行国家和社会义务期间的工资等。

(三)工资支付保障

工资支付保障是为保障劳动者劳动报酬权的实现，防止用人单位滥用工资分配权而制定的有关工资支付的一系列规则。其主要内容如下：

(1)工资应以法定货币支付，不得以实物及有价证券代替货币支付。

(2)工资应在用人单位与劳动者约定的日期支付。工资一般按月支付，至少每月支付一次。实行周、日、小时工资制的，可按周、日、小时支付。

(3)劳动者依法享受年休假、探亲假、婚假、丧假期间，以及依法参加社会活动期间，用人单位应按劳动合同规定的标准支付工资。

(4)工资应支付给劳动者本人，也可由劳动者家属或委托他人代领，用人单位可委托银行代发工资。

(5)工资应依法足额支付，除法定或约定允许扣除工资的情况外，严禁非法克扣或无故拖欠劳动者工资。

(6)对代扣工资的限制。用人单位不得非法克扣劳动者工资，有下列情况之一的，用人单位可以代扣劳动者工资:①用人单位代扣代缴的个人所得税;②用人单位代扣代缴的应由劳动者个人负担的社会保险费用;③依照人民法院判决、裁定,用人单位可以从应负法律责任的劳动者工资中扣除其应负担的扶养费、赡养费、抚养费和损害赔偿等款项;④法律、法规规定可以从劳动者工资中扣除的其他费用。

(7)对扣除工资金额的限制。①因劳动者本人原因给用人单位造成经济损失的,用人单位可以按照劳动合同的约定要求劳动者赔偿其经济损失。经济损失的赔偿,可从劳动者本人的工资中扣除,但每月扣除金额不得超过劳动者月工资的20%;若扣除后的余额低于当地月最低工资标准,则应按最低工资标准支付。②用人单位对劳动者违纪罚款,一般不得超过本人月工资标准的20%。

(8)用人单位依法破产时,劳动者有权获得其工资。在破产清偿顺序中,用人单位应按企业破产法规定的清偿顺序,首先支付本单位劳动者的工资。

(四)最低工资保障

我国最低工资保障制度是国家通过立法,强制规定用人单位支付给劳动者的工资不得低于国家规定的最低工资标准,以保障劳动者能够满足其自身及其家庭成员基本生活需要的法律制度。最低工资是指劳动者在法定工作时间内提供了正常劳动的前提下,其所在用人单位应支付的最低劳动报酬。最低工资的支付以劳动者在法定工作时间内提供了正常劳动为条件。劳动者因探亲、结婚、直系亲属死亡按照规定休假期间,以及依法参加国家和社会活动,视为提供了正常劳动,用人单位支付给劳动者的工资不得低于其适用的最低工资标准。劳动者与用人单位形成或建立劳动关系后,试用、熟练、见习期间,在法定工作时间内提供了正常劳动,其所在的用人单位应当支付其不低于最低工资标准的工资。

最低工资不包括下列各项:(1)加班加点工资;(2)中班、夜班、高温、低温、井下、有毒有害等特殊工作环境条件下的津贴;(3)国家法律、法规和政策规定的劳动者保险、福利待遇;(4)用人单位通过贴补伙食、住房等支付给劳动者的非货币性收入。

最低工资的具体标准由省、自治区、直辖市人民政府规定,报国务院备案。

《劳动法》明确规定:"用人单位支付劳动者的工资不得低于当地最低工资标准。"最低工资应以法定货币支付。用人单位支付给劳动者的工资低于最低工资标准的,由当地人民政府劳动保障行政部门责令其限期改正;逾期未改正的,由劳动保障行政部门对用人单位和责任者给予经济处罚,并视其欠付工资时间的长短向劳动者支付赔偿金。

第四节　劳动争议调解仲裁法

一、劳动争议与劳动争议调解仲裁法概述

(一)劳动争议的概念

劳动争议又称劳动纠纷,是指劳动关系双方当事人因执行劳动法律、法规或履行劳动合同、集体合同发生的纠纷。

(二)《劳动争议调解仲裁法》的适用范围

(1)因确认劳动关系发生的争议;(2)因订立、履行、变更、解除和终止劳动合同发生的争议;(3)因除名、辞退和辞职、离职发生的争议;(4)因工作时间、休息休假、社会保险、福利、培训

以及劳动保护发生的争议;(5)因劳动报酬、工伤医疗费、经济补偿或者赔偿金等发生的争议;(6)法律、法规规定的其他劳动争议。

(三)劳动争议的解决方法和举证责任

1. 劳动争议的解决方法

解决劳动争议,应当根据事实,遵循合法、公正、及时、着重调解的原则,依法保护当事人的合法权益。

若发生劳动争议,劳动者可以与用人单位协商,也可以请工会或者第三方共同与用人单位协商,达成和解协议。

若发生劳动争议,当事人不愿协商、协商不成或者达成和解协议后不履行的,可以向调解组织申请调解;不愿调解、调解不成或者达成调解协议后不履行的,可以向劳动争议仲裁委员会申请仲裁;对仲裁裁决不服的,除《劳动争议调解仲裁法》另有规定的外,可以向人民法院提起诉讼。

县级以上人民政府劳动行政部门会同工会和企业方面代表建立协调劳动关系三方机制,共同研究解决劳动争议的重大问题。用人单位违反国家规定,拖欠或者未足额支付劳动报酬,或者拖欠工伤医疗费、经济补偿或者赔偿金的,劳动者可以向劳动行政部门投诉,劳动行政部门应当依法处理。

2. 举证责任

发生劳动争议,当事人对自己提出的主张,有责任提供证据。与争议事项有关的证据属于用人单位掌握管理的,用人单位应当提供;用人单位不提供的,应当承担不利后果。

(四)代表人制度

发生劳动争议的劳动者一方在10人以上,并有共同请求的,可以推举代表参加调解、仲裁或者诉讼活动。

二、劳动争议的调解

(一)劳动争议调解组织

一旦发生劳动争议,当事人可以到下列调解组织申请调解:(1)企业劳动争议调解委员会;(2)依法设立的基层人民调解组织;(3)在乡镇、街道设立的具有劳动争议调解职能的组织。

企业劳动争议调解委员会由职工代表和企业代表组成。职工代表由工会成员担任或者由全体职工推举产生,企业代表由企业负责人指定。企业劳动争议调解委员会主任由工会成员或者双方推举的人员担任。

(二)劳动争议调解员

劳动争议调解组织的调解员应当由公道正派、联系群众、热心调解工作,并具有一定法律知识、政策水平和文化水平的成年公民担任。

(三)劳动争议调解的程序

1. 当事人申请

当事人申请劳动争议调解可以书面申请,也可以口头申请。口头申请的,调解组织应当当场记录申请人基本情况,申请调解的争议事项、理由和时间。

2. 调解组织调解

调解劳动争议,应当充分听取双方当事人对事实和理由的陈述,耐心疏导,帮助其达成协议。

3. 达成调解协议

经调解达成协议的，应当制作调解协议书。调解协议书由双方当事人签名或者盖章，经调解员签名并加盖调解组织印章后生效，对双方当事人具有约束力，当事人应当履行。因支付拖欠劳动报酬、工伤医疗费、经济补偿或者赔偿金事项达成调解协议，用人单位在协议约定期限内不履行的，劳动者可以持调解协议书依法向人民法院申请支付令。人民法院应当依法发出支付令。

4. 调解不成的申请仲裁

自劳动争议调解组织收到调解申请之日起 15 日内未达成调解协议的，当事人可以依法申请仲裁。达成调解协议后，一方当事人在协议约定期限内不履行调解协议的，另一方当事人可以依法申请仲裁。

三、劳动争议仲裁

(一)劳动争议仲裁委员会

1. 劳动争议仲裁委员会的设立

劳动争议仲裁委员会按照统筹规划、合理布局和适应实际需要的原则设立。省、自治区人民政府可以决定在市、县设立；直辖市人民政府可以决定在区、县设立。直辖市、设区的市也可以设立一个或者若干个劳动争议仲裁委员会。劳动争议仲裁委员会不按行政区划层层设立。国务院劳动行政部门依照本法有关规定制定仲裁规则。省、自治区、直辖市人民政府劳动行政部门对本行政区域的劳动争议仲裁工作进行指导。劳动争议仲裁委员会下设办事机构，负责办理劳动争议仲裁委员会的日常工作。

2. 劳动争议仲裁委员会的组成

劳动争议仲裁委员会由劳动行政部门代表、工会代表和企业方面代表组成。劳动争议仲裁委员会组成人员应当是单数。

3. 劳动争议仲裁委员会的职责

劳动争议仲裁委员会依法履行下列职责：(1)聘任、解聘专职或者兼职仲裁员；(2)受理劳动争议案件；(3)讨论重大或者疑难的劳动争议案件；(4)对仲裁活动进行监督。

4. 仲裁员

劳动争议仲裁委员会应当设仲裁员名册。仲裁员应当公道正派并符合下列条件之一：(1)曾任审判员的；(2)从事法律研究、教学工作并具有中级以上职称的；(3)具有法律知识、从事人力资源管理或者工会等专业工作满 5 年的；(4)律师执业满 3 年的。

5. 劳动争议仲裁委员会的管辖

劳动争议仲裁委员会负责管辖本区域内发生的劳动争议。劳动争议由劳动合同履行地或者用人单位所在地的劳动争议仲裁委员会管辖。双方当事人分别向劳动合同履行地和用人单位所在地的劳动争议仲裁委员会申请仲裁的，由劳动合同履行地的劳动争议仲裁委员会管辖。

(二)劳动仲裁参加人

1. 当事人

发生劳动争议的劳动者和用人单位为劳动争议仲裁案件的双方当事人。劳务派遣单位或者用工单位与劳动者发生劳动争议的，劳务派遣单位和用工单位为共同当事人。

2. 第三人

与劳动争议案件的处理结果有利害关系的第三人，可以申请参加仲裁活动或者由劳动争议仲裁委员会通知其参加仲裁活动。

3. 代理人

当事人可以委托代理人参加仲裁活动。委托他人参加仲裁活动，应当向劳动争议仲裁委员会提交有委托人签名或者盖章的委托书，委托书应当载明委托事项和权限。

丧失或者部分丧失民事行为能力的劳动者，由其法定代理人代为参加仲裁活动；无法定代理人的，由劳动争议仲裁委员会为其指定代理人。劳动者死亡的，由其近亲属或者代理人参加仲裁活动。

（三）申请和受理

1. 申请仲裁的时效期间

劳动争议申请仲裁的时效期间为1年。仲裁时效期间从当事人知道或者应当知道其权利被侵害之日起计算。

该1年的仲裁时效，因当事人一方向对方当事人主张权利，或者向有关部门请求权利救济，或者对方当事人同意履行义务而中断。从中断时起，仲裁时效期间重新计算。

因不可抗力或者有其他正当理由，当事人不能在仲裁时效期间申请仲裁的，仲裁时效中止。从中止时效的原因消除之日起，仲裁时效期间继续计算。

劳动关系存续期间因拖欠劳动报酬发生争议的，劳动者申请仲裁不受1年仲裁时效期间的限制；但是，劳动关系终止的，应当自劳动关系终止之日起1年内提出。

2. 仲裁申请

申请人申请仲裁应当提交书面仲裁申请，并按照被申请人人数提交副本。仲裁申请书应当载明下列事项：

（1）劳动者的姓名、性别、年龄、职业、工作单位和住所，用人单位的名称、住所以及法定代表人或者主要负责人的姓名、职务；

（2）仲裁请求和所根据的事实、理由；

（3）证据和证据来源、证人姓名和住所。

书写仲裁申请确有困难的，可以口头申请，由劳动争议仲裁委员会记入笔录，并告知对方当事人。

3. 受理

劳动争议仲裁委员会收到仲裁申请之日起5日内，认为符合受理条件的，应当受理，并通知申请人；认为不符合受理条件的，应当书面通知申请人不予受理，并说明理由。对劳动争议仲裁委员会不予受理或者逾期未作出决定的，申请人可以就该劳动争议事项向人民法院提起诉讼。

劳动争议仲裁委员会受理仲裁申请后，应当在5日内将仲裁申请书副本送达被申请人。

被申请人收到仲裁申请书副本后，应当在10日内向劳动争议仲裁委员会提交答辩书。劳动争议仲裁委员会收到答辩书后，应当在5日内将答辩书副本送达申请人。被申请人未提交答辩书的，不影响仲裁程序的进行。

（四）开庭和裁决

1. 仲裁庭

劳动争议仲裁委员会裁决劳动争议案件实行仲裁庭制。仲裁庭由3名仲裁员组成，设首席仲裁员。简单劳动争议案件可以由1名仲裁员独任仲裁。劳动争议仲裁委员会应当在受理仲裁申请之日起5日内将仲裁庭的组成情况书面通知当事人。

2. 回避

仲裁员有下列情形之一的,应当回避,当事人也有权以口头或者书面方式提出回避申请:

(1)是本案当事人或者是当事人、代理人的近亲属的;

(2)与本案有利害关系的;

(3)与本案当事人、代理人有其他关系,可能影响公正裁决的;

(4)私自会见当事人、代理人,或者接受当事人、代理人的请客送礼的。

劳动争议仲裁委员会对回避申请应当及时作出决定,并以口头或者书面方式通知当事人。

仲裁员私自会见当事人、代理人,或者接受当事人、代理人的请客送礼的,或者有索贿受贿、徇私舞弊、枉法裁决行为的,应当依法承担法律责任。劳动争议仲裁委员会应当将其解聘。

3. 开庭

仲裁庭应当在开庭5日前,将开庭日期、地点书面通知双方当事人。当事人有正当理由的,可以在开庭3日前请求延期开庭。是否延期,由劳动争议仲裁委员会决定。

申请人收到书面通知,无正当理由拒不到庭或者未经仲裁庭同意中途退庭的,可以视为撤回仲裁申请。被申请人收到书面通知,无正当理由拒不到庭或者未经仲裁庭同意中途退庭的,可以缺席裁决。

仲裁庭对专门性问题认为需要鉴定的,可以交由当事人约定的鉴定机构鉴定;当事人没有约定或者无法达成约定的,由仲裁庭指定的鉴定机构鉴定。根据当事人的请求或者仲裁庭的要求,鉴定机构应当派鉴定人参加开庭。当事人经仲裁庭许可,可以向鉴定人提问。

当事人在仲裁过程中有权进行质证和辩论。质证和辩论终结时,首席仲裁员或者独任仲裁员应当征询当事人的最后意见。当事人提供的证据经查证属实的,仲裁庭应当将其作为认定事实的根据。劳动者无法提供由用人单位掌握管理的与仲裁请求有关的证据,仲裁庭可以要求用人单位在指定期限内提供。用人单位在指定期限内不提供的,应当承担不利后果。

仲裁庭应当将开庭情况记入笔录。当事人和其他仲裁参加人认为对自己陈述的记录有遗漏或者差错的,有权申请补正。如果不予补正,应当记录该申请。笔录由仲裁员、记录人员、当事人和其他仲裁参加人签名或者盖章。

4. 裁决

当事人申请劳动争议仲裁后,可以自行和解。达成和解协议的,可以撤回仲裁申请。

仲裁庭在作出裁决前,应当先行调解。调解达成协议的,仲裁庭应当制作调解书。调解书应当写明仲裁请求和当事人协议的结果。调解书由仲裁员签名,加盖劳动争议仲裁委员会印章,送达双方当事人。调解书经双方当事人签收后,发生法律效力。调解不成或者调解书送达前,一方当事人反悔的,仲裁庭应当及时作出裁决。

仲裁庭裁决劳动争议案件,应当自劳动争议仲裁委员会受理仲裁申请之日起45日内结束。案情复杂需要延期的,经劳动争议仲裁委员会主任批准,可以延期并书面通知当事人,但是延长期限不得超过15日。逾期未作出仲裁裁决的,当事人可以就该劳动争议事项向人民法院提起诉讼。

仲裁庭裁决劳动争议案件时,其中一部分事实已经清楚,可以就该部分先行裁决。仲裁庭对追索劳动报酬、工伤医疗费、经济补偿或者赔偿金的案件,根据当事人的申请,可以裁决先予执行，移送人民法院执行。仲裁庭裁决先予执行的，应当符合下列条件：(1)当事人之间权利和义务关系明确；(2)不先予执行将严重影响申请人的生活。劳动者申请先予执行的，可以不提供担保。

裁决应当按照多数仲裁员的意见作出，少数仲裁员的不同意见应当记入笔录。仲裁庭不能形成多数意见时，裁决应当按照首席仲裁员的意见作出。裁决书应当载明仲裁请求、争议事实、裁决理由、裁决结果和裁决日期。裁决书由仲裁员签名，加盖劳动争议仲裁委员会印章。对裁决持不同意见的仲裁员，可以签名，也可以不签名。

下列劳动争议，除《劳动争议调解仲裁法》另有规定的外，仲裁裁决为终局裁决，裁决书自作出之日起发生法律效力：(1)追索劳动报酬、工伤医疗费、经济补偿或者赔偿金，不超过当地月最低工资标准 12 个月金额的争议；(2)因执行国家的劳动标准在工作时间、休息休假、社会保险等方面发生的争议。

劳动者对规定的仲裁裁决不服的，可以自收到仲裁裁决书之日起 15 日内向人民法院提起诉讼。

用人单位有证据证明仲裁裁决有下列情形之一的，可以自收到仲裁裁决书之日起 30 日内向劳动争议仲裁委员会所在地的中级人民法院申请撤销裁决：(1)适用法律、法规确有错误的；(2)劳动争议仲裁委员会无管辖权的；(3)违反法定程序的；(4)裁决所根据的证据是伪造的；(5)对方当事人隐瞒了足以影响公正裁决的证据的；(6)仲裁员在仲裁该案时有索贿受贿、徇私舞弊、枉法裁决行为的。人民法院经组成合议庭审查核实裁决有前款规定情形之一的，应当裁定撤销。仲裁裁决被人民法院裁定撤销的，当事人可以自收到裁定书之日起 15 日内就该劳动争议事项向人民法院提起诉讼。

当事人对规定为终局裁决以外的其他劳动争议案件的仲裁裁决不服的，可以自收到仲裁裁决书之日起 15 日内向人民法院提起诉讼；期满不起诉的，裁决书发生法律效力。当事人对发生法律效力的调解书、裁决书，应当依照规定的期限履行。一方当事人逾期不履行的，另一方当事人可以依照民事诉讼法的有关规定向人民法院申请执行。受理申请的人民法院应当依法执行。

四、劳动诉讼

当事人对仲裁裁决不服的，可自收到仲裁裁决书之日起 15 日内向人民法院提起诉讼。对经过仲裁裁决，当事人向法院起诉的劳动争议案件，人民法院必须受理。人民法院一审审理终结后，对一审判决不服的，当事人可在 15 日内向上一级人民法院提起上诉；对一审裁定不服的，当事人可在 10 日内向上一级人民法院提起上诉。经二审审理所作出的裁决是终审裁决，自送达之日起发生法律效力，当事人必须履行。

课后习题

一、复习思考题

1. 什么是劳动合同？它的种类有哪些？

2. 劳动合同的内容有哪些？
3. 什么是无效的劳动合同？它的后果有哪些？
4. 用人单位单方解除劳动合同的情形有哪些？
5. 劳动者单方解除劳动合同的情形有哪些？
6. 用人单位应当向劳动者支付经济补偿的情形有哪些？
7. 劳动争议的解决方法有哪些？

二、案例分析题

2010 年初，某公司招聘销售人员，要求每位员工交 500 元押金，称为保证押金，待 3 个月试用期过后，公司将该押金全额返还给员工。小李参加应聘并于 2010 年 4 月 1 日与公司签订了 1 年期的劳动合同。合同规定试用期为 3 个月，试用期工资为1 500元，试用期满后工资为2 000元。公司的工作制度是每月 22 天为工作日。2009 年 5 月小李在三个周六加班了 3 天，在“五一”劳动节法定假期加班了 2 天。

问题：

(1)该劳动合同是否有不合法的地方？请说明理由。

(2)请算算小李 5 月可以获得多少加班工资。

第十七章　经济监督法律制度

学习目标

了解会计法律制度的基本内容；
了解税法的基本内容；
了解价格法的基本内容；
了解广告法的基本内容。

引入案例

虚假广告案

某晚报刊登了某公司的一则广告，广告称：该公司生产的B氏电子治疗器，系专利技术产品，专利保护号为85100782，对治疗肝炎和腰腿痛有特效，并曾被选送“布鲁塞尔尤里卡”世界博览会参展。该治疗器疗效高、无副作用，最适应乙型肝炎与腰腿痛，经全国26个省市医院600多例临床证明，治愈率达95%。对骨质增生、类风湿、关节炎、各种神经痛、支气管炎、神经衰弱、偏瘫、闭经痛经、痔疮等均有明显疗效，被患者称为“神匣子”，是家庭必备的治病工具。消费者巩某多年为腰痛所困扰，见广告后即按广告标明的地址汇款购买，1个月后，治疗器寄到，巩某遂按说明书使用，但几个月后，腰痛依旧，疗效全无。巩某怀疑该治疗器言过其实，便将该治疗器送有关部门检验，结果证实该治疗器在使用时能使人产生一定的舒服感，但对治病却无甚功效。巩某向该公司所在地的工商行政管理部门举报。工商行政管理部门接到举报后，派专人进行调查，结果发现所谓专利产品、选送参加“布鲁塞尔尤里卡”世界博览会、治愈率达95%等纯属公司杜撰，其所做广告实为欺骗消费者的虚假广告。工商行政管理部门对该公司作出了罚款5 000元的处罚。同时，该公司同意接受巩某的退货要求，返还其购货款430元，并赔偿其经济损失100元。

——资料来源：http://cms.szu.edu.cn/course/jingpin2008/jingjifa/E_ReadNews.asp? NewsID=631。

第一节　会计法

一、会计法概述

（一）会计的概念及会计的基本职能

会计是指运用货币形式根据凭证，通过记账、报账、用账等手段，核算和分析各企业、各有关单位的经济活动和财务开支，反映和监督经济过程及其成果的一种活动。

会计的基本职能是会计核算和会计监督。会计的核算功能是指会计能够连续、系统、全面、综合地反映资金运动的功能,也称为会计的反映功能。会计核算包括会计确认、会计计量与会计记录三个环节。会计的监督职能是指会计所具有的对资金运动的计划、监督和控制职能。会计核算是基础,会计监督是目标。

(二)会计法的概念及调整范围

会计法是调整会计机构、会计人员在办理会计事务过程中发生的经济关系,以及国家在管理监督会计工作过程中所发生的经济关系的法律规范的总称。广义的会计法是指国家颁布的有关会计方面的各种会计规范性文件的总称,包括会计法律、会计行政法规、国家统一的会计制度和地方性会计法规等。狭义的会计法专指全国人民代表大会常务委员会通过的《中华人民共和国会计法》。现行会计法是指1999年10月31日修改、2000年7月1日开始实施的《中华人民共和国会计法》(以下简称《会计法》)。

《会计法》规定,国家机关、社会团体、公司、企业、事业单位和其他组织必须依照该法办理会计事务。个体工商户会计管理的具体办法,由国务院财政部门根据该法的原则另行规定。

二、会计法律制度的构成

目前,我国的会计法规体系基本形成了以《会计法》为主体的具有中国特色的比较完整的会计法规体系,主要包括四个层次,即会计法律、会计行政法规、国家统一的会计制度和地方性会计法规。

(一)会计法律

会计法律是指由全国人民代表大会及其常委会经过一定立法程序制定的有关会计工作的法律。我国现行的会计法律是1985年1月21日第六届全国人大常委会第九次会议通过、根据1993年12月29日第八届全国人大常委会第五次会议《关于修改(中华人民共和国会计法)的决定》修正、1999年10月31日第九届全国人大常委会第十二次会议修订的《会计法》。它是会计法规体系的最高层次,是制定其他会计法规的依据,也是指导会计工作的最高准则,是会计机构、会计工作、会计人员的根本大法。

(二)会计行政法规

会计行政法规是调整经济生活中某些方面的会计关系的法律规范。会计行政法规由国务院制定发布或者国务院有关部门拟订,经国务院批准发布,制定依据是《会计法》。如国务院发布的《总会计师条例》《企业财务会计报告条例》,国务院批准、财政部发布的《企业会计准则》等。会计行政法规在法律效力上仅次于《会计法》。

(三)国家统一的会计制度

国家统一的会计制度,是指由主管全国会计工作的行政部门即财政部就会计工作中的某些方面所制定的规范性文件,包括规章和规范性文件。国务院其他各部门根据职责权限制定的会计方面的规范性文件也属于国家统一的会计制度,但必须报财政部审核或者备案。国家统一的会计制度的制定依据是《会计法》和会计行政法规,法律效力上低于《会计法》和会计行政法规。

1. 会计规章

会计规章是根据《中华人民共和国立法法》规定的程序,由财政部制定,并由部门首长签署命令予以公布的制度办法,如2001年2月20日以财政部第10号令形式发布的《财政部门实施会计监督办法》等。

2. 会计规范性文件

会计规范性文件是指财政部就会计工作中的某些方面所制定的规范性文件，比如《企业会计制度》《会计基础工作规范》《会计从业资格管理办法》等。财政部与国务院其他部门联合制定的规范会计工作某些方面的规范性文件，也属于会计规范性文件，比如财政部与国家档案局联合发布的《会计档案管理办法》等。

(四)地方性会计法规

地方性会计法规，是指省、自治区、直辖市的人民代表大会及其常务委员会在与宪法、法律和行政法规不相抵触的前提下，根据本地区情况制定、发布的会计规范性文件。根据规定，实行计划单列市、经济特区的人民代表大会及其常务委员会在宪法、法律和行政法规允许范围内制定的会计规范性文件，也应当属于地方性会计法规。

三、会计工作管理体制

(一)会计工作的管理部门

《会计法》规定，“国务院财政部门主管全国的会计工作，县级以上地方各级人民政府财政部门管理本行政区域内的会计工作。”由各级人民政府财政部门管理本行政区域内的会计工作，体现了“统一领导，分级管理”的原则。因此，会计工作的主管部门为各级财政部门，在全国为财政部，在地方为县级以上地方各级人民政府财政部门。

除了财政部门主管会计工作以外，审计、税务、各行业的财务主管部门也要结合自己的业务特点来配合财政部门管理会计工作。

(二)会计制度的制定权限

国家统一的会计制度，是指国务院财政部门根据本法制定的关于会计核算、会计监督、会计机构和会计人员以及会计工作管理的制度。《会计法》规定，国家实行统一的会计制度。国家统一的会计制度由国务院财政部门根据《会计法》制定并公布。

国务院有关部门可以依照《会计法》和国家统一的会计制度，制定对会计核算和会计监督有特殊要求的行业实施国家统一的会计制度的具体办法或者补充规定，报国务院财政部门审核批准。

中国人民解放军总后勤部可以依照《会计法》和国家统一的会计制度制定军队实施国家统一的会计制度的具体办法，报国务院财政部门备案。

(三)会计人员的管理

1. 从事会计工作的人员，必须取得会计从业资格证书

从事会计工作的人员，必须取得会计从业资格证书。担任单位会计机构负责人(会计主管人员)的，除取得会计从业资格证书外，还应当具备会计师以上专业技术职务资格或从事会计工作 3 年以上的经历。

《会计从业资格管理办法》第 2 条规定：“在国家机关、社会团体、公司、企业、事业单位和其他组织(以下统称单位)从事下列会计工作的人员必须取得会计从业资格：会计机构负责人(会计主管人员)；出纳；稽核；资本、基金核算；收入、支出、债权债务核算；工资、成本费用、财务成果核算；财产物资的收发、增减核算；总账；财务会计报告编制；会计机构内会计档案管理”。《会计从业资格管理办法》第 3 条规定：“各单位不得任用(聘用)不具备会计从业资格的人员从

事会计工作。不具备会计从业资格的人员,不得从事会计工作,不得参加会计专业技术资格考试或评审、会计专业职务的聘任,不得申请取得会计人员荣誉证书。"

总会计师必须具备的条件,其中包括"取得会计师任职资格后,主管一个单位或者单位内一个重要方面的财务会计工作时间不少于3年"。

2. 会计人员的管理主要包括对会计人员的业务管理和专业资格管理

根据《会计法》和有关法规的规定,财政部门负责会计人员的会计从业资格管理、会计专业技术职务资格管理、会计人员评优表彰奖惩以及会计人员继续教育等。

(四)单位内部的会计工作管理

单位负责人对本单位的会计工作和会计资料的真实性、完整性负责。单位负责人,是指单位法定代表人或者法律、行政法规规定代表单位行使职权的主要负责人。

任何单位或者个人不得以任何方式授意、指使、强令会计机构、会计人员伪造、变造会计凭证、会计账簿和其他会计资料,提供虚假财务会计报告。任何单位或者个人不得对依法履行职责、抵制违反《会计法》规定行为的会计人员实行打击报复。对认真执行《会计法》、忠于职守、坚持原则、做出显著成绩的会计人员,给予精神的或者物质的奖励。

四、会计核算

(一)会计核算的原则

各单位必须根据实际发生的经济业务事项进行会计核算,填制会计凭证,登记会计账簿,编制财务会计报告。任何单位不得以虚假的经济业务事项或者资料进行会计核算。

(二)会计核算的一般要求

1. 依法建账

依法建账所说的"法",既包括《会计法》、会计行政法规和国家统一的会计制度,也包括其他法律、行政法规。国家机关、社会团体、企业、事业单位和其他组织,都应当按照《会计法》的规定设置会计账簿,进行会计核算。不具备建账条件的,应当实行代理记账。设置会计账簿的种类和具体要求,应当符合《会计法》和国家统一的会计制度的规定。各单位产生的各项经济业务应当统一进行核算,不得违反规定私设会计账簿进行登记、核算。

2. 根据实际发生的经济业务进行会计核算

根据实际发生的经济业务,取得可靠的凭证,并据此登记账簿,编制财务会计报告,形成符合质量标准的会计资料(或会计信息)。

3. 保证会计资料真实和完整

会计凭证、会计账簿、财务会计报告和其他会计资料,必须符合国家统一的会计制度的规定。任何单位和个人不得伪造、变造会计凭证、会计账簿及其他会计资料,不得提供虚假的财务会计报告。

4. 正确采用会计处理方法

各单位采用的会计处理方法,前后各期应当一致,不得随意变更;确有必要变更的,应当按照国家统一的会计制度的规定变更,并将变更的原因、情况及影响在财务会计报告中说明。

5. 正确使用会计记录文字

会计记录的文字应当使用中文。在民族自治地方,会计记录可以同时使用当地通用的一种民族文字。在中华人民共和国境内的外商投资企业、外国企业和其他外国组织的会计记录可以同时使用一种外国文字。

6. 使用电子计算机进行会计核算的必须符合法律规定

使用电子计算机进行会计核算的，其软件及其生成的会计凭证、会计账簿、财务会计报告和其他会计资料，也必须符合国家统一的会计制度的规定。

(三)会计核算的内容

1. 款项和有价证券的收付

款项是作为支付手段的货币资金，主要包括现金、银行存款以及单位其他部门使用的备用金等。有价证券是指表示一定财产拥有权或支配权的证券，如国库券、股票、企业债券和其他债券等。

2. 财物的收发、增减和使用

财物是单位财产物资的简称，是反映一个单位进行或维持经营管理活动的具有实物形态的经济资源，一般包括原材料、燃料、包装物、低值易耗品、在产品、产成品(或库存商品)、商品等流动资产和房屋、建筑物、机器、设备、设施、运输工具等固定资产。

3. 债权债务的发生和结算

债权是指单位未来收取款项的权利，包括应收账款、应收票据、预付账款、其他应收款、应收股利、应收利息、应收补贴款等。债务是指由过去交易、事项形成的，由单位承担并预期会导致经济利益流出单位的现时义务，包括各种借款、应付及预收款项等。

4. 资本、基金的增减

资本，是投资者为开展生产经营活动而投入的本钱。会计上的资本，专指所有者权益中的投入资本。基金，是各单位按照法律、法规的规定而设置或筹集的具有某些特定用途的专项资金，如政府基金、社会保险基金、教育基金等。

5. 收入、支出、费用、成本的计算

收入是指企业在销售商品、提供劳务及让渡资产使用权等日常活动中所形成的经济利益的总流入，不包括为第三方或客户代收的款项。支出是指财政总预算单位、行政事业单位和社会团体在履行其法定职能、发挥其特定功能时所发生的各项开支，以及企业在正常生产经营活动之外的支出和损失。费用是指企业在销售商品、提供劳务等日常活动中所发生的经济利益的流出，包括生产费用和期间费用。成本是指企业为生产某种产品而发生的费用，它与一定种类和数量的产品相联系，是对象化的费用。

6. 财务成果的计算和处理

财务成果，主要是指企业和企业化管理的事业单位在一定时期内通过从事经营活动而在财务上所取得的结果，具体表现为盈利或亏损。

7. 其他需要办理会计手续、进行会计核算的事项

其他事项是指除上述六项经济业务事项外，按国家统一的会计制度规定应办理会计手续和进行会计核算的其他经济业务事项。

(四)会计年度

会计年度自公历 1 月 1 日起至 12 月 31 日止。

我国的会计年度之所以采用公历制，主要是与我国的计划、财政年度保持一致，以便于国民经济的计划、统计和财政管理。

(五)记账本位币

会计核算以人民币为记账本位币。业务收支以人民币以外的货币为主的单位，可以选定

其中一种货币作为记账本位币，但是编报的财务会计报告应当折算为人民币。

(六)会计凭证

会计凭证包括原始凭证和记账凭证。

会计凭证、会计账簿、财务会计报告和其他会计资料，必须符合国家统一的会计制度的规定。使用电子计算机进行会计核算的，其软件及其生成的会计凭证、会计账簿、财务会计报告和其他会计资料，也必须符合国家统一的会计制度的规定。任何单位和个人不得伪造、变造会计凭证、会计账簿及其他会计资料，不得提供虚假的财务会计报告。会计机构、会计人员必须按照国家统一的会计制度的规定对原始凭证进行审核，对不真实、不合法的原始凭证有权不予接受，并向单位负责人报告；对记载不准确、不完整的原始凭证予以退回，并要求按照国家统一的有关会计制度的规定更正、补充。原始凭证记载的各项内容均不得涂改；原始凭证有错误的，应当由出具单位重开或者更正，更正处应当加盖出具单位印章。原始凭证金额有错误的，应当由出具单位重开，不得在原始凭证上更正。记账凭证应当根据经过审核的原始凭证及有关资料编制。

(七)会计账簿

会计账簿包括总账、明细账、日记账和其他辅助性账簿。会计账簿登记，必须以经过审核的会计凭证为依据，并符合有关法律、行政法规和国家统一的会计制度的规定。

会计账簿应当按照连续编号的页码顺序登记。会计账簿记录发生错误或者隔页、缺号、跳行的，应当按照国家统一的会计制度规定的方法更正，并由会计人员和会计机构负责人（会计主管人员）在更正处盖章。使用电子计算机进行会计核算的，其会计账簿的登记、更正，应当符合国家统一的会计制度的规定。各单位发生的各项经济业务事项应当在依法设置的会计账簿上统一登记、核算，不得违反会计法和国家统一的会计制度的规定私设会计账簿登记、核算。各单位应当定期将会计账簿记录与实物、款项及有关资料相互核对，保证会计账簿记录与实物及款项的实有数额相符、会计账簿记录与会计凭证的有关内容相符、会计账簿之间相对应的记录相符、会计账簿记录与会计报表的有关内容相符。各单位采用的会计处理方法，前后各期应当一致，不得随意变更；确有必要变更的，应当按照国家统一的会计制度的规定变更，并将变更的原因、情况及影响在财务会计报告中说明。

(八)财务会计报告

财务会计报告应当根据经过审核的会计账簿记录和有关资料编制，并符合会计法和国家统一的会计制度关于财务会计报告的编制要求、提供对象和提供期限的规定；其他法律、行政法规另有规定的，从其规定。财务会计报告由会计报表、会计报表附注和财务情况说明书组成。向不同的会计资料使用者提供的财务会计报告，其编制依据应当一致。有关法律、行政法规规定会计报表、会计报表附注和财务情况说明书须经注册会计师审计的，注册会计师及其所在的会计师事务所出具的审计报告应当随同财务会计报告一并提供。财务会计报告应当由单位负责人和主管会计工作的负责人、会计机构负责人（会计主管人员）签名并盖章；设置总会计师的单位，还须由总会计师签名并盖章。单位负责人应当保证财务会计报告真实、完整。

(九)财产清查

在编制年度财务会计报告之前，必须进行财产清查。

(十)会计档案管理

各单位对会计凭证、会计账簿、财务会计报告和其他会计资料应当建立档案，妥善保管。会计档案的保管期限和销毁办法，由国务院财政部门会同有关部门制定。

五、会计监督

(一)单位内部的会计监督

各单位应当建立、健全本单位内部会计监督制度。单位内部会计监督制度应当符合下列要求:(1)记账人员与经济业务事项和会计事项的审批人员、经办人员、财物保管人员的职责权限应当明确,并相互分离、相互制约;(2)重大对外投资、资产处置、资金调度和其他重要经济业务事项的决策和执行的相互监督、相互制约程序应当明确;(3)财产清查的范围、期限和组织程序应当明确;(4)对会计资料定期进行内部审计的办法和程序应当明确。

(二)国家监督

财政部门对各单位的下列情况实施监督:(1)是否依法设置会计账簿;(2)会计凭证、会计账簿、财务会计报告和其他会计资料是否真实、完整;(3)会计核算是否符合会计法和国家统一的会计制度的规定;(4)从事会计工作的人员是否具备从业资格。在对第(2)项所列事项实施监督,发现重大违法嫌疑时,国务院财政部门及其派出机构可以向与被监督单位有经济业务往来的单位和被监督单位开立账户的金融机构查询有关情况,有关单位和金融机构应当给予支持。

财政、审计、税务、人民银行、证券监管、保险监管等部门应当依照有关法律、行政法规规定的职责,对有关单位的会计资料实施监督检查。

(三)社会监督

有关法律、行政法规规定,须经注册会计师进行审计的单位,应当向受委托的会计师事务所如实提供会计凭证、会计账簿、财务会计报告和其他会计资料以及有关情况。任何单位或者个人不得以任何方式要求或者示意注册会计师及其所在的会计师事务所出具不实或者不当的审计报告。财政部门有权对会计师事务所出具审计报告的程序和内容进行监督。

六、法律责任

(一)会计单位、会计人员、主管人员和直接责任人员违反会计法的责任

第一,违反《会计法》规定,有下列行为之一的,由县级以上人民政府财政部门责令限期改正,可以对单位并处3 000元以上 5 万元以下的罚款;对其直接负责的主管人员和其他直接责任人员,可以处2 000元以上 2 万元以下的罚款;属于国家工作人员的,还应当由其所在单位或者有关单位依法给予行政处分:

(1)不依法设置会计账簿的;(2)私设会计账簿的;(3)未按照规定填制、取得原始凭证,或者填制、取得的原始凭证不符合规定的;(4)以未经审核的会计凭证为依据登记会计账簿或者登记会计账簿不符合规定的;(5)随意变更会计处理方法的;(6)向不同的会计资料使用者提供的财务会计报告编制依据不一致的;(7)未按照规定使用会计记录文字或者记账本位币的;(8)未按照规定保管会计资料,致使会计资料毁损、灭失的;(9)未按照规定建立并实施单位内部会计监督制度或者拒绝依法实施的监督或者不如实提供有关会计资料及有关情况的;(10)任用会计人员不符合《会计法》规定的。有以上所列行为之一,构成犯罪的,依法追究刑事责任。会计人员有上述所列行为之一的,情节严重的,由县级以上人民政府财政部门吊销会计从业资格证书。有关法律对上述所列行为的处罚另有规定的,依照有关法律的规定办理。

第二，伪造、变造会计凭证、会计账簿，编制虚假财务会计报告，构成犯罪的，依法追究刑事责任。有上述行为，尚不构成犯罪的，由县级以上人民政府财政部门予以通报，可以对单位并处5 000元以上10万元以下的罚款；对其直接负责的主管人员和其他直接责任人员，可以处3 000元以上5万元以下的罚款；属于国家工作人员的，还应当由其所在单位或者有关单位依法给予撤职直至开除的行政处分；对其中的会计人员，并由县级以上人民政府财政部门吊销会计从业资格证书。

第三，隐匿或者故意销毁依法应当保存的会计凭证、会计账簿、财务会计报告，构成犯罪的，依法追究刑事责任。有上述行为，尚不构成犯罪的，由县级以上人民政府财政部门予以通报，可以对单位并处5 000元以上10万元以下的罚款；对其直接负责的主管人员和其他直接责任人员，可以处3 000元以上5万元以下的罚款；属于国家工作人员的，还应当由其所在单位或者有关单位依法给予撤职直至开除的行政处分；对其中的会计人员，并由县级以上人民政府财政部门吊销会计从业资格证书。

第四，授意、指使、强令会计机构、会计人员及其他人员伪造、变造会计凭证、会计账簿，编制虚假财务会计报告或者隐匿、故意销毁依法应当保存的会计凭证、会计账簿、财务会计报告，构成犯罪的，依法追究刑事责任；尚不构成犯罪的，可以处5 000元以上5万元以下的罚款；属于国家工作人员的，还应当由其所在单位或者有关单位依法给予降级、撤职、开除的行政处分。

第五，单位负责人对依法履行职责、抵制违反《会计法》规定行为的会计人员以降级、撤职、调离工作岗位、解聘或者开除等方式实行打击报复，构成犯罪的，依法追究刑事责任；尚不构成犯罪的，由其所在单位或者有关单位依法给予行政处分。对受打击报复的会计人员，应当恢复其名誉和原有职务、级别。

(二)财政部门及其他有关部门违反会计法的责任

一是财政部门及有关行政部门的工作人员在实施监督管理中滥用职权、玩忽职守、徇私舞弊或者泄露国家秘密、商业秘密，构成犯罪的，依法追究刑事责任；尚不构成犯罪的，依法给予行政处分。

二是违反会计法规定，将检举人姓名和检举材料转给被检举单位和被检举人个人的，由所在单位或者有关单位依法给予行政处分。

第二节 税 法

一、税法概述

(一)税收的概念与特征

税收是国家为了实现其职能的需要，凭借政治权力，依照法律规定的程序对纳税人无偿征收，取得财政收入的一种形式。税收与其他财政收入形式相比，具有三个基本特征：(1)法定性；(2)强制性；(3)无偿性。

(二)税法的概念和构成

税法是调整税收征纳关系的法律规范的总称。我国的税法是由税收法律、法规和规章组成的一个统一的法律体系，分别由不同部门制定，具有不同的法律效力。

1. 税收法律

税收法律在宪法指导下制定，由全国人民代表大会及其常委会制定。如《外商投资企业和外国企业所得税法》《个人所得税法》《税收征收管理法》《关于外商投资企业和外国企业适用增值税、消费税、营业税等税收暂行条例的决定》等都是税收法律。由人民代表大会及其常委会授权国务院制定的某些税收暂行规定或者税收条例，也具有税收法律的性质和地位，如《中华人民共和国增值税暂行条例》《中华人民共和国消费税暂行条例》《中华人民共和国营业税暂行条例》等。

2. 税收行政法规

税收行政法规由国务院制定，如《外商投资企业和外国企业所得税法实施细则》《税收征收管理法实施细则》等。税收法规不得与宪法、税收法律相抵触，否则无效。

3. 税收地方性法规

税收地方性法规是指省、自治区、直辖市以及较大的市的人大及其常委会制定的适用于本地区的税收法规，如上海市人大制定的《上海外高桥保税区条例》。

4. 税收规章

税收规章包括税收部门规章和税收地方政府规章。税收部门规章由国务院税务主管部门制定，具体指财政部和国家税务总局。税收部门规章在全国普遍适用，不得与税收法律、税收行政法规相抵触。如财政部颁发的《增值税暂行条例实施细则》、国家税务总局颁发的《税务代理试行办法》等都属于税收部门规章。税收地方政府规章是地方政府在税收法律、法规明确授权的前提下制定的。

(三)税收法律关系

1. 税收法律关系的概念

税收法律关系是由税收法律规范确认和调整的，国家和纳税人之间发生的具有权利和义务内容的社会关系。税收法律关系的一方主体始终是国家，税收法律关系主体双方具有单方面的权利与义务内容，税收法律关系的产生以纳税人发生了税法规定的行为或者事实为根据。

2. 税收法律关系的要素

税收法律关系的要素包括：(1)税收法律关系的主体，也称为税法主体。它是指在税收法律关系中享有权利和承担义务的当事人，主要包括国家、征税机关、纳税人和扣缴义务人。在税收法律关系中，权利主体双方的法律地位平等，但双方的权利与义务不对等。(2)税收法律关系的内容。它是指税收法律关系主体所享有的权利和所承担的义务，主要包括纳税人的权利义务和征税机关的权利义务。(3)税收法律关系的客体。它是指税收法律关系主体的权利和义务所指向的对象，主要包括货币、实物和行为。

(四)税法的构成要素

税法要素又称税收要素，由征税主体角度来看，是指国家征税必不可少的要素，由纳税主体的角度来看，是指纳税义务成立时必备的法律要件。它包括以下要素：

(1)总则，主要包括立法依据、立法目的、原则和适用范围等。

(2)纳税义务人，指一切履行纳税义务的法人、自然人及其他组织。

(3)征税对象，法学上又称“纳税客体”，指税收法律关系中征纳双方权利和义务所指向的物或行为，如企业所得税的征税对象是应税所得。

(4)税目，指各个税种所规定的具体征税项目，它是征税对象的具体化。如消费税具体规定了烟酒等税目。

(5)税率,指对征税对象的征收比例或征收额度。我国现行的税率主要有比例税率、超额累进税率、定额税率、超率累进税率四种。

(6)纳税环节,指征税对象在从生产到消费的流转过程中应当缴纳税款的环节。

(7)纳税期限,指纳税人按照税法规定缴纳税款的期限。

(8)纳税地点,纳税地点一般为纳税人的住所地,也有规定在营业地、财产所在地或特定行为发生地。

(9)减税免税,指对某些纳税人和征税对象采取减少征税或免予征税的特殊规定。

(10)罚则,指对违反税法的行为采取的处罚措施。

(11)附则,主要包括两项内容:规定此项税法的解释权和规定税法的生效时间。

(五)我国的现行税种

1. 按征税对象分类

按征税对象进行分类是最常见的一种税种分类方法。按征税对象进行分类,可将全部税种分为流转税类、所得税类、财产税类、资源税类和行为税类等。

(1)流转税类。流转税是以流转额为征税对象的税种。我国现行的增值税、消费税、营业税、关税属于这类税种。

(2)所得税类。它是以纳税人的各种应纳税所得额为征税对象的税种。我国现行的企业所得税、个人所得税属于这一类。

(3)财产税类。财产税是以纳税人拥有的财产数量或财产价值为征税对象的税种。我国现行的房产税、城市房地产税、车船税、城镇土地使用税都属于这一类。

(4)资源税类。资源税是以自然资源和某些社会资源为征税对象的税种。我国现行的资源税、城镇土地使用税属于这一类。

(5)行为税类。行为税也称为特定行为目的税类,它是国家为了实现某种特定的目的,以纳税人的某些特定行为为征税对象的税种。我国现行的城市维护建设税、印花税、契税、土地增值税,都属于这一类。

2. 按税收收入的支配权限分类

按此分类,全部税种可以分为中央税、地方税和中央地方共享税。

(1)中央税。中央税是指由中央立法、收入划归中央并由中央管理的税种,如我国现行的关税、消费税等税种。

(2)地方税。地方税是指由中央统一立法或授权立法、收入划归地方,并由地方负责管理的税种,如我国现行的房产税、车船税、土地增值税、城镇土地使用税等税种。

(3)共享税。如果某一种税收收入支配由中央和地方按比例或按法定方式分享,便属于中央地方共享税。我国共享税由中央立法、管理,如现行的增值税、印花税、资源税等税种。

二、增值税法

(一)增值税的概念

增值税是对在我国境内销售货物或提供加工、修理修配劳务,以及进口货物的单位和个人征收的一种流转税。其征税对象是商品和劳务在流通各环节的增值额。其特点是税源广、税收中性和避免重复征税。

经国务院批准,自 2016 年 5 月 1 日起,在全国范围内全面推开营业税改征增值税(以下称营改增）试点，建筑业、房地产业、金融业、生活服务业等全部营业税纳税人，纳入试点范围，由缴纳营业税改为缴纳增值税。财政部和国家税务总局发布了《营业税改征增值税试点实施办法》《营业税改征增值税试点有关事项的规定》《营业税改征增值税试点过渡政策的规定》和《跨境应税行为适用增值税零税率和免税政策的规定》，对营改增的各事项进行了具体规定。

因此，从 2016 年 5 月 1 日起，在中华人民共和国境内（以下称境内）销售服务、无形资产或者不动产也应缴纳增值税，而不是缴纳营业税。

（二）增值税的纳税人

增值税的纳税人为在中华人民共和国境内销售货物、服务、无形资产和不动产，或者提供加工、修理修配劳务以及进口货物的单位和个人。增值税的纳税人分为一般纳税人和小规模纳税人。

（三）增值税的征税对象

增值税征税对象为纳税人在中国境内销售的货物、服务、无形资产和不动产，或者提供的加工、修理修配劳务以及进口的货物。

1. 销售或者进口货物

这里的“货物”是指有形动产，包括电力、热力、气体在内。

2. 销售服务、无形资产或者不动产

销售服务，是指提供交通运输服务、邮政服务、电信服务、建筑服务、金融服务、现代服务、生活服务。销售无形资产，是指转让无形资产所有权或者使用权的业务活动。无形资产，是指不具实物形态，但能带来经济利益的资产，包括技术、商标、著作权、商誉、自然资源使用权和其他权益性无形资产。销售不动产，是指转让不动产所有权的业务活动。不动产，是指不能移动或者移动后会引起性质、形状改变的财产，包括建筑物、构筑物等。

3. 提供的加工、修理修配劳务

加工是指受托加工货物，即委托方提供原料及主要材料，受托方按照委托方的要求制造货物并收取加工费的业务；修理修配是指受托对损伤和丧失功能的货物进行修复，使其恢复原状和功能的业务。

4. 特殊项目

具体包括：(1)货物期货（交割环节纳税）；(2)银行销售金银业务；(3)典当业的死当销售及寄销业代销业务；(4)集邮商品的生产、调拨及邮政部门以外的其他单位和销售个人。

5. 视同销售行为

具体包括：(1)将货物交付他人代销。(2)销售代销货物。(3)设有两个以上机构并实行统一核算的纳税人，将货物从一个机构移送其他机构用于销售时，相关机构不是设在同一县（市）的，要视同销售缴纳增值税。相关机构设在同一县（市）的，仍在货物最终实现销售时纳税，中间移送时则不交税。(4)将自产或委托加工的货物用于非应税项目。(5)将自产、委托加工或购买的货物作为投资，提供给其他单位或个体经营者。(6)将自产、委托加工或购买的货物分配给股东或投资者。(7)将自产、委托加工的货物用于集体福利或个人消费。(8)将自产、委托加工或购买的货物无偿赠送他人。

6. 混合销售行为

混合销售行为，是指增值税纳税人的一项销售行为既涉及货物销售又涉及提供非增值税应税劳务。如装饰公司以包工包料方式为用户进行房屋装修就是一项混合销售行为，其中既有提供装饰公司劳务，又有油漆、地板等装饰材料的销售。

7. 兼营非应税劳务行为

兼营非应税劳务，是指纳税人的经营范围既包括销售货物和应税劳务，又包括提供非应税劳务。与混合销售行为不同的是，兼营非应税劳务是指销售货物或应税劳务与提供非应税劳务不同时发生在同一购买者身上，也不发生在同一项销售行为中。如餐馆(厅)、酒店(家)、宾馆、饭店等单位既经营餐饮业务，又附设门市部、外卖点等对外销售烧卤熟制食品货物的，餐饮业务属于营业税范围，对外销售食品属于增值税范围。

(四)增值税的税率

增值税一般纳税人税率分为基本税率(17%)、低税率(13%)和零税率(0%)。

纳税人销售或者进口货物，除适用低税率的以外，税率为17%。

纳税人销售或者进口下列货物，税率为13%:(1)粮食、食用植物油;(2)自来水、暖气、冷气、热水、煤气、石油液化气、天然气、沼气、居民用煤炭制品;(3)图书、报纸、杂志;(4)饲料、化肥、农药、农机、农膜;(5)国务院规定的其他货物。

纳税人出口货物，税率为0%;但是，国务院另有规定的除外。

纳税人提供加工、修理修配劳务，税率为17%。

增值税小规模纳税人销售货物或提供应税劳务，适用6%的征收率。从1998年7月1日起，商业企业小规模纳税人增值税的征收率由6%调减为4%。

根据《营业税改征增值税试点实施办法》第15条规定，纳税人销售服务、无形资产或者不动产的增值税税率为:

(1)纳税人发生应税行为，除后续第(2)项、第(3)项、第(4)项规定外，税率为6%。

(2)提供交通运输、邮政、基础电信、建筑、不动产租赁服务，销售不动产，转让土地使用权，税率为11%。

(3)提供有形动产租赁服务，税率为17%。

(4)境内单位和个人发生的跨境应税行为，税率为0。具体范围由财政部和国家税务总局另行规定。

《营业税改征增值税试点实施办法》第16条规定，增值税征收率为3%，财政部和国家税务总局另有规定的除外。

(五)增值税的计算

增值税实行价外计征的办法，根据发票注明税金进行税款抵扣。商品零售环节的发货票不单独注明资金，因为商品零售继续实行价内税，税金已包含在价格内。一般纳税人销售货物或者提供应税劳务，应纳税额为当期销项税额抵扣当期进项税额后的余额。应纳税额计算公式为:应纳税额=当期销项税额－当期进项税额。增值税的进项税额是指纳税人购进货物或接受应纳税劳务的支付或负担，并在计算增值税的应纳税额时允许抵扣的增值税税款。纳税人销售货物或者应税劳务，按照销售额和《增值税暂行条例》第2条规定的税率计算并向购买方收取的增值税额，为销项税额。销项税额计算公式为:销项税额=销售额×税率。小规模纳税人销售货物或者应税劳务，以销售额和规定的6%征收率计算应纳税额，不抵扣进项税额。应纳税额计算公式为:应纳税额=销售额×征收率。纳税人进口货物，按组成计税价格和规定的税率计算应纳税额，不得抵扣任何税额。

(六)增值税的税收减免

依据《增值税暂行条例》的规定，下列项目免征增值税:(1)农业生产者销售的自产农业产品;(2)避孕药品和用具;(3)古旧图书;(4)直接用于科学研究、科学试验和教学的进口仪器、设备;(5)外国政府、国际组织无偿援助的进口物资和设备;(6)来料加工、来件装配和补偿贸易所需进口的设备;(7)由残疾人组织直接进口供残疾人专用的物品;(8)销售的自己使用过的物品。纳税人销售额未达到财政部规定的增值税起征点的,免征增值税。

根据《营业税改征增值税试点有关事项的规定》,下列项目不征收增值税:

(1)根据国家指令无偿提供的铁路运输服务、航空运输服务,属于用于公益事业的服务;

(2)存款利息;

(3)被保险人获得的保险赔付;

(4)房地产主管部门或者其指定机构、公积金管理中心、开发企业以及物业管理单位代收的住宅专项维修资金;

(5)在资产重组过程中,通过合并、分立、出售、置换等方式,将全部或者部分实物资产以及与其相关联的债权、负债和劳动力一并转让给其他单位和个人,其中涉及的不动产、土地使用权转让行为。

三、消费税法

(一)消费税的概念

消费税是以特定消费品的流转额为征税对象的一种税。

(二)消费税的纳税人

消费税的纳税人为在中国境内生产、委托加工和进口法律规定的消费品的单位和个人。

(三)消费税的征税对象

消费税的征税对象为应税消费品,具体包括:(1)烟;(2)酒及酒精;(3)化妆品;(4)贵重首饰及珠宝玉石;(5)鞭炮、焰火;(6)成品油;(7)汽车轮胎;(8)摩托车;(9)小汽车;(10)高尔夫球及球具;(11)高档手表;(12)游艇;(13)木制一次性筷子;(14)实木地板。

(四)消费税的税率

消费税实行从价定率或者从量定额的办法计算应纳税额,按不同消费品分别采用比例税率和定额税率。

纳税人兼营不同税率的应税消费品,应当分别核算不同税率应税消费品的销售额、销售数量。未分别核算销售额、销售数量,或者将不同税率的应税消费品组成成套消费品销售的,从高适用税率。

(五)消费税的税收减免

对纳税人出口应税消费品,免征消费税;国务院另有规定的除外。

四、企业所得税法

我国长期以来实行的是内外有别的企业所得税制度,外资企业适用《外商投资企业和外国企业所得税法》,内资企业适用《企业所得税暂行条例》。2007 年 3 月 16 日,第十届全国人民代表大会第五次会议通过了《中华人民共和国企业所得税法》,自 2008 年 1 月 1 日起施行,我国将对内外资企业实行统一的所得税法、统一的税率、统一的税前扣除范围和标准、统一的税收优惠政策。

(一)企业所得税的概念

企业所得税是以企业在一定期间内的纯所得为征税对象的一种税。

(二)企业所得税的纳税人

在中华人民共和国境内,企业和其他取得收入的组织(以下统称企业)为企业所得税的纳税人。个人独资企业、合伙企业除外。

企业分为居民企业和非居民企业。居民企业,是指依法在中国境内成立,或者依照外国(地区)法律成立但实际管理机构在中国境内的企业。非居民企业,是指依照外国(地区)法律成立且实际机构不在中国境内,但在中国境内设立机构、场所的,或者在中国境内未设立机构、场所,但有来源于中国境内所得的企业。

居民企业应当就其来源于中国境内、境外的所得缴纳企业所得税。非居民企业在中国境内设立机构、场所的,应当就其所设机构、场所取得的来源于中国境内的所得,以及发生在中国境外但与其所设机构、场所有实际联系的所得,缴纳企业所得税。非居民企业在中国境内未设立机构、场所的,或者虽设立机构、场所但取得的所得与其所设机构、场所没有实际联系的,应当就其来源于中国境内的所得缴纳企业所得税。

(三)企业所得税的征税对象

企业所得税的征税对象为企业所获得的各种应税收入。企业以货币形式和非货币形式从各种来源取得的收入,为收入总额。包括:(1)销售货物收入;(2)提供劳务收入;(3)转让财产收入;(4)股息、红利等权益性投资收益;(5)利息收入;(6)租金收入;(7)特许权使用费收入;(8)接受捐赠收入;(9)其他收入。

收入总额中的下列收入为不征税收入:(1)财政拨款;(2)依法收取并纳入财政管理的行政事业性收费、政府性基金;(3)国务院规定的其他不征税收入。

(四)企业所得税的税率

企业所得税的税率为25%。非居民企业在中国境内未设立机构、场所的,或者虽设立机构、场所但取得的所得与其所设机构、场所没有实际联系的,就其来源于中国境内的所得缴纳企业所得税,适用税率为20%。

(五)企业所得税应纳税所得额的计算

企业每一纳税年度的收入总额,减除不征税收入、免税收入、各项扣除以及允许弥补的以前年度亏损后的余额,为应纳税所得额。

企业实际发生的与取得收入有关的、合理的支出,包括成本、费用、税金、损失和其他支出,准予在计算应纳税所得额时扣除。

企业发生的公益性捐赠支出,在年度利润总额12%以内的部分,准予在计算应纳税所得额时扣除。

在计算应纳税所得额时,下列支出不得扣除:(1)向投资者支付的股息、红利等权益性投资收益款项;(2)企业所得税税款;(3)税收滞纳金;(4)罚金、罚款和被没收财物的损失;(5)《企业所得税法》第9条规定以外的捐赠支出;(6)赞助支出;(7)未经核定的准备金支出;(8)与取得收入无关的其他支出。

在计算应纳税所得额时,企业按照规定计算的固定资产折旧,准予扣除。下列固定资产不得计算折旧扣除:(1)房屋、建筑物以外未投入使用的固定资产;(2)以经营租赁方式租入的固定资产;(3)以融资租赁方式租出的固定资产;(4)已足额提取折旧仍继续使用的固定资产;(5)与经营活动无关的固定资产;(6)单独的作为固定资产入账的土地;(7)其他不得计算折旧扣除的固定资产。

在计算应纳税所得额时，企业按照规定计算的无形资产摊销费用，准予扣除。下列无形资产不得计算摊销费用扣除：(1)自行开发的支出已在计算应纳税所得额时扣除的无形资产；(2)自创商誉；(3)与经营活动无关的无形资产；(4)其他不得计算摊销费用扣除的无形资产。

在计算应纳税所得额时，企业发生的下列支出作为长期待摊费用，按照规定摊销的，准予扣除：(1)已足额提取折旧的固定资产的改建支出；(2)租入固定资产的改建支出；(3)固定资产的大修理支出；(4)其他应当作为长期待摊费用的支出。

企业对外投资期间，投资资产的成本在计算应纳税所得额时不得扣除。

企业使用或者销售存货，按照规定计算的存货成本，准予在计算应纳税所得额时扣除。

企业转让资产，该项资产的净值，准予在计算应纳税所得额时扣除。

企业在汇总计算缴纳企业所得税时，其境外营业机构的亏损不得抵减境内营业机构的盈利。

企业纳税年度发生的亏损，准予向以后年度结转，用以后年度的所得弥补，但结转年限最长不得超过 5 年。

非居民企业取得《企业所得税法》第 3 条第 3 款规定的所得，按照下列方法计算其应纳税所得额：(1)股息、红利等权益性投资收益和利息、租金、特许权使用费所得，以收入全额为应纳税所得额；(2)转让财产所得，以收入全额减除财产净值后的余额为应纳税所得额；(3)其他所得，参照前两项规定的方法计算应纳税所得额。

在计算应纳税所得额时，企业财务、会计处理办法与税收法律、行政法规的规定不一致的，应当依照税收法律、行政法规的规定计算。

(六)企业所得税应纳税额的计算

企业的应纳税所得额乘以适用税率，减除依照本法关于税收优惠的规定减免和抵免税额后的余额，为应纳税额。

企业取得的下列所得已在境外缴纳的所得税税额，可以从其当期应纳税额中抵免，抵免限额为该项所得依照本法规定计算的应纳税额；超过抵免限额的部分，可以在以后 5 个年度内，用每年度抵免限额抵免当年应抵税额后的余额进行抵补：(1)居民企业来源于中国境外的应税总额；(2)非居民企业在中国境内设立机构、场所，取得发生在中国境外但与该机构、场所有实际联系的应税所得。

居民企业从其直接或者间接控制的外国企业分得的来源于中国境外的股息、红利等权益性投资收益，外国企业在境外实际缴纳的所得税税额中属于该项所得负担的部分，可以作为该居民企业的可抵免境外所得税税额，在《企业所得税法》第 23 条规定的抵免限额内抵免。

(七)企业所得税税收优惠

国家对重点扶持和鼓励发展的产业和项目，给予企业所得税优惠。

企业的下列收入为免税收入：(1)国债利息收入；(2)符合条件的居民企业之间的股息、红利等权益性投资收益；(3)在中国境内设立机构、场所的非居民企业从居民企业取得与该机构、场所有实际联系的股息、红利等权益性投资收益；(4)符合条件的非营利组织的收入。

企业的下列所得，可以免征、减征企业所得税：(1)从事农、林、牧、渔业项目的所得；(2)从事国家重点扶持的公共基础设施项目投资经营的所得；(3)从事符合条件的环境保护、节能节水项目的所得；(4)符合条件的技术转让所得；(5)《企业所得税法》第 3 条第 3 款规定的所得。

符合条件的小型微利企业，减按20%的税率征收企业所得税。国家需要重点扶持的高新技术企业，减按15%的税率征收企业所得税。

民族自治地方的自治机关对本民族自治地方的企业应缴纳的企业所得税中属于地方分享的部分，可以决定减征或免征。自治州、自治县决定减征或者免征的，须报省、自治区、直辖市人民政府批准。

企业的下列支出，可以在计算应纳税所得额时加计扣除：(1)开发新技术、新产品、新工艺发生的研究开发费用；(2)安置残疾人员及国家鼓励安置的其他就业人员所支付的工资。

创业投资企业从事国家需要重点扶持和鼓励的创业投资，可以按投资额的一定比例抵扣应纳税所得额。企业的固定资产由于技术进步等原因，确需加速折旧的，可以缩短折旧年限或者采取加速折旧的方法。企业综合利用资源，生产符合国家产业政策规定的产品所取得的收入，可以在计算应纳税所得额时减计收入。企业购置用于环境保护、节能节水、安全生产等专用设备的投资额，可以按一定比例实行税额抵免。根据国民经济和社会发展的需要，或者由于突发事件等原因对企业经营活动产生重大影响的，国务院可以制定企业所得税专项优惠政策，报全国领导人常务委员会备案。

五、个人所得税法

(一)个人所得税的概念

个人所得税是以个人的所得为征税对象的一种税。

(二)个人所得税的纳税人

个人所得税的纳税人为在中国境内有住所，或者无住所而在中国境内居住满1年的个人(居民纳税人)，以及在中国境内无住所又不居住或者在境内居住不满1年但有来源于中国境内所得的个人(非居民纳税人)。

(三)个人所得税的征税对象

个人所得税的征税对象为应税所得，具体包括：(1)工资、薪金所得；(2)个体工商户的生产、经营所得；(3)对企事业单位的承包经营、承租经营所得；(4)劳务报酬所得；(5)稿酬所得；(6)特许权使用费所得；(7)利息、股息、红利所得；(8)财产租赁所得；(9)财产转让所得；(10)偶然所得；(11)经国务院财政部门确定征税的其他所得。

(四)个人所得税的税率

个人所得税根据不同的税目适用不同的税率：(1)工资、薪金所得，适用超额累进税率，税率为3%～45%；(2)个体工商户的生产、经营所得和对企事业单位的承包经营、承租经营所得，适用5%～35%的超额累进税率；(3)稿酬所得，适用比例税率，税率为20%，并按应纳税额减征30%；(4)劳务报酬所得，适用比例税率，税率为20%，对劳务报酬所得一次收入畸高的，可以实行加成征收，应纳税所得额超过2万～5万元的部分，依照税法规定计算应纳税额后再按照应纳税额加征五成，超过5万元的部分，加征十成；(5)特许权使用费所得，利息、股息、红利所得，财产租赁所得，财产转让所得，偶然所得和其他所得，适用比例税率，税率为20%。

(五)个人所得税的税收减免

下列各项个人所得，免纳个人所得税：(1)省级人民政府、国务院部委和中国人民解放军以上的单位，以及外国组织、国际组织颁发的科学、教育、技术、文化、卫生、体育、环境保护等方面的奖金；(2)国债和国家发行的金融债券利息；(3)按照国家统一规定发给的补贴、津贴；(4)福利费、抚恤金、救济金;(5)保险赔款;(6)军人的转业费、复员费;(7)按照国家统一规定发给干部、职工的安家费、退职费、退休工资、离休工资、离休生活补助费;(8)依照我国有关法律规定应予免税的各国驻华使馆、领事馆的外交代表、领事官员和其他人员的所得;(9)中国政府参加的国际公约、签订的协议中规定免税的所得;(10)按照国家规定,单位为个人缴付和个人缴付的基本养老保险费、基本医疗保险费、失业保险费、住房公积金,从纳税义务人的应纳税所得额中扣除;(11)经国务院财政部门批准免税的所得。

有下列情形之一的,经批准可以减征个人所得税:(1)残疾、孤老人员和烈属的所得;(2)因严重自然灾害造成重大损失的;(3)其他经国务院财政部门批准减税的。

纳税人从中国境外取得的所得,准予其在应纳税额中扣除已在境外缴纳的个人所得税税额。但扣除额不得超过该纳税人境外所得依照我国法律规定计算的应纳税额。

(六)个人所得税的纳税申报

个人所得税,以所得人为纳税义务人,以支付所得的单位或者个人为扣缴义务人。纳税义务人有下列情形之一的,应当按照规定到主管税务机关办理纳税申报:(1)年所得 12 万元以上的;(2)从中国境内两处或者两处以上取得工资、薪金所得的;(3)从中国境外取得所得的;(4)取得应纳税所得,没有扣缴义务人的;(5)国务院规定的其他情形。年所得 12 万元以上的纳税义务人,在年度终了后 3 个月内到主管税务机关办理纳税申报。纳税义务人办理纳税申报的地点以及其他有关事项的管理办法,由国家税务总局制定。扣缴义务人应当按照国家规定办理全员全额扣缴申报,扣缴义务人在代扣税款的次月内,向主管税务机关报送其支付所得个人的基本信息、支付所得数额、扣缴税款的具体数额和总额以及其他相关涉税信息。

六、税收征收管理法

(一)税收征收管理法的概念

税收征收管理法简称税收征管法,是调整征税机关在税款的征收和税务管理过程中所发生的社会关系的法律规范的总称。我国现行的税收征管法包括 1992 年 9 月 4 日通过,经过 1995 年 2 月 28 日、2001 年 4 月 28 日、2013 年 6 月 29 日和 2015 年 4 月 24 日四次修改的《中华人民共和国税收征收管理法》(以下简称《征管法》)以及 2002 年 9 月 7 日公布、10 月 15 日开始实施、2012 年 11 月 9 进行了修改的《税收征收管理法实施细则》,另外还包括财政部、国家税务总局等部门所颁布的大量的部门规章和规范性法律文件。

(二)税务管理

税务管理是税收征管程序中的基础性环节,主要包括三项制度:税务登记、账簿凭证管理和纳税申报。

1. 税务登记

税务登记是指纳税人在开业、停业前或其他生产经营期间发生的重大变动,在法定期间内向主管税务机关办理书面登记的一项制度。税务登记可分为开业登记、变更登记和注销登记。

(1)开业登记制度。企业、企业在外地设立的分支机构和从事生产、经营的场所,个体工商户和从事生产、经营的事业单位(以下统称从事生产、经营的纳税人)自领取营业执照之日起 30 日内,持有关证件,向税务机关申报办理税务登记。税务机关应当自收到申报的当日办理登记并发给税务登记证件。工商行政管理机关应当将办理登记注册、核发营业执照的情况,定期向税务机关通报。

(2)变更、注销登记制度。从事生产、经营的纳税人,税务登记内容发生变化的,自工商行政管理机关办理变更登记之日起30日内或者在向工商行政管理机关申请办理注销登记之前,持有关证件向税务机关申报办理变更或者注销税务登记。纳税人在办理注销税务登记前,应当向税务机关结清应纳税款、滞纳金、罚款,缴销发票、税务登记证件和其他税务证件。

(3)税务登记证件的使用制度。纳税人按照国务院税务主管部门的规定使用税务登记证件。税务登记证件不得转借、涂改、损毁、买卖或者伪造。

税务登记证件具有重要作用,除按照规定不需要发给税务登记证件的外,纳税人办理下列事项时,必须持税务登记证件:①开立银行账户;②申请减税、免税、退税;③申请办理延期申报、延期缴纳税款;④领购发票;⑤申请开具外出经营活动税收管理证明;⑥办理停业、歇业;⑦其他有关税务事项。

纳税人应当将税务登记证件正本在其生产、经营场所或者办公场所公开悬挂,接受税务机关检查。纳税人遗失税务登记证件的,应当在15日内书面报告主管税务机关,并登报声明作废。

(4)外出经营税务登记的管理制度。从事生产、经营的纳税人到外县(市)临时从事生产、经营活动的,应当持税务登记证副本和所在地税务机关填开的外出经营活动税收管理证明,向营业地税务机关报验登记,接受税务管理。从事生产、经营的纳税人外出经营,在同一地累计超过180天的,应当在营业地办理税务登记手续。

2. 账簿凭证管理

账簿凭证管理制度包括账簿凭证的设置制度、财务会计制度、发票管理制度、账簿凭证的保管制度和税控装置制度等。

(1)账簿凭证的设置。从事生产、经营的纳税人应当自领取营业执照或者发生纳税义务之日起15日内,按照国家有关规定设置账簿。账簿,是指总账、明细账、日记账以及其他辅助性账簿。总账、日记账应当采用订本式。

(2)财务会计处理办法备案制度。从事生产、经营的纳税人应当自领取税务登记证件之日起15日内,将其财务、会计制度或者财务、会计处理办法报送主管税务机关备案。纳税人使用计算机记账的,应当在使用前将会计电算化系统的会计核算软件、使用说明书及有关资料报送主管税务机关备案。纳税人建立的会计电算化系统应当符合国家有关规定,并能正确、完整核算其收入或者所得。扣缴义务人应当自税收法律、行政法规规定的扣缴义务发生之日起10日内,按照所代扣、代收的税种,分别设置代扣代缴、代收代缴税款账簿。纳税人、扣缴义务人会计制度健全,能够通过计算机正确、完整计算其收入和所得或者代扣代缴、代收代缴税款情况的,其计算机输出的完整的书面会计记录,可视同会计账簿。

纳税人、扣缴义务人的财务、会计制度或者财务、会计处理办法与国务院或者国务院财政、税务主管部门有关税收的规定抵触的,依照国务院或者国务院财政、税务主管部门有关税收的规定计算应纳税款、代扣代缴和代收代缴税款。

(3)账簿凭证的文字管理。账簿、会计凭证和报表,应当使用中文。民族自治地方可以同时使用当地通用的一种民族文字。外商投资企业和外国企业可以同时使用一种外国文字。

(4)发票管理制度。税务机关是发票的主管机关,负责发票印制、领购、开具、取得、保管、缴销的管理和监督。单位、个人在购销商品、提供或者接受经营服务以及从事其他经营活动中,应当按照规定开具、使用、取得发票。增值税专用发票由国务院税务主管部门指定的企业印制;其他发票,按照国务院税务主管部门的规定,分别由省、自治区、直辖市国家税务局、地方税务局指定企业印制。

3. 纳税申报

纳税申报是纳税人或扣缴义务人按照法律规定的期限和内容,向征税机关提交有关纳税事项的书面报告的一项制度。包括纳税申报的方式、内容、期限等方面的制度。

(1)纳税申报的方式。税务机关应当建立、健全纳税人自行申报纳税制度。经税务机关批准,纳税人、扣缴义务人可以采取邮寄、数据电文方式办理纳税申报或者报送代扣代缴、代收代缴税款报告表。数据电文方式是指税务机关确定的电话语音、电子数据交换和网络传输等电子方式。纳税人采取邮寄方式办理纳税申报的,应当使用统一的纳税申报专用信封,并以邮政部门收据作为申报凭据。邮寄申报以寄出的邮戳日期为实际申报日期。

实行定期定额缴纳税款的纳税人,可以采用简易申报、简并征期等申报纳税方式。

(2)纳税申报表的内容和申报资料。纳税人、扣缴义务人的纳税申报或者代扣代缴、代收代缴税款报告表的主要内容包括:税种、税目,应纳税项目或者应代扣代缴、代收代缴税款项目,计税依据,扣除项目及标准,适用税率或者单位税额,应退税项目及税额、应减免税项目及税额,应纳税额或者应代扣代缴、代收代缴税额,税款所属期限、延期缴纳税款、欠税、滞纳金等。

纳税人办理纳税申报时,应当如实填写纳税申报表,并根据不同的情况相应报送下列有关证件、资料:财务会计报表及其说明材料;与纳税有关的合同、协议书及凭证;税控装置的电子报税资料;外出经营活动税收管理证明和异地完税凭证;境内或者境外公证机构出具的有关证明文件;税务机关规定应当报送的其他有关证件、资料。

(3)延期申报。纳税人、扣缴义务人按照规定的期限办理纳税申报或者报送代扣代缴、代收代缴税款报告表确有困难,需要延期的,应当在规定的期限内向税务机关提出书面延期申请,经税务机关核准,在核准的期限内办理。纳税人、扣缴义务人因不可抗力,不能按期办理纳税申报或者报送代扣代缴、代收代缴税款报告表的,可以延期办理;但是,应当在不可抗力情形消除后立即向税务机关报告。税务机关应当查明事实,予以核准。

(三)税款征收

税款征收,是国家税务机关等主体依照税收法律、法规规定将纳税人应当缴纳的税款组织征收入库的一系列活动的总称。

1. 税款征收的方式和程序

根据《征管法》及其实施细则的规定,税款征收的方式主要有以下几种:查账征收、核定征收、代扣代缴、代收代缴征收。除以上几种主要征收方式外,还有委托征收、邮递申报纳税等方式。

因征收方式不同,税款征收程序也有所不同。税款一般由纳税人直接向国家金库经收处(设在银行)缴纳。国库经收处将收纳的税款,随同缴款书划转金库后,税款征收入库手续即告完成。

根据《征管法》规定,税务机关征收税款时,必须开具完税凭证。完税凭证作为税务机关收取税款时的专用凭证和纳税人履行纳税义务的合法证明,其式样由国家税务总局统一制定。完税凭证的种类包括各种完税证、缴款书、印花税票及其他完税证明。

2. 税收保全措施和强制执行措施

(1)税收保全措施。对未按照规定办理税务登记的从事生产、经营的纳税人以及临时从事经营的纳税人,由税务机关核定其应纳税额,责令缴纳;不缴纳的,税务机关可以扣押其价值相当于应纳税款的商品、货物。扣押后缴纳应纳税款的，税务机关必须立即解除扣押，并归还所扣押的商品、货物；扣押后仍不缴纳应纳税款的，经县以上税务局（分局）局长批准，依法拍卖或者变卖所扣押的商品、货物，以拍卖或者变卖所得抵缴税款。

税务机关有根据认为从事生产、经营的纳税人有逃避纳税义务行为的，可以在规定的纳税期之前，责令限期缴纳应纳税款；在限期内发现纳税人有明显的转移、隐匿其应纳税的商品、货物以及其他财产或者应纳税的收入的迹象的，税务机关可以责成纳税人提供纳税担保。如果纳税人不能提供纳税担保，经县以上税务局（分局）局长批准，税务机关可以采取下列税收保全措施：①书面通知纳税人开户银行或者其他金融机构冻结纳税人的金额相当于应纳税款的存款；②扣押、查封纳税人的价值相当于应纳税款的商品、货物或者其他财产。其他财产包括纳税人的房地产、现金、有价证券等不动产和动产。

纳税人在规定的限期内缴纳税款的，税务机关必须立即解除税收保全措施；限期期满仍未缴纳税款的，经县以上税务局（分局）局长批准，税务机关可以书面通知纳税人开户银行或者其他金融机构从其冻结的存款中扣缴税款，或者依法拍卖或者变卖所扣押、查封的商品、货物或者其他财产，以拍卖或者变卖所得抵缴税款。

个人及其所扶养家属维持生活必需的住房和用品，不在税收保全措施的范围之内。机动车辆、金银饰品、古玩字画、豪华住宅或者一处以外的住房不属于个人及其所扶养家属维持生活必需的住房和用品。税务机关对单价5 000元以下的其他生活用品，不采取税收保全措施和强制执行措施。

欠缴税款的纳税人因怠于行使到期债权，或者放弃到期债权，或者无偿转让财产，或者以明显不合理的低价转让财产而受让人知道该情形，对国家税收造成损害的，税务机关可以依照《合同法》第 73 条、第 74 条的规定行使代位权、撤销权。

（2）税收强制执行措施。从事生产、经营的纳税人、扣缴义务人未按照规定的期限缴纳或者解缴税款，纳税担保人未按照规定的期限缴纳所担保的税款，由税务机关责令限期缴纳；逾期仍未缴纳的，经县以上税务局（分局）局长批准，税务机关可以采取下列强制执行措施：①书面通知其开户银行或者其他金融机构从其存款中扣缴税款；②扣押、查封、依法拍卖或者变卖其价值相当于应纳税款的商品、货物或者其他财产，以拍卖或者变卖所得抵缴税款。税务机关采取强制执行措施时，对纳税人、扣缴义务人、纳税担保人未缴纳的滞纳金同时强制执行。个人及其所扶养家属维持生活必需的住房和用品，不在强制执行措施的范围之内。

3. 税收优先权

税务机关征收税款，税收优先于无担保债权，法律另有规定的除外；纳税人欠缴的税款发生在纳税人以其财产设定抵押、质押或者纳税人的财产被留置之前的，税收应当先于抵押权、质权、留置权执行。纳税人欠缴税款，同时又被行政机关决定处以罚款、没收违法所得的，税收优先于罚款、没收违法所得。

4. 纳税担保

纳税担保，包括经税务机关认可的纳税保证人为纳税人提供的纳税保证，以及纳税人或者第三人以其未设置或者未全部设置担保物权的财产提供的担保。纳税担保人同意为纳税人提供纳税担保的，应当填写纳税担保书，写明担保对象、担保范围、担保期限、担保责任以及其他有关事项。担保书须经纳税人、纳税担保人签字盖章并经税务机关同意，方为有效。纳税人或者第三人以其财产提供纳税担保的，应当填写财产清单，并写明财产价值以及其他有关事项。纳税担保财产清单须经纳税人、第三人签字盖章并经税务机关确认，方为有效。

5. 出境清税

欠缴税款的纳税人或者他的法定代表人需要出境的，应当在出境前向税务机关结清应纳税款、滞纳金或者提供担保。未结清税款、滞纳金，又不提供担保的，税务机关可以通知出境管理机关阻止其出境。

(四)税务检查

税务检查制度是税收征管制度中的保障性制度，主要包括以下三方面：

1. 税务检查的事项

税务机关有权进行下列税务检查：(1)检查纳税人的账簿、记账凭证、报表和有关资料，检查扣缴义务人代扣代缴、代收代缴税款账簿、记账凭证和有关资料；(2)到纳税人的生产、经营场所和货物存放地检查纳税人应纳税的商品、货物或者其他财产，检查扣缴义务人与代扣代缴、代收代缴税款有关的经营情况；(3)责成纳税人、扣缴义务人提供与纳税或者代扣代缴、代收代缴税款有关的文件、证明材料和有关资料；(4)询问纳税人、扣缴义务人与纳税或者代扣代缴、代收代缴税款有关的问题和情况；(5)到车站、码头、机场、邮政企业及其分支机构检查纳税人托运、邮寄应纳税商品、货物或者其他财产的有关单据、凭证和有关资料；(6)经县以上税务局(分局)局长批准，凭全国统一格式的检查存款账户许可证明，查询从事生产、经营的纳税人、扣缴义务人在银行或者其他金融机构的存款账户。税务机关在调查税收违法案件时，经设区的市、自治州以上税务局(分局)局长批准，可以查询案件涉嫌人员的储蓄存款。

2. 纳税人在税务检查中的义务

纳税人、扣缴义务人必须接受税务机关依法进行的税务检查，如实反映情况，提供有关资料，不得拒绝、隐瞒。

3. 税务机关在税务检查中的权利和义务

税务机关依法进行税务检查时，有权向有关单位和个人调查纳税人、扣缴义务人和其他当事人与纳税或者代扣代缴、代收代缴税款有关的情况，有关单位和个人有义务向税务机关如实提供有关资料及证明材料。税务机关调查税务违法案件时，对与案件有关的情况和资料，可以记录、录音、录像、照相和复制。

税务机关派出的人员进行税务检查时，应当出示税务检查证和税务检查通知书，并有责任为被检查人保守秘密；未出示税务检查证和税务检查通知书的，被检查人有权拒绝检查。

(五)法律责任

税收法律责任是税收法律关系的主体因违反税收法律规范所应承担的不利法律后果。

1. 对违反税收管理行为的处罚

根据《征管法》规定，对违反税收管理行为的处罚如下：

(1)纳税人有下列行为之一的，由税务机关责令限期改正；逾期不改正的，可处以2 000元以下的罚款；情节严重的，处以2 000元以上10 000元以下的罚款：①未按照规定的期限申报办理税务登记、变更或者注销税务登记的。②未按照规定设置、保管账簿或者保管记账凭证和有关资料的。③未按照规定将财务、会计制度或者财务、会计处理办法报送税务机关备查的。

(2)扣缴义务人未按照规定设置、保管代扣代缴、代收代缴税款账簿或者保管代扣代缴、代收代缴税款记账凭证及有关资料的，由税务机关责令限期改正；逾期不改正的，可处以2 000元以下的罚款；情节严重的，处以2 000元以上5 000元以下的罚款。

(3)纳税人未按照规定的期限办理纳税申报的，或者扣缴义务人未按照规定的期限向税务机关报送代扣代缴、代收代缴税款报告表的，由税务机关责令限期改正，可处以2 000元以下的罚款；逾期不改正的，处以2 000元以上10 000元以下的罚款。

2. 对偷税行为的处罚

根据《征管法》规定，纳税人采取伪造、变造、隐匿、擅自销毁账簿、记账凭证，在账簿上多列支出或者不列、少列收入，或者进行虚假的纳税申报的手段，不缴或者少缴应纳税款的，是偷税。

对偷税数额不满10 000元或者偷税数额占应纳税额不到10%的，由税务机关追缴其偷税款，处以偷税数额5倍以下的罚款。

扣缴义务人采取前款所列手段，不缴或者少缴已扣、已收税款，数额不满10 000元或者数额占应纳税额不到10%的，由税务机关追缴其不缴或者少缴的税款，处以不缴或少缴的税款5倍以下的罚款。

3. 对逃避追缴欠税行为的处罚

根据《征管法》规定，纳税人欠缴应纳税款，采取转移或者隐匿财产的手段，致使税务机关无法追缴欠缴的税款，数额在10 000元以上的，除由税务机关追缴欠缴的税款外，移送司法机关处理；数额不满10 000元的，由税务机关追缴欠缴的税款，处以欠缴税款5倍以下的罚款。

4. 对骗税行为的处罚

根据《征管法》规定，企业事业单位采取对所生产或者经营的商品假报出口等欺骗手段，骗取国家出口退税款，数额在10 000元以上的，除由税务机关追缴其骗取的退税款外，由司法机关追究刑事责任；骗取的国家出口退税款数额不满10 000元的，由税务机关追缴其骗取的退税款，处以骗取税款5倍以下的罚款。

前款规定以外的单位或者个人骗取国家出口退税款的，除由税务机关追缴其骗取的税款外，由司法机关追究刑事责任；数额较小，未构成犯罪的，由税务机关追缴其骗取的税款，处以骗取税款5倍以下的罚款。

5. 对抗税行为的处罚

根据《征管法》规定，以暴力、威胁方法拒不缴纳税款的，是抗税。除由税务机关追缴其拒缴的税款外，由司法机关追究刑事责任；情节轻微、未构成犯罪的，由税务机关追缴其拒缴的税款，处以拒缴税款5倍以下的罚款。

6. 税务机关和税务人员违反税法的法律责任

（1）税务机关违反规定擅自改变税收征收管理范围和税款入库预算级次的，责令限期改正，对直接负责的主管人员和其他直接责任人员依法给予降级或者撤职的行政处分。

（2）税务人员徇私舞弊，对依法应当移交司法机关追究刑事责任的不移交，情节严重的，依法追究刑事责任。

（3）未经税务机关依法委托征收税款的，责令退还收取的财物，依法给予行政处分或者行政处罚；致使他人合法权益受到损失的，依法承担赔偿责任；构成犯罪的，依法追究刑事责任。

（4）税务机关、税务人员查封、扣押纳税人个人及其所扶养家属维持生活必需的住房和用品的，责令退还，依法给予行政处分；构成犯罪的，依法追究刑事责任。

（5）税务人员与纳税人、扣缴义务人勾结，唆使或者协助纳税人、扣缴义务人偷税、逃避追缴欠税、骗取出口退税，构成犯罪的，依法追究刑事责任；尚不构成犯罪的，依法给予行政处分。

（6）税务人员利用职务上的便利，收受或者索取纳税人、扣缴义务人财物或者谋取其他不正当利益，构成犯罪的，依法追究刑事责任；尚不构成犯罪的，依法给予行政处分。

（7）税务人员徇私舞弊或者玩忽职守，不征或者少征应征税款，致使国家税收遭受重大损失，构成犯罪的，依法追究刑事责任；尚不构成犯罪的，依法给予行政处分。税务人员滥用职权，故意刁难纳税人、扣缴义务人的，调离税收工作岗位，并依法给予行政处分。税务人员对控告、检举税收违法违纪行为的纳税人、扣缴义务人以及其他检举人进行打击报复的，依法给予行政处分；构成犯罪的，依法追究刑事责任。税务人员违反法律、行政法规的规定，故意高估或者低估农业税计税产量，致使多征或者少征税款，侵犯农民合法权益或者损害国家利益，构成犯罪的，依法追究刑事责任；尚不构成犯罪的，依法给予行政处分。

(8)违反法律、行政和法规的规定提前征收、延缓征收或者摊派税款的，由其上级机关或者行政监察机关责令改正，对直接负责的主管人员和其他直接责任人员依法给予行政处分。

(9)违反法律、行政法规的规定，擅自作出税收的开征、停征或者减税、免税、退税、补税以及其他同税收法律、行政法规相抵触的决定的，除依照本法规定撤销其擅自作出的决定外，补征应征未征税款，退还不应征收而征收的税款，并由上级机关追究直接负责的主管人员和其他直接责任人员的行政责任；构成犯罪的，依法追究刑事责任。

(10)税务人员在征收税款或者查处税收违法案件时，未按照本法规定进行回避的，对直接负责的主管人员和其他直接责任人员，依法给予行政处分。

(11)违反税收法律、行政法规应当给予行政处罚的行为，在 5 年内未被发现的，不再给予行政处罚。

(12)未按照本法规定为纳税人、扣缴义务人、检举人保密的，对直接负责的主管人员和其他直接责任人员，由所在单位或者有关单位依法给予行政处分。

第三节　价格法

一、价格法概述

(一)价格的概念和范围

价格是商品价值的货币表现，它是反映市场供求关系、资源稀缺程度的信号，是引导优化市场资源配置的重要工具，在市场机制中发挥着重要的作用。《价格法》所称的价格仅指商品价格和服务价格，商品价格是指各类有形产品和无形资产的价格。服务价格是指各类有偿服务的收费。

(二)价格法

价格法是调整价格的制定、执行和监督过程中发生的经济关系的法律规范的总称。《中华人民共和国价格法》(以下简称《价格法》)由中华人民共和国第八届全国人民代表大会常务委员会第二十九次会议于 1997 年 12 月 29 日通过，自 1998 年 5 月 1 日起施行。《价格法》适用于中华人民共和国境内发生的价格行为。

(三)价格制度和价格形式

1. 价格制度

《价格法》第 3 条第 1 款规定："国家实行并逐步完善宏观经济调控下主要由市场形成价格的机制。价格的制定应当符合价值规律，大多数商品和服务价格实行市场调节价，极少数商品和服务价格实行政府指导价或者政府定价。"

2. 价格形式

价格形式是价格法确认的各类商品和经营性服务收费标准的表现方式。与我国基本价格制度相适应,价格法按照定价主体和价格形成途径不同,规定了市场调节价、政府指导价和政府定价的价格形式。

(1)市场调节价是由经营者自主制定,通过市场竞争形成的价格。经营者是指从事生产、经营商品或者提供有偿服务的法人、其他组织和个人。

(2)政府指导价是指依照价格法规定,由政府价格主管部门或者其他有关部门,按照定价权限和范围规定基准价及其浮动幅度,指导经营者制定的价格。

(3)政府定价是指依照价格法规定,由政府价格主管部门或者其他有关部门按照定价权限和范围制定的价格。

(四)价格主管机构

我国价格工作机构是各级人民政府价格主管部门和有关部门。《价格法》第5条规定:国务院价格主管部门统一负责全国的价格工作。国务院其他有关部门在各自的职责范围内,负责有关价格工作。县级以上地方各级人民政府价格主管部门负责本行政区域内的价格工作。

县级以上地方各级人民政府其他有关部门在各自的职责范围内负责有关的价格工作。

二、经营者的价格行为

(一)经营者自主定价的范围、定价原则和定价依据

1. 自主定价的范围

界定市场调节价格范围的客观标准是商品和服务项目价格是否适宜于在市场竞争中形成。价格法采用排除法的方式划定了经营者自主定价的范围,即在明确规定了政府指导价和政府定价的范围后,规定除适用政府指导价和政府定价之外的所有商品和服务价格,均实行市场调节价,由经营者自主制定。

2. 定价原则

经营者定价,应当遵循公平、合法和诚实信用的原则。

3. 定价依据

经营者定价的基本依据是生产经营成本和市场供求状况。

(二)经营者的价格权利和义务

1. 经营者的价格权利

经营者进行价格活动,享有以下权利:(1)自主制定属于市场调节的价格;(2)在政府指导价规定的幅度内制定价格;(3)制定属于政府指导价、政府定价产品范围内的新产品的试销价格,特定产品除外;(4)检举、控告侵犯其依法自主定价权利的行为。

2. 经营者的价格义务

经营者在价格活动中应履行的基本义务有:

(1)经营者应当努力改进生产经营管理,降低生产经营成本,为消费者提供价格合理的商品和服务,并在市场竞争中获取合法利润。经营者应当根据其经营条件建立、健全内部价格管理制度,准确记录与核定商品和服务的生产经营成本,不得弄虚作假。

(2)经营者进行价格活动,应当遵守法律、法规,执行依法制定的政府指导价、政府定价和法定的价格干预措施、紧急措施。

(3)经营者销售、收购商品和提供服务,应当按照政府价格主管部门的规定明码标价,注明商品的品名、产地、规格、等级、计价单位、价格或者服务的项目、收费标准等有关情况。经营者不得在标价之外加价出售商品，不得收取任何未予标明的费用。

(三)经营者的不正当价格行为

《价格法》第14条规定，经营者不得有下列不正当价格行为：(1)相互串通，操纵市场价格，损害其他经营者或消费者的合法权益；(2)在依法降价处理鲜活商品、季节性商品、积压商品等商品外，为了竞争对手或者独占市场，以低于成本的价格倾销，扰乱正常的生产、经营秩序，损害国家利益或者其他经营者的合法权益；(3)捏造、散布涨价信息，哄抬价格，推动商品价格过高上涨的；(4)利用虚假的或者使人误解的价格手段，诱骗消费者或者其他经营者与其进行交易；(5)提供相同商品或者服务，对具有同等交易条件的其他经营者实行价格歧视；(6)采取抬高等级或者压低等级手段收购、销售商品或者提供服务，变相提高或者压低价格；(7)违反法律、法规的规定牟取暴利；(8)法律、行政法规禁止的其他不正当价格行为。

三、政府的定价行为

(一)政府的定价范围

确定政府指导价和政府定价范围的标准是商品和服务的垄断程度、资源稀缺程度和重要程度。据此，《价格法》第18条规定，下列商品和服务价格，政府在必要时可以实行政府指导价或者政府定价：(1)与国民经济发展和人民生活关系重大的极少数商品价格，如原油、天然气的出厂价、粮食订购价、食盐价格等。(2)资源稀缺的少数商品，如金银矿产品的收购价等。(3)自然垄断经营商品，如自来水、煤气、集中供热等。(4)重要的公用事业，如公共交通、电信等。(5)重要的公益性服务，如学校、医院等。

随着具体商品和服务的垄断程度、资源稀缺程度和重要程度的变化，上述实行政府指导价和政府定价的商品和服务范围也会改变。

(二)定价权限

定价权限是各级人民政府价格主管部门和其他有关部门制定商品和服务价格的职责和权力范围。政府指导价、政府定价的定价权限和具体适用范围，以中央和地方的定价目录为依据。

中央定价目录由国务院价格主管部门制定、修订，报国务院批准后公布。

地方定价目录由省、自治区、直辖市人民政府价格主管部门按照中央定价目录规定的定价权限和具体适用范围制定，经本级人民政府审核同意，报国务院价格主管部门审定后公布。

省、自治区、直辖市人民政府以下各级地方人民政府不得制定定价目录。省、自治区、直辖市人民政府价格主管部门和其他有关部门，应当按照地方定价目录规定的定价权限和具体适用范围制定在本地区执行的政府指导价、政府定价。市、县人民政府可以根据省、自治区、直辖市人民政府的授权，按照地方定价目录规定的定价权限和具体适用范围制定在本地区执行的政府指导价、政府定价。

(三)定价依据、方式和程序

1. 定价依据

制定政府指导价、政府定价，应当依据有关商品或者服务的社会平均成本和市场供求状况，国民经济与社会发展要求及社会发展要求承受能力，实行合理的购销差价、批零差价、地区差价和季节差价。

2. 定价方式和程序

政府价格主管部门制定政府指导价、政府定价，应当开展价格、成本调查，听取消费者、经营者和有关方面的意见。制定关系群众切身利益的公用事业价格、公益性服务价格、自然垄断经营的商品价格等政府指导价、政府定价，应当建立听证会制度，由政府主管部门主持，征求消费者、经营者和有关方面的意见，论证其必要性、可行性。

政府指导价、政府定价制定后，由制定价格的部门向消费者、经营者公布。政府制定价格实行价格公告制度，以提高定价的透明度，规范政府的定价行为，便于经营者执行和消费者监督。

政府指导价、政府定价的具体适用范围、价格水平，应当根据经济运行情况，按照规定的定价权限和程序适时调整。消费者、经营者可以对政府指导价、政府定价提出调整建议。

四、价格总水平调控

(一)价格总水平调控的含义

价格总水平是指在一定时期内全社会所有商品和服务价格的综合平均水平。在新形势下，政府对价格的管理必须适应社会主义市场经济的要求。对价格总水平进行调控正是新形势下国家对价格的管理，实行价格总水平调控，对于加强和改善宏观经济调控、促进国民经济发展具有重要的作用。

(二)价格总水平调控目标的确定和实现

《价格法》规定，稳定市场价格总水平是国家重要的宏观经济政策目标。国家根据国民经济发展的需要和社会承受能力，确定市场价格总水平调控目标，列入国民经济和社会发展计划，并综合运用货币、财政、投资、进出口等方面的政策和措施，予以实现。

(三)价格保护措施、干预措施和紧急措施

1. 价格保护措施

《价格法》规定，政府在粮食等重要农产品的市场购买价格过低时，可以在收购中实行保护价格，并采取相应的经济措施保证其实现。保护价格是政府为了保护重要商品的生产者利益而确定的最低市场购买价格。

2. 价格干预措施

这是政府为防止市场价格可能出现过分上涨而采取的措施。《价格法》规定，当重要商品和服务价格显著上涨或者有可能显著上涨时，国务院和省、自治区、直辖市人民政府可以对部分价格采取限定差价或者利润率、规定限价、实行提价申报制度和调价备案制度等干预措施。

3. 价格紧急措施

当市场价格总水平出现剧烈波动等异常状态时，国务院可以在全国范围内或者部分区域内采取临时集中定价权限、部分或者全面冻结价格的紧急措施。

五、价格监督检查

价格监督检查是对遵守价格法律、法规和政策等情况进行的监督检查活动。《价格法》规定了专门机构监督检查、社会监督、舆论监督等几种价格监督检查形式。另外，还有对价格违法行为的举报制度。

(一)专门机构的监督检查

各级人民政府价格主管部门依法对价格活动进行的监督检查,是价格主管部门行使行政职权的行为,其行为具有法律效力。县级以上各级人民政府价格主管部门,依法对价格活动进行监督检查,并依照价格法的规定对价格违法行为实施行政处罚。

政府价格主管部门进行价格监督检查时,可以行使下列职权:(1)询问当事人或者有关人员,并要求其提供证明材料和与价格违法行为有关的其他资料;(2)查询、复制与价格违法行为有关的账簿、单据、凭证、文件及其他资料,核对与价格违法行为有关的银行资料;(3)检查与价格违法行为有关的财物,必要时可以责令当事人暂停相关营业;(4)在证据可能灭失或者以后难以取得的情况下,可以依法先行登记保存,当事人或者有关人员不得转移、隐匿或者销毁。

政府部门价格工作人员不得将依法取得的资料或者了解的情况用于依法进行价格管理以外的任何其他目的,不得泄露当事人的商业秘密。经营者接受政府价格主管部门的监督检查时,应当如实提供价格监督检查所必需的账簿、单据、凭证、文件以及其他资料。

(二)社会监督和舆论监督

社会监督和舆论监督是指非国家权力机构对价格行为进行的不具法律内效力的、民间性质的监督。消费者组织、职工价格监督组织、居民委员会、村民委员会等组织以及消费者,有权对价格行为进行社会监督。政府价格主管部门应当充分发挥群众的价格监督作用。新闻单位有权进行价格舆论监督。

(三)对价格违法行为的举报制度

这是指公民、法人及其他组织以口头或者书面形式向价格主管部门投诉、举报价格违法行为。政府价格主管部门应当建立对价格违法行为的举报制度。任何单位和个人均有权对价格违法行为进行举报。政府价格主管部门应当对举报者给予鼓励,并负责为举报者保密。

六、违反价格法的法律责任

违反价格法的法律责任是指公民、法人及其他组织违反价格法的各项规定所应承受的法律制裁,是国家为保障价格法的执行作出的强制性规定。

(一)经营者的价格违法行为及其法律责任

(1)经营者不执行政府指导价、政府定价以及法定的价格干预措施、紧急措施的,责令改正,没收违法所得,可以并处违法所得5倍以下的罚款;没有违法所得的,可以处以罚款;情节严重的,责令停业整顿。

(2)经营者有不正当价格行为之一的,责令改正,没收违法所得,可以并处违法所得5倍以下的罚款;没有违法所得的,予以警告,可以并处罚款;情节严重的,责令停业整顿,或者由工商行政管理机关吊销营业执照。

(3)经营者因价格违法行为致使消费者或者其他经营者多付价款的,应当退还多付部分;造成损害的,应当依法承担赔偿责任。

(4)经营者违反明码标价规定的,责令改正,没收违法所得,可以并处5 000元以下的罚款。

(5)经营者被责令暂停相关营业而不停止的,或者转移、隐匿、销毁依法登记保存的财物的,处相关营业所得或者转移、隐匿、销毁的财物价值1倍以上3倍以下的罚款。

(6)经营者拒绝按照规定提供监督检查所需资料或者提供虚假资料的,责令改正,予以警告;逾期不改正的,可以处以罚款。

(二)地方各级人民政府或者各级人民政府有关部门违反价格法的法律责任

地方各级人民政府或者各级人民政府有关部门违反本法规定,超越定价权限和范围擅自制定、调整价格或者不执行法定的价格干预措施、紧急措施的,责令改正,并可以通报批评;对直接负责的主管人员和其他直接责任人员,依法给予行政处分。

(三)价格工作人员的价格违法行为及其法律责任

价格工作人员泄露国家秘密、商业秘密以及滥用职权、徇私舞弊、玩忽职守、索贿受贿,构成犯罪的,依法追究刑事责任;尚不构成犯罪的,依法给予处分。

微型案例

2010 年 7 月 1 日,针对前段时间绿豆、大蒜等农产品价格大幅上涨,国家发改委、商务部、国家工商总局联合召开新闻通气会,通报了吉林、山东、河南、广东等省经销商囤积大蒜、串通绿豆集体涨价等违法行为,并开出 30 万～100 万元不等的罚单。比如,2009 年 10 月 17 日,吉林玉米中心批发市场有限公司等多家企业,召集国内 16 个省(区、市)109 家绿豆经销企业在吉林省洮南市金塔大酒店召开了“第一届全国绿豆市场产销行情研讨会”。会后,吉林玉米中心批发市场有限公司将会议纪要及其撰写的《2009 年产区绿豆种植情况调研报告》印发给与会企业,宣称“2009 年绿豆主产区产量同比下降 64.05%”,与《中国粮食年鉴》中国内绿豆产量下降 14.9%的统计数据相差悬殊。吉林省洮南市及其周边地区是我国绿豆的主要生产地和集散地,与会的绿豆经销企业遍布国内绿豆主产、主销区,其中许多是当地绿豆经销大户。吉林玉米中心批发市场有限公司等企业相互串通,捏造散布绿豆大幅减产等涨价信息,统一价格上涨共识,对全国绿豆价格的上涨起到了推波助澜的作用,违反了《价格法》《价格违法行为行政处罚规定》的有关规定。按照法定最高处罚额度处以 100 万元的罚款;对协办企业处 50 万元的罚款;对参加会议并相互串通的其他 109 家绿豆经销企业,由当地价格主管部门予以告诫。

第四节　广告法

一、广告与广告法概述

(一)广告和广告主体的概念

一般来说,广告有广义和狭义之分。广义的广告泛指一切要引起他人注意的宣传品和宣传手段,诸如政府、政党、团体、个人等向社会发布的宣言、公告、说明、告示、声明、公报、启事等,都可称为广告。狭义的广告则专指商业广告或者经济广告,是指商品经营者或者服务提供者承担费用,通过一定的媒介和形式直接或者间接地介绍自己所推销的商品或者所提供的服务的宣传活动。我国广告法所说的广告是指狭义的广告。

广告主体,即广告活动的参与者,包括广告主、广告经营者、广告发布者和广告代言人。广告主,是指为推销商品或者服务,自行或者委托他人设计、制作、发布广告的自然人、法人或者其他组织。广告经营者,是指接受委托提供广告设计、制作、代理服务的自然人、法人或者其他组织。广告发布者,是指为广告主或者广告主委托的广告经营者发布广告的自然人、法人或者其他组织。广告代言人,是指广告主以外的,在广告中以自己的名义或者形象对商品、服务作推荐、证明的自然人、法人或者其他组织。

(二)广告法的概念及其立法

广告法,是国家在调整广告活动过程中所发生的各种社会关系的法律规范的总称。广告法调整广告主、广告经营者和广告发布者在中华人民共和国境内从事广告活动所发生的社会关系,主要是广告监督管理机关、广告审查机关与广告行为的主体之间发生的各种管理关系。

为了加强广告管理,使广告管理纳入法制轨道,国务院于1982年2月发布了《广告管理暂行条例》,1987年10月发布了《广告管理条例》;国家工商行政管理局1988年1月发布了《广告管理条例实施细则》;1994年10月27日第八届全国人大常委会第十次会议通过了《中华人民共和国广告法》(以下简称《广告法》),并于1995年2月1日起施行,2015年4月24日第十二届全国人民代表大会常务委员会第十四次会议对《广告法》进行了修订。

(三)广告管理体制

广告管理是国家为保护国家、社会的利益和消费者的权益,对广告活动采取审查、监督、检查的办法来实现广告真实性的行为。广告管理包括:(1)对广告主、广告经营者、广告发布者的主体资格进行审查、监督;(2)对广告的内容进行管理;(3)对广告违法行为进行制裁。

《广告法》第6条规定:"县级以上地方工商行政管理部门主管本行政区域的广告监督管理工作,县级以上地方人民政府有关部门在各自的职责范围内负责广告管理相关工作。"工商部门主要职责是:制定广告规章,执行国家的广告市场管理政策、法规;审批、登记广告经营者;颁布广告业务许可证;对广告业务进行经常性的检查监督,会同有关部门制定户外广告的设置、张贴、规划,并负责监督实施;会同物价部门制定广告收费标准;制裁广告违法行为等。

二、广告行为规范

1. 广播电台、电视台、报刊出版单位从事广告发布业务的,应当设有专门从事广告业务的机构,配备必要的人员,具有与发布广告相适应的场所、设备,并向县级以上地方工商行政管理部门办理广告发布登记。

2. 广告主、广告经营者、广告发布者之间在广告活动中应当依法订立书面合同,不得在广告活动中进行任何形式的不正当竞争。广告主委托设计、制作、发布广告,应当委托具有合法经营资格的广告经营者、广告发布者。

3. 广告主或者广告经营者在广告中使用他人名义或者形象的,应当事先取得其书面同意;使用无民事行为能力人、限制民事行为能力人的名义或者形象的,应当事先取得其监护人的书面同意。

4. 广告经营者、广告发布者应当按照国家有关规定,建立、健全广告业务的承接登记、审核、档案管理制度。广告经营者、广告发布者依据法律、行政法规查验有关证明文件,核对广告内容。对内容不符或者证明文件不全的广告,广告经营者不得提供设计、制作、代理服务,广告发布者不得发布。广告经营者、广告发布者应当公布其收费标准和收费办法。

5. 广告发布者向广告主、广告经营者提供的覆盖率、收视率、点击率、发行量等资料应当真实。

6. 法律、行政法规规定禁止生产、销售的产品或者提供的服务,以及禁止发布广告的商品或者服务,任何单位或者个人不得设计、制作、代理、发布广告。

7. 广告代言人在广告中对商品、服务作推荐、证明,应当依据事实,符合本法和有关法律、行政法规规定,并不得为其未使用过的商品或者未接受过的服务作推荐、证明。不得利用不满

10周岁的未成年人作为广告代言人。对在虚假广告中作推荐、证明受到行政处罚未满3年的自然人、法人或者其他组织,不得利用其作为广告代言人。

8. 不得在中小学校、幼儿园内开展广告活动,不得利用中小学生和幼儿的教材、教辅材料、练习册、文具、教具、校服、校车等发布或者变相发布广告,但公益广告除外。

9. 在针对未成年人的大众传播媒介上不得发布医疗、药品、保健食品、医疗器械、化妆品、酒类、美容广告,以及不利于未成年人身心健康的网络游戏广告。针对不满14周岁的未成年人的商品或者服务的广告不得含有下列内容:(1)劝诱其要求家长购买广告商品或者服务;(2)可能引发其模仿不安全行为。

10. 县级以上地方人民政府应当组织有关部门加强对利用户外场所、空间、设施等发布户外广告的监督管理,制定户外广告设置规划和安全要求。有下列情形之一的,不得设置户外广告:(1)利用交通安全设施、交通标志的;(2)影响市政公共设施、交通安全设施、交通标志、消防设施、消防安全标志使用的;(3)妨碍生产或者人民生活,损害市容市貌的;(4)在国家机关、文物保护单位、风景名胜区等的建筑控制地带,或者县级以上地方人民政府禁止设置户外广告的区域设置的。

11. 任何单位或者个人未经当事人同意或者请求,不得向其住宅、交通工具等发送广告,也不得以电子信息方式向其发送广告。以电子信息方式发送广告的,应当明示发送者的真实身份和联系方式,并向接收者提供拒绝继续接收的方式。

12. 利用互联网从事广告活动,适用《广告法》的各项规定。利用互联网发布、发送广告,不得影响用户正常使用网络。在互联网页面以弹出等形式发布的广告,应当显著标明关闭标志,确保一键关闭。

13. 公共场所的管理者或者电信业务经营者、互联网信息服务提供者对其明知或者应知的利用其场所或者信息传输、发布平台发送、发布违法广告的,应当予以制止。

三、广告内容准则

(一)对广告内容的基本要求

广告内容是广告管理的核心,广告法对广告内容的要求,既是广告经营者和广告发布者审查、制作和发布广告的依据,也是广告主申请刊播、设置、张贴广告时应遵循的原则。"其具体原则是:

1. 广告必须真实、客观

广告必须真实、客观,不得以任何形式欺骗用户和消费者,这是广告最重要的原则。《广告法》第3条、第4条规定,"广告应当真实、合法,以健康的表现形式表达广告内容,符合社会主义精神文明建设和弘扬中华民族优秀传统文化的要求。""广告不得含有虚假或者引人误解的内容,不得欺骗、误导消费者。"

广告主应当对广告内容的真实性负责。因此必须做到:(1)广告内容涉及的事项需要取得行政许可的,应当与许可的内容相符合。广告使用数据、统计资料、调查结果、文摘、引用语等引证内容的,应当真实、准确,并表明出处。引证内容有适用范围和有效期限的,应当明确表示。(2)广告中涉及专利产品或者专利方法的,应当标明专利号和专利种类。未取得专利权的,不得在广告中谎称取得专利权。禁止使用未授予专利权的专利申请和已经终止、撤销、无效的专利做广告。(3)广告不得贬低其他生产经营者的商品或者服务。

《广告法》第28条规定，广告以虚假或者引人误解的内容欺骗、误导消费者的，构成虚假广告。广告有下列情形之一的，为虚假广告：(1)商品或者服务不存在的；(2)商品的性能、功能、产地、用途、质量、规格、成分、价格、生产者、有效期限、销售状况、曾获荣誉等信息，或者服务的内容、提供者、形式、质量、价格、销售状况、曾获荣誉等信息，以及与商品或者服务有关的允诺等信息与实际情况不符，对购买行为有实质性影响的；(3)使用虚构、伪造或者无法验证的科研成果、统计资料、调查结果、文摘、引用语等信息作证明材料的；(4)虚构使用商品或者接受服务的效果的；(5)以虚假或者引人误解的内容欺骗、误导消费者的其他情形。

2. 广告必须具有可识别性，维护消费者的利益

广告应当具有可识别性，能够使消费者辨明其为广告。大众传播媒介不得以新闻报道形式变相发布广告。通过大众传播媒介发布的广告应当显著标明“广告”，与其他非广告信息相区别，不得使消费者产生误解。广播电台、电视台发布广告，应当遵守国务院有关部门关于时长、方式的规定，并应当对广告时长作出明显提示。

3. 广告必须合法

这一原则要求广告内容及表现形式都应当遵守法律、法规的规定。由于广告涉及各个领域，所以广告不仅要遵守有关广告的法律法规，同时也要遵守其他法律、法规。

为了使广告内容的管理具体化，《广告法》第9条规定，广告不得有下列情形：(1)使用或者变相使用中华人民共和国的国旗、国歌、国徽，军旗、军歌、军徽；(2)使用或者变相使用国家机关、国家机关工作人员的名义或者形象；(3)使用“国家级”“最高级”“最佳”等用语；(4)损害国家的尊严或者利益，泄露国家秘密；(5)妨碍社会安定，损害社会公共利益；(6)危害人身、财产安全，泄露个人隐私；(7)妨碍社会公共秩序或者违背社会良好风尚；(8)含有淫秽、色情、赌博、迷信、恐怖、暴力的内容；(9)含有民族、种族、宗教、性别歧视的内容；(10)妨碍环境、自然资源或者文化遗产保护；(11)法律、行政法规规定禁止的其他情形。

(二)对特殊商品广告的管理

发布一般的商品广告，只要遵循对广告的基本要求即可。但发布医疗、药品、医疗器械、保健食品、农药、兽药、烟草等特殊商品的广告，广告法均作出了明确的规定：

1. 医疗、药品、医疗器械广告

《广告法》规定，麻醉药品、精神药品、医疗用毒性药品、放射性药品等特殊药品，药品类易制毒化学品，以及戒毒治疗的药品、医疗器械和治疗方法，不得做广告。除这些特殊药品以外的处方药，只能在国务院卫生行政部门和国务院药品监督管理部门共同指定的医学、药学专业刊物上做广告。

同时，医疗、药品、医疗器械广告不得含有下列内容：(1)表示功效、安全性的断言或者保证；(2)说明治愈率或者有效率；(3)与其他药品、医疗器械的功效和安全性或者其他医疗机构比较；(4)利用广告代言人作推荐、证明；(5)法律、行政法规规定禁止的其他内容。

药品广告的内容不得与国务院药品监督管理部门批准的说明书不一致，并应当显著标明禁忌、不良反应。处方药广告应当显著标明“本广告仅供医学药学专业人士阅读”，非处方药广告应当显著标明“请按药品说明书或者在药师指导下购买和使用”。推荐给个人自用的医疗器械的广告，应当显著标明“请仔细阅读产品说明书或者在医务人员的指导下购买和使用”。医疗器械产品注册证明文件中有禁忌内容、注意事项的，广告中应当显著标明“禁忌内容或者注意事项详见说明书”。

除医疗、药品、医疗器械广告外，禁止其他任何广告涉及疾病治疗功能，并不得使用医疗用

语或者易使推销的商品与药品、医疗器械相混淆的用语。

2. 保健食品广告

保健食品广告不得含有下列内容：(1)表示功效、安全性的断言或者保证；(2)涉及疾病预防、治疗功能；(3)声称或者暗示广告商品为保障健康所必需；(4)与药品、其他保健食品进行比较；(5)利用广告代言人作推荐、证明；(6)法律、行政法规规定禁止的其他内容。

保健食品广告应当显著标明“本品不能代替药物”。广播电台、电视台、报刊音像出版单位、互联网信息服务提供者不得以介绍健康、养生知识等形式变相发布医疗、药品、医疗器械、保健食品广告。禁止在大众传播媒介或者公共场所发布声称全部或者部分替代母乳的婴儿乳制品、饮料和其他食品广告。

3. 农药、兽药、饲料和饲料添加剂广告

农药、兽药、饲料和饲料添加剂广告不得含有下列内容：(1)表示功效、安全性的断言或者保证；(2)利用科研单位、学术机构、技术推广机构、行业协会或者专业人士、用户的名义或者形象做推荐、证明；(3)说明有效率；(4)违反安全使用规程的文字、语言或者画面；(5)法律、行政法规规定禁止的其他内容。

4. 烟草广告

禁止在大众传播媒介或者公共场所、公共交通工具、户外发布烟草广告。禁止向未成年人发送任何形式的烟草广告。禁止利用其他商品或者服务的广告、公益广告宣传烟草制品名称、商标、包装、装潢以及类似内容。烟草制品生产者或者销售者发布的迁址、更名、招聘等启事中，不得含有烟草制品名称、商标、包装、装潢以及类似内容。

5. 酒类广告

酒类广告不得含有下列内容：(1)诱导、怂恿饮酒或者宣传无节制饮酒；(2)出现饮酒的动作；(3)表现驾驶车、船、飞机等活动；(4)明示或者暗示饮酒有消除紧张和焦虑、增加体力等功效。

6. 教育、培训广告

教育、培训广告不得含有下列内容：(1)对升学、通过考试、获得学位学历或者合格证书，或者对教育、培训的效果作出明示或者暗示的保证性承诺；(2)明示或者暗示有相关考试机构或者其工作人员、考试命题人员参与教育、培训；(3)利用科研单位、学术机构、教育机构、行业协会、专业人士、受益者的名义或者形象做推荐、证明。

7. 招商等有投资回报预期的商品或者服务广告

招商等有投资回报预期的商品或者服务广告，应当对可能存在的风险以及风险责任承担有合理提示或者警示，并不得含有下列内容：(1)对未来效果、收益或者与其相关的情况作出保证性承诺，明示或者暗示保本、无风险或者保收益等，国家另有规定的除外；(2)利用学术机构、行业协会、专业人士、受益者的名义或者形象做推荐、证明。

8. 房地产广告

房地产广告，房源信息应当真实，面积应当表明为建筑面积或者套内建筑面积，并不得含有下列内容：(1)升值或者投资回报的承诺；(2)以项目到达某一具体参照物的所需时间表示项目位置；(3)违反国家有关价格管理的规定；(4)对规划或者建设中的交通、商业、文化教育设施以及其他市政条件做误导宣传。

9. 农作物种子、林木种子、草种子、种畜禽、水产苗种和种养殖广告

农作物种子、林木种子、草种子、种畜禽、水产苗种和种养殖广告关于品种名称、生产性能、

生长量或者产量、品质、抗性、特殊使用价值、经济价值、适宜种植或者养殖的范围和条件等方面的表述应当真实、清楚、明白，并不得含有下列内容：(1)做科学上无法验证的断言；(2)表示功效的断言或者保证；(3)对经济效益进行分析、预测或者做保证性承诺；(4)利用科研单位、学术机构、技术推广机构、行业协会或者专业人士、用户的名义或者形象做推荐、证明。

四、广告审查

(一)广告审查的概念

广告审查是指在广告发布前，由广告经营者、广告发布者、广告审查机关依法对广告内容是否合法、真实等进行的审查、核实活动。建立广告审查制度，是为了尽可能地不使违法广告得到发布和健全广告发布的防范机制。

(二)广告审查的要求

一是发布医疗、药品、医疗器械、农药、兽药和保健食品广告，以及法律、行政法规规定应当进行审查的其他广告，应当在发布前由有关部门(以下称广告审查机关)对广告内容进行审查；未经审查，不得发布。

二是广告主申请广告审查，应当依照法律、行政法规向广告审查机关提交有关证明文件。广告审查机关应当依照法律、行政法规规定作出审查决定，并应当将审查批准文件抄送同级工商行政管理部门。广告审查机关应当及时向社会公布批准的广告。

三是任何单位或者个人不得伪造、变造或者转让广告审查批准文件。

五、法律责任

(一)广告主体违反广告法应当承担的法律责任

1. 广告违法行为

广告违法行为是指广告主、广告经营者、广告发布者在广告活动中违反我国广告管理法规。常见的广告违法行为有：(1)非法经营广告；(2)发布违禁广告，如虚假广告、新闻广告、超越经营范围和国家许可范围的广告等；(3)代理、发布无合法证明或证明不全的广告；(4)伪造、涂改、盗用或擅自复制广告证明；(5)为广告主出具非法或虚假证明；(6)非法发布卷烟、药品等特殊商品广告；(7)广告活动中的垄断和不正当竞争行为。

2. 法律责任

违反广告管理法规的广告主、广告经营者和广告发布者所应承担的法律责任，概括起来有以下三个方面：

(1)行政责任。即工商行政管理机关对违反广告法规的当事人给予的行政处罚。主要形式有：停止发布广告、责令公开更正、通报批评、没收非法所得、罚款、停业整顿、吊销营业执照或者广告经营许可证。

(2)民事责任。广告主、广告经营者、广告发布者违反广告法规，给用户和消费者造成损失的，应当承担赔偿责任。损害赔偿，受害人可以请求县级以上的工商行政管理机关处理，也可以向人民法院起诉。

(3)刑事责任。广告主和广告经营者、广告发布者违反广告法规，情节严重，构成犯罪的，由司法机关追究刑事责任。

(二)广告监管机关及其工作人员违反广告法的责任

广告审查机关对违法的广告内容作出审查批准决定的,对直接负责的主管人员和其他直接责任人员,由其所在单位、上级机关、行政监察部门依法给予行政处分。

广告监督管理机关和广告审查机关的工作人员玩忽职守、滥用职权、徇私舞弊的,给予行政处分。构成犯罪的,依法追究刑事责任。

(三)当事人不服行政处罚的处理办法

当事人对行政处罚决定不服的,可以在接到处罚通知之日起15日内向作出处罚决定的机关的上一级机关申请复议;当事人也可以在接到处罚通知之日起15日内直接向人民法院起诉。

复议机关应当在接到复议申请之日起60日内作出复议决定。当事人对复议决定不服的,可以在接到复议决定之日起15日内向人民法院起诉。复议机关逾期不作出复议决定的,当事人可以在复议期满之日起15日内向人民法院起诉。

当事人逾期不申请复议也不向人民法院起诉,又不履行处罚决定的,作出处罚决定的机关可以申请人民法院强制执行。

课后习题

一、复习思考题

1. 会计法律制度的构成有哪些?
2. 会计核算的原则和要求有哪些?
3. 什么是税法?税法的构成要素有哪些?
4. 什么是增值税?增值税的征税对象有哪些?
5. 经营者的价格行为有哪些?
6. 政府的定价行为有哪些?
7. 价格总水平调控的目标和措施分别有哪些?
8. 我国的广告管理体制规定有哪些?
9. 我国广告法对广告的要求有哪些?

二、案例分析题

某年2月,广州某面粉有限公司在江苏某电视台发布的"升高2000"广告中称:"该产品适用于13~18岁发育期青少年,食用后99.6%的人3天后可长高1厘米,1个月后可长高3厘米,3个月后可长高6厘米,同时,还能增强学生的记忆力,提高学习成绩;该产品获日内瓦国际医学认证,属国际医学保健科技最尖端产品。"看到该广告后,许多家长纷纷购买,不到4个月,该产品在南京就取得了75万元的销售业绩。后来,不少家长反映孩子食用后并无明显效果,于是纷纷向工商行政管理局投诉。经查,这个产品为普通保健食品,无增高、益智等功能,更不适宜青少年人群。

问题:

(1)某面粉有限公司的广告属于什么广告?

(2)该公司应当承担哪些法律责任?

第十八章　经济仲裁与经济诉讼

学习目标

掌握经济仲裁的概念、原则及特征；
掌握经济仲裁的组织机构、仲裁协议、仲裁程序；
掌握人民法院对经济仲裁的支持与监督；
了解涉外仲裁制度、劳动仲裁制度；
掌握经济诉讼的概念、原则及特征；
掌握经济诉讼的主管与管辖、诉讼当事人、证据与证明；
掌握经济诉讼的保障制度；
掌握普通诉讼程序、第二审程序、再审程序、特别程序；
掌握经济诉讼的执行制度；
了解涉外诉讼制度。

引入案例

收回闲置土地仲裁案

2001 年，某市国土资源局将 180 亩土地使用权出让给某投资发展公司建超市，使用期限为 50 年，每亩土地出让金为 10 万元。双方签订合同后，某投资发展公司缴纳土地出让金1 800元后，某市国土资源局办理了土地使用权证。某投资发展公司仅使用了 60 亩土地，建营业楼一座，其余 120 亩土地一直闲置。2004 年 10 月，某市国土资源局向某市仲裁委员会提出申请，请求裁决收回某投资发展公司闲置 2 年的土地 120 亩，并由某投资发展公司偿还土地出让金1 656万元。2005 年 2 月，某市仲裁委员会经审理裁决：某投资公司偿还某国土资源局土地出让金1 656万元，国土资源局有权收回闲置的土地。由于某投资公司在经营期间，因建营业楼及开业经营欠外债 1 亿元，营业楼和 180 亩的土地使用权因另案被法院查封。某投资公司早已处于歇业状态，法定代表人下落不明，无其他固定人员上班。某国土资源局请求人民法院强制执行该仲裁裁决。

——资料来源：徐磊，《法学概论教学案例解析》，上海交通大学出版社 2006 年版。

第一节　经济仲裁

仲裁，亦称公断，是解决争议的一种重要方式。所谓仲裁，是指双方当事人在争议发生之前或者争议发生之后，达成协议，自愿将该争议交给无直接利害关系的第三方作出裁决，争议双方有义务执行该裁决，从而解决争议的法律制度。

1994 年 8 月 31 日，第八届全国人民代表大会常务委员会第九次会议通过了《中华人民共和国仲裁法》，自 1995 年 9 月 1 日起施行。2009 年 8 月 27 日，第十一届全国人民代表大会常务委员会第十次会议对《仲裁法》进行了修正。

一、仲裁制度概述

古罗马地中海沿岸各城海上贸易比较发达，因而商人之间的商事纠纷也随之增加，当事人为及时解决纠纷而约请本地有一定威望的第三人充当调解和裁决人，逐步形成了仲裁惯例。此后随着欧洲商品经济的进步，仲裁惯例在一些国家得到较大发展，并为法律所承认，形成仲裁制度。19 世纪以来，许多国家相继通过了仲裁法。同时，国际政治、经济、贸易联系的加强，使仲裁的内容和形式也发生了重大变化，逐步由一国范围内的民事、商事仲裁，扩展到国际商事仲裁、海事仲裁、劳动争议仲裁和解决国家间争端的国际仲裁等领域。

(一)经济仲裁的概念与特点

经济仲裁是指双方当事人在发生因特定经济问题而引起的争议发生之前或者之后，自愿达成协议，将该争议提交仲裁机构裁决的制度。

《仲裁法》第 1 条规定："为保证公正、及时地仲裁经济纠纷，保护当事人的合法权益，保障社会主义市场经济健康发展，制定本法。"这一条阐明了《仲裁法》的立法宗旨。与民事诉讼相比，仲裁具有极大的灵活性和便利性，可以避免诉讼程序的烦琐，可以保护当事人的商业秘密，可以及时处理纠纷、节省费用。仲裁简易、快捷的特点，对于保护当事人的正当权益，及时解决纠纷，保障社会主义市场经济的健康发展，具有重要意义。

仲裁法是程序法，包括在民事程序法律机制中。经济仲裁具有以下特点：

1. 仲裁程序的灵活性、便利性

与民事诉讼程序相比，仲裁具有极大的灵活性和便利性。表现在当事人有权选择是否仲裁、有权选择仲裁员、有权约定仲裁程序、有权选择不公开审理商业纠纷，这些优点是民事诉讼程序所不具备的，因而仲裁能得到当事人的信任。

2. 仲裁规则的可选择性

仲裁活动要遵循一定的程序。为保障当事人对仲裁程序进行选择的自主权，仲裁法对程序性的规定一般都是原则性的。为此，常设仲裁机构往往根据大量仲裁实践，制定一整套程序性的仲裁规则，以供当事人选择。仲裁规则不是国家立法机关制定的，也不具有国家立法的性质，因而没有国家法律的效力。当事人可以比较各常设仲裁机构的仲裁规则，选择最适合自己案件特点的仲裁规则；一旦当事人选择了某一仲裁规则，还可以就其中双方当事人认为不适合的规定另作约定。这样，仲裁规则给双方当事人选择仲裁程序提供了极大的便利。

3. 仲裁事项的限定性

仲裁事项，即可仲裁的争议的范围，不仅取决于当事人的意愿，而且还取决于法律规定。主要包括经济纠纷、对外经济贸易纠纷、海事纠纷等平等主体的当事人之间的财产权益。

4. 仲裁裁决的强制性

当事人一旦选择仲裁方式解决争议，仲裁员所作的裁决即具有法律效力，对双方当事人都有约束力，当事人应当履行，否则权利人可以向人民法院申请强制执行。

(二)经济仲裁的种类

1. 国内仲裁与涉外仲裁

根据争议内容是否包含涉外因素，可将仲裁分为国内仲裁和涉外仲裁。国内仲裁所涉及的法律关系的构成中没有外国因素，一般只涉及国内经济贸易方面的争议。涉外仲裁的双方当事人包括一方为本国经济主体而另一方为外国主体，或者双方在不同国家没有住所，或者双方都为外国主体。

2. 临时仲裁与机构仲裁

根据仲裁组织是否具有常设机构，可将仲裁分为临时仲裁和机构仲裁。临时仲裁指事先不存在常设仲裁机构，没有固定组织、仲裁规则和仲裁员，当事人根据仲裁协议，确定仲裁庭的组成、仲裁规则的适用。争议解决之后，仲裁组织即不存在。机构仲裁指事先存在常设仲裁机构，有固定的组织，设立仲裁员名册，当事人根据仲裁协议将争议提交某个选定的仲裁机构进行审理和裁决。

(三)仲裁法的适用范围

《仲裁法》第 2 条规定，平等主体的公民、法人和其他组织之间发生的合同纠纷和其他财产权益纠纷，可以仲裁。

首先，仲裁事项必须是合同纠纷和其他财产权益法律关系纠纷，如侵权、不当得利或者无因管理等财产纠纷。非讼案件和非财产权益纠纷，不能进行仲裁。与人身权有关的婚姻、收养、扶养、监护、继承等案件不能进行仲裁。其次，仲裁事项必须是平等主体的当事人之间发生的财产权益纠纷，当事人对该项财产权益有处分权。因而，当事人无处分权而由强制性法律规范调整的法律关系的争议不能进行仲裁，即依法应当由行政机关处理的行政争议，应排除在仲裁范围之外。

此外，劳动纠纷和农业集体经济组织内部的农业承包合同纠纷不同于一般的经济纠纷，在仲裁原则、程序等方面有自己的特点，《仲裁法》第 77 条规定，劳动争议和农业集体经济组织内部的农业承包合同纠纷的仲裁，另行规定。

二、仲裁的基本原则

仲裁的基本原则，是指仲裁机构在审理和裁决经济争议案件的过程中，应当遵循的一些重要准则。

(一)当事人自愿原则

仲裁的发生，以双方当事人自愿为前提，自愿是贯串仲裁程序始终的一项基本原则。根据《仲裁法》的规定，自愿原则体现在：第一，当事人采取仲裁方式解决纠纷，应当双方自愿达成仲裁协议。没有仲裁协议，一方申请仲裁的，仲裁委员会不予受理；双方达成仲裁协议，一方向人民法院起诉的，人民法院不予受理；当事人达成仲裁协议，一方向人民法院起诉的，人民法院不予受理。第二，当事人可以自愿选定仲裁机构和指定仲裁员组成仲裁庭。第三，在仲裁过程中，当事人可以自行和解，达成和解协议，可以请求仲裁庭根据和解协议作出裁决书，当事人也可以撤回仲裁申请。

(二)协议管辖原则

仲裁不实行地域管辖和级别管辖，仲裁机构的管辖权来自当事人的自愿和授权。双方当事人自愿达成的仲裁协议，既是仲裁委员会行使仲裁管辖权的依据，又具有排斥法院管辖权的效力。协议管辖原则的确立，是保障当事人意思自治的集中体现。

(三)以事实为依据,以法律为准绳的原则

仲裁机构作出裁决必须以客观事实为依据,以民事实体法和程序法作为处理案件的标准。准确认定事实是正确适用法律的基础,仲裁庭必须充分听取当事人的陈述、证人证言和鉴定意见,仲裁庭认为有必要收集的证据,可以自行收集。在适用法律时,法律有明文规定的,按照法律的规定;法律无明文规定的,按照法律的基本精神和公平合理原则处理纠纷。

(四)仲裁机构独立行使仲裁权原则

《仲裁法》第8条规定,仲裁依法独立进行,不受行政机关、社会团体和个人的干涉。仲裁庭在处理经济争议中,只根据事实和法律进行仲裁,不受外界干涉。但是人民法院依法可以对仲裁进行必要的监督。

(五)一裁终局原则

一裁终局是指仲裁庭审理案件只进行一次裁决,裁决作出后,即具有法律效力,当事人不得再向其他仲裁机构或有关部门申请复议,也不得再向人民法院提起诉讼。当事人就同一纠纷再申请仲裁或者向人民法院起诉的,仲裁委员会或者人民法院不予受理。但是裁决被人民法院依法裁定撤销或者不予执行的,当事人就该纠纷可以根据双方重新达成的仲裁协议申请仲裁,也可以向人民法院起诉。

三、仲裁机构与仲裁员

仲裁机构,是负责仲裁活动的组织和审理工作的专门机构。仲裁机构执行仲裁立法,公正、及时地仲裁经济纠纷,保护当事人合法权益。

(一)仲裁委员会

仲裁委员会是我国的常设性仲裁机构。《仲裁法》第10条规定,仲裁委员会可以在直辖市和省、自治区人民政府所在地的市设立,也可以根据需要在其他设区的市设立,不按行政区划层层设立。

仲裁委员会只能在设区的市设立,并且只能成立一个统一的综合性仲裁委员会,不能按照不同专业设立各种专业性仲裁委员会或者专业性仲裁庭。仲裁委员会由设区的市的人民政府组织有关部门和商会统一组建,并且经省、自治区、直辖市的司法行政部门登记,取得法人资格。根据《仲裁法》第11条、第12条的规定,仲裁委员会应当具备下列条件:(1)有自己的名称、住所和章程;(2)有必要的财产;(3)有该委员会的组成人员;(4)有聘任的仲裁员。

仲裁委员会应当依据《仲裁法》制定章程。

仲裁委员会由主任1人、副主任2～4人和委员7～11人组成。仲裁委员会的主任、副主任和委员由法律、经济贸易专家和有实际工作经验的人员担任。仲裁委员会的组成人员中,法律、经济贸易专家不得少于2/3。

仲裁委员会独立于行政机关,与行政机关没有隶属关系;不按行政区划层层设立。各仲裁委员会的法律地位也是平等的,相互之间也没有隶属关系。

仲裁委员会是不以营利为目的的法人组织,其活动具有准司法性质。根据仲裁法的规定,仲裁委员会的职责主要包括:(1)决定仲裁员的聘任、解聘和除名;(2)受理仲裁申请;(3)决定仲裁委员会秘书长、专家咨询机构负责人的人选;(4)仲裁委员会主任担任仲裁员的,决定主任的回避;(5)应当事人的请求,决定有异议的仲裁协议的效力;(6)在由本仲裁委员会的仲裁员所作出的仲裁裁决书上加盖印章;(7)制定、修改仲裁委员会章程;(8)决定解散仲裁委员会;

(9)仲裁法、仲裁规则和仲裁委员会章程规定的其他职责。

(二)仲裁员

仲裁员是对仲裁机构受理的争议案件进行审理和裁决的人员。仲裁员应当由有完全民事行为能力并且具备良好业务素质的人士担任。

《仲裁法》对仲裁员的法定资格作了明确规定。仲裁委员会应当从公道正派的人员中聘任仲裁员。仲裁员应当符合下列条件之一:(1)从事仲裁工作满8年的;(2)从事律师工作满8年的;(3)曾任审判员满8年的;(4)从事法律研究、教学工作并具有高级职称的;(5)具有法律知识、从事经济贸易等专业工作并具有高级职称或者具有同等专业水平的。

仲裁员由仲裁委员会从具备仲裁员资格的人员中聘任。仲裁委员会应当将聘任的仲裁员造就名册,供当事人选择。仲裁委员会可以根据不同专业,设置经济合同、知识产权、房地产、证券、投资等专业仲裁员名册。

(三)仲裁协会

中国仲裁协会是全国性的社会团体法人,实行会员制。仲裁委员会是仲裁协会的法定会员。中国仲裁协会的章程由全国会员大会制定。

中国仲裁协会是仲裁委员会的自律性组织。仲裁协会指导、协调仲裁委员会的工作。中国仲裁协会根据仲裁法和民事诉讼法的有关规定制定仲裁规则,以及其他规范性仲裁文件,对仲裁委员会及其组成人员、仲裁员的违纪行为进行监督。

中国仲裁协会设在北京。根据需要,可在其他地区设立分会。

四、仲裁协议

仲裁协议是当事人申请仲裁的依据,也是仲裁机构受理案件的依据,被誉为现代仲裁制度的基石。

(一)仲裁协议的概念

仲裁协议是指双方当事人在争议发生前或者争议发生后,自愿达成的请求仲裁的意思表示。当事人协商一致,达成仲裁协议,是提交仲裁的前提条件。当事人如果没有订立仲裁协议或者仲裁协议无效,任何一方都不能强迫对方进行仲裁,仲裁机构也不能受理仲裁申请。

仲裁协议必须采用书面形式,我国仲裁法不承认口头仲裁协议。当事人可在争议发生之前,事先订立仲裁协议,也可在争议发生之后,就是否选择仲裁解决争议达成一致,即事后订立仲裁协议。

(二)仲裁协议的种类

仲裁协议包括合同中订立的仲裁条款和以其他书面方式在纠纷发生前或者纠纷发生后达成的请求仲裁的协议。

1. 仲裁条款

仲裁条款是当事人于合同中订立的,以仲裁方式解决争议的条款。作为争议解决条款,仲裁条款是合同的主要条款之一,具有法律约束力。根据《合同法》的规定,当事人协商同意的合同书、信件和数据电文(包括电报、电传、传真、电子数据交换和电子邮件)等形式,也是合同的组成部分,因而当事人在上述文件中订有协议仲裁的条款,也属于仲裁条款。包括已达成的请求仲裁的协议。

2. 仲裁协议书

仲裁协议书是当事人在主合同之外,就提交仲裁解决争议达成的专门书面协议。仲裁协议书多在双方当事人订立的主合同中并无仲裁条款,或者双方当事人之间根本不存在合同法律关系的情况下签订。

(三)仲裁协议的内容

1. 请求仲裁的意思表示

请求仲裁的意思表示,是当事人双方设立仲裁法律关系的意志的表现。构成这种意思表示,必须具备两个要素:一是有当事人的意图,即当事人有设立仲裁法律关系的愿望;二是有当事人的行为,即当事人将提交仲裁的意图用书面协议的形式表现出来。

2. 仲裁事项

当事人所确立的仲裁事项,是仲裁庭行使仲裁管辖权的重要依据之一,也是当事人申请本国或者外国法院协助承认与执行仲裁裁决时的必备条件。约定仲裁事项必须全面而明确,不可遗漏。一方当事人实际提请仲裁的争议,以及仲裁机构受理的争议,都不得超过仲裁事项,否则仲裁机构无权受理。

当事人概括约定仲裁事项为合同争议的,基于合同成立、效力、变更、转让、履行、违约责任、解释、解除等产生的纠纷都可以认定为仲裁事项。

3. 选定的仲裁委员会

仲裁遵循协议管辖原则,仲裁委员会不实行地域管辖和级别管辖。当事人申请仲裁必须事先选定具体的仲裁委员会,否则仲裁委员会无法受理。

上述三条是仲裁协议有效的必备内容,缺一不可,构成仲裁协议的实质要件。此外,当事人还可以在仲裁协议中约定其他内容,如约定仲裁庭的组成方式、仲裁员的选择方式等。《仲裁法》规定,仲裁协议对仲裁事项或者仲裁委员会没有约定或者约定不明确的,当事人可以补充协议;达不成补充协议的,仲裁协议无效。

(四)仲裁协议的效力

仲裁协议是当事人选择仲裁解决争议的法定形式。仲裁协议体现了当事人民事权利的自由处分,表明了当事人对诉讼权的放弃,从而排斥了法院对案件的管辖权。

1. 对当事人的效力

仲裁协议一经有效成立,即对双方当事人产生法律约束力。如果发生了仲裁协议所约定的争议,当事人应以仲裁方式解决,不得向法院起诉,除非双方当事人自愿放弃仲裁协议。任何一方当事人提请仲裁的,应向仲裁协议约定的仲裁机构提出申请,不得任意更换仲裁机构。如果一方当事人违反仲裁协议向法院起诉的,另一方当事人可以依仲裁协议提出抗辩,要求法院停止诉讼程序,撤销立案。

2. 对仲裁机构和仲裁员的效力

仲裁管辖权来源于当事人的仲裁协议,仲裁协议构成仲裁机构管辖权的基础。仲裁管辖权受到仲裁协议的种种限制。仲裁机构是否具有案件的仲裁管辖权,以及在多大程度上享有仲裁管辖权均受当事人仲裁协议的制约,超出当事人协议范围的仲裁管辖权不发生法律上的效力。当事人对仲裁机构的授权并非绝对,双方当事人可在任何阶段通过明示或默示的形式合意收回这种授权,从而使仲裁机构不再具有仲裁管辖权。《仲裁法》规定,当事人达成仲裁协议,一方向人民法院起诉未声明有仲裁协议,人民法院受理后,另一方在首次开庭前未对人民法院受理该案提出异议,视为放弃仲裁协议,人民法院应当继续审理。

3. 对人民法院的效力

仲裁协议具有排除法院的司法管辖权的作用。有效的仲裁协议可以排除法院对订立于仲裁协议中的争议事项的司法管辖权，这是仲裁协议法律效力的重要体现，也是各国仲裁普遍适用的准则。《仲裁法》规定，当事人达成仲裁协议，一方向人民法院起诉的，人民法院不予受理，但仲裁协议无效的除外。当事人达成仲裁协议，一方向人民法院起诉未声明有仲裁协议的，人民法院受理后，另一方在首次开庭前提交仲裁协议的，人民法院应当驳回起诉，但仲裁协议无效的除外。

4. 仲裁协议的无效

仲裁法规定了仲裁协议的三种无效情形：(1)约定的仲裁事项超出法律规定的仲裁范围的；(2)无民事行为能力人或者限制民事行为能力人订立的仲裁协议；(3)一方采取胁迫手段，迫使对方订立仲裁协议的。仲裁协议约定两个以上仲裁机构的，当事人可以协议选择其中的一个仲裁机构申请仲裁；当事人不能就仲裁机构选择达成一致的，仲裁协议无效。当事人约定争议可以向仲裁机构申请仲裁也可以向人民法院起诉的，仲裁协议无效。但一方向仲裁机构申请仲裁，另一方未在仲裁法规定期间内提出异议的除外。

当事人向人民法院申请确认仲裁协议效力的案件，由仲裁协议约定的仲裁机构所在地的中级人民法院管辖；仲裁协议约定的仲裁机构不明确的，由仲裁协议签订地或者被申请人住所地的中级人民法院管辖。

五、仲裁程序

《仲裁法》第 4 章对仲裁程序作了详细规定。仲裁程序充分贯彻了当事人意思自治原则，比诉讼程序更具灵活性，允许双方当事人自由确定的事项较多。

(一)申请和受理

1. 申请

当事人申请仲裁应当符合下列条件：(1)有仲裁协议；(2)有具体的仲裁请求、事实、理由；(3)属于仲裁委员会的受理范围。当事人申请仲裁，应当向仲裁委员会递交仲裁协议、仲裁申请书及副本，并按规定缴纳仲裁费用。

仲裁申请书是经济争议案件的申请人向仲裁机构递交的请求仲裁的文书。仲裁申请书应当载明下列事项：(1)当事人的姓名、性别、年龄、职业、工作单位和住所，法人或者其他组织的名称、住所和法定代表人或者主要负责人的姓名、职务；(2)仲裁请求和所根据的事实、理由；(3)证据和证据来源、证人姓名和住所。

2. 受理

仲裁委员会收到仲裁申请书之日起 5 日内，认为符合受理条件的，应当受理，并通知当事人；认为不符合受理条件的，应当书面通知当事人不予受理，并说明理由。

仲裁委员会受理仲裁申请后，应当在仲裁规则规定的期限内将仲裁规则和仲裁员名册送达申请人，并将仲裁申请书副本和仲裁规则、仲裁员名册送达被申请人。被申请人收到仲裁申请书副本后，应当在仲裁规则规定的期限内向仲裁委员会提交答辩书。仲裁委员会收到答辩书后，应当在仲裁规则规定的期限内将答辩书副本送达申请人。被申请人未提交答辩书的，不影响仲裁程序的进行。

在仲裁庭组成之前，申请人可以放弃或者变更仲裁请求；被申请人可以承认或者反驳仲裁请求，并有权提出反请求。

当事人达成仲裁协议，一方向人民法院起诉未声明有仲裁协议，人民法院受理后，另一方在首次开庭前提交仲裁协议的，人民法院应当驳回起诉，但仲裁协议无效的除外；另一方在首次开庭前未对人民法院受理该案提出异议的，视为放弃仲裁协议，人民法院应当继续审理。

当事人、法定代理人可以委托律师和其他代理人进行仲裁活动。委托律师和其他代理人进行仲裁活动的，应当向仲裁委员会提交授权委托书。

(二)仲裁庭的组成

仲裁庭是一种裁决争议的非常设机构。与人民法院的审判庭不同，仲裁庭没有庭长、副庭长之职，不是一个组织实体，在仲裁案件裁决之后，仲裁庭就不复存在。

1. 仲裁庭的组成

仲裁庭可以由 3 名仲裁员或者 1 名仲裁员组成。由 3 名仲裁员组成的，设首席仲裁员。

当事人约定由 3 名仲裁员组成仲裁庭的，应当各自选定或者各自委托仲裁委员会主任指定 1 名仲裁员，第 3 名仲裁员由当事人共同选定或者共同委托仲裁委员会主任指定。第 3 名仲裁员是首席仲裁员。当事人约定由一名仲裁员成立仲裁庭的，应当由当事人共同选定或者共同委托仲裁委员会主任指定仲裁员。当事人没有在仲裁规则规定的期限内约定仲裁庭的组成方式或者选定仲裁员的，由仲裁委员会主任指定。

仲裁庭组成后，仲裁委员会应当将仲裁庭的组成情况书面通知当事人。

2. 仲裁员的回避

回避制度是《仲裁法》的一项重要制度。仲裁员的回避是仲裁机构为使案件公正审理，切实保障当事人平等行使权利而实行的一项制度。仲裁员有下列情形之一的，必须回避，当事人也有权提出回避申请：(1)是本案当事人或者当事人、代理人的近亲属；(2)与本案有利害关系；(3)与本案当事人、代理人有其他关系，可能影响公正仲裁的；(4)私自会见当事人、代理人，或者接受当事人、代理人的请客送礼的。当事人提出回避申请，应当说明理由，在首次开庭前提出。回避事由在首次开庭后知道的，可以在最后一次开庭终结前提出。

仲裁员因回避或者其他原因不能履行职责的，应当依照《仲裁法》的规定重新选定或者指定仲裁员。因回避而重新选定或者指定仲裁员后，当事人可以请求已进行的仲裁程序重新进行，是否准许，由仲裁庭决定；仲裁庭也可以自行决定已进行的仲裁程序是否重新进行。

(三)开庭和裁决

开庭审理与不公开审理是仲裁审理案件的原则。所谓开庭审理，是仲裁庭审理争议案件的一种方式，与不开庭审理即书面审理相对应，它要求双方当事人到庭。不公开审理，是指仲裁庭开庭审理案件，一般采用不公开的方式进行，与案件无关的人，未经仲裁庭和双方当事人同意，不得出席。这是各国仲裁制度为保护当事人商业秘密而普遍采用的一种做法。

1. 开庭

仲裁应当开庭进行。当事人协议不开庭的，仲裁庭可以根据仲裁申请书、答辩书以及其他材料作出裁决。

仲裁不公开进行。当事人协议公开的，可以公开进行，但涉及国家秘密的除外。

仲裁委员会应当在仲裁规则规定的期限内将开庭日期通知双方当事人。当事人有正当理由的，可以在仲裁规则规定的期限内请求延期开庭。是否延期，由仲裁庭决定。申请人经书面通知，无正当理由不到庭或者未经仲裁庭许可中途退庭的，可以视为撤回仲裁申请。被申请人经书面通知，无正当理由不到庭或者未经仲裁庭许可中途退庭的，可以缺席裁决。

2. 证据

举证责任由提出请求的当事人承担。当事人应当对自己的主张提供证据。仲裁庭认为有必要收集的证据,可以自行收集。仲裁庭对专门性问题认为需要鉴定的,可以交由当事人约定的鉴定部门鉴定,也可以由仲裁庭指定的鉴定部门鉴定。根据当事人的请求或者仲裁庭的要求,鉴定部门应当派鉴定人参加开庭。当事人经仲裁庭许可,可以向鉴定人提问。证据应当在开庭时出示,当事人可以质证。

3. 辩论

当事人在仲裁过程中有权进行辩论。辩论终结时,首席仲裁员或者独任仲裁员应当征询当事人的最后意见。

4. 仲裁笔录

仲裁庭应当将开庭情况记入笔录。当事人和其他仲裁参与人认为对自己陈述的记录有遗漏或者差错的,有权申请补正。如果不予补正,应当记录该申请。笔录由仲裁员、记录人员、当事人和其他仲裁参与人签名或者盖章。

5. 和解

当事人申请仲裁后,可以自行和解。达成和解协议的,可以请求仲裁庭根据和解协议作出裁决书,也可以撤回仲裁申请。当事人达成和解协议,撤回仲裁申请后反悔的,可以根据仲裁协议申请仲裁。

6. 调解

仲裁庭在作出裁决前,可以先行调解。当事人自愿调解的,仲裁庭应当调解。调解不成的,应当及时作出裁决。调解达成协议的,仲裁庭应当制作调解书或者根据协议的结果制作裁决书。调解书与裁决书具有同等法律效力。调解书应当写明仲裁请求和当事人协议的结果。调解书由仲裁员签名,加盖仲裁委员会印章,送达双方当事人。调解书经双方当事人签收后,即发生法律效力。在调解书签收前当事人反悔的,仲裁庭应当及时作出裁决。

7. 裁决

裁决应当按照多数仲裁员的意见作出,少数仲裁员的不同意见可以记入笔录。仲裁庭不能形成多数意见时,裁决应当按照首席仲裁员的意见作出。裁决书应当写明仲裁请求、争议事实、裁决理由、裁决结果、仲裁费用的负担和裁决日期。当事人协议不愿写明争议事实和裁决理由的,可以不写。裁决书由仲裁员签名,加盖仲裁委员会印章。对裁决持不同意见的仲裁员,可以签名,也可以不签名。

仲裁庭仲裁纠纷时,其中一部分事实已经清楚,可以就该部分先行裁决。

对裁决书中的文字、计算错误或者仲裁庭已经裁决但在裁决书中遗漏的事项,仲裁庭应当补正;当事人自收到裁决书之日起 30 日内,可以请求仲裁庭补正。

裁决书自作出之日起发生法律效力。

六、人民法院对仲裁的支持与监督

由于仲裁实行一裁终局的原则,为保证裁决的公正和合理、保护当事人的合法权益,仲裁法规定了人民法院对仲裁活动的支持和法律监督制度。

1. 财产保全和证据保全

在我国,仲裁保全的管辖权属于人民法院,仲裁机构无权行使。《仲裁法》第 28 条第 1 款规定,在仲裁过程中,“一方当事人因另一方当事人的行为或者其他原因,可能使裁决不能执行或者难以执行的，可以申请财产保全”。第46条规定：“在证据可能灭失或者以后难以取得的情况下，当事人可以申请证据保全”。当事人申请财产保全或者证据保全的，仲裁委员会应当将当事人的申请依照《民事诉讼法》的有关规定，提交被申请人住所地或者财产所在地的基层人民法院（第28条第2款），或者证据所在地的基层人民法院（第46条）。申请财产保全有错误的，申请人应当赔偿被申请人因财产保全所遭受的损失。

2. 对仲裁裁决的执行

仲裁裁决具有强制力，裁决对双方当事人都有法律约束力，当事人应当履行。一方当事人不履行仲裁裁决，另一方当事人可以申请强制执行。但仲裁机构作为民间机构，不具有采取强制措施的权力。对仲裁裁决的强制执行权，只能专属于人民法院。

根据《仲裁法》第62条的规定，当事人应当履行裁决。一方当事人不履行的，另一方当事人可以依照《民事诉讼法》的有关规定向被申请人住所地或者被执行人财产所在地人民法院申请执行。受申请的人民法院应当执行。

3. 不予执行仲裁裁决

根据《仲裁法》第63条的规定，被申请人提出证据证明裁决有《民事诉讼法》第213条第2款规定的情形之一的，经人民法院组成合议庭审查核实，裁定不予执行：(1)当事人在合同中没有订有仲裁条款或者事后没有达成书面仲裁协议的；(2)裁决的事项不属于仲裁协议的范围或者仲裁机构无权仲裁的；(3)仲裁庭的组成或者仲裁的程序违反法定程序的；(4)认定事实的主要证据不足的；(5)适用法律确有错误的；(6)仲裁员在仲裁该案时有贪污受贿、徇私舞弊、枉法裁决行为的。人民法院认定执行仲裁裁决违背社会公共利益的，裁定不予执行。

仲裁裁决被人民法院裁定不予执行的，当事人可以根据双方达成的书面仲裁协议重新申请仲裁，也可以向人民法院起诉。

4. 撤销仲裁裁决

当事人提出证据证明裁决有下列情形之一的，可以向仲裁委员会所在地的中级人民法院申请撤销裁决：(1)没有仲裁协议的；(2)裁决的事项不属于仲裁协议的范围或者仲裁委员会无权仲裁的；(3)仲裁庭的组成或者仲裁的程序违反法定程序的；(4)裁决所根据的证据是伪造的；(5)对方当事人隐瞒了足以影响公正裁决的证据的；(6)仲裁员在仲裁该案时有索贿受贿、徇私舞弊、枉法裁决行为的。人民法院经组成合议庭审查核实裁决有前款规定情形之一的，应当裁定撤销。人民法院认定仲裁裁决违背社会公共利益的，应当裁定撤销。

当事人申请撤销裁决的，应当自收到裁决书之日起6个月内提出。人民法院应当在受理撤销裁决申请之日起2个月内作出撤销裁决或者驳回申请的裁定。

人民法院受理撤销裁决的申请后，认为可以由仲裁庭重新仲裁的，通知仲裁庭在一定期限内重新仲裁，并裁定中止撤销程序。仲裁庭拒绝重新仲裁的，人民法院应当裁定恢复撤销程序。一方当事人申请执行裁决，另一方当事人申请撤销裁决的，人民法院应当裁定中止执行。人民法院裁定撤销裁决的，应当裁定终结执行。撤销裁决的申请被裁定驳回的，人民法院应当裁定恢复执行。

七、涉外仲裁

（一）涉外仲裁的概念

涉外仲裁是指仲裁法律关系的主体、内容、客体或者引起、变更、消灭该法律关系的法律事实中的一项以上具有涉外因素的仲裁活动。涉外仲裁一般适用于解决不同国籍主体之间的民事争议，往往涉及两个以上国家的实体法和仲裁规则的选择适用问题。

我国的涉外仲裁即指由我国涉外仲裁机构对国际商事争议所进行的仲裁活动，即涉外经济贸易、运输和海事中发生的纠纷的仲裁，主要包括中国国际经济贸易仲裁和海事仲裁。所谓国际商事争议，是指契约性和非契约性商事法律关系所引起的纠纷，即由于合同、侵权或者根据有关法律规定而产生的经济上的权利和义务关系所生争议等。

《仲裁法》对涉外仲裁程序有特别规定的，适用该规定；没有规定的，适用《仲裁法》其他有关规定。

(二)涉外仲裁机构

涉外仲裁委员会可以由中国国际商会组织设立。涉外仲裁委员会由主任1人、副主任若干人和委员若干人组成，主任、副主任和委员可以由中国国际商会聘任。涉外仲裁委员会可以从具有法律、经济贸易、科学技术等专门知识的外籍人士中聘任仲裁员。

1. 中国国际经济贸易仲裁委员会

中国国际经济贸易仲裁委员会成立于1956年，总部设在北京，同时设有深圳分会和上海分会。按照《中国国际经济贸易仲裁委员会仲裁规则》的规定，中国国际经济贸易仲裁委员会主要管辖中外当事人之间、外国当事人之间和中国当事人之间的产生于国际或涉外的契约性或非契约性的经济贸易等争议。

2. 中国海事仲裁委员会

中国海事仲裁委员会成立于1959年，设在北京，仲裁解决产生于远洋、近洋、沿海和与海相通的可航水域的运输、生产和航行等有关过程中所发生的契约性或非契约性的海事争议。

(三)人民法院对涉外仲裁的支持与监督

涉外仲裁的当事人申请证据保全的，涉外仲裁委员会应当将当事人的申请提交证据所在地的中级人民法院。

被申请人提出证据证明涉外仲裁裁决有《民事诉讼法》第258条规定的情形之一的，经人民法院组成合议庭审查核实，裁定不予执行。

涉外仲裁委员会作出的发生法律效力的仲裁裁决，当事人请求执行的，如果被执行人或者其财产不在中华人民共和国领域内，应当由当事人直接向有管辖权的外国法院申请承认和执行。

第二节 经济诉讼

一、经济诉讼的概念

诉讼是指国家司法机关按照一定程序和方式解决纠纷的活动。诉讼的本质是国家对解决社会成员之间争议的一种干预，其目的在于制止对他人权益的侵害，建立正常的社会秩序。诉讼是纠纷当事人维护其权益的一种手段。

(一)经济诉讼的定义

所谓经济诉讼，是指人民法院在双方当事人和其他诉讼参与人参加下，审理和解决经济纠纷案件的活动。经济诉讼作为民事诉讼活动的一种方式，是权利主体凭借国家力量维护其民事权益的司法程序。经济诉讼必须遵循固定的程序和格式，经过诉讼形成的法律文书体现了国家的意志，一旦生效就具有法律的权威性和特殊的强制力。一方当事人拒不履行时，他方有权请求执行机关强制实现。

经济诉讼的审判法院是各级人民法院和专门人民法院，后者包括海事法院、铁路运输法院等。经济诉讼活动所依据的程序法，主要是《中华人民共和国民事诉讼法》（以下简称《民事诉讼法》）的有关规定。

（二）经济诉讼的基本原则

经济诉讼的基本原则是指贯穿于经济诉讼全过程，对整个诉讼活动起指导作用的根本性准则。我国民事诉讼法、行政诉讼法、刑事诉讼法共同的基本原则，主要有：以事实为依据、以法律为准绳原则、公民在适用法律上一律平等原则、司法机关独立行使职权原则、使用本民族语言文字进行诉讼原则、公开审判原则等。除此之外，经济诉讼必须遵循民事诉讼活动的特有原则。

1. 当事人诉讼权利平等原则

当事人诉讼权利平等是指在民事诉讼中，当事人平等地享有和行使诉讼权利。当事人在诉讼中的诉讼地位是平等的，不因当事人的社会地位、经济状况、文化程度、民族等因素不同而存在差别，当事人不但平等地享有诉讼权利，同时也平等地承担诉讼义务。当事人平等地享有诉讼权利，任何一方不得享有比对方更优越或更多的诉讼权利。人民法院应当为当事人平等地行使法律规定的诉讼权利提供保障和方便。

2. 辩论原则

辩论原则是指在人民法院主持下，当事人有权就案件事实、诉讼请求、适用法律、诉讼程序等争议的问题，以书面或口头的形式，各自陈述其主张和根据，互相反驳和答辩。从而查明案件事实，以维护自己的合法权益。民事诉讼法规定，作为裁判根据的事实、证据，必须经当事人的辩论、质证，凡是未经当事人辩论、质证的事实、证据，不能作为法院裁判的根据。当事人辩论的结果，应当作为人民法院裁判民事案件的基础。

3. 调解原则

调解是指在人民法院主持下，当事人就争议的问题通过自愿协商达成协议，解决其民事纠纷的活动。调解原则适用于解决民事权利义务争议的审判程序的全过程。通过法院调解，当事人双方自愿达成协议后，经法院审查认可，调解书送达双方当事人签收，即发生法律效力，从而终结诉讼程序。但调解不是人民法院审理民事案件的必经程序，人民法院可不经调解，而在查明事实的前提下，直接作出判决；调解不成或调解书送达前当事人反悔的，人民法院应当及时作出判决。

4. 处分原则

处分原则是指诉讼当事人有权在法律许可的范围内，自由支配自己的民事权利和诉讼权利。处分原则贯彻于民事诉讼的全过程，原告有权起诉、撤诉，有权变更、增加或放弃诉讼请求；被告可以反驳、承认原告的诉讼请求，也可以提出反诉；当事人可以和解、申请法院调解的方式解决纠纷，有权决定是否上诉。诉讼当事人的处分权不是绝对的，当事人行使处分权不违背法律的规定，不损害国家、社会和他人的合法权益，并经人民法院审查认可，方才有效。

5. 支持起诉原则

支持起诉原则是指有关机关、社会团体、企业事业单位对损害国家、集体或者个人民事权益的行为，可以支持受损害的单位或者个人向人民法院起诉。依据这一原则，在受损害者尚未起诉的情况下，依然有可能保护其合法权益。应当注意的是，有权支持起诉者，只限于机关、社会团体，不包括个人。

(三)经济诉讼的基本制度

1. 合议制度

合议制和独任制，是我国民事审判的组织形式。合议制是指由3个以上单数审判人员组成合议庭对民事案件进行审理、评议的审判制度。独任制，是指由1名法官独立负责对案件审理并作出裁判的法律制度。合议制适用于审理除简单的诉讼案件外的各种民事案件。独任制适用于基层法院审理事实清楚、权利和义务关系明确、争议不大的民事案件和一般的非讼案件。

2. 回避制度

回避制度是指为了保证案件的公正审理，具有法定情形的审判人员、书记员、翻译人员、鉴定人员和勘察人员不得参与案件审理的制度。

审判人员、书记员、翻译人员、鉴定人、勘验人有下列情形之一的，应当自行回避，当事人有权用口头或者书面方式申请他们回避：(1)是本案当事人或者当事人、诉讼代理人近亲属的；(2)与本案有利害关系的；(3)与本案当事人、诉讼代理人有其他关系，可能影响对案件公正审理的。

审判人员接受当事人、诉讼代理人请客送礼，或者违反规定会见当事人、诉讼代理人的，当事人有权要求他们回避。而且审判人员有这些行为的，还应当依法追究法律责任。

3. 公开审判制度

公开审判制度是指人民法院的审判活动除合议庭评议案件外，向群众和社会公开的制度。人民法院审理民事案件，除涉及国家秘密的案件、涉及个人隐私的案件不公开审理；离婚案件和涉及当事人商业秘密的案件，经当事人申请不公开审理的以外，应当公开审理。不论是否公开审理的案件，宣判时一律公开进行。

4. 两审终审制度

两审终审制度是指民事案件经过两级人民法院审判后即告终审的制度。最高人民法院所作的一审判决、裁定，当事人不得上诉；适用特别程序、督促程序和企业法人破产还债程序审理的案件，实行一审终身制。

二、经济诉讼的主管和管辖

(一)法院受理民事案件的范围

民事诉讼主管是指法院受理民事案件的范围，经济纠纷属于法院受理民事案件的范围的，即可展开民事诉讼活动。《民事诉讼法》规定，"人民法院受理公民之间、法人之间、其他组织之间以及他们相互之间因财产关系和人身关系提起的民事诉讼"。具体来说，由法院受理的民事案件主要有以下几类：(1)民法调整的因财产关系和人身关系发生纠纷而引起的案件；(2)婚姻法、继承法、收养法调整的婚姻家庭关系发生纠纷的案件；(3)经济法调整的平等权利主体之间因民事性质的经济关系发生纠纷而引起的案件；(4)合同法、票据法、保险法等商法调整的商事关系发生纠纷的案件；(5)劳动法调整的用人单位与劳动者之间因劳动关系发生纠纷而引起的案件；(6)海商法调整的海上运输关系和船舶关系发生纠纷而引起的海事案件；(7)其他法律调整的社会关系发生争议，法律明确规定依照民事诉讼程序审理的案件；(8)适用民事诉讼法中特别程序、督促程序、公示催告程序、企业法人破产还债程序审理的几类非民事权益争议案件。

（二）民事诉讼管辖

民事诉讼管辖，是指确定各级人民法院之间和同级人民法院之间受理第一审民事案件的分工和权限。

1. 级别管辖

级别管辖，是指上、下级人民法院之间受理第一审民事案件的分工和权限。确定我国四级人民法院管辖第一审民事案件的主要依据是案件的性质和影响的大小，以及案件的繁简程度和诉讼标的的金额大小等。

基层人民法院管辖第一审民事案件，《民事诉讼法》另有规定的除外。中级人民法院管辖下列第一审民事案件：(1)重大涉外案件；(2)在本辖区有重大影响的案件；(3)最高人民法院确定由中级人民法院管辖的案件，如专利纠纷案件，海事、海商纠纷案件。高级人民法院管辖在本辖区有重大影响的第一审民事案件：(1)在全国有重大影响的案件；(2)认为应当由本院审理的案件。

2. 地域管辖

地域管辖，是指确定同级人民法院之间受理第一审民事案件的分工和权限。

(1)一般地域管辖。即以“原告就被告”的原则，以被告住所地为标准确定民事案件的管辖法院。对公民提起的民事诉讼，由被告住所地人民法院管辖；被告住所地与经常居住地不一致的，由经常居住地人民法院管辖。对法人或者其他组织提起的民事诉讼，由被告住所地人民法院管辖。对没有办事机构的个人合伙、合伙型联营提起的诉讼，由被告注册地法院管辖；没有注册登记，几个被告又不在同一辖区的，被告住所地的法院都有管辖。同一诉讼的几个被告住所地、经常居住地在两个以上人民法院辖区的，各该人民法院都有管辖权。公民的住所地是指公民的户籍所在地。公民的经常居住地是指公民离开住所地至起诉时已连续居住 1 年以上的地方，但公民住院就医的地方除外。法人的住所地是指法人的主要营业地或者主要办事机构所在地。

在特殊情况下，下列四类案件由原告住所地法院管辖，原告住所地与经常居住地不一致的，由原告经常居住地法院管辖：①对不在中华人民共和国领域内居住的人提起的有关身份关系的诉讼；②对下落不明或者宣告失踪的人提起的有关身份关系的诉讼；③对被采取强制性教育措施的人提起的诉讼；③对被监禁的人提起的诉讼。

(2)特殊地域管辖。即以诉讼标的所在地或者引起民事法律关系发生、变更、消灭的法律事实所在地为标准来确定民事案件的管辖法院。《民事诉讼法》规定：①因合同纠纷提起的诉讼，由被告住所地或者合同履行地人民法院管辖。②因保险合同纠纷提起的诉讼，由被告住所地或者保险标的物所在地人民法院管辖。③因票据纠纷提起的诉讼，由票据支付地或者被告住所地人民法院管辖。④因铁路、公路、水上、航空运输和联合运输合同纠纷提起的诉讼，由运输始发地、目的地或者被告住所地人民法院管辖。⑤因侵权行为提起的诉讼，由侵权行为地或者被告住所地人民法院管辖。⑥因铁路、公路、水上和航空事故请求损害赔偿提起的诉讼，由事故发生地；或者车辆、船舶最先到达地，航空器最先降落地；或者被告住所地人民法院管辖。⑦因船舶碰撞或者其他海事损害事故请求损害赔偿提起的诉讼，由碰撞发生地、碰撞船舶最先到达地、加害船舶被扣留地或者被告住所地人民法院管辖。⑧因海难救助费用提起的诉讼，由救助地或者被救助船舶最先到达地人民法院管辖。⑨因共同海损提起的诉讼，由船舶最先到达地、共同海损理算地或者航程终止地的人民法院管辖。

(3)专属管辖。即法律规定某些特殊类型的案件只能由特定的法院管辖,具有排他性,不适用一般地域管辖和特殊地域管辖的原则,当事人也不得以协议变更管辖权。下列案件由《民事诉讼法》规定的人民法院专属管辖:①因不动产纠纷提起的诉讼,由不动产所在地人民法院管辖;②因港口作业中发生纠纷提起的诉讼,由港口所在地人民法院管辖;③因继承遗产纠纷提起的诉讼,由被继承人死亡时住所地或者主要遗产所在地人民法院管辖。

(4)共同管辖。即两个以上人民法院都有管辖权的诉讼,原告可以向其中一个人民法院起诉;原告向两个以上有管辖权的人民法院起诉的,由最先立案的人民法院管辖。适用上述地域管辖的不同规则,有可能产生两个以上人民法院都有管辖权的情形,由此《民事诉讼法》规定了共同管辖制度,以确定民事案件的管辖法院。

(5)协议管辖。即双方当事人在纠纷发生之前或发生之后,以书面协议的方式约定解决他们之间纠纷的管辖法院。《民事诉讼法》规定,合同的双方当事人可以在书面合同中协议选择被告住所地、合同履行地、合同签订地、原告住所地、标的物所在地人民法院管辖。管辖协议可以是合同条款,也可以是纠纷发生之前或之后单独签订的诉讼管辖协议书。协议管辖不得违反《民事诉讼法》对级别管辖和专属管辖的规定。

合同的双方当事人选择管辖的协议不明确或者选择两个以上人民法院管辖的,选择管辖的协议无效,由被告住所地或者合同履行地人民法院管辖。

3. 移送管辖和指定管辖

(1)移送管辖。人民法院发现受理的案件不属于本院管辖的,应当移送有管辖权的人民法院,受移送的人民法院应当受理。受移送的人民法院认为受移送的案件依照规定不属于本院管辖的,应当报请上级人民法院指定管辖,不得再自行移送。

人民法院受理案件后,当事人对管辖权有异议的,应当在提交答辩状期间提出。人民法院对当事人提出的异议,应当审查。异议成立的,裁定将案件移送有管辖权的人民法院;异议不成立的,裁定驳回。

(2)指定管辖。有管辖权的人民法院由于特殊原因,不能行使管辖权的,由上级人民法院指定管辖。人民法院之间因管辖权发生争议,由争议双方协商解决;协商解决不了的,报请它们的共同上级人民法院指定管辖。

(3)管辖权转移。上级人民法院有权审理下级人民法院管辖的第一审民事案件,也可以把本院管辖的第一审民事案件交下级人民法院审理。下级人民法院对它所管辖的第一审民事案件,认为需要由上级人民法院审理的,可以报请上级人民法院审理。

三、诉讼参加人

(一)当事人

当事人是指民事权益发生争议,以自己的名义参加诉讼,并受人民法院裁判拘束的利害关系人。公民、法人和其他组织可以作为民事诉讼的当事人。法人由其法定代表人进行诉讼,其他组织由其主要负责人进行诉讼。

当事人有权委托代理人,提出回避申请,收集、提供证据,进行辩论,请求调解,提起上诉,申请执行。当事人可以查阅本案有关材料,并可以复制本案有关材料和法律文书。双方当事人可以自行和解。当事人必须依法行使诉讼权利,遵守诉讼秩序,履行发生法律效力的判决书、裁定书和调解书。

1. 原告和被告

原告是因民事权益发生争议或受到侵害，向人民法院起诉要求保护其合法权益的公民、法人或其他组织。被告是因民事权益发生争议或被指控侵害他人民事权益，而被人民法院通知应诉的公民、法人或其他组织。原告可以放弃或者变更诉讼请求。被告可以承认或者反驳诉讼请求，有权提起反诉。

2. 多数当事人诉讼

当事人一方或者双方为两人以上，其诉讼标的是共同的，或者诉讼标的是同一种类，人民法院认为可以合并审理并经当事人同意的，为共同诉讼。诉讼标的是同一种类、当事人一方人数众多、在起诉时人数尚未确定的，人民法院可以发出公告，说明案件情况和诉讼请求，通知权利人在一定期间向人民法院登记。共同诉讼的一方当事人对诉讼标的有共同权利义务的，其中一人的诉讼行为经其他共同诉讼人承认，对其他共同诉讼人发生效力；对诉讼标的没有共同权利和义务的，其中一人的诉讼行为对其他共同诉讼人不发生效力。

当事人一方人数众多的共同诉讼，可以由当事人推选代表人进行诉讼。代表人的诉讼行为对其所代表的当事人发生效力，但代表人变更、放弃诉讼请求或者承认对方当事人的诉讼请求，进行和解，必须经被代表的当事人同意。人民法院作出的判决、裁定，对参加登记的全体权利人发生效力。未参加登记的权利人在诉讼时效期间提起诉讼的，适用该判决、裁定。

对污染环境、侵害众多消费者合法权益等损害社会公共利益的行为，法律规定的机关和有关组织可以向人民法院提起诉讼。

3. 第三人

对当事人双方的诉讼标的，第三人认为有独立请求权的，有权提起诉讼。对当事人双方的诉讼标的，第三人虽然没有独立请求权，但案件处理结果同他有法律上的利害关系的，可以申请参加诉讼，或者由人民法院通知他参加诉讼。人民法院判决承担民事责任的第三人，有当事人的诉讼权利义务。

（二）诉讼代理人

诉讼代理人是指在法律规定或当事人委托权权限范围内，以当事人的名义代理当事人进行民事诉讼活动的人。其代理活动的后果由当事人承担。无诉讼行为能力人由他的监护人作为法定代理人代为诉讼。法定代理人之间互相推诿代理责任的，由人民法院指定其中一人代为诉讼。

当事人、法定代理人可以委托1～2人作为诉讼代理人。下列人员可以被委托为诉讼代理人：(1)律师、基层法律服务工作者；(2)当事人的近亲属或者工作人员；(3)当事人所在社区、单位以及有关社会团体推荐的公民。

委托他人代为诉讼，必须向人民法院提交由委托人签名或者盖章的授权委托书。授权委托书必须记明委托事项和权限。诉讼代理人代为承认、放弃、变更诉讼请求，进行和解，提起反诉或者上诉，必须有委托人的特别授权。代理诉讼的律师和其他诉讼代理人有权调查收集证据，可以查阅本案有关材料。查阅本案有关材料的范围和办法由最高人民法院规定。

四、证据

（一）民事诉讼的证据

民事诉讼证据包括：(1)当事人的陈述；(2)书证；(3)物证；(4)视听资料；(5)电子数据；

(6)证人证言;(7)鉴定意见;(8)勘验笔录。

证据必须查证属实,才能作为认定事实的根据。在证据可能灭失或者以后难以取得的情况下,当事人可以在诉讼过程中向人民法院申请保全证据,人民法院也可以主动采取保全措施。因情况紧急,在证据可能灭失或者以后难以取得的情况下,利害关系人可以在提起诉讼或者申请仲裁前向证据所在地、被申请人住所地或者对案件有管辖权的人民法院申请保全证据。

(二)举证责任

《民事诉讼法》规定,当事人对自己提出的主张,有责任提供证据。当事人及其诉讼代理人因客观原因不能自行收集的证据,或者人民法院认为审理案件需要的证据,人民法院应当调查收集。人民法院有权向有关单位和个人调查取证,有关单位和个人不得拒绝。

在合同纠纷案件中,主张合同关系成立并生效的一方当事人对合同订立和生效的事实承担举证责任,主张合同关系变更、解除、终止、撤销的一方当事人对引起合同关系变动的事实承担举证责任。对合同是否履行发生争议的,由负有履行义务的当事人承担举证责任。对代理权发生争议的,由主张有代理权的一方当事人承担举证责任。在劳动争议纠纷案件中,因用人单位作出开除、除名、辞退、解除劳动合同、减少劳动报酬、计算劳动者工作年限等决定而发生劳动争议的,由用人单位负举证责任。

下列侵权诉讼,按照以下规定承担举证责任:(1)因新产品制造方法发明专利引起的专利侵权诉讼,由制造同样产品的单位或者个人对其产品制造方法不同于专利方法承担举证责任;(2)高度危险作业致人损害的侵权诉讼,由加害人就受害人故意造成损害的事实承担举证责任;(3)因环境污染引起的损害赔偿诉讼,由加害人就法律规定的免责事由及其行为与损害结果之间不存在因果关系承担举证责任;(4)建筑物或者其他设施以及建筑物上的搁置物、悬挂物发生倒塌、脱落、坠落致人损害的侵权诉讼,由所有人或者管理人对其无过错承担举证责任;(5)饲养动物致人损害的侵权诉讼,由动物饲养人或者管理人就受害人有过错或者第三人有过错承担举证责任;(6)因缺陷产品致人损害的侵权诉讼,由产品的生产者就法律规定的免责事由承担举证责任;(7)因共同危险行为致人损害的侵权诉讼,由实施危险行为的人就其行为与损害结果之间不存在因果关系承担举证责任;(8)因医疗行为引起的侵权诉讼,由医疗机构就医疗行为与损害结果之间不存在因果关系及不存在医疗过错承担举证责任。

在法律没有具体规定,依其他司法解释无法确定举证责任承担时,人民法院可以根据公平原则和诚实信用原则,综合当事人举证能力等因素确定举证责任的承担。

下列事实,当事人无需举证证明:众所周知的事实;自然规律及定理;根据法律规定或者已知事实和日常生活经验法则,能推定出的另一事实;已为人民法院发生法律效力的裁判所确认的事实;已为仲裁机构的生效裁决所确认的事实;已为有效公证文书所证明的事实。

(三)举证时限

当事人对自己提出的主张应当及时提供证据。人民法院根据当事人的主张和案件审理情况,确定当事人应当提供的证据及其期限。当事人在该期限内提供证据确有困难的,可以向人民法院申请延长期限,人民法院根据当事人的申请适当延长。当事人逾期提供证据的,人民法院应当责令其说明理由;拒不说明理由或者理由不成立的,人民法院根据不同情形可以对该证据不予采纳,或者采纳该证据但予以训诫、罚款。人民法院收到当事人提交的证据材料,应当出具收据,写明证据名称、页数、份数、原件或者复印件以及收到时间等,并由经办人员签名或者盖章。

(四)证据的审核判断

证据应当在法庭上出示,由当事人质证。未经质证的证据,不能作为认定案件事实的依据。质证时,当事人应当围绕证据的真实性、关联性、合法性,针对证据证明力有无以及证明力大小,进行质疑、说明与辩驳。

审判人员应当依照法定程序,全面、客观地审核证据,人民法院对有关单位和个人提出的证明文书,应当辨别真伪,审查确定其效力。依据法律的规定,遵循法官职业道德,运用逻辑推理和日常生活经验,对证据有无证明力和证明力大小独立进行判断,并公开判断的理由和结果。

一方当事人提出的证据,另一方当事人认可或者提出的相反证据不足以反驳的,人民法院可以确认其证明力。一方当事人提出的证据,另一方当事人有异议并提出反驳证据,对方当事人对反驳证据认可的,可以确认反驳证据的证明力。双方当事人对同一事实分别举出相反的证据,但都没有足够的依据否定对方证据的,人民法院应当结合案件情况,判断一方提供证据的证明力是否明显大于另一方提供证据的证明力,并对证明力较大的证据予以确认。因证据的证明力无法判断导致争议事实难以认定的,人民法院应当依据举证责任分配的规则作出裁判。有证据证明一方当事人持有证据无正当理由拒不提供,如果对方当事人主张该证据的内容不利于证据持有人,可以推定该主张成立。

五、经济诉讼的保障制度

(一)保全

1. 保全的概念

保全是指人民法院对于可能因当事人一方的行为或者其他原因,使判决难以执行或者造成当事人其他损害的案件,根据对方当事人的申请,可以裁定对其财产进行保全、责令其作出一定行为或者禁止其作出一定行为;当事人没有提出申请的,人民法院在必要时也可以裁定采取保全措施。

2. 保全的范围和程序

保全限于请求的范围,或者与本案有关的财物。财产保全采取查封、扣押、冻结或者法律规定的其他方法。人民法院保全财产后,应当立即通知被保全财产的人。财产已被查封、冻结的,不得重复查封、冻结。

人民法院采取保全措施,可以责令申请人提供担保,申请人不提供担保的,裁定驳回申请。利害关系人因情况紧急,不立即申请保全将会使其合法权益受到难以弥补的损害的,可以在提起诉讼或者申请仲裁前向被保全财产所在地、被申请人住所地或者对案件有管辖权的人民法院申请采取保全措施。申请人应当提供担保,不提供担保的,裁定驳回申请。人民法院接受申请后,必须在48小时内作出裁定;裁定采取保全措施的,应当立即开始执行。申请人在人民法院采取保全措施后30日内不依法提起诉讼或者申请仲裁的,人民法院应当解除保全。

1. 先予执行的概念和适用范围

先予执行是指人民法院在诉讼过程中,根据当事人的申请裁定一方当事人预先付给对方当事人一定数额的金钱或其他财物的制度。

人民法院对下列案件,根据当事人的申请,可以裁定先予执行:(1)追索赡养费、扶养费、抚育费、抚恤金、医疗费用的;(2)追索劳动报酬的;(3)因情况紧急需要先予执行的。

2. 先予执行的条件

人民法院裁定先予执行的,应当符合下列条件:(1)当事人之间权利和义务关系明确,不先予执行将严重影响申请人的生活或者生产经营;(2)被申请人有履行能力。人民法院可以责令申请人提供担保。申请人不提供担保的,驳回申请。申请人败诉的,应当赔偿被申请人因先予执行遭受的财产损失。

(三)对妨害民事诉讼行为的强制措施

对妨害民事诉讼行为的强制措施,是指在民事诉讼中,对有妨害民事诉讼行为的人采取的排除其妨害行为的强制措施。

(1)拘传,指对于必须到庭的被告,经人民法院两次传票传唤,无正当理由拒绝出庭的,强制被传唤人到庭参加诉讼活动的措施。

(2)训诫,指人民法院对妨害民事诉讼秩序行为较轻的人,以口头方式予以批评教育,令其以后不得再犯的措施。

(3)责令退出法庭,指人民法院对于违反法庭规则和法庭纪律的人,强制其离开法庭的措施。

(4)罚款,指人民法院对实施妨害民事诉讼行为,情节比较严重的人,责令其交纳一定数额金钱的措施。

(5)拘留,又称司法拘留,指人民法院对实施妨害民事诉讼行为,情节严重的人,在一定期限内限制其人身自由的强制措施。拘留的期限为15天以下。

妨害民事诉讼行为情节特别严重、构成犯罪的,依法追究其刑事责任。

六、审判程序

(一)第一审普通程序

1. 起诉和受理

起诉必须符合下列条件:(1)原告是与本案有直接利害关系的公民、法人和其他组织;(2)有明确的被告;(3)有具体的诉讼请求和事实、理由;(4)属于人民法院受理民事诉讼的范围和受诉人民法院管辖。起诉应当向人民法院递交起诉状,并按照被告人数提出副本。

人民法院收到起诉状,经审查,认为符合起诉条件的,应当在7日内立案,并通知当事人;认为不符合起诉条件的,应当在7日内裁定不予受理;原告对裁定不服的,可以提起上诉。

2. 审理前的准备

人民法院应当在立案之日起5日内将起诉状副本发送被告,被告在收到之日起15日内提出答辩状。被告提出答辩状的,人民法院应当在收到之日起5日内将答辩状副本发送原告。被告不提出答辩状的,不影响人民法院审理。

人民法院对决定受理的案件,应当在受理案件通知书和应诉通知书中向当事人告知有关的诉讼权利义务,或者口头告知。合议庭组成人员确定后,应当在3日内告知当事人。审判人员必须认真审核诉讼材料,调查收集必要的证据。

3. 开庭审理

(1)庭审准备。人民法院审理民事案件,应当在开庭3日前通知当事人和其他诉讼参与人。公开审理的,应当公告当事人姓名、案由和开庭的时间、地点。

开庭审理前,书记员应当查明当事人和其他诉讼参与人是否到庭,宣布法庭纪律。开庭审理时,由审判长核对当事人,宣布案由,宣布审判人员、书记员名单,告知当事人有关的诉讼权利义务,询问当事人是否提出回避申请。

(2)法庭调查。法庭调查按照下列顺序进行:①当事人陈述;②告知证人的权利和义务,证人作证,宣读未到庭的证人证言;③出示书证、物证、视听资料和电子数据;④宣读鉴定结论;⑤宣读勘验笔录。

当事人在法庭上可以提出新的证据。当事人经法庭许可,可以向证人、鉴定人、勘验人发问。

(3)法庭辩论。法庭辩论按照下列顺序进行:①原告及其诉讼代理人发言;②被告及其诉讼代理人答辩;③第三人及其诉讼代理人发言或者答辩;④互相辩论。

法庭辩论终结,由审判长按照原告、被告、第三人的先后顺序征询各方最后意见。

(4)评议和宣判。法庭辩论终结,应当依法作出判决。判决前能够调解的,还可以进行调解;调解不成的,应当及时判决。

合议庭成员在评议时权利平等,根据少数服从多数的原则做出决定。

人民法院对公开审理或者不公开审理的案件,一律公开宣告判决。当庭宣判的,应当在10日内发送判决书;定期宣判的,宣判后立即发给判决书。宣告判决时,必须告知当事人上诉权利、上诉期限和上诉的法院。

原告经传票传唤,无正当理由拒不到庭的,或者未经法庭许可中途退庭的,可以按撤诉处理;被告反诉的,可以缺席判决。被告经传票传唤,无正当理由拒不到庭的,或者未经法庭许可中途退庭的,可以缺席判决。

人民法院审理案件,其中一部分事实已经清楚,可以就该部分先行判决。

4. 审理期限

人民法院适用普通程序审理的案件,应当在立案之日起6个月内审结。有特殊情况需要延长的,由本院院长批准,可以延长6个月;还需要延长的,报请上级人民法院批准。

(二)简易程序

基层人民法院和它派出的法庭审理事实清楚、权利和义务关系明确、争议不大的简单的民事案件,适用简易程序。简单的民事案件由审判员一人独任审理,原告可以口头起诉,可以用简便方式随时传唤当事人、证人。人民法院适用简易程序审理案件,应当在立案之日起3个月内审结。

(三)第二审程序

第二审程序是指由于当事人不服第一审裁判而在法定期间内向上一级人民法院提起上诉,第二审人民法院审理上诉案件所适用的程序。当事人不服地方人民法院第一审判决的,有权在判决书送达之日起15日内向上一级人民法院提起上诉;当事人不服地方人民法院第一审裁定的,有权在裁定书送达之日起10日内向上一级人民法院提起上诉。

上诉应当递交上诉状。上诉状应当通过原审人民法院提出,并按照对方当事人或者代表人的人数提出副本。原审人民法院收到上诉状、答辩状,应当在5日内连同全部案卷和证据报送第二审人民法院。原审人民法院收到上诉状,应当在5日内将上诉状副本送达对方当事人,对方当事人在收到之日起15日内提出答辩状。人民法院应当在收到答辩状之日起5日内将副本送达上诉人。对方当事人不提出答辩状的,不影响人民法院审理。

第二审人民法院对上诉案件,应当组成合议庭,开庭审理。经过阅卷和调查,询问当事人,在事实核对清楚后,合议庭认为不需要开庭审理的,也可以径行判决、裁定。第二审人民法院对上诉案件，经过审理，按照下列情形，分别处理：(1)原判决、裁定认定事实清楚，适用法律正确的，以判决、裁定方式驳回上诉，维持原判决、裁定；(2)原判决、裁定认定事实错误或者适用法律错误的，以判决、裁定方式依法改判、撤销或者变更；(3)原判决认定基本事实不清的，裁定撤销原判决，发回原审人民法院重审，或者查清事实后改判；(4)原判决遗漏当事人或者违法缺席判决等严重违反法定程序的，裁定撤销原判决，发回原审人民法院重审。原审人民法院对发回重审的案件作出判决后，当事人提起上诉的，第二审人民法院不得再次发回重审。

当事人对重审案件的判决、裁定，可以上诉。

第二审人民法院的判决、裁定，是终审的判决、裁定。人民法院审理对判决的上诉案件，应当在第二审立案之日起 3 个月内审结。有特殊情况需要延长的，由本院院长批准。人民法院审理对裁定的上诉案件，应当在第二审立案之日起 30 日内作出终审裁定。

(四)审判监督程序

审判监督程序，又称再审程序，是对已经发生法律效力的判决、裁定认为确有错误的，人民法院依法重新审理所适用的程序。

各级人民法院院长对本院已经发生法律效力的判决、裁定，发现确有错误，认为需要再审的，应当提交审判委员会讨论决定。最高人民法院对地方各级人民法院已经发生法律效力的判决、裁定，上级人民法院对下级人民法院已经发生法律效力的判决、裁定，发现确有错误的，有权提审或者指令下级人民法院再审。

最高人民检察院对各级人民法院已经发生法律效力的判决、裁定，上级人民检察院对下级人民法院已经发生法律效力的判决、裁定，发现有民事诉讼法规定情形的，应当提出抗诉。地方各级人民检察院对同级人民法院已经发生法律效力的判决、裁定，发现有前述情形的，应当提请上级人民检察院向同级人民法院提出抗诉。接受抗诉的人民法院应当自收到抗诉书之日起 30 日内作出再审的裁定。

当事人对已经发生法律效力的判决、裁定，认为有错误的，可以向上一级人民法院申请再审，但不停止判决、裁定的执行。对违反法定程序可能影响案件正确判决、裁定的情形，或者审判人员在审理该案件时有贪污受贿、徇私舞弊、枉法裁判行为的，人民法院应当再审。当事人申请再审，应当在判决、裁定发生法律效力后 2 年内提出；2 年后据以作出原判决、裁定的法律文书被撤销或者变更，以及发现审判人员在审理该案件时有贪污受贿、徇私舞弊、枉法裁判行为的，自知道或者应当知道之日起 3 个月内提出。当事人对已经发生法律效力的解除婚姻关系的判决、调解书，不得申请再审。

人民法院按照审判监督程序再审的案件，发生法律效力的判决、裁定是由第一审法院作出的，按照第一审程序审理所作的判决、裁定，当事人可以上诉；发生法律效力的判决、裁定是由第二审法院作出的，按照第二审程序审理所作的判决、裁定是发生法律效力的判决、裁定；上级人民法院按照审判监督程序提审的，按照第二审程序审理，所作的判决、裁定是发生法律效力的判决、裁定。人民法院审理再审案件，应当另行组成合议庭。

(五)特别程序

特别程序是人民法院解决某些非民事权益争议所设定的审理程序，主要包括选民资格，宣告公民失踪、死亡案件，认定公民无民事行为能力、限制民事行为能力案件，认定财产无主事件，确认调解协议和实现担保物权案件。

特别程序的审判组织除选民资格案件或者重大、疑难的非讼案件由审判员组成合议庭审理外，均由审判员一人独任审理。依特别程序审理的案件，实行一审终审，判决书一经送达就发生法律效力，申请人或者起诉人不得对之提出上诉。适用特别程序审理的案件，应当在立案之日起 30 日内或者公告期满后 30 日内审结。有特殊情况需要延长的，由本院院长批准。选民资格案件，必须在选举日前审结。

(六)督促程序

督促程序，是指人民法院根据债权人的申请，以支付令的方式，催促债务人在法定期间内向债权人履行给付金钱和有价证券义务。若债务人在法定期间内未履行义务又未提出异议，债权人可以支付令为根据，申请人民法院强制执行的程序。

债权人请求债务人给付金钱、有价证券，符合下列条件的，可以向有管辖权的基层人民法院申请支付令：(1)债权人与债务人没有其他债务纠纷的；(2)支付令能够送达债务人的。

(七)公示催告程序

公示催告程序是指人民法院根据申请人的申请，以公示的方法，告知并催促不明确的利害关系人在一定期限内申报权利，逾期无人申报权利或者虽有申报但被驳回，依法作出票据无效之除权判决的程序。

按照规定可以背书转让的票据持有人，因票据被盗、遗失或者灭失，可以向票据支付地的基层人民法院申请公示催告。

七、执行程序

民事执行，也称民事强制执行，是指人民法院的民事执行组织依债权人的申请，依据已经生效且具有给付内容的法律文书，强制债务人履行义务的活动。

(一)执行的一般规定

发生法律效力的民事判决、裁定、调解书和其他应当由人民法院执行的法律文书，当事人必须履行。一方拒绝履行的，对方当事人可以向人民法院申请执行。

执行依据包括下列法律文书：人民法院已经生效的民事判决、裁定、调解书、支付令，人民法院已经生效的刑事判决、裁定中的财产部分，人民法院承认并协助执行外国法院的判决、外国仲裁机构的仲裁裁决的裁定书和执行令，仲裁机构制作的仲裁裁决书和生效调解书，公证机关制作的依法赋予强制执行效力的债权文书。

人民法院制作的生效法律文书，由第一审人民法院或者与第一审人民法院同级的被执行的财产所在地人民法院执行。法律规定由人民法院执行的其他法律文书，由被执行人住所地或者被执行的财产所在地人民法院执行。

被执行人或者被执行的财产在外地的，可以委托当地人民法院代为执行。受委托人民法院收到委托函件后，必须在 15 日内开始执行，不得拒绝。执行完毕后，应当将执行结果及时函复委托人民法院；在 30 日内如果还未执行完毕，也应当将执行情况函告委托人民法院。

当事人、利害关系人认为执行行为违反法律规定的，可以向负责执行的人民法院提出书面异议。人民法院应当自收到书面异议之日起 15 日内审查，理由成立的，裁定撤销或者改正；理由不成立的，裁定驳回。当事人、利害关系人对裁定不服的，可以自裁定送达之日起 10 日内向上一级人民法院申请复议。

在执行中，被执行人向人民法院提供担保，并经申请执行人同意的，人民法院可以决定暂缓执行及暂缓执行的期限。被执行人逾期仍不履行的，人民法院有权执行被执行人的担保财产或者担保人的财产。

申请执行的期间为2年，从法律文书规定履行期间的最后1日起计算；法律文书未规定履行期间的，从法律文书生效之日起计算。申请执行时效的中止、中断，适用法律有关诉讼时效中止、中断的规定。

（二）执行措施

执行员接到申请执行书或者移交执行书，应当向被执行人发出执行通知，责令其在指定的期间履行；逾期不履行的，强制执行。被执行人不履行法律文书确定的义务，并有可能隐匿、转移财产的，执行员可以立即采取强制执行措施。

被执行人未按执行通知履行法律文书确定的义务，人民法院有权采取下列执行措施：

（1）向银行、信用合作社和其他有储蓄业务的单位查询被执行人的存款情况，冻结、划拨被执行人的存款，但查询、冻结、划拨存款不得超出被执行人应当履行义务的范围。

（2）扣留、提取被执行人应当履行义务部分的收入，但应当保留被执行人及其所扶养家属的生活必需费用。

（3）查封、扣押、冻结、拍卖、变卖被执行人应当履行义务部分的财产，但应当保留被执行人及其所扶养家属的生活必需品。财产被查封、扣押后，执行员应当责令被执行人在指定期间履行法律文书确定的义务。被执行人逾期不履行的，人民法院可以按照规定交有关单位拍卖或者变卖被查封、扣押的财产。国家禁止自由买卖的物品，交有关单位按照国家规定的价格收购。

（4）被执行人不履行法律文书确定的义务，并隐匿财产的，人民法院有权发出搜查令，对被执行人及其住所或者财产隐匿地进行搜查。

（5）强制被执行人交付法律文书指定交付的财物或者票证。

（6）强制被执行人迁出房屋或者强制退出土地。强制迁出房屋或者强制退出土地，由院长签发公告，责令被执行人在指定期间履行。被执行人逾期不履行的，由执行员强制执行。强制迁出房屋被搬出的财物，由人民法院派人运至指定处所，交给被执行人。因拒绝接收而造成的损失，由被执行人承担。

（7）对判决、裁定和其他法律文书指定的行为，被执行人未按执行通知履行的，人民法院可以强制执行或者委托有关单位或者其他人完成，费用由被执行人承担。

（8）被执行人不履行法律文书确定的义务的，人民法院可以对其采取或者通知有关单位协助采取限制出境，在征信系统记录、通过媒体公布不履行义务信息以及法律规定的其他措施。

（三）执行中止和终结

有下列情形之一的，人民法院应当裁定中止执行：（1）申请人表示可以延期执行的；（2）案外人对执行标的提出确有理由的异议的；（3）作为一方当事人的公民死亡，需要等待继承人继承权利或者承担义务的；（4）作为一方当事人的法人或者其他组织终止，尚未确定权利义务承受人的；（5）人民法院认为应当中止执行的其他情形。

中止的情形消失后，恢复执行。

有下列情形之一的，人民法院裁定终结执行：（1）申请人撤销申请的；（2）据以执行的法律文书被撤销的；（3）作为被执行人的公民死亡，无遗产可供执行，又无义务承担人的；（4）追索赡养费、扶养费、抚育费案件的权利人死亡的；（5）作为被执行人的公民因生活困难无力偿还借款，无收入来源，又丧失劳动能力的；（6）人民法院认为应当终结执行的其他情形。

中止和终结执行的裁定，送达当事人后立即生效。

八、涉外民事诉讼程序的特别规定

当事人一方或双方是外国人、无国籍人、外国企业或组织，或者当事人之间民事法律关系的设立、变更、终止的法律事实发生在外国，或者诉讼标的物在外国的民事案件，为涉外民事案件。涉外民事诉讼程序是指人民法院受理、审理、执行涉外民事案件所适用的诉讼程序。民事诉讼法对涉外民事诉讼中的一般原则、管辖、送达、期间、财产保全、仲裁和司法协助等问题作出了特别规定。

(一)一般原则

1. 适用我国《民事诉讼法》原则

根据诉讼程序依法院所在地法的国际惯例，我国法院审理涉外民事案件，应依照我国的《民事诉讼法》进行。《民事诉讼法》对涉外民事诉讼程序有特别规定的，适用特别规定；没有规定的，适用《民事诉讼法》的一般规定。

2. 优先适用国际条约原则

我国缔结或者参加的国际条约、我国与其他国家缔结的民事司法协助中涉及民事诉讼的规定，如果与我国《民事诉讼法》的规定不一致的，应优先适用国际条约。但对于国际条约中我国政府声明保留的条款，人民法院不受其约束。

3. 司法豁免原则

对享有外交特权与豁免的外国人、外国组织或者国际组织提起的民事诉讼，应当依照我国有关法律和我国缔结或者参加的国际条约的规定办理。享有司法豁免权的人因其所属主管机关宣布放弃司法豁免，或者享有司法豁免权的人因私人事务涉及诉讼的，或者享有司法豁免权的人向驻在国起诉引起反诉的，均不享有司法豁免权。

4. 使用我国通用的语音、文字原则

人民法院审理涉外民事案件，应当使用中华人民共和国通用的语言、文字。当事人要求提供翻译的，可以提供，费用由当事人承担。涉外民事诉讼使用法院地国语言文字，是国际通用的原则，也是主权原则的体现。

5. 委托中国律师代理诉讼原则

外国人、无国籍人、外国企业和组织在人民法院起诉、应诉，需要委托律师代理诉讼的，必须委托中国的律师。在我国领域内没有住所的外国人、无国籍人、外国企业和组织委托中国律师或者其他人代理诉讼，从中国领域外寄交或者托交的授权委托书，应当经所在国公证机关证明，并经中国驻该国使领馆认证，或者履行中国与该所在国订立的有关条约中规定的证明手续后，才具有效力。

(二)管辖

1. 特殊地域管辖

因合同纠纷或者其他财产权益纠纷，对在中国领域内没有住所的被告提起的诉讼，如果合同在中国领域内签订或者履行，或者诉讼标的物在中国领域内，或者被告在中国领域内有可供扣押的财产，或者被告在中国领域内设有代表机构，可以由合同签订地、合同履行地、诉讼标的物所在地、可供扣押财产所在地、侵权行为地或者代表机构住所地人民法院管辖。

2. 协议管辖

涉外合同或者涉外财产权益纠纷的当事人，可以用书面协议选择与争议有实际联系的地点的法院管辖。选择中国人民法院管辖的，不得违反《民事诉讼法》关于级别管辖和专属管辖的规定。

3. 专属管辖

因在中国履行中外合资经营企业合同、中外合作经营企业合同、中外合作勘探开发自然资源合同发生纠纷提起的诉讼，由中国人民法院管辖。

（三）期间

涉外民事诉讼的被告在中国领域内没有住所的，人民法院应当将起诉状副本送达被告，并通知被告在收到起诉状副本后30日内提出答辩状。被告申请延期的，是否准许，由人民法院决定。

在中国领域内没有住所的当事人，不服第一审人民法院判决、裁定的，有权在判决书、裁定书送达之日起30日内提起上诉。被上诉人在收到上诉状副本后，应当在30日内提出答辩状。当事人不能在法定期间提起上诉或者提出答辩状，申请延期的，是否准许，由人民法院决定。

人民法院审理涉外民事案件的期间，不受《民事诉讼法》审限规定的限制。

（四）司法协助

1. 司法协助原则

根据中国缔结或者参加的国际条约，或者按照互惠原则，人民法院和外国法院可以相互请求，代为送达文书、调查取证以及进行其他诉讼行为。外国法院请求协助的事项有损于中国的主权、安全或者社会公共利益的，人民法院不予执行。

请求和提供司法协助，应当依照中华国缔结或者参加的国际条约所规定的途径进行；没有条约关系的，通过外交途径进行。

2. 我国生效裁判、仲裁裁决在外国的执行

人民法院作出的发生法律效力的判决、裁定，如果被执行人或其财产不在中国领域内，当事人请求执行的，可以由当事人直接向有管辖权的外国法院申请承认和执行，也可以由人民法院依照中国缔结或者参加的国际条约的规定，或者按照互惠原则，请求外国法院承认和执行。

中国涉外仲裁机构作出的发生法律效力的仲裁裁决，当事人请求执行的，如果被执行人或者其财产不在中国领域内，应当由当事人直接向有管辖权的外国法院申请承认和执行。

3. 承认、执行外国生效裁判、仲裁裁决

外国法院作出的发生法律效力的判决、裁定，需要中国人民法院承认和执行的，可以由当事人直接向中国有管辖权的中级人民法院申请承认和执行，也可以由外国法院依照该国与中国缔结或者参加的国际条约的规定，或者按照互惠原则，请求人民法院承认和执行。

人民法院对申请或者请求承认和执行的外国法院作出的发生法律效力的判决、裁定，依照中国缔结或者参加的国际条约，或者按照互惠原则进行审查后，认为不违反中华人民共和国法律的基本原则或者国家主权、安全、社会公共利益的，裁定承认其效力，需要执行的，发出执行令，依照《民事诉讼法》的有关规定执行。违反中国法律的基本原则或者国家主权、安全、社会公共利益的，不予承认和执行。

国外仲裁机构的裁决，需要中国人民法院承认和执行的，应当由当事人直接向被执行人住所地或者其财产所在地的中级人民法院申请，人民法院应当依照中国缔结或者参加的国际条约，或者按照互惠原则办理。

微型案例

1994年，董跃龙夫妇因购买商场铺面房与明昌公司签订了买卖协议，后因双方发生纠纷诉到法院。二审时，董氏夫妇与明昌公司达成调解协议，由第三人嘉诚房产公司将其8号商铺房提供给董氏夫妇。随后，董跃龙与嘉诚公司重新签订了购房合同。2000年6月嘉诚公司交房时，双方就工程质量以及相关配套设施等问题又发生了争议。董氏夫妇以交付的房屋不符合当初约定的标准为由拒绝接收，嘉诚公司于是将这套商铺房出售给了他人。董氏夫妇再次向法院提起了诉讼。一审法院判令嘉诚公司返还董氏夫妇定金10万元并支付违约金39万余元。嘉诚公司不服，上诉到云南高院。由于这场纠纷旷日持久，双方积怨太深，庭审中双方针锋相对，矛盾一触即发。合议庭首先从法理上分别指出双方在履行协议中自身行为所存在的瑕疵，让双方都进行换位思考。在取得共识后，法官们又入情入理地对双方的实际情况进行了具体分析。当事双方最终自愿达成了协议：解除购房合同，由嘉诚公司返还董氏夫妇购房定金10万元，并支付其购房损失19万元。在双方到法院领取调解书时，嘉诚公司以现金支票的方式将29万元一并支付。至此，这场持续了10年之久的房产纠纷最终在法官的悉心调解下，得以彻底化解。

——资料来源：徐磊，《法学概论教学案例解析》，上海交通大学出版社2006年版。

课后习题

一、复习思考题

1. 经济仲裁的基本原则有哪些？
2. 经济仲裁的受案范围是什么？
3. 经济仲裁是否有地域管辖的规定？
4. 仲裁协议的生效要件是什么？
5. 人民法院如何对经济仲裁予以支持和监督？
6. 外国仲裁机构的裁决如何在我国执行？
7. 经济诉讼的基本原则有哪些？
8. 经济诉讼的地域管辖是如何规定的？
9. 经济诉讼的当事人有哪些？
10. 经济诉讼的举证责任是如何规定的？
11. 经济诉讼的执行依据是什么？
12. 外国法院的生效判决如何在我国执行？

二、案例分析题

1. 1995年3月，某村委与香港某公司签订厂房、土地租赁合同，合同约定：由某村委将其位于新开公路南面的三层半厂房及相连的空地租给香港某公司使用，租赁期为15年，并明确了租金的交付方式。在合作约定发生争议时，任何一方可申请中国国际贸易促进委员会对外经济仲裁委员会调解和仲裁。但香港某公司在使用上述厂房和土地后，除交少部分租金外，仍未按约定付清租金。不久，某村委以香港某公司没有履行合同的约定付清租金为由，向法院起诉，请求两公司付清所欠租金39万多元。香港某公司在答辩时，提供了双方签订的厂房、土地租赁合同,但没有就双方签订有仲裁协议向法院提出管辖权异议。

问题讨论:

(1)本案是进入仲裁程序还是诉讼程序?

(2)如何理解仲裁自愿的原则?

2.1998 年 8 月 8 日,广东某业主李女士与东悦居小区开发商签订《商品房买卖合同》,购买位于该小区的住房一套。2003 年 9 月 1 日,《物业管理条例》开始施行。该条例由国务院颁布。其中第 7 条规定,业主应按照国家有关规定缴纳专项维修资金。2003 年 9 月,李女士将开发商诉至广州市中山区法院,要求其依照规定,为该房屋缴纳物业维修基金。东山区法院以李女士诉讼主体资格不符合法律规定为由,驳回原告的起诉。李女士不服,向广州中院提出上诉,二审法院裁定"撤销原审裁定,本案由东山区法院进行审理"。2005 年 1 月,东山区法院重新开庭审理该案,判决开发商补缴物业维修基金3 724元。2005 年 4 月,广州市中院二审开庭。2006 年 1 月 12 日,法院终审裁定:以现行法律法规对维修基金案的民事权利和义务关系的调整尚无具体规定,维修基金纠纷暂不具备作为民事案件受理和处理的条件为由,撤销一审判决,驳回业主李女士的起诉。

问题讨论:

(1)说明民事诉讼的收案范围。

(2)本案是否属于民事诉讼受案范围?

参考文献

1. 李昌麒主编:《经济法学》,法律出版社 2007 年版。
2. 刘瑞复主编:《北京大学法学百科全书·经济法学》,北京大学出版社 2007 年版。
3. 徐孟洲主编:《经济法学原理与案例教程》,中国人民大学出版社 2006 年版。
4. 张守文主编:《经济法学》,北京大学出版社 2005 年版。
5. 王利明等著:《民法学》,法律出版社 2008 年版。
6. 江平主编:《民法学》,中国政法大学出版社 2007 年版。
7. 彭万林主编:《民法学》,中国政法大学出版社 2007 年版。
8. 姚辉编著:《民法学原理与案例教程》,中国人民大学大学出版社 2007 年版。
9. 张思明主编:《经济法概论》,机械工业出版社 2008 年版。
10. 张士元主编:《企业法》,法律出版社 2007 年版。
11. 中国法制出版社主编:《企业法新解读》,中国法制出版社 2010 年版。
12. 徐杰、时建中主编:《经济法概论案例教程》,知识产权出版社 2004 年版。
13. 李显东主编:《中国物权法要义与案例释解》,法律出版社 2007 年版。
14. 高圣平著:《物权法:原理·规则·案例》,清华大学出版社 2007 年版。
15. 罗培新、卢文道等著:《最新证券法解读》,北京大学出版社 2006 年版。
16. 叶林著:《证券法(第二版)》,中国人民大学出版社 2006 年版。
17. 范健、王建文著:《证券法》,法律出版社 2007 年版。
18. 赵旭东主编:《商法学》,高等教育出版社 2007 年版。
19. 顾功耘主编:《商法教程(第二版)》,上海人民出版社、北京大学出版社 2006 年版。
20. 李仁真主编:《金融法》,高等教育出版社 2007 年版。
21. 盖锐主编:《金融法教程》,北京大学出版社 2007 版。
22. 张翔飞、张炳生、蒋万来著:《知识产权新论》,人民法院出版社 2002 年版
23. 高程德著:《经济法》,上海人民出版社 2009 年版。
24. 李艳芳著:《以案说法:经济法篇》,中国人民大学出版社 1998 年版。
25. 张冬主编:《仲裁法教程》,对外经济贸易大学出版社 2007 年版。
26. 杨秀清主编:《仲裁法学》,厦门大学出版社 2007 年版。
27. 宋朝武主编:《民事诉讼法学》,厦门大学出版社 2007 年版。
28. 汤维建主编:《民事诉讼法学原理与案例教程》,中国人民大学出版社 2006 年版。